Das grosse Buch
der Meditation

Patricia Carrington

Das grosse Buch der Meditation

Das erste Kompendium
sämtlicher Meditationsarten

75 Jahre
OTTO WILHELM BARTH VERLAG

Limitierte Jubiläumsausgabe 1999

Einzig berechtigte Übersetzung
aus dem Englischen von Margret Meilwes
Die Originalausgabe erschien unter dem Titel
«Freedom In Meditation» bei Anchor Press/Doubleday,
Garden City, New York.

Einbandgestaltung: Gerhard Noltkämper

Ein Wort des Dankes

Ein Buch, das sich mit einem Gebiet wie der Meditation befaßt, entwickelt sich langsam aus den Beobachtungen, Gedanken und sogar Träumereien vieler Menschen. Durch ihre Anregungen nimmt es Gestalt an. Seine endgültige Form erhält es durch ihre Kritik. Zu diesem Buch haben folgende Personen am unmittelbarsten beigetragen:An erster Stelle mein Mann, Dr. Harmon S. Ephron. Sein klinisches Wissen und sein Feingefühl für menschliche Werte sowie seine Fähigkeit, sich in eine »meditative Stimmung« einzufühlen, haben mir viele der grundlegenden Gedanken eingegeben, über die ich geschrieben habe. Er hat auch unermüdlich das Manuskript gelesen und nochmals gelesen und meine Aufmerksamkeit immer wieder auf die psychiatrischen Fragestellungen gelenkt, die mit bedacht werden mußten.

Weitere wichtige Helfer waren meine Studenten in Princeton, die sich der wissenschaftlichen Erforschung der Meditation gewidmet haben: Susan Shackman, Christopher Ross, Hilary Brown, Wendy Zevin, Melissa Hines, Andy Rimol, DiAnna Tolliver, Douglas Moltz, Jocelyn Spector und David James. Ihre Begeisterung und ihre Entschlossenheit, die »Wahrheit« über die Meditation herauszufinden, waren ansteckend. Viele Gesichtspunkte dieses Buches sind das Ergebnis unseres gemeinsamen Ringens um ein Verständnis der anstehenden Probleme.

Außerdem habe ich Hilfe bei Spezialisten gefunden:

Mein guter Freund und Kollege Bradford Wilson hat wertvolle Beobachtungen über die Wirkungen der Meditation auf seine regelmäßig meditierenden Patienten und auf viele andere Menschen gemacht, die er jahrelang verschiedene Meditationsmethoden gelehrt hat; ihm verdanke ich einige der Grundsätze und praktischen Strategien, die in diesem Buch ihren Niederschlag gefunden haben.

Die ausgezeichnete Dissertation von Melissa Hines, *Meditation and Creativity* (Meditation und Kreativität), bildet die Grundlage für die theoretische Diskussion über den kreativen Prozeß in der ersten Hälfte von Kapitel 12.

Viele der Einzelheiten über das traditionelle Denken Indiens, insbesondere über die Bräuche des Yoga und die Bedeutung des Mantra in Kapitel 9 (die zum Teil hier erstmals veröffentlicht werden), stammen aus Vorträgen Shyam Bhatnagars, der Svara-Yoga lehrt und praktiziert. Durch seine intime Kenntnis des geistigen Lebens Indiens und seine reichen Erfahrungen in der Meditationsunterweisung zählt er zu den Experten auf dem Gebiet der Klangwirkungen und ihrer Anwendung zur Bewußtseinsänderung. Das Manuskript des Mantra-Kapitels wurde auch von Raja Mrigendra Singh, Professor der Philosophie am City College von New York, und Dr. Ishwar Harris, Professor der orientalischen Religion an der Rutgers-Universität kritisch durchgesehen; ihre hilfreichen Kommentare sind in die endgültige Fassung eingegangen. Dr. Samuel D. Atkins, Professor der klassischen Philologie, war so liebenswürdig, die Sanskrit-Formen des Wortes »Mantra« zu erklären.

Außerdem enthält das Buch Auszüge aus privaten Meditationsaufzeichnungen: die scharfsinnigen Beobachtungen meines Kollegen George Edington, meines Mannes, einer Anzahl meditierender Patienten und der Mitarbeiter unseres Forschungsprojekts.

Auch war die kritische Beurteilung, die das Buch von verschiedenen Seiten erfahren hat, wesentlich und hilfreich. Das scharfe Auge meines Bruders Robert Carrington entdeckte als erstes eine Anzahl organisatorischer Probleme und zeigte mir den Weg zu größeren strukturellen Korrekturen. Ich arbeitete auch mit einer ungewöhnlich fähigen Lektorin zusammen, Angela Iadawaia-Cox, die – sollte sie jemals ihre Karriere wechseln – wissenschaftliche Forscherin werden sollte. Sie hat nicht nachgelassen, von mir und meinem Buch das »Beste« zu fordern, und sie hat mir den Weg dorthin gewiesen.

Schließlich fand ich ständige Unterstützung durch meine Sekretärin, Donna Hyland, die die verschiedenen Manuskripte bis zur endgültigen Fassung unter Zeitdruck und mit an Zauberei grenzender Schnelligkeit geschrieben hat, ohne je ihre Nerven zu verlieren.

Inhaltsverzeichnis

Zweiter Teil: Die Kunst der Meditation

Für die Meditation ist es am besten, entweder den vollen oder den halben Lotossitz einzunehmen[1].

Während der Meditation solltest du aufrecht, mit dem Rücken gegen eine gerade Stuhllehne, sitzen[2].

Meditative Übungen sind am leichtesten, wenn man sich auf einer Couch oder auf dem Bett, auf dem Rücken liegend, die Beine leicht auseinandergespreizt, entspannt[3].

Du solltest morgens und abends meditieren, niemals jedoch spät abends, es sei denn, du hast vor, die ganze Nacht über aufzubleiben[4].

Du solltest zur dunkelsten Nachtstunde, mitten zwischen Sonnenuntergang und Sonnenaufgang, meditieren[5].

Versuche niemals zu meditieren, wenn du fühlst, daß du Fieber, eine Erkältung oder Schmerzen hast. Beginne damit erst, wenn sie vorüber sind[6].

Wenn du krank im Bett liegst, meditiere so viel, wie es dir angenehm ist[7].

Ein ausgebildeter Lehrer sollte ein besonderes Mantra nach einem exakten Verfahren wählen[8].

Ein Mantra kann irgendeine interessante oder nichtinteressante Lautfolge sein[9].

Ein außerordentlich gutes Mittel zur Bewußtseinsveränderung in der Gruppe ist das gemeinsame Meditieren, wobei die Gruppe ein einziges Mantra verwendet[10].

Wenn du dein eigenes Mantra einem anderen mitteilst, wird es bei ihm nicht zu dem gewünschten Ergebnis führen; es kann sogar eine abschreckende Wirkung auf ihn haben[11].

Was sollen diese widersprüchlichen Anweisungen? Wer hat recht? Warum?

Diese und ähnliche Vorschriften haben Meditationslehrer gemacht, die aufrichtig glauben, richtige Ratschläge zu erteilen. Die meisten ihrer Anleitungen gehen auf traditionelle Meditationspraktiken zurück, die oft aus uralter Zeit stammen. Kreative Lehrer führen gelegentlich Neuerungen in die Methodik ein;

aber es liegt kein wissenschaftlicher Nachweis darüber vor, welche Modifikationen am günstigsten sind bzw. welche sich für bestimmte Menschentypen eignen.

Mir ist bisher noch keine Meditationsanweisung bekannt, die den Schüler anhand zuverlässiger, dokumentarisch belegter, wissenschaftlicher Forschungsergebnisse darüber aufklärt, welcher Methode er bei seiner Meditation folgen soll und aus welchen Gründen. Die traditionellen Meditationspraktiken sind mit großer Sorgfalt entwickelt worden und vermitteln sogar in ihren vereinfachten westlichen Formen jedem Adepten wertvolles Wissen. Aber welche Anweisungen beruhen auf zuverlässiger Grundlage und welche werden nur aus Gewohnheit oder vielleicht sogar aus Aberglauben beibehalten?

Dies sind einige der Fragen, die sich mir aufdrängten, als ich vor fünf Jahren begann, das Gebiet der Meditation zu erforschen. Die Fragen waren der Ausgangspunkt für eine Untersuchung, die mich einerseits durch die faszinierende Welt der traditionellen östlichen Meditation führte und mich andererseits mit den reichen Früchten der westlichen Wissenschaft bekannt machte, die in zunehmendem Maße mit ihren imposanten analytischen Methoden an die Erforschung der Meditation herangeht.

Eines der Ziele dieses Buches besteht darin, die nützlichen Anweisungen von den nutzlosen zu sortieren, zwischen den Meditationsmethoden zu unterscheiden, die sich vielleicht für unsere moderne Welt eignen, und solchen, die nur unter ganz besonderen Bedingungen für sehr wenige Menschen in Frage kommen oder vielleicht auch ganz unbrauchbar sind. Es gibt einen großen und stets wachsenden Fundus an Forschungsarbeiten über Meditation, der buchstäblich Hunderte von wissenschaftlichen Studien umfaßt. Sie sind faktisch alle bestrebt, herauszufinden, was der meditative Zustand »ist« – d. h. welches seine besonderen Charakteristiken sind – oder welche Wirkung die Meditation auf die Menschen hat. Ich werde in diesem Buch auf einen großen Teil dieser Forschungsarbeiten Bezug nehmen; gewisse dringende Fragen der Praxis beantworten sie jedoch nicht. Weite Bereiche der Meditation sind noch unerforscht, so z. B. die folgenden

Probleme: Wie begegnet man am besten Schwierigkeiten, die sich aus der Übung irgendeiner bekannten Meditationsform ergeben? Wie kann man Meditationshindernisse überwinden? Sind bestimmte Meditationsmethoden für bestimmte Menschentypen eher geeignet als für andere?

Die wissenschaftlichen Untersuchungen, die ich, mein Mann, Dr. Harmon S. Ephron, und einige unserer Mitarbeiter in dieser Richtung auf psychotherapeutischem Gebiet angestellt haben, sind faktisch die einzigen Arbeiten, die diese Aspekte der Meditation systematisch erforschten. Wenn ich daher die praktische Methodik der Meditation bespreche, beziehe ich mich vornehmlich auf unsere eigene Arbeit. Unser Team hat aus vielen Quellen Unterlagen gesammelt: Wir hatten mehr als hundert Patienten, die sich in der Meditation übten und die wir in der klinischen Praxis behandelten; über 1500 Menschen haben meine Mitarbeiter und ich eine einfache Methode der Mantra-Meditation gelehrt. Ferner standen uns die Forschungsstudien meiner Studenten an der Princeton-Universität sowie Berichte über die Meditationspraktiken der Meditierenden am Campus und in der Gemeinde zur Verfügung. Schließlich ist auch meine eigene Erfahrung nicht zu übersehen, denn ich habe selbst vier Jahre lang regelmäßig meditiert – eine Erfahrung, an der mein Mann und verschiedene Psychotherapeuten teilhatten, mit denen ich gemeinsam die Anwendungsmöglichkeiten der Meditation zur Förderung der geistig-psychischen Gesundheit untersuchte.

Anhand dieses Informationsmaterials sind wir zu Erkenntnissen gelangt, von denen wir hoffen, daß sie die Meditation für alle jene befriedigender und hilfreicher machen, die eine der bekannten Techniken gelernt, aber dabei Schwierigkeiten oder noch ungelöste Fragen haben. Vielleicht sind sie auch für Menschen von Nutzen, die beabsichtigen, meditieren zu lernen. Ich werde in diesem Buch einige Entdeckungen präsentieren, die wir gemacht haben, und ich hoffe, daß andere Forscher diese Fragen aufgreifen und untersuchen werden.

Die eingangs zitierten widersprüchlichen Anweisungen, wie Meditation praktiziert werden soll, spiegeln einen überraschenden Mangel an Übereinstimmung in den Techniken wider. Damit werden die meisten Menschen konfrontiert, die sich der Meditation zuwenden. Um diese gegensätzlichen Direktiven zu verstehen, ist es wichtig, eine Unterscheidung zu treffen. Meditation ist ein umfassender Begriff, man versteht darunter eine Anzahl verschiedener Techniken und Bestrebungen. Wenn wir uns näher mit diesem Gebiet befassen, ist es daher von Nutzen, bei dem Sammelbegriff »Meditation« zwei Hauptströmungen zu unterscheiden.

Zunächst gibt es die historischen, jahrhundertealten religiösen Meditationstraditionen, deren Ziel die spirituelle Entwicklung ist; diese Art der Meditation will das ganze Leben des meditierenden Menschen ändern und wird als wirksames Werkzeug zur Vertiefung seiner spirituellen Dimension benutzt. Ich bezeichne diese traditionellen Versenkungsmethoden als »spirituelle Meditation«.

Heute gibt es auch noch eine wesentlich andere Art der Meditation, die im Westen häufig praktiziert wird. Sie wurzelt zwar auch in den großen Meditationsüberlieferungen, wird jedoch zur Erreichung ganz anderer, begrenzter Ziele verwendet. Diese zweite Form trachtet nicht unbedingt danach, unseren Lebensstil zu ändern; auch ist sie nicht als profundes spirituelles Abenteuer gedacht. Sie kann natürlich unbeabsichtigt zu letzterem führen; sie will indessen auf diejenigen wirken, die sie auf bestimmte Art und Weise praktizieren, ohne ihren Lebensstil wesentlich zu ändern. Ihr Ziel ist es, die Erfahrungswelt des westlichen Menschen, der innerhalb der Grenzen unserer Gesellschaft verbleibt, zu bereichern. Diese zweite Form der Meditation nenne ich »praktische Meditation«.

Die Fülle der vorhandenen Meditationsbücher behandelt größtenteils diese praktische Meditation, und sie ist auch der Hauptgegenstand dieses Buches. Dieser Band will unter anderem ein Führer sein durch das Labyrinth von Informationen, das sich über diesen Meditationstypus rapide ausbreitet.

Obwohl Werke, die sich beispielsweise mit der Transzendentalen Meditation (TM) befassen, einen Teil der Forschungsergebnisse präsentieren, müssen wir die Meditation von mehr als nur diesem einen Gesichtspunkt aus sehen. Es kann sogar notwendig werden, über die Meditation selbst hinauszugehen, um Antworten auf diese Frage zu finden. Es gibt andere, schnell wachsende Zweige der Wissenschaft, die wichtige Anhaltspunkte liefern. Zum Beispiel geben neue Forschungen über die biologischen Rhythmen, Studien über die sensorische Isolation und sogar so ungewöhnliche Disziplinen wie die Biometeorologie Hinweise, die erforscht werden müssen. Sie werden in diesem Buch mitbedacht werden, um unser Verständnis für die Meditation zu vertiefen.

Bei der Suche nach Antworten auf die rätselhafteren Aspekte der Meditation empfiehlt es sich, sie in ihrem Verhältnis zur Psychotherapie in einem anderen Licht zu sehen – nicht, wie einige neuere Autoren vorgeschlagen haben, als Ersatz für einen großen Teil der Psychotherapie, sondern als einen vielversprechenden Partner. Da ich in dem intimen Therapeut-Patient-Verhältnis Gelegenheit hatte, die Wirkungen der Meditation auf die tieferen Schichten der menschlichen Erfahrung zu beobachten, werde ich in geeignetem Zusammenhang Fälle anführen, die ich selbst behandelt habe und die die Wirkungen der Meditation auf das Leben und die Emotionen von Durchschnittsmenschen veranschaulichen.

Mir schien es auch geboten, interessierte Leser einige Meditationsmethoden zu lehren; ihnen habe ich daher einen besonderen Abschnitt gewidmet. Er ist als Einführung in die Meditation für diejenigen gedacht, die noch niemals meditiert haben, und zugleich als Anregung für alle jene, die schon meditieren und einmal andere Techniken ausprobieren wollen. Der Leser wird den Erklärungen besser folgen können, wenn er aus eigener Erfahrung weiß, wovon die Rede ist. Ich habe mehrere Methoden behandelt, weil ich durch meine Erfahrungen zu der festen Überzeugung gelangt bin, daß die Meditationstechnik auf den einzelnen Menschen abgestimmt werden muß. Es gibt keine »richtige« Methode, es gibt nur verschiedene Methoden. Jeder Meditierende sollte die Technik herausfinden, die seiner Persönlichkeit entspricht.

Die Förderung der Meditation ist zu einem großen Geschäft geworden. Man kann unangenehme Überraschungen erleben, wenn man beobachtet, auf welche Weise Reklame und Presse sich manchmal wissenschaftlicher Fakten bedienen.

Ein weiteres Problem besteht darin, daß bestimmte Gruppen offen religiöse Meditationsformen vertreten, wobei sie sich auf einen besonderen Guru oder »großen Seher« berufen, während andere zwar religiöse Meditationsmethoden propagieren, gleichzeitig jedoch ihre religiöse Grundlage leugnen. Worte wie »Erleuchtung«, die wissenschaftlich nicht definiert sind oder falsch verstanden werden, benutzt man häufig unbedacht zu Propagandazwecken und stiftet nur Verwirrung in der Öffentlichkeit. Die Kommerzialisierung »transpersonaler« Begriffe, wie wir sie nennen können, ist besonders zu bedauern, weil diese Bereiche aus eigenem Recht von großem Interesse für die Forschung sind. Einige Wissenschaftler bemühen sich darum, sie in gebührender Weise zu studieren.

Die transpersonale Psychologie ist noch ein weithin unerforschtes Gebiet und wird daher größtenteils als »unwissenschaftlich« betrachtet. Es gibt jedoch Beispiele von wichtigen Arbeiten in der Bewußtseinspsychologie, in der Parapsychologie und in den verwandten Disziplinen. Zum Beispiel haben Dr. Montague Ullman und Stanley Krippner sorgfältigste Versuche über ESP (außersinnliche Wahrnehmungen) und Träume im Traumlabor des Maimonides Medical Center[12] durchgeführt. Ferner sind zu erwähnen: die Pionierarbeit über Aspekte von Wunderheilungen unter Leitung von Dr. Lawrence LeShan[13]; die Forschung über veränderte Bewußtseinszustände von Krebspatienten unter Leitung von Dr. Stanislav Grof im Maryland Psychiatric Institute[14]; die sorgfältige theoretische und experimentelle Arbeit über die verschiedenen Bewußtseinszustände, die Dr. Charles Tart[15] geleistet hat. Diese und ähnliche Studien wagen sich auf Neuland, das größtenteils noch unerforscht ist. Diese Pioniere verlangen auch nicht von uns, ihre Worte als »Wahrheit« hinzunehmen, sondern sie unterbreiten geduldig ihre Hypothesen den Labors oder psychiatrischen Kliniken zur kritischen Prüfung. Wenn sie sehen, daß ihre Methode wirkungslos ist, ändern sie die Versuchsanordnung und setzen ihre Arbeit fort. Sie haben daher ein Recht auf Anerkennung, Achtung und

Ermutigung. Das gilt jedoch nicht für diejenigen Verfechter östlicher Philosophien, die ihre Methode als die »einzige« proklamieren; ihre Einstellung kann nicht wissenschaftlich genannt werden.

Die wissenschaftliche Methode, eigene Hypothesen zunächst der Falsifizierung auszusetzen, spielt eine wichtige Rolle in der Meditationsforschung. Sie impliziert, daß jeder, der glaubt, die Meditationsforschung, die er entwickelt und praktiziert hat oder bewundert, habe größere Vorzüge für bestimmte Persönlichkeitstypen oder für die Behandlung bestimmter Probleme, zunächst versuchen muß herauszufinden, ob seine Überzeugung falsch ist. Es muß z. B. untersucht werden, ob nicht andere Formen der Meditation und Entspannung die gleiche oder sogar eine bessere Wirkung haben als die persönlich favorisierte Methode. Wenn eine Meditationsschule sich weigert, ihre Methode experimentell mit anderen vergleichen zu lassen (ich werde noch darauf zu sprechen kommen, inwiefern zumindest eine führende Meditationsschule diese Politik betreibt), dann ist dies eine unwissenschaftliche Haltung.

Man kann nicht genug betonen, daß ernsthafte Forscher auf die Meditation als westliche Erfahrung erst vor kurzem aufmerksam wurden. Daher sind die Kenntnisse, die uns bisher zur Verfügung stehen, nur dem Öffnen einer Tür vergleichbar. Was in den nächsten Jahren auf diesem Gebiet geschehen wird, ist nicht vorauszusehen. Ich wäre aber kaum überrascht, wenn unsere heutigen Forschungsarbeiten in dieser Richtung in etwa zehn Jahren als bloße »Anfängerübungen« betrachtet würden.

1. Die Wissenschaft erforscht die Meditation

1 *Die zeitlose Übung*

Meditation ist eine der ältesten Praktiken des Menschen. Der Mensch ist das Lebewesen, das eine Sprache gebraucht, für Schönheit empfänglich ist, lacht, weint ... und meditiert. Das Besondere im Ritual der »Meditation« ist, daß man es ausdehnen und nach Belieben herbeiführen kann. Die Erfahrung jedoch, die ihm zugrunde liegt – die »meditative Stimmung« –, ist uns allen vertraut.

Eine Mutter, die ihr Kind an sich drückt, während sie es in sanftem Rhythmus wiegt und dazu singt, ist eng mit dem Kind vereint.

Ein Wanderer, der sich an einen Baum lehnt und auf das Wehen des Windes horcht, der in den Wipfeln rauscht, spürt kaum seinen eigenen Atem. Es ist, als sei er Wind »geworden«.

Ein alter Jude, mit seinem eindrucksvoll geschmückten Gebetsschal und den schwarzen Gebetsriemen (Tefillin) angetan, wiegt sich in der Morgendämmerung vorwärts und rückwärts, monoton ein einfaches Gebet wiederholend, bis er in einen Zustand der Verzückung gerät.

Eine Urlauberin am Strand, die sich still der Sonne und der Luft überläßt, ist wie hypnotisiert vom einschläfernden Rhythmus des Meeres.

Ein Mann lauscht dem Orgelspiel in einer Kathedrale; während die Musik in ihm vibriert, gerät er in eine Träumerei. Erinnerungen und Bilder aus seiner Kindheit steigen in ihm auf – er ist wieder ein Kind geworden.

Eine Zeltbewohnerin starrt in ein verlöschendes Feuer und verfolgt die Funken der glühenden Asche, die aufsteigen und in der Dunkelheit verschwinden; sie hat das Gefühl, leicht wie sie durch den unendlichen Raum zu schweben.

Ein Bergsteiger auf einem Gipfel atmet das Schweigen über der Erde ein; er ist erschüttert von seiner Unendlichkeit, und sein Geist wird so still wie der fallende Schnee auf den Gebirgspässen.

Diese Menschen erleben – vielleicht mit Ausnahme des betenden alten Mannes – meditative Stimmungen, die sie nicht mit Absicht herbeigeführt haben. Ihre Stimmungen treten spontan auf. Sie werden als Momente ungewöhnlicher Lebendigkeit begrüßt, und sie enthalten einige der tiefgründigen Zustände, die Abraham Maslow[1] als »Spitzenerfahrung« bezeichnet. Unterscheiden sie sich von den Augenblicken innerer Ruhe, die durch das Ritual der Meditation absichtlich hervorgerufen werden? Ein Meditationstagebuch eines Kollegen gibt darüber Aufschluß:

> Heute abend um 8.45 Uhr saß ich auf der Terrasse und beobachtete, wie das letzte Zwielicht in Nacht dunkelte. Ich glaube, ich habe gelernt, das Verbot der TM*, »Sondersitzungen« zu halten, zu übertreten. Ich ließ ab und zu einen Gedanken in mir aufsteigen und ersetzte ihn dann sanft durch ein Element der Sinneswahrnehmung – die dunkle Silhouette der Baumwipfel gegen den Himmel, das Rauschen des angeschwollenen Baches, der dem Meer entgegeneilt, die Brise auf meinem Gesicht, der Druck meines Körpers gegen die Stuhllehne, der Geruch von Wäldern und wachsenden Pflanzen ... Es war sehr beruhigend und friedlich[2].

Der Schreiber empfindet seine Erfahrungen in der TM und in einer zwanglosen »meditativen Stimmung« als so ähnlich, daß er glaubt, das Verbot gegen zusätzliche Sitzungen übertreten zu haben. Tatsächlich sind solche Stimmungen in vieler Beziehung der eigentlichen Meditation ähnlich; man könnte sogar behaupten, es handle sich um Meditationen. Vielleicht ist Meditation als Disziplin nichts anderes als die Weiterentwicklung dieses spontanen Prozesses zu einer methodischen Übung.

Obwohl die meditative Stimmung häufig spontan entsteht, sind dennoch im Laufe der Jahrhunderte Hunderte von guten Methoden ersonnen worden, um sie bewußt hervorzurufen. Vielleicht treten spontane meditative Stimmungen weniger häufig auf, als man sich wünscht. Vielleicht sind sie, wenn sie auf natürliche Weise entstehen, auch weniger intensiv, als man sie haben

* TM ist die Abkürzung für Transzendentale Meditation, eine populäre, dem Westen angepaßte Meditationstechnik.

möchte. In der modernen Industriegesellschaft, die eher auf maschinenhafter Effizienz beruht als auf einem natürlichen Rhythmus, entstehen meditative Stimmungen villeicht so selten, daß strukturierte Formen der Meditation ganz besonders notwendig sind. Welches sind nun einige dieser Methoden, die der Mensch entwickelt hat, um diese (ephemere) Stimmung hervorzurufen und zu erhalten?

Die Techniken

Es gibt buchstäblich Hunderte von Praktiken, die unter dem Begriff »Meditation« aufgeführt werden könnten[3]. Allen gemeinsam ist das Vermögen, einen besonderen Zustand frei schwebender Aufmerksamkeit hervorzurufen, in dem rationales Denken vermieden und Worte viel weniger Bedeutung haben als im täglichen Leben. Charakteristisch für diesen Zustand ist, daß der Meditierende völlig von seinem Meditationsgegenstand gefesselt ist. Wenn ihm irgendein anderer Gedanke kommt, so taucht dieser meist nur vage am Horizont auf, um gleich wieder zu verschwinden.

Die Kunstgriffe, die zur Hervorbringung dieses Zustandes angewendet werden, sind völlig verschieden, z. B.: ruhig auf eine Kerzenflamme blicken; im Geist einen Laut (Mantra) wiederholen; seinem eigenen Atem aufmerksam folgen; sich auf das Geräusch des Regens konzentrieren; laut ein rituelles Wort oder einen solchen Satz wiederholen; auf die Empfindungen des Leibes achten; sich auf ein nichtbeantwortbares Rätsel konzentrieren (Koan); passiv achthaben auf seine auftauchenden Gedanken; oder sich in einem stereotypen Tanz drehen. Das Ziel dabei ist immer das gleiche: eine Änderung der existentiellen Erfahrung des Meditierenden.

Alle diese Techniken schließen die Ablenkungen durch die Außenwelt fast genauso aus wie eine »Isolierkammer«. Bei einem Experiment mit sensorischer Deprivation werden der Versuchsperson die Sinneswahrnehmungen entzogen, indem man sie in einem schalldichten Raum unterbringt; außerdem trägt sie eine Schutzbrille, um optische Eindrücke abzuschalten, oder es wird auf andere Weise dafür gesorgt, ihre Sinneswahrnehmungen zu reduzieren. In der Meditation lenkt sich der Meditierende von den Sinneseindrücken und seinen Gedanken dadurch ab, daß er sich selbst eine innere »Isolierkammer« schafft. Wenn die Außenwelt für ihn nicht mehr existiert, kann die Meditation wirksam werden; man sagt, der Mensch werde »zentriert«*.

Obwohl die Aufmerksamkeit auf ein Meditations-»Objekt« gerichtet ist, muß jede Technik mit einem bekannten Phänomen fertigwerden, das man am besten als eine Konter-Tendenz bezeichnen kann; es ist das Bedürfnis, sich vom Objekt der Konzentration zu entfernen. Sogar der ruhige und zentrierte Geist ist nicht völlig still. Immer wieder sucht er entweder durch Sinneswahrnehmungen oder Gedanken Kontakt mit der Umgebung. Jedes Meditationssystem hat seine eigene Weise, mit diesen »Abstechern« zu verfahren.

Einige Systeme dulden keine »geistigen Ablenkungen« während der Meditation oder gebrauchen sogar Zwang. Die »nicht-permissive« Meditationsmethode verlangt strikte Konzentration auf das Meditationsobjekt. Der Meditierende wird angewiesen, seine Aufmerksamkeit zu sammeln, eindringende Gedanken durch einen Willensakt aus seinem Geist zu verbannen und sogleich und entschlossen zum Meditationsfokus zurückzukehren, sobald er bemerkt, daß seine Gedanken wandern. Diese Methode wird in extremer Form in der Meditationsanweisung eines buddhistischen Traktats aus dem fünften Jahrhundert beschrieben; sie bezieht sich auf Gedanken, die in die Meditation eindringen können:

* Die Worte »zentriert« und »zentrierend«, die in den überlieferten Meditationsmethoden benutzt werden, beziehen sich auf einen Prozeß *psychologischer Zentrierung* – auf die Wiederherstellung eines Sinnesorgans für inneres Gleichgewicht mit Hilfe von Kunstgriffen, die dazu dienen, die Aufmerksamkeit des Menschen auf einen einzigen Punkt zu konzentrieren. Dieser Prozeß wird wie das Funktionieren eines psychologischen Gyroskops gesehen, das Geist und Seele im Gleichgewicht hält und Kräfte, die vom »Zentrum« des Ichs wegführen, neutralisiert.

> ... mit zusammengebissenen Zähnen und an den Gaumen gepreßter Zunge sollte er durch rein geistige Anstrengung den (anstößigen) Gedanken zurückhalten, zerschmettern und ausbrennen; wenn er das tut, dann werden diese bösen und verderblichen Ideen, aus denen Gier, Haß oder Täuschung spricht, verschwinden, und das Denken wird innerlich ruhig, gelassen und konzentriert[4].

Im Gegensatz hierzu verwenden viele Meditationssysteme Grade von »Duldsamkeit« gegenüber eindringenden Gedanken. Die »permissiven« Techniken weisen den Meditierenden an, leicht und ohne Anstrengung seine Aufmerksamkeit wieder auf das Meditationsobjekt zu konzentrieren.

Es mag sehr wohl ein Unterschied sein, ob der Meditierende die eine oder andere Technik benutzt. Die Wirkungen können sogar verschieden sein, wenn man irrtümlich seine Meditationsform als »unduldsam« interpretiert, sie es in Wirklichkeit aber gar nicht ist. Die meisten Meditationstechniken verlangen, der Meditierende solle keine bewußte Anstrengung machen; er soll eher »die Dinge geschehen lassen«, als daß er sie geschehen macht. Die meisten Menschen wenden aber häufig – wenn sie nicht sorgfältig im gegenteiligen Sinne unterwiesen sind – Zwang bei der Meditationsübung an. Das Ergebnis ist ungefähr so, als stünde ein strenger Lehrer während der ganzen Meditationszeit in der Nähe und ermahne den Meditierenden, sich zusammenzunehmen.

Eine »unduldsame« Meditationsweise (ganz gleich, ob sie durch uns selbst oder durch Anweisungen anderer zustande gekommen ist) kann das Schuldgefühl des Meditierenden vergrößern; er oder sie meinen, sie meditierten nicht »richtig«, oder sie fangen an, sich für die Art der sich ihnen aufdrängenden Gedanken verantwortlich zu fühlen. Eine »duldsame« Meditationstechnik hingegen kann dem Meditierenden helfen, mit vorher inakzeptablen Gefühlen, die er vielleicht versteckt oder »verdrängt« hat, umzugehen, weil diese Technik dazu ermutigt, die während der Meditation unbeabsichtigt auftauchenden Gedanken und Gefühle anzunehmen. Sie kann auch als Ventil für emotionale

Spannungen dienen, da letztere Gelegenheit haben, sich bei dieser »duldsameren« Technik in der Phantasie zu entladen.

Meditation und Zentrierung

In den großen östlichen und westlichen Traditionen wird die Meditation als eine spirituelle Übung zur Erlangung einer besonderen Art von Bewußtsein betrachtet, die für die höchste Bewußtseinsstufe gehalten wird, die der Mensch erlangen könne. Diese wie man annimmt fortgeschrittene Bewußtseinsstufe kann man nur durch eine total darauf ausgerichtete Lebensweise erreichen. Ein asketisches Leben, besondere körperliche Übungen, Diät, soziale Vorkehrungen und täglich lange Stunden der Meditation sind typisch für ihre Methoden. Auch dann kann ein ganzes Leben (einige glauben, viele Leben) hingehen, um diesen ersehnten Zustand – vielleicht auch nur annähernd – zu erreichen.

Die meisten Menschen des Westens finden auf einer anderen – praktischen – Ebene Zugang zur Meditation. Im allgemeinen betrachten sie die Meditation nicht als ein tiefes spirituelles Engagement, wenn sie sie überhaupt für spirituell halten. Meistens lernen sie meditieren, um das Leben erträglicher und angenehmer zu gestalten.

Auf den ersten Blick mag es so aussehen, als seien diese verschiedenen Ziele nur eine Frage des Intensitätsgrades. Man könnte glauben, der Mystiker sei intensiver mit der Meditation beschäftigt und der Durchschnittsmensch weniger stark. Tatsächlich gibt es einen fundamentalen Unterschied. Der typisch Meditierende unserer Zeit, der an kein spezielles Glaubenssystem gebunden ist, kann in seiner Einstellung zur praktischen Meditation flexibel sein und experimentieren. Es steht ihm frei, sie mit Nutzen außerhalb des Kontextes der traditionellen Methoden anzuwenden. Er kann sie, wenn notwendig, wirksam mit anderen Methoden der Arbeit an sich selbst oder mit ärztlichen oder psychologischen Behandlungen kombinieren.

Wer jedoch spirituelle Entwicklung sucht, muß sich einer strengen Disziplin unterwerfen. Er muß die feinen Nuancen der

Technik, die der Lehrer bestimmt, lernen, damit er in der Lage ist, sie richtig und exakt anzuwenden. Um den Schüler auf dem Weg der inneren Entwicklung zu führen, ist ein höchst erfahrener Lehrer notwendig, der genau weiß, wie und wann die Meditationstechnik zu ändern ist, um ein weiteres spirituelles Wachstum dieses Schülers zu fördern. Diesem Schüler können »Aufwärmübungen« wie die stille Wiederholung eines Mantra oder die Konzentration auf seinen Atem oder viele andere aufgetragen werden. Sie werden jedoch nicht als »Meditation« betrachtet. Sie sind Mittel, die der Zentrierung des einzelnen zur Vorbereitung auf den profunden Zustand der Einswerdung (*communio*) oder des Einsseins dienen, worin die »Meditation« besteht. Der hinduistische geistliche Führer Bhagwan Shree Rajneesh sagt:

> ... Meditation besteht aus zwei Schritten: erstens dem aktiven, der gar keine Meditation ist; zweitens dem der eigentlichen Meditation, die völlig nichtaktiv ist ... nur passives Bewußtsein ... [5]

Da dem Westen nur ein begrenztes Vokabular zur Verfügung steht, bezeichnet er die einfachen psychologischen Mittel zur Zentrierung, d. h. die vorbereitenden Schritte, ebenfalls als »Meditation«. Nach den großen uns überlieferten Traditionen sind die Zentrierungstechniken jedoch keine Meditation. Sie sind nur Mittel zu einem Ziel, nämlich der Meditation. Diese Techniken sind daher mehr oder weniger austauschbar. Wer in der Meditation bereits erfahren ist, wird schließlich auf alle verzichten, sobald er sich unmittelbar in den Meditationszustand versetzen kann.

Das Vokabular einer Gesellschaft ist offensichtlich ein Spiegel dessen, womit sie sich am meisten beschäftigt. Wir erfinden zahlreiche Worte für technische Verfahren – sie sind genau und informativ. Aber wir haben nur ein Wort für »Geist«. Andere Gesellschaften, wie die indische, haben viele verschiedene Worte für »Geist«, die jeweils die verschiedenen Funktionen bezeichnen, die er nach den alten Religionen hatte. In dem Maße, wie die Wissenschaft des Westens die verschiedenen meditativen Zustände und die Mittel, sie zu erreichen, weiter erforscht, werden wir ohne Zweifel Worte prägen, um diese Zustände voneinander zu unterscheiden und verschiedene Kategorien der Techniken der »Zentrierungsmittel« zu identifizieren.

Ich beabsichtige in diesem Buche nicht, ein neues Wort für diese »Zentrierungsmethoden« zu prägen, obwohl es gerade diese Methoden sind, die ich in der Hauptsache behandle. Weil die meisten Menschen sie für »Meditation« halten, werde ich diesen Begriff dafür benutzen. Wenn ich daher über »Meditation« spreche, beziehe ich mich in der Regel auf die Zentrierungstechniken, die das bilden, was ich »praktische Meditation« nenne. Was ich über ihren Gebrauch sage, kann, aber muß nicht, auch auf die strengen, disziplinierten Meditationsmethoden zutreffen, die Wege zur spirituellen Entwicklung sind.

Obwohl ich versuche, mich klar auszudrücken, wird jedem, der selbst einmal mit irgendeiner Technik meditiert hat, klar sein, daß zwischen den einfachen Zentrierungsübungen und den tiefen meditativen Zuständen keine strenge Trennungslinie existiert. Jemand beginnt vielleicht damit, unbefangen die einfachsten Zentrierungsmittel zu benutzen (z. B. mit geschlossenen Augen im Geist ein Mantra zu wiederholen), und hat zum Schluß eine profunde Erfahrung, die seine ganze Lebensperspektive verändert. Ein anderer bemüht sich eifrig, durch Meditation ein tiefes spirituelles Bewußtsein zu erlangen, und erreicht bloß eine angenehme, entspannende Zentrierungserfahrung und nicht mehr.

Mit anderen Worten, die Grenzen sind fließend. Innere Erfahrung entfaltet sich, wo sie will. Sie läßt sich nicht kontrollieren und kategorisieren. Wir können keine Gesetze für unseren innersten Lebensbereich aufstellen. Wenn wir daher die Zentrierung des Menschen behandeln, werden wir damit unweigerlich auch tiefer in die Meditation verstrickt.

Natürlich können wir nicht alle Typen der praktischen Meditation, die heute im Westen geübt werden, behandeln; buchstäblich über Nacht tauchen neue auf, und viele von ihnen sind noch gar nicht getestet. Einige von ihnen werden vielleicht wieder verschwinden, ehe man sie studiert hat. Wir werden die standardisierten Formen betrachten, weil sie wohl am ehesten Gegenstand der neuen Sammlung wissenschaftlicher Erkenntnisse über Meditation werden. Wir werden mit der am meisten untersuchten Methode beginnen, der Transzendentalen Meditation.

Die Transzendentale Meditation (TM)

Die Transzendentale Meditation ist eine standardisierte Form der Mantra-Meditation, eine alte indische Technik, die für den westlichen Gebrauch umgeändert wurde[6]. Der Schüler (oder die Schülerin) erhält ein Sanskrit-Wort (*Mantra*), von dem gesagt wird, es habe beruhigende Eigenschaften. Der Schüler soll das Mantra zwanzig Minuten lang still für sich wiederholen, wobei er mit geschlossenen Augen ruhig auf einem Stuhl sitzt. Das geschieht zweimal am Tage. Wenn der Meditierende meint, seine Gedanken schweiften umher, wird er angewiesen, keine Anstrengungen zu machen, um zum Mantra zurückzukehren, sondern sich passiv zu verhalten und die Wiederholung des Mantra wiederaufzunehmen, wobei er das Mantra vor anderen Gedanken »bevorzugen« sollte. Was die natürlichen Gedankenregungen während der Meditation angeht, so setzen die TM-Lehrer alles daran, die Meditierenden zu beruhigen. Der Schüler lernt, das spontane Auftauchen von Gedanken, Gefühlen oder Bildern oder körperlichen Empfindungen während der Meditation als Ausdruck eines Geschehens anzusehen, dem therapeutische Eigenschaften zukommen. Man nennt dies Normalisieren. Dieser Vorgang soll Restspannungen von alten traumatischen oder belastenden Ereignissen spontan lösen können.

In der westlichen Welt gibt es viele Möglichkeiten, die TM zu lernen. Sie wird von einer Organisation gelehrt, der International Meditation Society (IMS) (Internationale Gesellschaft für Meditation)*, die sich einer einheitlichen Lehrmethode bedient. Es gibt TM-Zentren in den meisten größeren Städten Europas und der Vereinigten Staaten. Die Technik selbst ist leicht zu lernen.

* IMS ist das Bildungswerk der U.S. World Plan Organization, dem Dachverband der TM-Organisation.

Man kann sie nach vier Unterrichtsstunden, die über vier Tage verteilt sind, beherrschen. Für den gewöhnlichen Meditierenden ist es nicht notwendig, einen besonderen Lebensstil anzunehmen (obwohl es für TM-Lehrer erforderlich sein kann). Auch ist für ihn keine besondere Körperhaltung oder Atemtechnik erforderlich.

Die IMS versichert auch, wer TM lerne, müsse keine besonderen Glaubensthesen akzeptieren. Tatsächlich gibt die IMS dem Meditierenden Gelegenheit, Glaubensthesen kennenzulernen, die auf hinduistischen metaphysischen Annahmen über den Kosmos beruhen; sie werden »Science of Creative Intelligence« (SCI) (wörtlich: Wissenschaft von der kreativen Intelligenz) genannt. Obwohl der TM-Schüler nicht gezwungen wird, SCI zu studieren, wird dieses Studium als zusätzliches Seminar angeboten. Auch konfrontiert die reguläre TM-Schulung den Teilnehmer mit gewissen östlichen Auffassungen, wie aus dem folgenden Zitat einer offiziellen TM-Veröffentlichung hervorgeht:

> Wir sehen, daß es in der ganzen Schöpfung, vom Wachstum der Pflanzen bis hin zum Kreisen der Planeten, eine große Ordnung oder geistige Energie gibt. Da auch Gedanken eine Existenz haben, müssen auch sie aus der fundamentalsten Energieform gebildet sein, und sie haben ihre Quelle oder Grundlage in demselben Bereich kreativer geistiger Energie, die aller Schöpfung zugrunde liegt[7].

Derartige Zitate bringen die Hindu-Auffassung vom *Prana* (Universelle Energie) und vom *Brahman* (das aus sich selbst seiende Wesen der ganzen Schöpfung) zum Ausdruck. Diese Ideen sind durchaus interessant, und es mag etwas Wahres daran sein. Sie aber als »wissenschaftlich« zu bezeichnen, geht über die Grenzen der von der westlichen Wissenschaft akzeptierten Bedeutung dieses Begriffes weit hinaus.

Indessen reagieren gewisse Menschen auf das esoterische Beiwerk der TM positiver als auf die Lehren anderer Techniken, die zwar pragmatischer, aber farbloser sind. Es gibt viele Menschen, die von der hinduistischen Gebetszeremonie, *Puja,* die den Schüler in die TM einführt, angesprochen werden. Anderen jedoch ist sie vielleicht lästig, oder sie verwirrt sie sogar; zweifellos gibt es Menschen, die sich weigern, die TM zu lernen, weil sie von einer mystischen Aura umgeben ist.

Diese Aspekte der TM-Schulung sind – ungeachtet der Reaktion des einzelnen – für die Forschung von Nachteil. Wenn jemand z. B. auf die TM gut reagiert, ist es schwer zu sagen, ob die Technik an sich wirksam ist, oder ob die gute Reaktion darauf zurückzuführen ist, daß der Meditierende emotionalen Auftrieb durch die Teilnahme an einer quasi religiösen Organisation erfährt. Oder hatte er derart hohe Erwartungen, weil der TM-Lehrer glaubte, diese Technik sei ein Allheilmittel? Manchmal kann es sein, daß alle diese Faktoren zusammenwirken.

Für den Erforscher der TM gibt es noch andere Schwierigkeiten. Die IMS weigert sich beharrlich, die »geheimen« Mantras, die sie ihren Schülern zuteilt, preiszugeben. Es widerspricht dem wissenschaftlichen Verfahren, Informationen vorzuenthalten, die Einfluß auf das zu untersuchende Problem haben können. Im vorliegenden Fall hindert es den Forscher daran, die Wirksamkeit eines Mantra-Typs mit einem anderen zu vergleichen oder andere Fragen hinsichtlich der verschiedenen Lautwirkungen auf den Menschen zu erforschen.

Hinzu kommt, daß die IMS die wissenschaftliche Untersuchung der TM im Vergleich zu irgendeiner anderen Meditationstechnik nicht gestattet. Als ich mich nach den Gründen hierfür erkundigte, teilte mir die Zentrale der World Plan Organization in Los Angeles mit, dieser Weisung liege die Ansicht »Maharishi«[8] Mahesh Yogis zugrunde, daß andere Meditationsmethoden, insbesondere die Benson-Methode, für ihre Schüler schädlich seien. Da nach den offiziellen Vorschriften alle lokalen TM-Zentren die Erlaubnis der World Plan Organization einholen müssen, ehe sie bei irgendeiner TM-Forschungsarbeit Hilfe leisten dürfen (offizielle Forschungsvorhaben werden ihrer zentralen Forschungsabteilung vorgelegt), bedeutet dies, daß vergleichende Studien – das »Herzblut« der wissenschaftlichen Forschung – mit der TM nicht ohne weiteres gemacht werden können.

Erwägungen dieser Art vor allen Dingen haben mich bewogen, nach einer anderen standardisierten Form der Meditation zu suchen, die man für Zwecke der Forschung und der klinischen Arbeit gebrauchen könnte. Mir war klargeworden, daß es sich um eine Meditationsform handeln mußte, welche die Psychotherapeuten ihre Patienten lehren konnten, wenn sie Meditation als Unterstützung der Psychotherapie für notwendig hielten. Wie wir sehen werden, ist die TM für alle klinischen Zwecke nicht flexibel genug. Außerdem können sie sich viele Patienten und Behandlungszentren wegen der hohen Kosten gar nicht leisten.

Die klinisch standardisierte Meditation (Clinical Standardized Meditation [CSM])

Die Meditationsmethode, für die ich mich als Alternative entschied, wurde von mir aus einer klassischen indischen Mantra-Meditationsform entwickelt. Die indische Methode wurde so abgewandelt, daß sie sich als Entspannungstechnik für den westlichen Gebrauch eignet; zu diesem Zweck wurde eine Reihe standardisierter Anweisungen ausgearbeitet. Ich glaube, das gleicht in etwa dem Verfahren, das bei der Verfeinerung der TM-Technik angewendet worden ist. Tatsächlich gibt es in keiner der augenblicklich verwendeten Meditationstechniken etwas wirklich Neues; alle sind bekannte Methoden, die sich inzwischen bewährt haben.

Die erste Gruppe, die die von mir aus traditionellen Quellen zusammengestellte Meditationsmethode benutzte, waren Studenten der Princeton-Universität, die ein Meditationsseminar besuchten. Die Studenten waren von der Technik begeistert. Eine Reihe von Persönlichkeitstests, die vor Erlernung dieser Meditationsmethode und nach ihrer zehnwöchigen Übung gemacht wurden, zeigten ähnliche Veränderungen, wie sie die TM-Schüler erfahren hatten, die auf dem Campus ein vergleichbares Studium der TM betrieben hatten. Beide Gruppen zeigten über einen Zeitraum von zehn Wochen eine deutliche Verringerung der Angstwerte.

Die Grundtechnik wurde dann nochmals revidiert und ergänzt und erhielt den Namen Clinical Standardized Meditation (CSM), um ihren wissenschaftlichen und klinischen Charakter anzudeuten. Ein Lehrbuch wurde herausgegeben, und seitdem hat eine Anzahl Psychotherapeuten diese Methode zur Behandlung ihrer Patienten erlernt.

Die CSM ähnelt mehr der TM als anderen Meditationsmethoden, unterscheidet sich von ihr jedoch in einigen wichtigen Punkten. Unsere Schüler wählen ihr eigenes Mantra aus einer Liste von sechzehn Sanskrit-Mantras, die ihnen vorgelegt wird*. Wenn sie jedoch ihr eigenes Mantra bilden wollen, können sie dies unter Beachtung einiger einfacher Regeln tun. Einer der wichtigsten Punkte unserer Methode besteht darin, daß die Dauer der Meditationssitzung den Bedürfnissen des einzelnen angemessen sein muß. Wir erklären die Wirkungen der Meditation auch weder in Begriffen irgendeiner Glaubenslehre noch bedienen wir uns esoterischer Begriffe wie »transzendent« und »kosmisches Bewußtsein«. Wo Erklärungen erforderlich sind, verweisen wir auf die vorliegenden wissenschaftlichen Ergebnisse. Natürlich ist unsere Unterweisung kürzer als die der TM, weil wir nicht durch vorbereitende oder nachfolgende Vorträge große Erwartungen wecken. Die CSM wird in zwei Unterrichtsstunden gelehrt.

Das CSM-Ritual der Zuteilung des Mantra sieht keine Gesänge oder sonstige besondere Zeremonie vor. Man braucht nur einen ruhigen Raum, einige schön arrangierte Pflanzen und (wenn der Schüler es wünscht) etwas Weihrauch und eine Kerze auf einem kleinen Tisch. Wir bedienen uns dann einer einfachen festgelegten, beruhigenden Form der Zuteilung des Mantra an den Schüler oder die Schülerin (die das Mantra selbst ausgewählt haben). Wir entschlossen uns zu diesem Ritus, weil wir fanden, daß die Würde und das Gewicht, die durch eine noch so einfache

* Der Einfluß bestimmter Laute auf den Menschen ist ein wissenschaftlich noch unerforschtes Gebiet. Manche Überlieferungen der Meditation behaupten, gewisse Laute seien schädlich. Wir haben daher drei Yoga-Experten der Mantra-Meditation gebeten, unsere Liste zu prüfen. Sie versicherten uns, die von uns für die praktische Meditation gewählten speziellen Laute könnten ohne Bedenken benutzt werden.

Zeremonie diesem Ereignis verliehen werden, wichtige Bestandteile des Lernprozesses bilden. In gewissem Sinn ist Meditation eine Wiedergeburt. Sie ist ein Neubeginn, eine bedeutsame Verpflichtung zum eigenen Wachstum.

Da unsere Anweisungen die Mühelosigkeit der Meditationstechnik und ihren »duldsamen« Charakter unterstreichen, wird die CSM mit der TM im Vergleich zu anderen Meditationstechniken, die einen gewissen Grad von Disziplin und Konzentration erfordern, zu den »duldsameren« Techniken gezählt.

Wir haben bis heute eine beträchtliche Anzahl von Patienten in Kliniken, Krankenhauseinrichtungen und in der privaten Praxis erfolgreich die CSM gelehrt. Die wesentlichen Vorzüge dieser Methode sind ihre Standardisierung, ihre Flexibilität und ihre Rücksichtnahme auf die besonderen Bedürfnisse der verschiedenen Menschen, die sie lernen. Bei der weiteren Erforschung dieses Gebietes werden wir jedoch mit größter Wahrscheinlichkeit entdecken, daß sich nicht nur eine Meditationstechnik für alle Menschen oder alle Gelegenheiten eignet. Es müssen wahrscheinlich verschiedene standardisierte Methoden entwickelt werden. Die Lehrer klassischer Meditationsformen haben sich tatsächlich schon seit Tausenden von Jahren nach einem derartigen Modifikationsprinzip gerichtet.

Wie alle anderen Meditationsmethoden hat die CSM ihre Nachteile. Sie ist zeitraubend. Sie erfordert eine private Unterrichtsstunde für jeden einzelnen Schüler, wenn auch am Tag danach alle Schüler in einer Gruppe zusammenkommen. Bei dem Versuch, Abhilfe zu schaffen, haben wir eine Art selbstgesteuerter Meditation nach dem Prinzip der CSM ausgearbeitet, die durch auf Tonband aufgenommene Anweisungen erlernt werden kann. Versuche mit dieser neuen Methode waren ermutigend, und es ist beabsichtigt, daran weiterzuarbeiten.

Die Benson-Methode

Die TM-Studien, die der Bostoner Kardiologe Dr. Herbert Benson in Zusammenarbeit mit Dr. Keith Wallace betrieb, sind

Marksteine auf dem Gebiet der Meditationsforschung. Sie lieferten den ersten labormäßigen Beweis, daß praktische Meditation den Stoffwechsel stark reduzieren kann[9]. Obwohl sich die ursprünglichen Untersuchungen nur auf die TM bezogen, entwickelte Benson später seine eigene Meditationsform, die allgemein als »Benson-Technik« bekannt ist. Es ging ihm darum, zu prüfen, ob außer der TM noch andere Meditationstechniken den gleichen allgemeinen Entspannungszustand hervorrufen können, den Benson mit »Entspannungsreaktion« bezeichnet.

Er entdeckte, daß sie es tatsächlich konnten. Seine Technik, eine einfache Form der Atemübung, bei der man sich das Wort »eins« (oder irgendein anderes selbstgewähltes Wort) bei jedem Ausatmen denkt, ergab bei den Laboruntersuchungen genau die gleichen physiologischen Veränderungen wie bei der TM: geringeren Sauerstoffverbrauch, weniger Kohlendioxyd-Ausscheidung und langsamere Atemfrequenz[10]. Daraus schloß Benson, daß »jede der uralten oder neu entwickelten Techniken (der Meditation) ungeachtet der angewandten geistigen Mittel die gleichen physiologischen Ergebnisse erzielt«[11].

Benson beschreibt seine Methode als eine »nicht kultische« Meditationstechnik. Zunächst müssen alle Muskeln des Körpers von den Zehen bis zum Kopf entspannt werden; man braucht eine ruhige Umgebung, ein geistiges Hilfsmittel (auf seinen Atem achten) und eine »Laisser-aller«- oder passive Haltung. Es ist eine wissenschaftliche Meditationsform, die ohne besondere Voraussetzungen im Labor offen studiert oder im Sprechzimmer des Klinikers angewandt werden kann. Daher kann die Benson-Methode, wie auch die CSM, ohne großen Kostenaufwand gelehrt werden.

Sind Benson-Technik und TM somit austauschbar? Sind die beiden Techniken nur verschiedene Versionen eines einzigen fundamentalen geistigen Prozesses, der die Entspannungsreaktion auslöst? Benson scheint zu glauben, daß das verwendete geistige Hilfsmittel wenig Bedeutung habe und nur eine Angelegenheit der persönlichen Vorliebe sei. Ich bin zwar auch der Ansicht, daß der Schüler seine Meditationsform selbst wählen soll. Ich glaube aber, uns liegen noch nicht genügend experimentelle Beweise für die Schlußfolgerung vor, daß alle praktischen Meditationsmittel austauschbar sind.

Bensons Technik unterscheidet sich sowohl von der TM wie von der CSM darin, daß sie einen höheren Grad von Konzentration erfordert. Benson gibt seinem Schüler folgende Anweisung: »Wenn sich ablenkende Gedanken einstellen, versuche, sie zu ignorieren und nicht bei ihnen zu verweilen; kehre wieder zu der Wiederholung von ›eins‹ zurück – das Wort ist mit dem Ausatmen zu koordinieren.« Er fordert seine Schüler nicht auf, diese Gedanken gewaltsam zu verdrängen (wie einige »unduldsame« Methoden dies tun), sondern er weist sie nur an, sie zu »ignorieren« und ihre Aufmerksamkeit wieder ihrer Atmung und ihrem Mantra zuzuwenden. Das unterscheidet seine Technik jedoch von den noch toleranteren Anleitungen der CSM, die den Meditierenden nicht nahelegen, ihre Gedanken zu ignorieren. Die Meditierenden sollen vielmehr ihre Gedanken bis zu einem gewissen Punkt kommen lassen und nur die Möglichkeit im Auge behalten, periodisch zum Mantra als Ausgangspunkt zurückzukehren. Das ist eindeutig eine andere geistige Einstellung.

Sowohl die TM als auch die CSM lehren eine sozusagen unbekümmerte Art des Umgangs mit dem Mantra. Sie weisen den Meditierenden an, dem Mantra sein eigenes Tempo zu lassen, ihm zu gestatten, schneller oder langsamer, lauter oder leiser zu werden oder sogar zu verschwinden, »wenn es will«. Das ist etwas anderes als der Versuch, seinen Atem mit dem Mantra zu verbinden, wie es die Benson-Methode tut. Wenn diese Verbindung zustande kommt, dann kontrolliert der Atem das Mantra. Die Benson-Methode operiert daher innerhalb viel engerer Grenzen als die TM oder die CSM – sie ist eine weniger zwanglose, selbstbestimmte Erfahrung.

Das heißt jedoch nicht, die Benson-Technik könne nicht von Nutzen sein, sondern nur, daß sie verschieden ist, und dieser Unterschied kann wichtig sein. Manche werden die Benson-Methode der TM oder CSM vorziehen, weil sie strukturierter ist und sie sich wohler fühlen, wenn ihnen ein Satz von festen Regeln vorgegeben ist. Andererseits wird ein poetischer, künstlerischer oder gefühlsbetonter Mensch derartige Regeln vielleicht bedrükkend empfinden und eine freiere Meditationsmethode vorziehen. Aus dem gleichen Grund mögen Menschen mit einem Hang zur Religion oder zur Dramatik die Sanskrit-Einführungszeremonie der TM dem streng profanen Ritus der CSM oder den etwas unpersönlichen Anweisungen der Benson-Methode vorziehen.

Die Persönlichkeit des Meditierenden ist vielleicht der wichtigste Faktor bei der Beurteilung der »Vorteile« irgendeiner dieser Techniken. Andererseits sind bestimmte »leichtere« Techniken vielleicht populärer. Diese Möglichkeit wurde kürzlich an der Princeton-Universität untersucht[12]. Als Teil eines Experiments wollte die Forscherin DiAnna Tolliver herausfinden, welcher von zwei Meditationstechniken (TM oder Benson) sechsundzwanzig Versuchspersonen den Vorrang geben würden, nachdem sie beide Techniken je zwei Wochen lang geübt hatten. Sie machte zunächst einen Persönlichkeitstest, um ihre grundlegenden Persönlichkeitsmerkmale zu bestimmen, dann lehrte sie sie die beiden Meditationstechniken. Später bewerteten diese Versuchspersonen ihre Reaktionen und füllten ausführliche Fragebögen aus.

Wie es oft bei Experimenten geschieht, mußte dieses geändert werden, weil sich etwas Unerwartetes ereignete. Es stellte sich heraus, daß Tolliver die Versuchspersonen, die die Benson-Technik der TM vorzogen, nicht miteinander vergleichen konnte, weil alle sechsundzwanzig berichteten, sie zögen die TM vor! Es schien keinen Unterschied zu machen, ob die sechsundzwanzig Versuchspersonen bei dem Persönlichkeitstest als »hochgradig ängstlich« oder »wenig ängstlich«, extravertiert oder introvertiert, abhängig oder unabhängig beurteilt worden waren; alle zogen die TM vor und sagten, »sie sei einfacher zu praktizieren«. Die meisten fanden die Benson-Methode zwar angenehm, aber niemand entschloß sich, sie weiterhin zu praktizieren. Drei Monate nach Beginn der Studien übten noch über achtzig Prozent der Versuchspersonen die TM aus.

Es ist schwierig, eine derartige Reaktion zu bewerten. Die TM tut offensichtlich viel, um hohe Erwartungen zu wecken. War dies der Grund für die größere Begeisterung der Versuchspersonen für diese Technik? Das ist zwar möglich; es ist jedoch zweifelhaft, ob es der einzige Grund war, denn die übliche Selbstdarstellung der TM wurde in dieser Studie mit Absicht fortgelassen. Um sicherzugehen, daß die Forscherin die Versuchspersonen nicht irgendwie beeinflußte, wurden vorher in einer gemeinsamen einstündigen Zusammenkunft Gruppengespräche sowohl über die TM als auch über die Benson-Technik geführt. Die Dozentin beschrieb beide Meditationsmethoden als kurz, einfach und leicht zu erlernen. Sie erklärte, es sei aufgrund von Forschungsarbeiten von Dr. Keith Wallace und Herbert Benson erwiesen, daß beide Techniken genau die gleichen Ergebnisse erzielten. Bei ihrer Darstellung der beiden Techniken bediente sie sich keiner Gutachten, Diagramme oder Tabellen*. Wir können zwar nicht sicher sein, daß die Teilnehmer unbeeinflußt von der Werbung der TM geblieben sind, der sie in den Massenmedien ausgesetzt waren. Einundachtzig Prozent berichteten jedoch später auf einem Fragebogen, keine größeren Erwartungen gegenüber der TM als gegenüber der Benson-Technik gehegt zu haben; in Wirklichkeit hätten sie von beiden Techniken nicht viel erwartet. Ein Vergleich der CSM (den meisten Studenten bisher noch unbekannt) mit der Benson-Methode könnte helfen, diesen Punkt zu klären, und ist auch für die Zukunft geplant.

Der obige Versuch zeigt, daß viele Menschen die TM für eine weniger anspruchsvolle Aufgabe halten als die Benson-Methode; das überrascht auch weiter nicht, weil es ja eine »duldsamere« Methode ist. Diese Entdeckung erklärt vielleicht den Eindruck, den mir mehrere meiner Kollegen, die die Benson-Methode gelehrt haben, vermittelten – daß es nämlich für viele Menschen schwerer zu sein scheint, sich an die Benson-Methode als an die TM zu halten. Ist es möglich, daß längerfristig der Benson-Methode – weil sie mehr Konzentration verlangt als z. B. die TM oder die CSM – weniger Anhänger verbleiben werden als bestimmten anderen Techniken? Diese Frage können nur sorgfältige Experimente – oder die Zeit – beantworten.

* Diese Neuerung war möglich, weil diese vergleichende Studie, obwohl sie durch eine qualifizierte TM-Lehrerin gemacht wurde, ohne Genehmigung der World Plan Organization geschah.

Andere Methoden

Die TM, CSM und die Benson-Methode sind die Hauptformen der Meditation, die wir besprechen werden, weil sie standardisiert und Teil eines ständig weiterwachsenden Fundus wissenschaftlicher Erkenntnisse sind. Am Horizont zeigen sich jedoch noch andere vielversprechende Techniken.

Der Psychologe Dr. Lester Fehmi hat eine standardisierte Meditationsform, *Open Focus* (Offener Fokus) genannt, entwickelt, die Ähnlichkeit mit einer Zen-Erfahrung hat, bei der der Meditierende die Einswerdung mit seiner Umgebung erlebt. Während die meisten Meditationstechniken lange nach ihrer Erfindung im Labor getestet werden, ging Dr. Fehmi bei der Entwicklung seiner Technik den umgekehrten Weg. Er untersuchte eine Anzahl verschiedener Meditationsanleitungen anhand von Personen, die an ein EEG-Gerät angeschlossen waren, und beobachtete die Wirkung auf ihre »Alpha«- und »Theta«-Hirnstromwellen. Auf diese Weise entdeckte er, daß Anweisungen, die mit der Vorstellung von »leerem Raum« verbunden waren, die dramatischste Wirkung auf das Gehirn hatten. Diese Erkenntnisse wurden dann zu der Technik »Offener Fokus« (*Open Focus*) ausgearbeitet. Es ist eine höchst wirksame Methode gesteuerter Imagination.

Der Psychologe Robert Woolfolk[13] hat ebenfalls nach Vorversuchen mit mehreren Methoden an seinen Patienten eine Form von Atmungstechnik entwickelt. Seine Methode ist der Benson-Methode in mancher Beziehung sehr ähnlich. Sie unterscheidet sich nur dadurch von ihr, daß sie die Meditierenden auffordert, auf das Ein- und Ausatmen zu achten, was für einige Menschen einfacher zu sein scheint, als nur das Ausatmen zu beobachten.

Es wurden auch Versuche mit einer Reihe Zazen-Techniken gemacht, die dem Westen angepaßt worden sind. Im allgemeinen sind dies Atem-Meditationsübungen, jedoch ohne die strengen Sitz- und sonstigen rigorosen Vorschriften des Zazen. Die meisten von ihnen sind nicht wirklich sorgfältig standardisiert worden, dennoch sind sie von Nutzen. Sie verlangen eine erhebliche Konzentrationsleistung, was sich für viele als Nachteil erweisen kann.

Wie steht es nun mit den Ähnlichkeiten und Unterschieden sowie dem Schwierigkeitsgrad der verschiedenen praktischen Meditationsmethoden? Die Antwort darauf scheint im Augenblick noch zu lauten, daß jeder selbst beurteilen muß, wie er auf die jeweilige Technik reagiert, da noch nicht genügend experimentelle Untersuchungsergebnisse vorliegen.

2 *Ist Meditation etwas Einzigartiges?*

Häufig wird die Frage gestellt, ob Meditation bloß eine weitere Entspannungstechnik sei oder eine Form von Gebet, eine Art von Selbsthypnose, oder ob sie manchen anderen Methoden der Selbstentfaltung so sehr gleiche, daß man sie nicht davon unterscheiden könne. Es ist nicht sehr hilfreich, wenn einige Meditationslehrer über diese Fragen beiläufig hinweggehen. Meditation hat – insbesondere in ihren praktischen Formen – eine Anzahl von Berührungspunkten mit manchen anderen Methoden, die der Förderung des persönlichen Wachstums dienen. Allerdings ist es nicht immer leicht, eine scharfe Trennungslinie zu ziehen. Wir werden einige wenige der genannten Verfahren untersuchen, um zu sehen, welche Ähnlichkeiten und welche Unterschiede zwischen ihnen und der Meditation bestehen.

Religiöse Meditation und Gebet

Die formale Disziplin der Meditation hat ihren Ursprung in der religiösen Praxis. Meditation als spirituelles Exerzitium spielt in den meisten Teilen der Welt eine weit größere Rolle als ihre Anwendung als praktische Technik. Die hinduistische und die buddhistische Religion sowie die Sufi-Sekte der Moslems haben die Meditation zu einer bedeutenden Kunst entwickelt. Auch andere Religionen haben im Laufe der Jahrhunderte ihre eigenen, höchst wirksamen Meditationspraktiken ausgearbeitet.

Einige Formen christlicher Meditation, insbesondere jene, die in Klöstern praktiziert werden, sind echte »Meditation« in dem Sinne, wie wir das Wort in diesem Buch gebrauchen. Andere christliche Praktiken jedoch, die ungenau als »Meditation« bezeichnet werden, sind eher Formen der Kontemplation. Sie rufen keine meditative Stimmung hervor, sondern schaffen eine Atmosphäre, in der das Denken gezielt auf ein besonderes theologisches Problem oder religiöses Ereignis gerichtet wird. Dieser

Denkprozeß endet häufig mit dem Bemühen, den reflektierten religiösen Gedanken für das eigene Leben nutzbar zu machen.

Der religiöse Laie (zumindest im Westen) wendet sich im allgemeinen viel eher dem einfachen Gebet als der Meditation zu. Das Verhältnis von Gebet und Meditation ist schwer zu definieren. Während tiefes Gebet wahrscheinlich nicht ohne – wie wir es nannten – meditative Stimmung möglich ist, erfordert die mechanische Wiederholung feststehender Gebete zur Erfüllung der religiösen Pflichten diese besondere Stimmung nicht.

Dennoch ist Gebet in vieler Hinsicht eng mit Meditation verwandt. Es ist gewöhnlich ein innerlicher, kontemplativer Zustand, der in der Ruhe, oft in der Einsamkeit gepflegt wird. Wie in der Meditation so werden auch im Gebet die äußeren Stimuli vermindert und eine besondere Art beruhigender, monotoner Umgebung geschaffen. Das Anstimmen ritueller Wendungen und Sätze, die immer wieder gesungen werden, widerhallende Musik, Kerzenlicht, Weihegaben, Weihrauch, Glockengeläute, Ehrfurcht einflößende Architektur mit symbolischer Ornamentik, eine für eine bestimmte Zeit eingenommene Haltung, ganz oder halb geschlossene Augen – das sind die traditionellen Begleiterscheinungen des Gebetes, die ein Gefühl der Ehrfurcht und der Vereinigung mit der Gottheit hervorrufen sollen. Durch sie wird auf höchst wirksame Weise die meditative Stimmung erzeugt.

Obwohl sich das Gebet auf die meditative Stimmung stützt, ist es dennoch eine zielgerichtete Aktivität. Im Gebet ruft der Mensch die Gottheit an. Er preist oder dankt, sucht Vergebung, Trost oder Hilfe oder tritt mit der Gottheit in irgendeiner anderen Weise in Verbindung. Das zielgerichtete Gebet, die bei weitem gebräuchlichste Gebetsform, unterscheidet sich wesentlich von der nach nichts strebenden, relativ ziellosen Versunkenheit der Meditation.

Wenn wir uns hingegen anderen Gebetsformen zuwenden, dann läßt sich keine so deutliche Unterscheidungslinie ziehen. Gebet kann als echte Meditationsform in dem Sinne benutzt werden, wie wir diesen Begriff hier verwenden. Maupin hat die Auffassung geäußert, das stille, kontemplative Gebet sei im Westen lange Zeit die einzige weitverbreitete, von der Gesellschaft anerkannte »Meditationsmethode«[1] gewesen. Er meint, mit dem Nachlassen des Gebetes im Westen seien wichtige Vorteile dieser »Meditations«-Form verlorengegangen, die mit dem religiösen Glauben an sich wenig zu tun haben, nämlich psychologische Ruhe und Kontakt mit unserer inneren Erfahrung und unseren tieferen Quellen.

In manchen Fällen ist das Gebet absichtlich so strukturiert, daß es zweifelsfrei in den Bereich der Meditation gehört. In westlichen Klöstern wird die Wiederholung von Worten bei den Lobpreisungen Gottes weithin dazu verwendet, einen besonderen Zustand herbeizuführen, in dem die Außenwelt ausgeschaltet ist und der Mensch hinübergetragen wird in einen erhabenen Zustand der Gottesnähe. Das »Herzensgebet«, das im vorrevolutionären Rußland von russischen Mönchen und frommen Laien gebetet wurde, ist hierfür ein Beispiel. Dieses Gebet wurde verwendet, um den Geist zu »reinigen«. Man nahm dabei eine passive Haltung an und wiederholte bei jedem Ausatmen den Satz: »Herr Jesus Christus, erbarme dich meiner.« Man glaubte, der Geist entleere sich dadurch aller Gedanken, Bilder und Leidenschaften. In diesem Falle wurde ein christlich-religiöser Spruch auf die gleiche Weise benutzt, wie Mantras in Indien gebraucht werden. Sanskrit-Mantras sind entweder Namen von Gottheiten oder religiöse Aussprüche.

Man sieht, wie das Gebet, wenn es als eine Form stiller innerer Einswerdung oder zusammen mit einer Mantra-ähnlichen Wiederholung religiöser Worte geübt wird, unmerklich in Meditation hinübergleitet. Zwar kann man Gebet und Meditation nicht gleichsetzen, aber man kann sie auch nicht ganz voneinander trennen. Die beiden Zustände sind nicht nur geschichtlich miteinander verwandt, sondern häufig auch in ihrem Geist und in ihrer Absicht. Beide Praktiken sind in gewissem Sinne auch mit einer anderen allgemein bekannten Methode verwandt, die eine meditative Stimmung hervorruft – die Selbsthypnose.

Die Selbsthypnose

Häufig wird die Frage gestellt, ob Meditation und Hypnose nicht »das gleiche« seien, da beide einen »Trance-Zustand« zur Folge hätten. Das Wort »Trance« hat oft einen negativen Beigeschmack. Laut Wörterbuch bedeutet es Funktionsunfähigkeit oder Zustand von Benommenheit und Stupor. Häufig denkt man dabei auch an die Trancen der tiefen Hypnose, in denen der Betreffende nicht nur einen begrenzten Kontakt mit seiner Umgebung hat, sondern nachher ganz unfähig sein kann, sich an das zu erinnern, was sich während der Trance ereignete.

Das sind gewiß bestimmte Formen von Trance; sie sind in der Tat weder die einzigsten noch die häufigsten. Leichte Trancezustände, die jedem bekannt sind, haben im allgemeinen nicht diese alarmierenden Eigenschaften. Dr. Ronald Shor hat darauf hingewiesen, daß leichte Trancen für jeden von uns alltägliche, gewöhnliche Vorkommnisse sind[2]. Unsere Aufmerksamkeit setzt sich dabei ganz enge Grenzen und konzentriert sich scharf auf einen oder zwei Gegenstände, Ereignisse oder Gedanken. Weil sich unsere Aufmerksamkeit einengt, beginnt unsere generalisierte Realitätsorientierung – d. h. unser Bewußtsein von unserer Umgebung und unserer üblichen Denk- und Wahrnehmungsweise – zu schwinden und schafft einen »Trance«-Effekt. Shor beschreibt seine eigene Erfahrung wie folgt:

> Ich las ein ziemlich schwieriges wissenschaftliches Werk, das verlangte, mich ganz darin zu vertiefen, um dem Gedankengang folgen zu können. Ich hatte mich darin verloren, hatte die Zeit und meine Umgebung vergessen. Dann drang etwas ohne Vorwarnung auf mich ein: ein vages, verschwommenes Gefühl, daß sich etwas geändert hatte. Alles ereignete sich im Bruchteil einer Sekunde. Als es vorüber war, entdeckte ich, daß meine Frau eingetreten war und eine Bemerkung an mich gerichtet hatte. Ich konnte dann die Bemerkung wieder heraufbeschwören, die sich irgendwie meinem Gedächtnis eingeprägt hatte, obwohl ich sie nicht bewußt wahrgenommen hatte, als sie ausgesprochen wurde[3].

Offensichtlich gibt es noch viele andere Ereignisse des täglichen Lebens, die einen Zustand leichter Trance nach sich ziehen, obgleich wir den Zustand vielleicht nicht so nennen. Wir alle wissen z. B., wie sehr Künstler während der Inspirationsphase von ihrer Arbeit fasziniert sind und ihre Umgebung praktisch vergessen. Man kann auf die gleiche Weise gefesselt sein, wenn man sich ganz in eine großartige Landschaft oder in ein spannendes Spiel oder ein Kunstwerk oder in Musik oder in die Liebe . . . oder die Meditation vertieft. Heißt das, wir sollten alle diese Aktivitäten als Formen der Selbsthypnose betrachten?

Obwohl Meditation und Selbsthypnose einen bestimmten Grad von Trance bewirken, gibt es zwischen den beiden fundamentale Unterschiede. Eines der Kernmerkmale der Selbsthypnose ist die gesteigerte Empfänglichkeit für Autosuggestionen bezüglich geistiger oder körperlicher Verhaltensweisen, die der Betreffende erreichen will. Die hypnotisierte Person handelt (oder denkt) so, wie sie es sich selbst oder wie der Hypnotiseur es ihr empfiehlt. Selbsthypnose ist daher »zielgerichtet«. Der Psychologe Robert White hat in einer Diskussion über die Hypnose-Theorie erklärt, das »zielgerichtete« Streben sei eines der Hauptmerkmale aller hypnotischen Zustände[4].

Diese Beschreibung der Hypnose unterscheidet sich gründlich von den meisten Darstellungen der Meditation. In den großen Traditionen betrachtet man die Meditation als einen »zweckfreien«, »anstrengungsfreien« Zustand. Obwohl der Meditierende in der Praxis während der Meditation gewisse Anstrengungen machen mag (vielleicht bei dem Versuch, irgendein spirituelles Ziel zu erreichen), ist dies im allgemeinen nur ein unbedeutender Aspekt der Meditation und wird vom Meditationslehrer häufig mißbilligt. Natürlich spielen in der meditativen Erfahrung Autosuggestionen eine Rolle, so z. B. wenn man sich vornimmt, während der Meditation zu entspannen oder die implizierte »Suggestion«, die sich mit der Wiederholung eines Mantra verbindet, das einer Aufforderung gleichkommt, in einen tieferen Entspannungszustand einzutreten. Bestimmte Yoga-Methoden verlangen vom Meditierenden, sich einiger Suggestionen zu bedienen, die ihm helfen sollen, *Brahman*, den höchsten Bewußtseinszustand, zu erreichen. Jedoch kann dieser untergeordnete Gebrauch der Suggestion bei der Meditation kaum mit der Hauptrolle verglichen werden, die sie in der Selbsthypnose spielt. Diese beiden Zustände scheinen hinsichtlich ihres aktiven Strebens auf ein Ziel hin sehr verschieden zu sein.

Auch rufen Meditation und Selbsthypnose nicht unbedingt die gleiche Art physiologischer Veränderungen hervor. Wie wir im nächsten Kapitel sehen werden, ist es kennzeichnend für die Meditation, daß sie den Stoffwechsel reduziert, was eine tiefe Beruhigung von Leib und Seele mit sich bringt. Im Gegensatz hierzu steigern die hypnotischen Zustände den Stoffwechsel, etwa wenn ein Sportler Selbsthypnose vor einem Wettkampf betreibt, um sich in die richtige psychische Verfassung zu bringen. Andere hypnotische Zustände verursachen überhaupt keine physiologischen Veränderungen, auch keine Veränderungen der Hirnstromwellen[5]. Eine Reihe von Forschern hat gezeigt, daß hypnotisierte Hilfspersonen im allgemeinen ein aktiviertes Hirnstrombild haben, das sich vom üblichen Wachzustand nicht unterscheidet[6]. Nur wenn den hypnotisierten Personen ausdrücklich befohlen wird, sich in einen meditationsähnlichen Zustand zu versetzen, gleicht ihr Hirnstrombild demjenigen, das in der Meditation beobachtet wurde. Wenn sie angewiesen werden, sich völlig zu entspannen, werden sie dies gehorsam tun, genauso, wie sie auch viele andere Dinge, einschließlich Einschlafen, unter Hypnose tun*.

Das Verhältnis von Meditation und Hypnose ist jedoch noch nicht definitiv geklärt. Es ist immerhin möglich, daß Meditation im weitesten Sinne des Wortes tatsächlich eine Form von Hypnose ist, wenn auch bestimmt nicht die Art von Hypnose, die wir im Westen kennen. Die westliche Hypnose ist ein höchst motivierter Zustand, in dem der Mensch eine »Rolle« spielt und gewisse vorgeschriebene Handlungen oder Gedanken ausführt. Abraham Maslow[8], der diese westliche Form als »Aktiv-Hypnose« (*striving-hypnosis*) bezeichnet, weist darauf hin, daß ein

* Es ist interessant, daß Zen-Mönche gelehrt werden, die hypnotische Trance zu unterdrücken. Sie nennen sie *sanran* (was Verwirrung bedeutet), weil sie der Ansicht sind, sie wirke störend auf ihre Meditationsübung[7].

viel weniger bekannter Typ, die »Seins-Hypnose« (*being-hypnosis*), es dem Menschen erlaube, das Spielen von Rollen aufzugeben und in eine tiefe Versunkenheit zu geraten, die der »Spitzenerfahrung« oder mystischen Zuständen der Kontemplation gleiche. Diese Seins-Hypnose wird fast ausschließlich für bestimmte spirituelle Disziplinen wie Yoga oder Zen verwendet. Es ist möglich, daß sie tatsächlich eine Form von Meditation ist.

Wenn Aktiv-Hypnose und Meditation auch nicht dasselbe sind, so haben sie doch einige Punkte gemeinsam. Daher überrascht es nicht, daß eine der bedeutendsten aller modernen Entspannungstechniken, das autogene Training, ihren Ursprung in der wissenschaftlichen Untersuchung der Hypnose hat, wie sie im Westen praktiziert wird.

Autogenes Training

Der Psychiater J. H. Schultz aus Berlin veröffentlichte 1926 die ersten Berichte über eine neue Form tiefer Entspannung. Sie verband westliche Methoden der Autosuggestion mit einigen alten Yoga-Techniken. Er bezeichnete sie als »autogen«, womit er im wesentlichen »selbst hervorgerufen« meinte. Sie sollte die am weitesten verbreitete und eingehend wissenschaftlich untersuchte Entspannungsmethode der Welt werden. Gegenwärtig liegen fast dreitausend wissenschaftliche Studien im Druck vor, die die unzähligen medizinischen Anwendungsmöglichkeiten des autogenen Trainings, wie man diese Technik schließlich nannte, behandeln[9].

Schultz' Methode entstand aus einer wissenschaftlichen Untersuchung des Schlafs und der Hypnose. Um die Jahrhundertwende hatte der bekannte Berliner Gehirnphysiologe Dr. Oskar Vogt beobachtet, daß eine Anzahl Patienten, die sich unter seiner Leitung einer Reihe von hypnotischen Sitzungen unterzogen hatten, anfingen, sich während des Tages, wenn sie allein waren, ganz selbständig in einen der Hypnose ähnlichen Zustand zu versetzen; diese autohypnotischen Übungen schienen eine bemerkenswert kräftigende Wirkung auf sie zu haben. Patienten, die diese Übung mehrmals am Tage gemacht hatten, berichteten über eine deutliche Besserung ihrer Fähigkeit, mit dem Streß fertig zu werden; sie verspürten auch weniger Müdigkeit und Spannung, zahlreiche hypnotische Symptome verschwanden, und ihre gesamte Leistungsfähigkeit nahm zu.

Dr. Schultz war von Vogts Entdeckungen fasziniert. Er probierte diese Technik der Selbsthypnose mit seinen eigenen Patienten aus und stellte fest, daß sie – wenn sie regelmäßig übten – fast unweigerlich zwei Dinge berichteten: sie verspürten ein Gefühl der *Schwere* und ein angenehmes Gefühl der *Wärme* in den Gliedmaßen und manchmal im ganzen Körper. Daraus schloß Schultz, man könne die Wirkungen der Selbsthypnose vielleicht herbeiführen, wenn man intensiv an »Schwere« oder »Wärme« denke, ohne eine formelle hypnotische Herbeiführung des Zustandes zu benötigen.

Dies war tatsächlich der Fall. Seine Patienten waren fähig, durch einfache Konzentration auf verbale Formeln, die Schwere oder Wärme suggerierten, einen Zustand herbeizuführen, der erstaunliche Heilkraft zu besitzen schien. Diese Entdeckung stand am Anfang der umfangreichen Forschungsarbeiten über autogenes Training, die noch immer im Anwachsen begriffen sind. Ein anderer Arzt schloß sich Schultz bald an: der Psychophysiologe Dr. Wolfgang Luthe. Die beiden Ärzte führten das autogene Training in Krankenhäusern und Kliniken Europas, vielen Teilen Asiens, Australiens und Kanadas ein. Nur die Vereinigten Staaten verhielten sich konservativ und unempfänglich gegenüber dieser Technik, die anderwärts großen Beifall fand. In den letzten Jahren indessen hat das autogene Training auch in den Vereinigten Staaten begonnen, Interesse zu wecken, insbesondere seitdem man es mit dem »Biofeedback«-Training kombiniert, was offenbar eine wirksame Verbindung ist.

Typisch für das autogene Training sind eine Reihe abgestufter Übungen, die eine sukzessive Konzentration auf verschiedene körperliche Zustände erfordern. Sätze wie: »Mein rechter Arm ist schwer« (der für Rechtshänder verwendet wird) werden zunächst nur für kurze Zeitspannen wiederholt. Wenn der Schüler fortgeschritten ist, kommen ausführlichere Sätze hinzu, die sich mit dem Wärmegefühl in den Armen, Beinen und im Rumpf oder mit dem Abkühlen der Stirn usw. befassen. Schüler, die sich ein Jahr oder noch länger einem autogenen Training unterzogen haben, werden gelehrt, durch Konzentration bestimmte psychische oder auch physische Zustände hervorzurufen. Diese geistigen Übungen werden »Meditationen« genannt; sie unterliegen jedoch einer viel strikteren Kontrolle als die üblichen Meditationsformen. Der Schüler erhält genaue Anweisungen; so wird er z. B. aufgefordert, sich bestimmte Farben in einer bestimmten Reihenfolge vorzustellen. Man bezeichnet sie besser als »gesteuerte Imagination« (*guided imagery*) und nicht als Meditation.

Regelmäßiges autogenes Training hat jedoch vieles mit den meditativen Zuständen gemeinsam. Die Übungen müssen in einem ruhigen Raum bei gedämpftem Licht stattfinden, wobei die Kleidung gelöst, der Körper entspannt und die Augen geschlossen sein sollen. Der Schüler liegt auf dem Rücken, lehnt sich in einen Sessel zurück oder sitzt in lässiger Haltung auf einem Hocker.

Der ganze Prozeß ist »meditativ« in dem Sinne, wie wir diesen Begriff gebrauchen, denn um die Übungen zu vollziehen, muß der Schüler in einen fast traumähnlichen Zustand kommen, der als »passive Konzentration« bekannt ist, wobei er keine Wirkungen herbeizwingt, sondern sie »einfach geschehen läßt«. Wenn der Schüler nicht »passiv konzentriert« ist, bleiben seine Übungen wirkungslos. Aus diesem Grunde sind viele der Beobachtungen von Vertretern des autogenen Trainings unmittelbar auf das Studium der Meditation anwendbar. Wie wir später sehen werden, ist dies für die Meditationsforschung von Vorteil, weil während des vergangenen halben Jahrhunderts Zehntausende von Aufzeichnungen über autogenes Training gesammelt worden sind, in denen Ausübende dieser Entspannungstechnik Schritt für Schritt Rechenschaft darüber geben. Dadurch steht uns eine erstaunliche Menge von Informationsmaterial darüber zur Verfügung, was im Zustand tiefer Entspannung geschieht. Wir werden uns einige dieser sorgfältigen Berichte ansehen, wenn wir uns mit dem Wechsel Spannung-Entspannung während der Meditation befassen.

Freie Assoziation

Psychiater vergleichen häufig eine andere Technik mit der Meditation – die Methode der »freien Assoziation«, die bei Patienten in der Psychoanalyse verwendet wird. Wie das autogene Training hat auch diese Technik ihren Ursprung im Studium der Hypnose.

In ihrem gemeinsamen Werk über die Behandlung der Hysterie, das 1895[10] veröffentlicht wurde, berichteten Dr. Sigmund Freud und Dr. Josef Breuer über etwas, das sich später als erster Schritt zu einem Durchbruch in der Behandlung psychiatrischer Störungen herausstellen sollte. Sie hatten folgendes entdeckt: Wenn bestimmte Typen von Patienten ihre unterdrückten Emotionen in einer leichteren Hypnose entladen konnten, verschwanden ihre hysterischen Symptome häufig ganz plötzlich. Bei der weiteren Untersuchung dieser Technik entdeckte Freud jedoch bald, daß sie ihre Nachteile hatte. Viele Patienten ließen sich nicht hypnotisieren; auch bekam er allmählich das Gefühl, daß eine Methode, die dem Arzt eine so starke Kontrolle über den Patienten gibt, unerwünscht sei.

Vielleicht waren die gleichen Ergebnisse zu erzielen, wenn sich der Patient bei vollem Bewußtsein seiner Gedanken und Emotionen erinnerte und sie äußerte, ohne in eine hypnotische Trance versetzt zu werden. Freud probierte diese Alternative mit Erfolg aus: damit war die »freie Assoziation« geboren[11]. Bei dem neuen Verfahren wurde der Patient angewiesen, sich auf einer Couch zu entspannen und alle Gedanken, die ihm in den Sinn kamen, auszusprechen, so trivial oder peinlich sie ihm auch erscheinen mochten. Mit dieser Technik gelang es Freud, hysterische Neurosen ebenso erfolgreich zu heilen wie mit der Hypnose. Die neue Technik konnte auch für andere Arten von Patienten verwendet werden. Später sollte sie zum Eckpfeiler der psychoanalytischen Methode werden.

Die Atmosphäre, die für die freie Assoziation notwendig ist, ähnelt in vieler Hinsicht der, die man für die Meditation braucht. Zur Förderung des einen wie des anderen Zustandes müssen zunächst die Stimuli reduziert werden. Der frei assoziierende Patient befindet sich in einem ruhigen Raum (Arbeitszimmer des

Analytikers), der nur wenig Ablenkung bietet. Er schaut den Analytiker nicht an, sondern liegt auf einer Couch und läßt seinen Geist frei umherschweifen. Weder der frei assoziierende Patient noch der Meditierende sollen den Charakter der Gedanken, die während der Sitzung auftauchen, beurteilen, sondern sie sollen akzeptieren, was immer ihnen in den Sinn kommt*. Auf diese Weise kann bei beiden Methoden emotional aufgeladenes Material, das dem Bewußtsein normalerweise nicht zugänglich ist, leichter an die Oberfläche kommen.

Zwischen den beiden Techniken gibt es jedoch wichtige Unterschiede. Bei der freien Assoziation wird der Patient aufgefordert, alle seine Gedanken zu verbalisieren – er soll sie sogleich in Worte fassen. Das ist zwar für die Therapie von Nutzen; wenn dies jedoch automatisch geschieht, werden alle jene Erfahrungsaspekte ausgeschlossen, die nicht schnell genug (wenn überhaupt) in Wortsymbole gefaßt werden können. Dem Meditierenden stehen also eine Menge von Bildern, Empfindungen und Gefühlen zur Verfügung, die der frei assoziierende Patient ignorieren muß, weil er ständig seine Erfahrung in Worte zu fassen sucht, während diese noch andauert.

Ein weiterer Unterschied zwischen den beiden Techniken besteht darin, daß die freie Assoziation dazu dient, spezielle Problembereiche zu lokalisieren, während die Meditation sich eher mit allgemeinen Spannungsfeldern zu befassen scheint. Aus diesem Grunde scheinen im meditativen Zustand viele nichtverbale Reaktionen – Gefühle, die sich vielleicht in früher Kindheit entwickelten, ehe wir sprechen konnten – behandelt zu werden, die dem Patienten in der Psychotherapie entgehen können.

Es gibt noch einen weiteren Unterschied. Der psychoanalytische Patient hat bei der freien Assoziation ein klares Ziel vor Augen – er versucht dem Analytiker bestimmte wunde Punkte zu enthüllen. Die Situation des Meditierenden ist eine völlig andere. Während der Meditation hat er kein unmittelbares Ziel vor Au-

* Diese nicht bewertende Haltung gegenüber »Ablenkungen« bzw. Gedanken während der Meditation ist ein besonderes Charakteristikum der »duldsamen« Meditationsformen.

gen; die Gedanken, die ihm durch den Kopf gehen, dienen keinem besonderen Zweck, und er versucht nicht, ihre Bedeutung zu analysieren. In diesem Sinne könnte man die freie Assoziation mit einer Art »Arbeit« und die Meditation (zumindest die »praktische« Meditation) mit einer Art »Spiel« vergleichen.

Der letzte Unterschied zwischen Meditation und freier Assoziation besteht darin, daß letztere eine Beziehung zwischen zwei Menschen erfordert, während Meditation eine Lockerung aller äußeren Bindungen beinhaltet. Der Patient in der Therapie ist nie völlig frei von seinem Bedürfnis, dem Therapeuten zu gefallen oder ihm Widerstand entgegenzusetzen – er ist immer irgendwie damit beschäftigt, was der Therapeut denkt. Der Meditierende hingegen ist auf seiner »inneren Reise« an niemanden gebunden.

Trotz dieser wichtigen Unterschiede zwischen den beiden Techniken gibt es während der freien Assoziation Augenblicke, in denen die meditative Stimmung heraufbeschworen werden muß. Diese Stimmung kann dadurch zerstört werden, daß der Patient sich bemüht, sein Denken in Worte zu kleiden; sie ist dennoch eine notwendige Komponente im psychoanalytischen Prozeß. Wenn es dem Patienten leichtfällt, in diese meditative Stimmung zu kommen, wird seine Psychoanalyse vermutlich bessere Fortschritte machen. Freud stellte fest, daß die Fähigkeit der Menschen, sich von den – wie er es nannte – »intentionalen« (gelenkten) Gedanken frei zu machen und frei assoziieren zu lernen, sehr unterschiedlich ist. Möglicherweise hängt diese Fähigkeit von dem Grad der Geneigtheit des Menschen ab, sich auf die meditative Stimmung einzulassen. Das mag ein Grund dafür sein, daß es für die Patienten, die sich einer Psychoanalyse unterziehen, von Vorteil ist, daneben zu meditieren. Wir werden diese Möglichkeit später erörtern, wenn wir die Frage der Verwendung der Meditation als Unterstützung für die Psychotherapie besprechen.

Progressive Entspannung

Mitte der dreißiger Jahre entwickelte der Psychophysiologe Dr. Edmund Jacobson eine Methode zum Abbau von Spannung und Angst, wobei er von einer interessanten Vorstellung ausging. Da Angst (wie er in seinen Laborversuchen gezeigt hatte) von Muskelspannungen begleitet war, folgerte er, daß man den Sachverhalt umkehren und zunächst die Spannung in den Muskeln beseitigen könne; damit müßte auch die Angst verschwinden.

Es stellte sich jedoch heraus, daß es nicht so leicht war, die Muskelspannungen zu beseitigen. Menschen, die chronisch verspannt sind, werden sich häufig gar nicht der Tatsache bewußt, daß sie ihre Muskeln anspannen bzw. in welchem Körperteil sie es tun. Wenn man ihnen den Vorgang des Ausspannens verschiedener Muskelpartien bewußt machte, könnten sie vielleicht den Spannungs-Entspannungs-Prozeß beherrschen lernen. Damit war Jacobson auf die rudimentäre Form von »Biofeedback« gestoßen, auf den Prozeß der Bewußtmachung körperlicher Vorgänge und körperlicher Kontrollfunktionen.

Aufgrund dieser Theorie begann Jacobson seine Patienten zu lehren, »die Spannung« in den verschiedenen Muskelpartien »zu fühlen«, eine nach der anderen. Sie wurden aufgefordert, ihre Muskeln absichtlich in jedem Körperteil anzuspannen; dann mußten sie die Muskeln plötzlich locker lassen und ihre Empfindungen dabei genau registrieren. Mit Hilfe dieser Methode waren seine Patienten schließlich fähig, Muskelverkrampfungen zu beseitigen und ein Gefühl tiefer Entspannung zu erleben.

Jacobsons Übungsmethode, die er »progressive Entspannung« nannte, war zeitraubend und mühsam. Um die Grundtechnik zu erlernen, brauchte man insgesamt sechsundfünfzig einstündige Sitzungen; oft waren noch weitere Übungsstunden erwünscht. Für die meisten Forschungszwecke war seine Methode zu beschwerlich, obwohl ihre Wirksamkeit nicht zu leugnen war, wie Jacobson selbst durch eine lange Reihe sorgfältiger Laboruntersuchungen beweisen konnte[12].

Um diesen zeitlichen Nachteil auszuschalten, modifizierte der Verhaltenspsychologe Dr. Joseph Wolpe später Jacobsons Methode. Mit dieser neuen Technik geschah das Spannen und Entspannen der Muskeln viel schneller, und der Übungskurs wurde auf insgesamt sechs Übungen von je zwanzig Minuten beschränkt[13]. Wie viele andere Schnellverfahren büßte auch diese verkürzte Technik etwas vom Geist der ursprünglichen Methode ein. Jacobson warnt davor, den Übenden Muskeln mehr als zwei- oder dreimal in der Stunde spannen und entspannen zu lassen, weil sich der Patient zu sehr verausgaben und dies der Entspannung entgegenwirken könne. Wolpe und seine Nachfolger forderten ihre Patienten auf, während jeder Sitzung von zwanzig Minuten ihre Muskeln mehrmals zu spannen und zu entspannen. Es ist wichtig, sich das vor Augen zu halten, denn Wolpes Abwandlung der Jacobson-Technik ist diejenige, die heute weit und breit verwendet wird. Wenn wir sagen, daß die Quote derer, die die progressive Entspannung aufgeben, hoch ist, dürfen wir nicht vergessen, daß Wolpes abgewandelte Technik wirklich Anstrengung kostet. Nicht jeder ist geneigt, sich zweimal täglich fünfzehn Minuten lang dieser Mühe zu unterziehen.

Gibt es zwischen der progressiven Muskelentspannung und der Meditation Ähnlichkeiten? Abgesehen davon, daß beide Entspannung herbeiführen, braucht auch die progressive Entspannung eine Atmosphäre, die wir nunmehr von allen Entspannungstechniken her kennen – einen stillen Raum, gedämpftes Licht, eine bequeme Stellung und eine gelassene, aufnahmebereite Geisteshaltung. Trotz dieser Gemeinsamkeiten aber gibt es zwischen dieser Form der Entspannung und der Meditation wichtige Unterschiede.

Wolpes Therapeuten bedienen sich häufig zielgerichteter Suggestionen und sogar hypnotischer Verfahren, um das Bewußtsein für körperliche Empfindungen zu wecken. Folgende Anweisungen sind typisch dafür:

> ... Entspannen Sie sich vollkommen ... Lassen Sie Ihre Muskeln los ... Genießen Sie das Gefühl tiefer Entspannung ... Entspannen Sie sich mehr und mehr ... Konzentrieren Sie Ihre Aufmerksamkeit darauf, welches Gefühl Sie haben, wenn Ihre Muskeln voll und ganz entspannt sind ...[14]

Solche Sätze, die dem Übenden mit beruhigender Stimme immer wieder vorgesagt werden, wiederholt der Schüler ständig im Geist, wenn er die Technik zu Hause praktiziert. In der Regel sagt sich der Schüler beim Üben die Muskelspannungs- und -entspannungsbefehle immer wieder selbst vor. Dadurch wird dies eine viel aktivere Technik als die Meditation, abgesehen von den unvermeidlichen Augenblicken (die je nach Anweisung kürzer oder länger sind), wenn der Praktizierende vollkommen regungslos verharrt.

In einer an der Princeton-Universität durchgeführten Studie verglichen wir progressive Entspannung mit Transzendentaler Meditation und machten dabei eine interessante Entdeckung in bezug auf diese »stillen« Perioden, die bei der progressiven Entspannung auftreten. Ungefähr fünfundsechzig Prozent der Befragten berichteten, daß sie zumindest während eines Teils dieser zehn Minuten, in denen sie nach den Übungen still und entspannt dalagen, einen Zustand erlebten, in dem ihr Geist nicht konzentriert war, sich treiben ließ, passiv und von wechselnden Vorstellungen erfüllt war. Es scheint, als seien sie während dieser stillen Augenblicke in eine meditative Stimmung geraten. Wenn wir auf die Unterschiede der beiden Techniken zu sprechen kommen, müssen wir diesen Punkt im Auge behalten und uns dann fragen, warum sie manchmal ganz ähnliche Wirkungen haben*.

Biofeedback

Die neueste Entspannungstechnik bedient sich keines geistigen Hilfsmittels, um ihre Wirkung zu erzielen, sondern eines mechanischen. Das Biofeedback (Feedback = Rückmeldung) kann sowohl auf Hirnwellen wie auf andere physiologische Systeme angewandt werden, um einen Entspannungszustand zu erzeugen. Eine an ein EEG-Gerät angeschlossene Versuchsperson braucht

* Eine andere Technik, die in der Verhaltensmodifikation benutzt wird, die »ruhige Szene«, in der sich der Schüler lebhaft eine erfreuliche, entspannende Situation vorstellt, kann die meditative Stimmung sogar noch stärker hervorrufen.

nur auf ein Signal zu achten, das aufleuchtet, wenn eine starke Entladung von Hirnwellen des gewünschten Typs erzeugt wird. Anhand dieser Information kann sie im allgemeinen innerhalb von fünfzehn oder weniger Sitzungen lernen, das gewünschte Hirnwellenmuster auf Befehl zu erzeugen.

Diese Art von Biofeedback hat wichtige Folgen für das Studium der Bewußtseinszustände. Gehirnrhythmen sind gekennzeichnet durch ihre Frequenz – soundso viele Zyklen oder Spitzen pro Sekunde. Der Alpha-Rhythmus, der am Hinterkopf gemessen wird, weist zwischen acht und zwölf Zyklen pro Sekunde auf. Der Theta-Rhythmus ist langsamer – zwischen fünf und sieben Zyklen pro Sekunde. Diese beiden Arten von Hirnwellen sind für die Wissenschaftler von besonderem Interesse, weil sie spezifisch geistige Zustände widerzuspiegeln scheinen.

Alpha-Wellen sind typische Begleiterscheinungen schläfriger, entspannter Zustände, in denen die Gedanken unkonzentriert von einem Gegenstand zum anderen wandern. Die Versuchspersonen in den Labors bezeichnen die Alpha-Zustände unterschiedlich als »entspannend«, »passiv«, »ängstlich«, »sich gehenlassen«, »ergeben«, »hochgestimmt«, »angenehm« oder mit anderen Adjektiven. Bei erfahrenen Meditierenden sind sie während und manchmal auch außerhalb der Meditation in großer Zahl in ihren Hirnwellen-Aufzeichnungen vorhanden, obwohl sie nicht von jedem auf die gleiche Weise erfahren werden[15].

Theta ist der Zustand, den man kurz vor dem Einschlafen erreicht. Einige Forscher sind sogar der Ansicht, daß es die Zeit sein kann, in der kreative Menschen einige ihrer wichtigen Inspirationen[16] erhalten. Wie Alpha erscheint auch Theta in den Hirnwellen-Aufzeichnungen meditierender Menschen, gewöhnlich jedoch nur bei sehr erfahrenen Meditierenden und nachdem eine Alpha-Periode voraufgegangen ist[17].

Welches sind die Folgerungen dieser Entdeckungen? Bedeuten sie, daß jemand die Meditation umgehen und »aus dem Stand« ein Satori (Erleuchtung) herbeizaubern kann, indem er einfach bestimmte Änderungen in seinen Hirnwellen bewirkt? Zunächst schien es, als ob dies der Fall sein könnte, und die Leute stürzten sich auf den Kauf von tragbaren Alpha-Biofeedback-Apparaten, die auf dem Markt zu erscheinen begannen. Bald entdeckte man jedoch, daß Alpha-Wellen nicht all die Wunder wirken, die man sich versprochen hatte. Während die Meditation Alpha hervorbringen kann, bringt Alpha umgekehrt nicht unbedingt die Meditation hervor. Offensichtlich ist ein meditativer Zustand mehr als die bloße Summe der ihn begleitenden Hirnwellen.

Nach Dr. Gary Schwartz vom Department of Human Relations an der Harvard-Universität[18] ist einer der wichtigen Aspekte, die man beachten muß, wenn man die verschiedenen körperlichen Systeme zu beeinflussen sucht, daß sie typischerweise in Mustern funktionieren, etwas, das im ersten Überschwang der Begeisterung über Biofeedback vielleicht nicht richtig gewürdigt worden ist. Nimmt man eine einzelne physiologische Funktion, wie z. B. die Herzfrequenz oder den Blutdruck oder ein besonderes Hirnwellenmuster aus dem Zusammenhang heraus und trainiert allein diese, auf ein Signal hin zu reagieren (wie das im Biofeedback meist geschehen ist), dann kann dies eine »zweitklassige« Imitation der Natur sein.

Schwartz entdeckte z. B., daß er in seinem Labor einem Menschen beibringen konnte, seinen Blutdruck um einige Punkte zu senken, indem er ihm jedesmal signalisierte, wenn der Blutdruck auch nur geringfügig zurückging. Wurde dem Betreffenden nur dies und nichts anderes beigebracht, dann senkte sich sein Blutdruck, während die Herzfrequenz die gleiche blieb. Unter normalen Umständen jedoch beobachtet man meistens, daß der absinkende Blutdruck von einer um mehr als die Hälfte verlangsamten Herzfrequenz begleitet ist.

Sind diese Systeme (Herzfrequenz und Blutdruck) auf natürliche Weise miteinander verkettet, weil sie es gewissermaßen »vorziehen«, gemeinsam statt allein zu funktionieren? Um dies herauszufinden, richteten die Harvard-Forscher das Biofeedback-Signal so ein, daß es nur ertönte, wenn sowohl Blutdruck wie Herzfrequenz gleichzeitig sanken. Nach diesem Versuch waren die Resultate klar. Der Blutdruck fiel stärker, wenn die Patienten auf ein Blutdruck-plus-Herzfrequenz-Signal reagierten, als wenn sie es nur auf ein Blutdruck-Signal taten. Die Patienten waren auch in der Lage, schneller zu lernen, wenn ihre Aufgabe darin bestand, sowohl den Blutdruck wie die Herzfrequenz in dieselbe Richtung zu verändern (sei es nach oben oder nach unten).

Diese und andere Forschungen zeigen, daß Körpersysteme wirksamer funktionieren, wenn sie in Einklang miteinander stehen und nicht jedes selbständig für sich arbeitet. Da diese Systeme in einer Wechselbeziehung zueinander stehen, ist vielleicht ein Lernverfahren, das alle gleichzeitig anspricht und versucht, sie als Ganzes zu mobilisieren, so wie ein Akkord in der Musik in eine andere Oktave transponiert wird, die wirksamste Methode. Schwartz ist so weit gegangen zu sagen, daß die Hauptbedeutung des Biofeedback vielleicht in seinem Potential als Forschungswerkzeug liege und weniger in seiner Verwendung als Therapiemethode. Biofeedbackübungen können uns äußerst wichtige Informationen über physiologische Vorgänge liefern, die wir früher nicht erkennen konnten. Wenn jedoch aus Gesundheitsgründen eine Änderung der Funktionsweise von Körpersystemen erwünscht ist, kann es einfacher sein, sie durch Methoden zustande zu bringen, die automatisch eine ganze Gruppe physiologischer Systeme stimulieren – die gleichen Systeme, die sich auch von Natur aus üblicherweise gemeinsam verändern.

Das scheint bei Methoden wie der Meditation zu geschehen, die automatisch eine gleichzeitige Entspannung vieler physiologischer Systeme bewirken. Möglicherweise ist es die Harmonie zwischen verschiedenen körperlichen Prozessen, was einen Zustand tiefster Ruhe hervorbringt.

Im Licht dieser Erkenntnis ist es auf die Dauer vielleicht klug, Wege zu suchen, die Entspannungsreaktion des menschlichen Körpers, wie sie sich natürlicherweise abspielt, zu verstehen, zu benutzen und zu fördern, statt sie durch Apparate nachzuahmen, und dies kann wahrscheinlich am besten durch Anwendung der verschiedenen mentalen Entspannungstechniken geschehen. Unter diesen Techniken nimmt die Meditation als wirksames Instrument einen hohen Rang ein. Tatsächlich kann sie für gewisse Zwecke das vorteilhafteste aller Mittel sein.

Wenn wir Rückschau halten auf die verschiedenen Methoden zur persönlichen Entwicklung, die wir hier besprochen haben, sehen wir, daß praktisch alle besondere Voraussetzungen benötigen, wie z. B. Verminderung der Außenreize und monotone Stimulierung. Außerdem rufen alle zuweilen meditative Stimmungen hervor – ausgenommen möglicherweise die Selbsthypnose, die sie nur hervorbringt, wenn die betreffende Person sich selbst den Befehl gibt, sich zu »entspannen«.

Keine der Techniken aber scheint das gleiche zu sein wie Meditation, obwohl sie häufig von meditativen Stimmungen begleitet sind. Sie zielen nicht darauf ab, die nichts erstrebende, zweckfreie Meditationserfahrung herbeizuführen, und keine von ihnen scheint sie auf die gleiche Art und Weise zustande zu bringen... Wir können daher die Meditation als eine Methode betrachten, die zwar mit den anderen Methoden zur Entspannung und zur Persönlichkeitsreifung verwandt ist, sich aber auch von ihnen unterscheidet.

Da wir jetzt wissen, was Meditation nicht ist, können wir nunmehr zu der nächsten Frage übergehen, die uns beschäftigt: Warum interessiert sich die Wissenschaft so sehr für diese Praxis?

3 *Die Wissenschaft nimmt Notiz*

In einem Sessel des Biomedizinischen Elektronik-Labors der berühmten Menniger-Stiftung in Topeka, Kansas, sitzt ein fünfundvierzigjähriger indischer Yogi, Swami Rama, der sich absichtlich »selbst in verschiedene Bewußtseinszustände versetzt«. Anscheinend kann er seine Hirnwellen willentlich verändern. Während er dies tut, empfängt ein EEG-Gerät von Elektroden, die an verschiedenen Stellen seines Kopfes angebracht sind, winzige elektrische Impulse, die an ein Registriergerät im anliegenden Raum weitergegeben werden. Ein Forscherteam unter Leitung des Psychophysiologen Dr. Elmer Green sammelt dort große Mengen von Daten, die später analysiert werden. Das Team macht sorgfältige Aufzeichnungen über einige der ungewöhnlichen Fähigkeiten, die der Swami in den langen Jahren seiner Meditationspraxis erlangt hat. Dieses Informationsmaterial soll zur Verfeinerung der Methoden dienen, mit denen die Menschen des Westens gelehrt werden können, ihre eigenen Bewußtseinszustände nach Wunsch zu ändern, ein Gefühl von innerem Frieden und Ruhe zu erlangen und vielleicht sogar die Quellen ihrer Kreativität zu erschließen.

Das Verhalten des Swami ist imponierend, aber dieses Projekt macht noch viel mehr Eindruck, wenn wir uns vergegenwärtigen, daß noch vor wenigen Jahren eine Untersuchung dieser Art niemals stattgefunden hätte. Bis vor kurzem wurde die Meditation als ein für die ernsthafte wissenschaftliche Forschung untaugliches Thema betrachtet. Sie wurde zu den sogenannten »okkulten« Disziplinen gezählt und bestenfalls als geeigneter Forschungsgegenstand für Studenten der Anthropologie oder Religion angesehen, nicht aber als interessant für experimentelle Wissenschaftler. In den letzten Jahren hat sich das Bild gewandelt. Das Interesse der wissenschaftlichen Welt ist erwacht, und die Meditationsforschung ist respektabel geworden. Was ist geschehen?

Die Mauer, die die meditativen Disziplinen daran hinderte, als legitime Wege zur Bewußtseinsänderung angesehen zu werden, erhielt den ersten Riß durch die »psychedelische Revolution« der sechziger Jahre. Diese Ära des Experimentierens mit bewußtseinsverändernden Drogen hatte zur Folge, daß man im Westen veränderte Bewußtseinszustände radikal anders zu betrachten begann. Seit Tausenden von Jahren hatten diese Bewußtseinszustände schon die Aufmerksamkeit der Völker des Ostens gefesselt, aber ironischerweise scheint es, daß wir als »rationale« Völker des Westens auf die Einführung von Drogen angewiesen waren, um unsere Abwehrhaltung zu ändern und auf diese verschiedenen Erfahrungsebenen aufmerksam zu werden. Sobald dies geschehen war, konnte die Forschung sie nicht länger ignorieren.

Mit der Zeit begann eine immer größer werdende Anzahl von Menschen einschließlich Wissenschaftler an sich selbst mit veränderten Bewußtseinszuständen zu experimentieren. Kurze Zeit hat man auch Laborversuche über die Wirkungen bewußtseinsverändernder Drogen gemacht. Forscher wollten herausfinden, ob die stärkeren psychedelischen Mittel wie LSD, Psilocabin oder Meskalin zur Behandlung von chronischen Alkoholikern, Straftätern oder anderen auf die üblichen therapeutischen Methoden kaum ansprechenden Patienten geeignet waren. Auch Marihuana wurde im Labor erforscht, da die Wissenschaftler wissen wollten, welche Wirkungen es auf die Gesundheit und die Persönlichkeit hat. Dann wurden diese Experimente 1966 fast genauso abrupt, wie sie begonnen hatten, aufgrund der neuen und strengen Verordnungen der US-Regierung wieder eingestellt. Seither ist es nur einigen Forschern in besonderen Krankenhauseinrichtungen erlaubt, auf diesem Gebiet einige wenige Versuche zu machen[1].

Nach Inkrafttreten der Regierungsverordnungen wandten einige Wissenschaftler, die sich für die Bewußtseinsforschung interessierten, ihre Aufmerksamkeit der Suche nach drogenfreien Mitteln zu, mit deren Hilfe die ungewöhnlichen Bewußtseinszustände hervorgerufen werden konnten. An erster Stelle rangierten darunter die verschiedenen Meditationsmethoden. Als die Meditation zum Forschungsfach wurde und sich außerdem ein praktischer Grund ergab – nämlich daß die Öffentlichkeit in einem bisher nicht gekannten Ausmaß die Meditation aufgriff – schloß sich den genannten Wissenschaftlern eine weitere Gruppe von Forschern an.

Zu Beginn der siebziger Jahre hatte bereits eine wachsende Anzahl von Menschen in der westlichen Welt berichtet, daß der schwer faßbare, ungenügend definierte Prozeß, der als Meditation bekannt war, ihnen etwas zu »bringen« schien. Sie sagten, sie fühlten sich, seit sie meditierten, innerlich friedvoller, hätten weniger Angst und litten weniger an spannungs- und streßbedingten Krankheiten. In einer Gesellschaft, die für ihr hektisches Temperament bekannt ist, in der streßbedingte Krankheiten im raschen Ansteigen begriffen sind, ist das kein unbedeutender Erfolg.

Es geschahen auch noch andere Dinge, die die Meditation zu einem akzeptablen Gegenstand für die wissenschaftliche Forschung machten. Wir im Westen waren lange des Glaubens gewesen, unwillkürliche Prozesse wie Herzfrequenz, Blutdruck, Körpertemperatur, Hirnwellen u. ä. seien durch Willensakte nicht veränderbar; man bezeichnete sie als »autonom«, außerhalb der bewußten Kontrolle. Mitte der sechziger und Anfang der siebziger Jahre kamen alle diese Ansichten über die leib-seelischen Beziehungen ins Wanken. Psychophysiologen begannen durch klug erdachte Experimente zu zeigen, daß sowohl Menschen wie Tiere lernen können, ihre autonomen Funktionen zu kontrollieren, und daß sie es sogar auf sehr exakte Weise tun, vorausgesetzt, sie erhalten während ihrer Lernzeit entsprechende »Feedback«-Informationen darüber, wie gut (oder wie schlecht) es ihnen im Augenblick gelingt[2].

Das Ergebnis war eine Unzahl wissenschaftlicher Studien über Biofeedback. Den Versuchspersonen wurde beigebracht, ihre Hirnwellen »nach Wunsch« mit Hilfe eines EEG-Geräts zu ändern, das an eine Vorrichtung angeschlossen ist, die ein Zeichen gibt, sobald die richtigen Wellen erzeugt werden. Andere haben gelernt, ihre Fingertemperatur zu regeln, ihren Blutdruck zu erhöhen oder zu senken, ihr Herz schneller oder langsamer schlagen zu lassen oder andere Funktionen zu steuern, und zwar einfach dadurch, daß ihnen mitgeteilt wurde, wie erfolgreich sie die betreffende Manipulation ausführten, während sie sie ausführten.

Es ist interessant, daß vor Entdeckung des Biofeedback Ärzte der britischen Armee und des Verwaltungsdienstes in Indien fast zweihundert Jahre lang Berichte über Personen nach England schickten, die sie untersucht hatten und die in der Lage schienen, ihre »unwillkürlichen« Körperprozesse wie Herzfrequenz, Körpertemperatur oder Schmerz zu beeinflussen. Die Ärzte behaupteten, diese ungewöhnlichen Menschen, Yogis genannt, seien dazu aufgrund ihrer langjährigen Erfahrung mit speziellen indischen geistigen und körperlichen Praktiken in der Lage. Wir im Westen schenkten diesen vereinzelten Berichten jedoch nicht viel Beachtung. Es scheint, daß wir zunächst die Technik zur Messung dieser Fähigkeit entwickeln mußten. Als wir uns über einen Apparat mit ihr befassen konnten, wurde sie »real«.

Das neue Interesse an Biofeedback trägt zweifellos zu dem wachsenden Interesse an Meditation bei. Biofeedback und meditative Techniken haben vieles gemeinsam: beide beruhen auf einem empfindsam reagierenden Bewußtsein der inneren Zustände. In beiden Techniken hat man es mit Erfahrungen zu tun, die sich innerhalb des Selbst ereignen, die gefühlt, aber nicht definiert werden können. Mit der Erfindung von Apparaten, die die Veränderungen der subjektiven Zustände messen können, ist der »innere Raum« zu einem respektablen wissenschaftlichen Gebiet avanciert.

Ein anderer Trend, der dem Studium der Meditation unerwartet zu Hilfe kam, ist eine Form von Verhaltenstherapie, bekannt als »systematische Desensibilisierung«; ihre Wirkung beruht darauf, daß ein tiefer Entspannungszustand hervorgerufen wird, in welchem dem Patienten verschiedene Stimuli, die im allgemeinen bei ihm Angst hervorrufen, in dosierten Mengen angeboten werden. Wenn die Technik richtig zur Wirkung kommt, nimmt die Entspannung der Angst des Patienten die Spitze.

Die systematische Desensibilisierung ist eine zunehmend populäre Behandlungsmethode. Da sie sich der Entspannungstechnik bedient, interessieren sich plötzlich viele Psychologen für den Begriff der »Entspannung«. Bei der systematischen Desensibilisierung werden verschiedene Standardmethoden zur Erreichung der Entspannung benutzt. Es wird jedoch noch nach anderen, wirksameren Mitteln zur Erzeugung dieses Ruhezustandes gesucht. Da die Meditation eine der wirksamsten Methoden ist, Entspannung hervorzurufen, ist das wissenschaftliche Studium der Meditation in psychologischen Kreisen nicht nur annehmbar geworden, sondern erfreut sich sogar einer gewissen Mode.

Das Studium der Meister

Die wissenschaftliche Meditationsforschung begann das Studium der traditionellen meditativen Techniken dort, wo es am zweckmäßigsten war, nämlich in ihrem Ursprungsgebiet. Da die ersten Studien in den späten fünfziger und Anfang der sechziger Jahre erfolgten, d. h. etwas vor der Zeit, als man im Westen begann, sich in weiten Kreisen der Meditation zu widmen, waren die nächstliegenden Quellen damals erfahrene Yogis oder Zen-Mönche. Von jemandem, der sich vielleicht Jahre oder ein ganzes Leben lang um die Beherrschung einer Technik bemüht hat, ist zu erwarten, daß er sie besser als jeder andere demonstrieren kann. Die Forscher hofften daher, durch das Studium dieser Menschen etwas über die »reine« Zazen- oder die »reine« Yogi-Meditation zu lernen.

Es war nicht leicht, diese Forschungen durchzuführen. Eine genügende Anzahl gut ausgebildeter und gläubiger Mönche zu finden, die willens sind, sich an Apparate anschließen zu lassen, ist schwierig; und es ist gewiß beschwerlich, komplizierte medizinische Instrumente zu verfrachten. In Indien transportierten Dr. Bagchi und Dr. Wenger ein tragbares EEG-Gerät 4000 Meilen weit quer durch das Land und konnten nur dreizehn Probanden ausfindig machen[3]. Erstaunlicherweise gelang es schließlich, derartige Hindernisse zu überwinden; das Ergebnis waren einige interessante Studien.

Wegen der mit solchen Forschungen verbundenen Schwierigkeiten begnügten sich manche Wissenschaftler mit einer sehr kleinen Anzahl von Versuchspersonen. Dr. Anand, Dr. Chhina und Dr. Singh, ein Team indischer Physiologen, studierte z. B. nur einen einzigen Meditierenden, der sich in einem luftdicht abgeschlossenen und versiegelten Kasten in ihrem Laboratorium befand[4]. Der Proband, ein erfahrener Yogi, blieb zehn Stunden lang in diesem verschlossenen Kasten, während die Forscher von Zeit zu Zeit die darin befindliche Luft auf ihren Sauerstoffgehalt überprüften. Sie stellten verblüfft fest, daß dieser Yogi über einen Zeitraum von zehn Stunden mit einer Sauerstoffmenge auskam, die dreißig Prozent unter der als lebensnotwendig erachteten Mindestmenge lag. Eine Zeitlang (in der Mitte des Experiments) verbrauchte er eine Sauerstoffmenge, die sogar fünfzig Prozent unter der als Minimum angenommenen Menge lag. Dennoch ging er gesund aus dem Experiment hervor.

In einer anderen Studie der indischen Neurophysiologen Dr. Bagchi und Dr. Wenger[5] wurden verschiedene physiologische Funktionen von fünfundvierzig Versuchspersonen, die in Yoga-Haltung meditierten, aufgezeichnet. Die Forscher stellten fest, daß sich bei diesen Menschen die Herzfrequenz während der Meditation um sechs bis neun Prozent senkte (doch betrug sie nie weniger als zweiundsechzig Schläge pro Minute) und daß sich ihre Atemfrequenz durchschnittlich um dreiundzwanzig Prozent verringerte. In einigen Fällen ging die Atmung um fünfzig bis sechzig Prozent zurück und wurde gelegentlich so flach, daß sie nicht mehr gemessen werden konnte. Andere Studien zeigten, daß Yogis sich mit Leichtigkeit während der Meditation mit ein oder zwei Atemzügen pro Minute begnügen konnten. Gleichzeitig stellte sich heraus, daß die Probanden Dr. Bagchis und Dr. Wengers eine Erhöhung des elektrischen Hautwiderstandes aufwiesen, was allgemein als Zeichen für nachlassenden Streß gilt. Auch ihre Hirnwellen zeigten einige ungewöhnliche Muster, über die wir später noch sprechen werden.

Ungefähr um die gleiche Zeit, als die Forschergruppen in Indien ihre Feldstudien betrieben, untersuchte ein Team japanischer Neurophysiologen in einem Kloster die Hirnwellen meditierender Zen-Mönche. Sie sammelten Material, das später für die ersten experimentellen Vergleiche zwischen zwei traditionellen Meditationsschulen benutzt werden sollte – Zen und Yoga.

Beide Forschungsteams waren an der gleichen Sache interessiert: an der Reaktion geübter Meditierender auf Ablenkungen, die Menschen im Normalzustand stören würden. Wir alle sind immerfort einer sehr großen Menge von Reizen ausgesetzt. Kämen sie uns immer alle zu Bewußtsein, wären wir niemals fähig, unsere Aufmerksamkeit auf irgend etwas zu konzentrieren. Glücklicherweise schalten wir automatisch Sinneswahrnehmungen aus, wenn wir ziemlich sicher sind, daß sie unsererseits kein Handeln erfordern. Im allgemeinen bemerken wir das Ticken der Uhr nicht, es sei denn, es wäre ungewöhnlich laut und störte unsere Gemütsruhe. Wenn wir aber wissen wollen, ob die Uhr noch läuft, wird das Ticken »eingeblendet«, und wir hören es deutlich. Dieser ganz automatische Prozeß, der bewirkt, daß man auf vertraute Dinge schließlich nicht mehr reagiert, wird »Gewöhnung« genannt. Die Forscher wollten herausfinden, ob ihre meditierenden Versuchspersonen sich an Ablenkungen gewöhnten, während sie sich in der Meditation befanden.

Anand, Chhina und Singh zeichneten die Hirnwellen von vier Yogis auf und studierten ihren Alpha-Rhythmus während eines normalen Ruhezustandes. Sie stellten fest, daß er ungewöhnlich stark ausgeprägt war[6]. Sie untersuchten auch bei zwei von ihnen, wie sich ihr Alpha-Muster verhielt, wenn während eines Meditationszustandes – *Samadhi* genannt – bestimmte Geräusche und Sinneseindrücke ausgelöst wurden. *Samadhi* ist ein tiefer Meditationszustand, der für die Yoga-Tradition kennzeichnend ist. Die Yogis behaupten, sie bemerkten während dieses Zustandes weder äußere noch innere Reize und ihr höheres Nervensystem befinde sich dann in einem ekstatischen Zustand der »Seligkeit«. Die Forscher beschlossen daher, in regelmäßigen Zeitabständen starke Reize zu setzen, während die Yogis sich im *Samadhi* befanden – helles Licht, knallende Geräusche; sie berührten die Meditierenden mit einer heißen Glasröhre und ließen an ihren Ohren Stimmgabeln erklingen. Zwei Yogis ersuchten sogar, ihre Hände in eiskaltes Wasser, dessen Temperatur gerade über dem Gefrierpunkt lag, zu tauchen. Sie behaupteten, im *Samadhi*-Zustand diesen im allgemeinen schmerzhaften Vorgang nicht zu spüren.

Wenn während des Alpha-Zustandes ablenkende Reize gesetzt werden, dann »blockiert« normalerweise der Alpha-Rhythmus (d. h. er verschwindet zeitweilig), und an seine Stelle tritt ein lebhafteres Muster. Genau dies geschah auch bei den Yogis, aber mit einem wichtigen Unterschied: wenn der gleiche Reiz wiederholt wurde, gewöhnten sie sich nicht daran. Ganz gleich, wie oft ein ablenkendes Geräusch oder andere Sinnesreize präsentiert wurden, der Yogi reagierte jedesmal mit der totalen Blockierung des Alpha-Rhythmus, so als habe er es zum erstenmal gehört.

Während des *Samadhi*-Zustandes stellte man jedoch eine dramatische Veränderung in ihrem Reaktions-Muster fest. Sobald sie diesen tiefen Meditationszustand erreicht hatten, zeigte das EEG-Gerät anhaltende Alpha-Wellen von zunehmender Amplitude. Als die Wellen tiefer und rhythmischer wurden, führten die Forscher nacheinander die verschiedenen ablenkenden Reize ein und wiederholten sie immer wieder. Aber keiner dieser intensiven Stimuli verursachte bei den Yogis in dieser Phase eine Blokkierung des Alpha-Rhythmus. Es schien, als seien die Meditierenden für Sinneswahrnehmungen nicht ansprechbar. Sie reagierten weder auf Lichter noch auf Geräusche, brennende Stäbe, Kältereize usw. Die beiden Yogis, die gebeten hatten, ihre Hände in eiskaltes Wasser zu tauchen, zeigten keine Reaktion auf die vermutlich schmerzhafte Wirkung der Kälte. Doch wies auch keiner der Meditierenden während des *Samadhi*-Zustandes im EEG Anzeichen von Schlaf-Mustern auf; sie waren offensichtlich wach.

Bei Untersuchungen meditierender Zen-Mönche stellten sich die beiden japanischen Neuropsychiater Dr. Kasamatsu und Dr. Hirai bei ihrem Experiment im wesentlichen die gleichen Fragen. Sie benutzten ein Klicken als Ablenkung und ließen ihre Meditierenden in einem schalldichten Raum meditieren, während sich das Klicken alle fünfzehn Sekunden wiederholte[7].

Sie machten zunächst das Experiment mit einer Gruppe japanischer Probanden, die keine Zen-Mönche waren. Wie zu erwarten, zeigten diese Personen die übliche Reaktion auf das Klicken. Nach dem dritten oder vierten Klicken wurde die Reaktion des Gehirns auf die Geräusche schwächer, bis es sich schließlich völlig daran gewöhnt hatte und keine Reaktion mehr zeigte; das Geräusch war ausgeblendet worden.

Als man die meditierenden Zen-Mönche dem gleichen wiederholten Klicken aussetzte, reagierten sie anders. Die Zen-Mönche zeigten während ihrer ganzen Meditation keine Gewöhnung an das Klicken. Sie reagierten auf das letzte Klicken in der Serie genauso stark, als sei es das erste gewesen, das sie je gehört hatten! Während die Yogis im *Samadhi*-Zustand keinerlei Reize zu bemerken schienen, hatte es den Anschein, als seien die Mönche während der Meditation für alle Sinneseindrücke empfänglich. Die gleiche Offenheit für Reize bestand auch nach der Meditation. Die Zen-Mönche reagierten ohne Gewöhnung auf alle Sinneseindrücke.

Interessant waren die Kommentare der Mönche über ihre subjektiven Erfahrungen beim Hören des Klickens. Sie berichteten, während der Meditation jedes Geräusch deutlicher zu hören als in ihrem üblichen Wachzustand; dennoch habe sie das Klicken nie gestört oder in irgendeiner Weise beschäftigt. Ein Mönch meinte, seinen geistigen Zustand könne er in etwa damit vergleichen, als sehe er bewußt jeden Menschen auf der Straße, wende sich aber nach keinem von ihnen neugierig um.

Während in diesen Studien der *Samadhi*- und der Zazen-Zustand während der Meditation gegenteilige Wirkungen hervorzurufen schienen, waren die Nachwirkungen beider Meditationsmethoden jedoch ähnlich. Sowohl Yogis wie Zen-Mönche schienen außerhalb des meditativen Zustands ungewöhnlich offen für Stimuli. Ist dies vielleicht die physiologische Parallele zum »erweiterten Bewußtsein«?

Kasamatsu und Hirai hatten die Zen-Meister auch gebeten, den Grad der Vervollkommnung eines jeden der meditierenden Zen-Mönche zu bewerten und anzugeben, ob sie sie für »fortgeschritten« in ihrer Ausbildung hielten oder nicht. Ohne zu wissen, wie die Meister diese Probanden bewertet hatten, klassifizierten die Forscher unabhängig davon die Mönche aufgrund der Veränderungen ihrer Hirnwellen. Sie stellten dabei eine überraschende Übereinstimmung zwischen den beiden Bewertungsschemata fest. Je mehr Jahre sich der Mönch in Zen-Ausbildung befand, desto auffallender waren die Veränderungen seiner Hirnwellen während der Meditation und als desto »fortgeschrittener« hatte ihn sein Zen-Meister eingestuft. In dieser Studie stimmte das technische Ergebnis mit der Beurteilung des Lehrmeisters überein.

Während sich diese ersten Untersuchungen von Zen-Mönchen und Yogis als äußerst interessant erwiesen, gerieten sie bald auf einen toten Punkt. Die Forscher konnten sich für ihre Studien nicht mit einigen wenigen Praktizierenden begnügen, die über die ganze Welt verstreut waren und von denen einige vielleicht zwanzig Jahre und mehr brauchen würden, um die Kunst des Meditierens zu beherrschen. Eine einfache, dem Westen angepaßte Meditationsmethode war vonnöten, ehe man Studien im großen Rahmen betreiben konnte.

Diese Methode entdeckte man in der TM. Wie wir gesehen haben, ist die TM für Forschungszwecke zwar nicht ideal, aber sie eignet sich besser für großangelegte systematische Studien als jede frühere Meditationsmethode. Sie ermöglichte den Beginn einer neuen Forschungsära, die in den späten sechziger Jahren an Stoßkraft gewann. Zum erstenmal kam die Meditation ins Labor, statt daß das Labor zur Meditation reisen mußte.

Die TM war vorteilhaft, weil sie auf eine standardisierte Weise gelehrt wurde. Wo und von wem auch immer sie gelehrt wurde, man konnte sicher sein, daß die Methode genau die gleiche war und daß Gruppen von Versuchspersonen daher einwandfrei miteinander verglichen werden konnten. Auch gab es genügend Menschen, die die TM praktizierten. Aufgrund dieser Vorzüge sind die experimentellen Studien der TM zahlenmäßig führend und nehmen dank des Eifers der IMS und des gegenwärtigen Interesses der wissenschaftlichen Welt an den Entspannungstechniken weiterhin zu. Informationsmaterial über diese TM-Studien ist allgemein zugänglich, wir werden daher an dieser Stelle nur kurz darauf eingehen[8].

Die Physiologie der Meditation

Einige zeitgenössische Forscher betrachten die Meditation als einen einzigartigen physiologischen Zustand, der sich sowohl vom Schlaf wie von der gewöhnlichen Wachheit unterscheidet, obwohl er einige Eigenschaften beider besitzt[9]. Ihre Studien deuten darauf hin, daß der Körper während der Meditation in einen tiefen Entspannungszustand gerät, der in mancher Hinsicht den tiefsten Schlafphasen gleicht, während der Geist rege und wach bleibt. Die neuere Forschung ist jedoch der Ansicht, daß die Meditation ein künstlich ausgedehntes Vorschlaf-(hypnagogisches) Stadium[10] sein könnte. Falls dem so ist, dann unterscheidet sich dieser Zustand vom Stadium des Vorschlafes, wie wir es gewöhnlich erleben, und er kann einzigartige Vorteile dadurch bringen, daß er dem Organismus neue Energien zuführt.

Die ersten Studien über die Physiologie der Meditation zeigten, daß sich die Herzfrequenz während der Meditation leicht verlangsamt, wie sie es auch während der ruhigen Schlafphasen tut, nur wird dieses physiologische Zur-Ruhe-Kommen in der Meditation viel schneller erreicht. Der Sauerstoffverbrauch (die Sauerstoffmenge, die der Körper ungeachtet der Atemfrequenz verbraucht) ging während der Meditation ebenfalls stark zurück[11]. Bekanntlich ist der Sauerstoffverbrauch bei intensiver körperlicher Anstrengung wie Laufen und Springen am höchsten und während des Schlafes, wenn die Aktivität auf ein absolutes Minimum gesunken ist, am niedrigsten. Der schlafende Mensch braucht jedoch einige Stunden, bis der Sauerstoffverbrauch seinen niedrigsten Stand erreicht hat. Nach vier oder fünf Stunden ist er zehn bis zwanzig Prozent geringer als im Wachzustand. Bei der Meditation kann eine ähnliche Verminderung des Sauerstoffverbrauchs innerhalb von Minuten eintreten, und dieser Tiefstand hält meistens während der ganzen Meditation an.

Hinzu kommt, daß die Versuchspersonen, die üblicherweise weniger Sauerstoff verbrauchen, auch dazu neigen, während der Meditation langsamer zu atmen[12]. Gelegentlich wird von TM-Übenden berichtet, die nur halb so schnell atmen wie im normalen Ruhezustand. Ein Forscher hat von einer Versuchsperson berichtet, deren Atmung sich auf vier Atemzüge pro Minute verlangsamte (eine Atemfrequenz, die mit jener gewisser meditierender Yogis und Zen-Mönche vergleichbar ist)[13].

Hirnwellen während der Meditation

Die Befunde verschiedener Labors scheinen dahingehend übereinzustimmen, daß die Menschen in der Meditation vorwiegend zu Alpha-Wellen neigen[14]. Diese Wellen treten während der Meditation besonders deutlich im frontalen und zentralen Bereich des Gehirns auf. Es ist, als sei der Motor im Leerlauf und das Gehirn treibe auf friedliche und rhythmische Weise dahin. Auf diese Alpha-Wellen-Ströme folgen manchmal plötzliche Stöße von Theta-Wellen[15]. Die vorhin erwähnten Zen-Mönche bewiesen die Fähigkeit, für lange Zeitspannen im »Theta« zu verbleiben, ohne einzuschlafen – ein wirkliches Kunststück –, und auch die TM-Meditierenden zeigen gelegentlich Theta-Wellen, ohne daß sie in einen Schlafzustand absinken.

Immer häufiger wird uns jedoch berichtet, daß die Hirnwellen während der Meditation in auffallender Weise den Wellen in Schläfrigkeitszuständen gleichen. Der Geist scheint während der Meditation zwischen Schlaf und Wachsein zu schweben; es ist nicht einmal ungewöhnlich, daß in diesem Stadium Schlaf eintritt[16]. Bei einer Gruppe von TM-Lehrern beispielsweise, die man im Stanford Research Institute untersuchte, zeigten sich während der TM deutlich Schlafmuster, obwohl diese offensichtlichen »Nickerchen« nicht zu einem tiefen Schlaf führten[17]. Bei anderen Studien ist gelegentlich zu beobachten, daß die Versuchspersonen während der Meditation in tiefen Schlaf verfielen; am häufigsten wechselten jedoch kurze Perioden leichten Schlafes mit einem schläfrigen, aber wachen Zustand ab.

Bei der Beobachtung von Meditierenden habe ich bemerkt, daß diese kurzen Schläfchen, die sich während der Meditation einstellen können, eine spezielle subjektive Qualität zu haben scheinen. Die Meditierenden berichteten häufig, sie hätten nicht das Gefühl des Schlafes. Diese Nickerchen scheinen eine wohltuendere und anregendere Wirkung als ein gewöhnliches Schläfchen zu haben. Die Meditation hat bestimmte besondere Eigenschaften, die sie von der gewöhnlichen Schläfrigkeit trennen. Im allgemeinen halten wir nicht längere Zeit ein Gleichgewicht zwischen Schlafen und Wachen, sondern neigen dazu, entweder ganz zu erwachen oder fest einzuschlafen. Die Fähigkeit, für unbestimmt lange Zeit zwischen diesen beiden Zuständen zu schweben, scheint ein unterscheidendes Merkmal der Meditation zu sein. Vielleicht liegt darin ihr Hauptwert für den Menschen. Wir werden diese Möglichkeit erörtern, wenn wir untersuchen, auf welche Weise die Meditation zur Wiederherstellung eines natürlichen Gleichgewichts beiträgt.

Der interessanteste Aspekt der Gehirntätigkeit des Meditierenden sind jedoch vielleicht nicht bestimmte Hirnwellen oder Wellenmuster, sondern die ungewöhnliche Gleichmäßigkeit und Rhythmisierung jeglicher vorhandenen Wellenform – die Tendenz aller Bereiche des Gehirns, zu harmonisieren und im Gleichklang zu pulsieren. Der Neurologe J. P. Banquet untersuchte dies auf eine neue Weise. Er studierte TM-Meditierende, in deren Reichweite sich Tasten befanden, die sie drücken konnten, um verschiedene »Stadien« der Meditation zu registrieren[18]. Für jedes der fünf Stadien meditativer Erfahrung war eine eigene Taste vorhanden. Diese fünf Stadien sind 1. körperliche Empfindungen; 2. unabsichtliche Bewegungen; 3. individuelle Vorstellungen; 4. »tiefe Meditation« und 5. ein objektloser geistiger Zustand, den TM-Lehrer als »reines Bewußtsein« bezeichnen. Während der Untersuchung drückten vier fortgeschrittene Meditierende die Tasten, die anzeigen, daß sie sich entweder in »tiefer Meditation« oder im Zustand »reinen Bewußtseins« befinden. Als Banquet später ihre EEGs prüfte, entdeckte er, daß sich in ihren Hirnwellenaufzeichnungen genau in dem Augenblick, als sie diese Tasten drückten, ein ungewöhnliches Muster zeigte. Die Alpha-Wellen-Muster wechselten in diesen Augenblicken in schnelle Beta-Wellen über (eine Wellenform, die für aktive, wache Zustände typisch ist), jedoch unterschied sich das Beta, das diese Versuchspersonen zeigten, von dem üblichen Typus des Wachzustandes – es war an jeder Stelle der Kopfhaut vollkommen »phasengleich«. Das heißt, die Aufzeichnungen von verschiedenen Gehirnregionen waren völlig *synchron.* Gewöhnlich sind Beta-Wellen verschieden lang, ungleichmäßig und unberechenbar.

Banquet nannte dies *Hypersynchronismus* und vertrat die Auffassung, daß es sich um *das* charakteristische EEG-Merkmal der Meditation handle. Die Alpha-Wellen zeigten nicht nur die Tendenz, sich während der Meditation im Gehirn synchron von hinten nach vorn auszubreiten, sondern nach einigen Minuten der Meditation zeigten die beiden Gehirnsphären auch die Tendenz, untereinander »phasengleich« zu werden. Ein rhythmisches Muster schien an die Stelle der ziellosen und chaotischen Hirnwellen des üblichen Bewußtseins im Wachzustand getreten zu sein.

Ein Forscherteam des Institute of Living in Hartford hat bei seinen EEG-Studien von TM-Meditierenden im wesentlichen das gleiche entdeckt[19]. Der Neurophysiologe Dr. Leonide Goldstein vom New Jersey College of Medicine and Dentistry berichtet, er habe bei einer Versuchsperson unmittelbar nach Beendigung eines Yoga-Gesanges, der in tiefe Meditation führen sollte, achtzig Sekunden lang eine synchrone Beta-Wellen-Aktivität beobachtet[20].

Hautreaktion während der Meditation

Die galvanische Hautreaktion (abgekürzt GHR) wird allgemein als ein Streß-Maßstab angesehen. Man mißt, indem man die Elektroden auf die Hautoberfläche setzt und dann einen schwachen elektrischen Strom über die Haut leitet. Wenn sich die Versuchsperson in einem ruhigen Zustand befindet, hat die Haut die Tendenz, dem elektrischen Strom Widerstand zu leisten. Bei Angst oder Streß sinkt dieser »Hautwiderstand« ganz plötzlich und der elektrische Strom fließt leicht über die Haut dahin. Auf diese Weise wird auch bei dem bekannten »Lügendetektor«-Test gemessen, in der Annahme, er zeige an, wenn eine bestimmte Frage einem Menschen Angst einjagt.

In Ruhezuständen, z. B. während des Schlafes, steigt typischerweise der Hautwiderstand. Daher überrascht es nicht, daß er manchmal auch während der Meditation zunimmt. Wenn er steigt, geschieht dies viel schneller als während des Schlafes. Ein Forscher, Dr. R. Keith Wallace, berichtet, daß der Hautwiderstand seiner Versuchspersonen innerhalb weniger Minuten nach Beginn der Meditation um durchschnittlich einhundertsechzig Prozent angestiegen sei[21]. Neuere Studien[22] haben ein derartig dramatisches Ansteigen des Hautwiderstandes während der Meditation nicht feststellen können. Alle verzeichneten jedoch eine Erhöhung von mindestens dreißig bis vierzig Prozent.

Ändert regelmäßiges Meditieren die Art und Weise, wie ein Mensch mit dem Streß umgeht? Der Psychologe David Orme-Johnson, damals an der Universität von Texas in El Paso, argumentierte, Menschen, die meditieren, müßten im allgemeinen gelassener sein als Nichtmeditierende, und sich daher rascher von Störungen erholen können. Um das zu testen, versammelte er eine Gruppe erfahrener Meditierender und eine Kontrollgruppe Nichtmeditierender. Beide Gruppen wurden mit intermittierendem Lärm konfrontiert, der ungefähr die Lautstärke eines Preßlufthammers hatte, der das Straßenpflaster aufbohrt[23].

Bei jedem neuen Krach, den er auslöste, testete er die Hautresistenz der Versuchspersonen, um herauszufinden, wie lange sie brauchten, um sich so weit an den Lärm zu gewöhnen, daß sie nicht mehr mit einem plötzlichen Fallen der GHR (einem Zeichen von Streß) reagierten. Es zeigte sich, daß die meditierenden Versuchspersonen nach etwa elf Wiederholungen des Lärms keine Hautreaktion mehr aufwiesen, während die nichtmeditierende Kontrollgruppe dreißig- bis vierzigmal auf die gleiche Weise reagierte.

In einer anderen Studie untersuchte das gleiche Forscherteam »spontane GHR« bei Meditierenden und Nichtmeditierenden[24]. Im Hautwiderstand gibt es ohne ersichtlichen Grund Schwankungen. Der Durchschnittsmensch scheint in Zeitabständen kleine »Alarmsignale« (GHR) zu geben, so als rufe er sich selbst vor möglichen Gefahren zur Wachsamkeit auf, auch wenn kein Grund dafür vorhanden ist. Im allgemeinen werden um so mehr von diesen unterschwelligen »Alarmsignalen« produziert, je ängstlicher der Mensch ist. Wiederum schienen die Meditierenden weniger ängstlich zu sein als die Nichtmeditierenden. Die Letztgenannten produzierten ungefähr dreimal mehr von diesen spontanen GHR, wenn sie einfach dasaßen, als die augenscheinlich ruhigere meditierende Gruppe.

Der nächste Schritt bestand darin, die Nichtmeditierenden (die dreimal mehr GHR produziert hatten als die Meditierenden) in TM zu unterweisen. Nach zweiwöchigem Meditationsunterricht wurde diese Gruppe erneut auf ihre spontanen GHR hin untersucht. Diesmal wiesen sie weniger als die Hälfte der spontanen GHR auf, die sie vorher gehabt hatten. Tatsächlich waren ihre Meßwerte fast so niedrig wie die der schon lange Meditierenden, ein Zeichen für die überraschende Schnelligkeit, mit der die Meditation das zentrale Nervensystem beeinflussen kann.

In einer neueren Studie erforschten die Psychologen Daniel Goleman und Gary Schwartz die Fähigkeit von Menschen, denen vorher Gelegenheit zur Meditation gegeben wurde, einen Streß auslösenden Film zu verkraften, und verglichen ihre Reaktionen mit denen einer Kontrollgruppe, die sich vorher nur zwanzig Minuten lang entspannt hatte. Die Forscher entdeckten, daß die Personen, die kurz vor dem Film meditiert hatten, auf die Ankündigung des Films mit stärkerer Alarmbereitschaft reagierten. Ihre Herzen schlugen schneller, ihre GHR zeigten eine ausgeprägtere Alarmreaktion. Aber die gleichen Personen erholten sich auch viel schneller von der Spannung während der Filmvorführung und danach als die Kontrollgruppe. Daraus schlossen die Forscher, daß Meditation größere Wachheit für mögliche Gefahrensituationen bewirken kann (im ganzen gesehen ein wünschenswertes Merkmal), während andererseits Personen, die vor kurzem meditiert haben, sich schneller beruhigen können, wenn sie bemerken, daß die Gefahr sie selbst nichts angeht. Dieses Forschungsergebnis stimmt mit den Befunden von Orme-Johnson über die »Erholungsfähigkeit« von Meditierenden unter Streßbedingungen überein[25].

Noch andere Veränderungen treten während der Meditation ein. Der Blutlaktat-Spiegel kann während dieser Zeit stark absinken[26]. Nach einigen Forschungsstudien (nicht nach allen) kann dies eine Verminderung der Angstwerte[27] anzeigen. Bei fortschreitender Meditation tritt auch eine stärkere Durchblutung der Unterarme und der Stirn ein, die Blutgefäße weiten sich, und die Zirkulation wird erleichtert[28]. Man konnte während der Meditation zwar keine durchgehenden Veränderungen des Blutdrucks feststellen. Längerfristige Studien ergaben jedoch, daß es einigen Hypertonikern durch die Meditation gelang, ihren Blutdruck bedeutend und dauerhaft zu senken[29].

Wenn wir die physiologischen Untersuchungsergebnisse zusammenfassen, können wir sagen, daß vielen verschiedenen Studien zufolge Meditation ein Zustand verminderten Stresses ist. Offensichtlich empfinden nicht alle Meditierenden die Meditation bei allen Gelegenheiten als erholsam. Aber die Durchschnittserfahrungen sind überzeugend, und die vorteilhaften Wirkungen sind offenbar nicht auf eine besondere Meditationsmethode beschränkt. Dr. Herbert Benson z. B. konnte seine ursprünglichen physiologischen Befunde mit der TM unter Verwendung seiner eigenen Meditationsmethode wiederholen und erreichte eine ebenso eindrucksvolle Reduzierung des Stoffwechsels. Er schloß daraus, daß er es mit einer fundamentalen Reaktion zu tun hatte, die nicht ausschließlich einer speziellen Meditationstechnik zu eigen ist[30].

Psychologische Wirkungen

Gewöhnlich ist es leichter, physiologische Veränderungen zu messen als psychologische zu studieren. Psychologische Tests sind häufig nicht so exakt wie physiologische Messungen und werden nicht so leicht als Beweis einer echten Veränderung akzeptiert. Hinzu kommt, daß vielleicht psychologische Tests nicht die Veränderungen messen, die gerade beim Studium der Meditation besonders wichtig sind, z. B. das subjektive Gefühl des Wohlbefindens. Ungeachtet dessen sind einige Tests so einfach, daß sie auf der Stelle gemacht werden können. Daher konnten einige der psychologischen Veränderungen gemessen werden, die gleich nach der Meditation eintreten.

Im allgemeinen sind wir nach einer Ruhepause oder einem kurzen Nickerchen nicht in der besten Verfassung für Arbeiten, die Schnelligkeit und Konzentration erfordern. In einigen Experimenten zeigte sich jedoch, daß Versuchspersonen nach dem Meditieren größere manuelle Geschicklichkeit und eine genauere Beobachtungsfähigkeit aufwiesen als nach einer einfachen Ruhepause[31]. Sie konnten sich schneller und gewandter bewegen, und ihre Testergebnisse waren bedeutend höher als vor dem Meditieren.

Mit der Meditation können sich auch psychologische Langzeitveränderungen einstellen. Die am häufigsten beobachtete ist die Verminderung der Angstwerte. Unter den Forschern herrscht Übereinstimmung darüber, daß – ohne Rücksicht auf den von ihnen angewandten Test – die Meditation bei vielen Ausübenden die Angst vermindert. Es ist jedoch nicht bewiesen worden, daß die Meditation in dieser Beziehung den anderen Entspannungstechniken überlegen ist. Auch bei anderen Techniken, z. B. bei der progressiven Muskelentspannung oder dem Alpha-Biofeedback, ist eine Verminderung der Angstwerte festgestellt worden.

Zwischen der Meditation und jenen anderen Techniken gibt es jedoch einen wichtigen Unterschied. Nur relativ wenige der Meditierenden (durchschnittlich etwa zwanzig bis dreißig Prozent) haben während der oben beschriebenen Experimente die Meditation aufgegeben, ehe die Untersuchungen beendet waren, während der Prozentsatz der Versuchspersonen, die die anderen Techniken verwendeten und ihre Übungen vorzeitig aufgaben, so groß war, daß die Forschungsarbeiten häufig eingestellt werden mußten. Einige Forscher berichteten[32], daß zwischen siebzig bis hundert Prozent der Versuchspersonen, die entweder progressive Muskelentspannung oder Alpha-Biofeedback praktizierten, ihre Übungen einstellten, ehe die Forschungsarbeiten beendet waren. Sie beklagten sich darüber, daß ihre Technik »ermüdend« oder »langweilig« sei. Die Reaktion auf die Meditationsübung war meist ganz unterschiedlich. Im allgemeinen freuten sich die Versuchspersonen auf die Meditation als auf einen positiven Teil ihres Tages. Sie trug tatsächlich ihre Belohnung in sich selbst. Das ist ein wichtiger Unterschied. Wenn man keine Freude an einer bestimmten Technik hat, setzt man sie nicht lange genug fort, um dauernden Gewinn davon zu haben. Viele Menschen meditieren gern. Dies scheint der Meditation in praktischer Hinsicht vor vielen anderen einen klaren Vorsprung zu geben.

Eine Reihe von Fragebogenaktionen über die Wirkungen der Meditation auf das gewohnheitsmäßige Verhalten hat ergeben, daß regelmäßiges Meditieren eine suchtbekämpfende Wirkung hat. Sie reduziert möglicherweise den Mißbrauch von Drogen wie Marihuana, LSD, Barbituraten, Amphetaminen, von Alkohol und Zigaretten. Wir werden uns später einige Studien, die dieses Thema behandeln, näher ansehen.

Eine Menge anderer psychologischer Studien, die sich auf die TM stützen, verweisen darauf, daß sich durch die Meditation so verschiedene Leistungen wie Auswendiglernen[33], Lösen arithmetischer Probleme[34] und schöpferisches Denken[35] verbessern können. Außerdem wird von College-Studenten berichtet[36], die durch Meditationsübungen in einem Zeitraum von elf Monaten[37] ihre Leistungen verbessert haben, und von Arbeitern, die bessere Arbeitsleistungen erzielten und mehr Freude an ihrer Arbeit hatten und zunehmend das Gefühl bekamen, ihr eigenes Leben unter Kontrolle zu haben[38].

Dies sind nur einige Forschungsberichte, die zu beweisen scheinen, daß Meditation von Nutzen ist. Die Liste umfaßt auch differenziertere Persönlichkeitsaspekte, wie Selbstachtung, Spontaneität, Fähigkeit zu intimem Kontakt und Selbstverwirklichung[39]. Sie enthält Studien über die Meditationswirkungen in Gefängnissen und in Drogenrehabilitationszentren; über die Anwendung von Meditation bei Krankheiten, z. B. bei Bronchialasthma[40], Hypertension[41], Aphasie (Verlust der Sprachfähigkeit)[42], Krebs[43] und bei einigen Sprachstörungen[44]; über die Möglichkeit der Meditationsanwendung bei psychiatrischen Patienten in Hospitälern oder in der Gemeinschaft[45].

Wenn wir alle diese Berichte für bare Münze nehmen, spricht wirklich viel für die Meditation. Indessen hat vielleicht auch ein oberflächlicher Betrachter bei all diesen positiven Forschungsergebnissen ein etwas unbehagliches Gefühl. Wo sind die negativen Berichte? Sind Versuche fehlgeschlagen, Befunde in anderen Laboratorien zu replizieren? Was denken nichtmeditierende Wissenschaftler über die Meditationsforschung? Negative Befunde, Widersprüche, ungelöste Fragen sind auf anderen Gebieten das tägliche Brot erfahrener Forscher und gleichzeitig das Feedback, durch das wissenschaftliche Arbeit gedeiht. Warum hören wir auf dem Gebiet der Meditation nicht mehr darüber?

Tatsächlich werden auf diesem Gebiet erst seit kurzem solch »widersprüchliche« Ergebnisse veröffentlicht. Auf die Dauer werden sich diese neueren Forschungsarbeiten wahrscheinlich als wichtiger erweisen als die früheren Studien, weil sie mehr konstruktive *Kritik* enthalten. Wir wenden uns nunmehr dieser umstrittenen Seite der Meditationsforschung zu.

4 *Die andere Seite der Forschung*

Wenn man in der Wissenschaft beginnt, ein neues Gebiet so intensiv zu studieren, daß einige der ursprünglichen Thesen widerlegt werden können, dann ist dies ein Zeichen, daß es von den Forschern ernstgenommen wird. In der Forschung bahnen Widersprüche den Weg zu einem tieferen Verständnis des Prozesses, der untersucht wird. Das scheint mit der Meditation zu geschehen und zu einigen aufregenden Resultaten zu führen.

Das Werk von Wallace anders gesehen

Im Laufe ihrer Forschungstätigkeit im Departement für Anästhesiologie des Royal College of Surgeons in London haben Dr. John Bushman und Dr. Peter Fenwick[1] die dramatischen Senkungen des Sauerstoffverbrauchs und der Kohlendioxyd-Abgabe während der Meditation, über die ursprünglich Wallace und Benson berichtet hatten, untersucht. Wallace stellte z. B. während der Meditation eine Senkung des Sauerstoffverbrauchs von sechzehn bis achtzehn Prozent fest, verglichen mit vorher und nachher stattfindenden Ruhezuständen[2]. Unterschiede sind jedoch immer relativ – das gefundene Ergebnis hängt davon ab, womit verglichen wurde.

Das britische Forscherteam hat sich mit diesem Problem auseinandergesetzt. Könnten einige der dramatischen physiologischen Veränderungen, die Wallace und Benson bei Meditierenden festgestellt haben, darauf zurückzuführen sein, daß sie diesen Kontrastfaktor nicht mit in Rechnung stellten? Um dies herauszufinden, registrierten diese Forscher im Laboratorium bei einer Gruppe von TM-Meditierenden während der vorbereitenden Ruhepause vor der Meditation und dann während und nach den Meditationssitzungen sorgfältig jedes energieverbrauchende Verhalten sowie alle Veränderungen im Sauerstoffverbrauch und in der Kohlendioxyd-Abgabe.

Dabei entdeckten sie, daß jede Bewegung der Versuchspersonen in der vorbereitenden Ruhepause vor der Meditation den Sauerstoffverbrauch erhöhte. Wenn die Versuchsperson z. B. nur ein Bein hob, konnte der Sauerstoffverbrauch schon um fünfzig Prozent steigen. Auch kleinste Begebenheiten – wenn die Versuchsperson angesprochen wurde oder die Augen schloß – verursachten ein Ansteigen des Sauerstoffverbrauchs vor der Meditation. Als die Forscher bei ihren Versuchspersonen vor der Meditation den Grad ihrer Spannung oder Entspannung maßen, stellten sie auch noch etwas anderes fest. Bei den Versuchspersonen, die vor der Meditation angespannt waren, zeigte sich während der darauffolgenden Meditation eine starke Senkung des Sauerstoffverbrauchs, während bei denjenigen, die vorher entspannt waren, nur eine leichte Reduzierung zu beobachten war.

Die Polygraph-Aufzeichnungen der letztgenannten Gruppe waren aufschlußreich. Schon vor Beginn der Meditation ging ihre Kohlendioxyd-Abgabe allmählich zurück. Während der Meditation sank sie kontinuierlich, und nach der Meditation stieg sie infolge der Körperbewegung wieder an. Daraus schlossen die Forscher, daß die Stoffwechselwerte während der Meditation vielleicht gar nicht absinken würden, wenn sie eine Meditationsgruppe finden könnten, die vor der Meditation genügend entspannt war. Solch eine Gruppe wurde gefunden. Sie bestand aus erfahrenen TM-Meditierenden, die morgens gleich nach dem Aufstehen und vor dem Frühstück ins Labor kamen. Als man sie untersuchte, stellte man fest, daß diese Probanden schon so entspannt waren, daß sie auch während der Meditation keine Stoffwechsel-Veränderungen mehr aufwiesen. Das bestärkte Bushman und Fenwick in der Annahme, daß viele der Stoffwechsel-Senkungen, über die man früher berichtet hatte, auf einen Kontrasteffekt zurückzuführen waren.

Abschließend berichtete das Forscherteam, bei den regulären Versuchspersonen bei der Meditation eine Gesamtsenkung des Sauerstoffverbrauchs um sieben Prozent festgestellt zu haben. Das war weniger als die Hälfte der Abnahme, von der Wallace berichtet hatte. Sie führten diesen Unterschied darauf zurück, daß sie besonders darauf geachtet hatten, ihre Versuchspersonen vor und nach der Meditation nicht zu stören. Sie hatten sichergestellt, daß sie während aller drei experimentellen Phasen vollkommen ruhig blieben.

Es besteht die Möglichkeit, daß die konventionelle Meditation nur einer von einer größeren Gruppe physiologischer und mentaler Zustände ist, denen allen zeitweise das eignet, was ich die meditative Stimmung genannt habe. Vielleicht werden die Lebensvorgänge beim Auftreten dieser meditativen Stimmung – ob »Meditation« genannt oder nicht – stets in einer Weise betroffen, daß eine Senkung des Stoffwechsels eintritt. Auf diese Möglichkeit weisen einige weitere Untersuchungen des Royal College of Surgeons hin.

Dr. Bushman und Dr. Fenwick stellten fest, daß der Sauerstoffverbrauch ihrer Versuchspersonen genauso stark sank wie während der Meditation, wenn sie ihnen über Kopfhörer beruhigende Musik vorspielten. Musik kann natürlich den träumerischen Zustand hervorrufen, den ich als meditative Stimmung bezeichnet habe. Es ist daher möglich, daß künftige Forscher es für wichtiger halten, die meditative Stimmung als solche zu studieren als spezifische Techniken der Meditation oder der Entspannung.

Der Experimentator-Effekt

Ein anderes Problem, das von einigen neueren Forschungen angegangen wird, betrifft die Wirkung des Experimentators auf seine eigene Forschung. Ein starkes Interesse des Experimentators an seinem Forschungsgebiet kann sich gelegentlich auch nachteilig auf ein ausgewogenes Arbeiten auswirken.

Jede wissenschaftliche Arbeit wird auf irgendeine Weise durch die menschlichen Grenzen und die Erwartungen des Experimentators beeinflußt, und dieser verzerrende Einfluß kann nie ganz ausgeschaltet werden. Bisher hatte man sich bei manchen Meditationsversuchen, insbesondere bei der TM, nicht genügend darum bemüht, diese Wirkung bis zu einem Punkt zu reduzieren, bei dem man ziemlich sicher sein kann, daß sie die Resultate nicht beeinflußt.

Als Michael West vom Institute of Science and Technology der Universität von Wales die Wirkungen der TM auf Gedächtnisaufgaben studierte, die er sogleich nach der Meditation stellte, war er sich insbesondere der Tatsache bewußt, daß sich seine eigenen Erwartungen oder Hoffnungen unbemerkt in seine Resultate einschleichen und sie beeinflussen könnten[3]. Er löste dieses Problem, indem er sein Experiment fast völlig automatisierte. Sogar die Zahlen, die die Versuchspersonen in den Gedächtnisübungen wiederholen mußten, wurden auf Tonband aufgenommen und nicht vom Experimentator selbst gesprochen. Am Schluß des Experiments stellte West fest, daß seine Versuchspersonen diese Aufgabe nach der Meditation nicht besser gelöst hatten als vorher. Dies steht im Widerspruch zu den Ergebnissen Allan Abrams' über bessere Gedächtnisleistungen nach der TM[4]. Waren Wests Resultate auf seine Bemühung zurückzuführen, den Experimentator-Effekt auszuschalten?

Ein Vergleich

Eine Anzahl der Befunde neuerer Studien hat früheren Forschungsergebnissen zwar nicht direkt widersprochen, jedoch nahegelegt, daß die beobachteten Wirkungen eher auf eine Reihe von Meditations- und Entspannungstechniken zutreffen und nicht nur auf eine einzige Technik.

An der Universität von Exeter in England hat Dr. Denver Daniels TM-Meditierende mit erfahrenen Hatha-Yoga-Praktizierenden sowie mit Versuchspersonen, die die progressive Muskelentspannung übten, und mit einer Kontrollgruppe verglichen, die keinerlei Entspannungstechnik übte[5]. Er wollte herausfinden, ob diese verschiedenen Gruppen auf einen Streß-Reiz unterschiedlich reagieren würden. Als Streß-Stimulus wählte Daniels ein scharf kratzendes Geräusch von der Art, das einem durch Mark und Bein geht. Solche Geräusche reduzieren normalerweise den elektrischen Hautwiderstand. Als er seinen Versuchspersonen über einen Lautsprecher diese schrill-kratzenden Geräusche vorspielte, reagierten sowohl diejenigen, die progressive

Entspannung übten, als auch die Kontrollgruppe mit einem scharfen Abfall des Hautwiderstandes. Die Gruppe der TM-Meditierenden reagierte jedoch anders: die Nadel des Polygraphen, der ihren Hautwiderstand aufzeichnete, bewegte sich kaum. Ebenso entspannt wie die Meditierenden waren diejenigen, die schon lange Zeit Yoga geübt hatten. Auch sie zeigten kaum eine Reaktion; einige von ihnen schienen sogar vollkommen unempfindlich für diese Töne zu sein.

Daniels meint, seine Resultate seien auf die »größere Entspannung« zurückzuführen, die sowohl TM wie Hatha Yoga bewirken. Das ist eine plausible Erklärung. Andererseits waren die Meditierenden und die erfahrenen Yoga-Praktiker die einzigen Versuchspersonen, die in eine richtige meditative Stimmung gelangen konnten. Es besteht daher die Möglichkeit, daß die meditative Stimmung eine wichtige Rolle bei der Ausblendung des qualvollen Stimulus durch die Versuchspersonen spielte und in gewissem Sinne eine geistige »Pufferfunktion« übernahm, um sie davor zu schützen.

Das Aufspüren des »Placebo«-Effekts

In einem typischen TM-Übungskurs erhalten die neuen Schüler zwei Einführungsvorträge und drei Lehrstunden, in denen ihnen eine ganze Reihe aufregender Versprechungen gemacht und wissenschaftliche Fakten vorgeführt werden, die den nutzbringenden Effekt der Meditation »beweisen«. Wenn die Meditierenden dann sich selbst überlassen werden, sind sie tief von dem Glauben an die Vorteile der TM durchdrungen. Natürlich betreiben auch andere Meditationsformen Indoktrination. Die Wirkung der religiösen oder quasireligiösen Zeremonien des Weihrauchs und ähnlicher Dinge ist beträchtlich. Jeder geübte Meditierende erwartet bestimmte Resultate, und daher wird er sie voraussichtlich auch erzielen.

Es gibt keine einfache Lösung für dieses Problem des Placebo-Effekts in der Forschung. Der Psychologe Jonathan Smith hat unlängst einen interessanten Versuch gemacht, der sich damit auseinandersetzt[6]. Dr. Smith dachte sich eine fiktive Selbstverbesserungstechnik aus, die nur darin besteht, zweimal täglich fünfzehn bis zwanzig Minuten lang mit geschlossenen Augen ruhig dazusitzen; er versah sie jedoch mit aufwendigen psychophysiologischen Erklärungen ihrer Wirksamkeit, wobei er genau den Argumenten folgte, mit denen die TM angepriesen wird.

Der Placebo-Effekt ist jedoch eine schwer faßbare Beute. Je mehr wir sie verfolgen, desto häufiger scheint sie uns zu entkommen. Bei dem Versuch, den Erwartungsfaktor in unseren Experimenten zu reduzieren, laufen wir Gefahr, uns selbst neue Probleme zu schaffen. Das ist darauf zurückzuführen, daß der Meditations*zustand* und die Techniken oder Übungen, die verwendet werden, um diesen Zustand herbeizuführen, zwei verschiedene Dinge sind. Ein Mensch kann jede Meditationsübung nach Anweisung machen; wenn aber die fragile Meditationsstimmung durch die Übung nicht evoziert wurde, hat er nicht meditiert. Um den Einfluß der Erwartungen zu reduzieren, könnte der Experimentator den Meditationsunterricht auf ein Mindestmaß beschränken und nur eine kurze Anweisung geben, z. B. »Schließen Sie Ihre Augen und denken Sie zwanzig Minuten lang still für sich das folgende Wort«. Was würde die Versuchsperson tun, wenn sie dieses Wort denkt?

Sie würde gewiß eine geistige Übung machen, aber man könnte es nicht wirklich »meditieren« nennen, es sei denn, sie würde eine emotionale Komponente von wesentlicher Bedeutung in die Erfahrung einbringen. Wenn die Übung für diesen Neuling in der Meditation keine besondere Bedeutung erhielte, wenn sie nicht Teil seiner fast sehnsüchtigen Annäherung an sein eigenes Selbst und sein Fühlen würde, könnte sie wahrscheinlich nicht die meditative Stimmung hervorrufen. Vielleicht sind die Erwartungen und das exotische »Drum und Dran«, die die Unterweisung in der Meditation umgeben, wesentlich, um diese spezielle Stimmung hervorzurufen. Sie sind vielleicht ein sehr realer und wesentlicher Teil der Erfahrung, etwas, das wir intakt lassen sollten. Vielleicht halten wir uns für »wissenschaftlich« oder »objektiv«, wenn wir die Suggestionen ausschalten, die von einem einfachen Ritual oder der respektvollen Haltung des Lehrers gegenüber der Technik ausgehen; damit haben wir aber vielleicht gleichzeitig den eigentlichen Meditationsprozeß ausgeschaltet.

Die Meditationsforschung scheint also sehr behutsam vorgehen zu müssen. Wir müssen einen Weg finden, um unnötige Erwartungen zu reduzieren, ohne jedoch so weit zu gehen und den Hauch von Magie und Traum, die hoffnungsvolle Stimmung, das Gefühl des warmen Kontaktes mit dem Lehrer zu zerstören, die die Meditation zu dem machen, was sie ist – offenbar etwas qualitativ anderes als bloße körperliche Entspannung.

Die Suche nach dem Gegensatz

Smiths Experimente haben eine andere Frage aufgeworfen, die die Forscher auf diesem Gebiet beschäftigt: Welcher Zustand ist der Meditation genügend *ähnlich*, so daß man ihn ihr gegenüberstellen kann, und gleichzeitig genügend *unähnlich*, um sicher zu sein, daß dieser »Kontroll«-Zustand nicht in Wirklichkeit nur eine andere Art von Meditation ist?

Smith verglich in einem Stadium seiner Untersuchung eine TM-ähnliche Form von Mantra-Meditation mit einem Zustand, den er »Antimeditation« nannte, hervorgerufen durch eine Technik, die als Beinahe-Antithese der Meditation gedacht war. Antimeditation bedeutete, mit geschlossenen Augen dazusitzen und aktiv so viele positive Gedanken wie nur möglich zu erzeugen. Sobald die Versuchsperson merkte, daß sie in eine »träge Trance oder Benommenheit« verfiel, mußte sie sich selbst herausreißen, indem sie mit den Augen blinzelte. Das Denken sollte bewußt sein und aus einem Phantasie-Tagtraum bestehen; man sollte sich eine Geschichte erzählen oder positive Eigenschaften von irgend etwas »registrieren«.

Dieser originelle Versuch, eine geeignete »Kontrolle« für die Meditation zu finden, brachte dennoch gewisse Schwierigkeiten mit sich. Die Antimeditations-Technik, die Smith erfand, mag zwar das Gegenteil von einigen Formen der Mantra-Meditation sein. Sie ähnelt indessen stark bestimmten Methoden der konzentrativen Meditation, bei der man den Geist absichtlich mit positiven Gedanken, häufig religiöser Natur, beschäftigt und beispielsweise ständig wiederholt: »Gott ist gut, Gott ist gütig, Gott liebt mich.« Es ist eine merkwürdige Eigenschaft der Meditation, daß zwei verschiedene Techniken, die, oberflächlich gesehen, das Gegenteil voneinander sind, gleiche Resultate erzielen können. Der unaufhörlich tanzende Derwisch und der regungslos in *Samadhi* versunkene Yogi gelangen beide in einen Zustand objektloser Entrücktheit. Vielleicht gab Smith seinen Versuchspersonen gar keine Meditations-Antithese, sondern nur eine andere Meditationsform.

Der Zustand, der am häufigsten mit der Meditation verglichen wird, wird dadurch erreicht, daß man die Versuchspersonen auffordert, einfach mit geschlossenen Augen zu ruhen. Man nimmt an, daß sie etwas ganz anderes tun als meditieren, wenn sie dieser Anweisung folgen. Das scheint plausibel zu sein, ist aber dennoch nur eine Annahme. Verschiedene Menschen können bei geschlossenen Augen im Geist an sehr verschiedenen Orten weilen. Einige beschäftigen sich vielleicht damit, die Speisefolge für ein Essen zusammenzustellen, oder sie überlegen, wie sie ihren Chef um eine Gehaltserhöhung bitten könnten. Andere sind vielleicht dem Einschlafen nahe. Wieder andere mögen in eine meditative Stimmung geraten, die sich im Grunde nicht vom Geisteszustand des Meditierenden unterscheidet, obwohl sie kein Mantra wiederholen oder irgendeine andere Zentrierungsübung machen und niemals meditieren gelernt haben. Was der Forscher für einen einzigen Zustand hält – mit geschlossenen Augen ruhen –, kann somit eine Vielfalt von Zuständen umfassen.

Zusammenfassend können wir zu diesem Problem sagen: Wir haben erkannt, daß einem großen Teil unserer heutigen Forschungsarbeit verschiedene Annahmen zugrunde liegen, unter anderem: 1. daß ein Meditierender zwangsläufig meditiert, wenn er dasitzt . . . und ein Mantra oder irgendeinen anderen meditativen Spruch wiederholt; 2. daß eine Versuchsperson keinesfalls meditiert, wenn sie zwanzig Minuten lang mit geschlossenen Augen dasitzt und 3. daß Menschen, die niemals meditieren gelernt haben (»Nichtmeditierende«), nicht meditieren.

Alle drei Annahmen können in Frage gestellt werden. Um sie

zu prüfen, ist es notwendig, die Erfahrungen der Teilnehmer zusammen mit den Messungen ihrer psychologischen Veränderungen oder Leistungen aufzuzeichnen.

Die Bewertung sowohl der Erlebniskomponente wie der objektiven Aspekte der Meditationserfahrung sind entscheidend bei der Klärung, ob es sich tatsächlich um Meditation handelt. Dies ist der einzige Weg, um sich nicht von Etiketten täuschen zu lassen, mit denen man die verschiedenen Bewußtseinszustände versehen hat.

Das Problem der Abspringer

Immer wenn von einer großen Anzahl von Menschen ein längerfristiges Projekt unternommen wird, gibt ein beträchtlicher Prozentsatz die Sache früher oder später wieder auf, und zwar ohne Rücksicht darauf, für wie nützlich sie sie halten. Das trifft sowohl auf tägliche Gymnastik, auf Diät, auf geistige Übungen zur Selbstentwicklung und sogar auf die Einnahme notwendiger Medikamente zu. Die Menschen hören aus verschiedenen Gründen mit ihren selbstverordneten Programmen wieder auf. Die Ausfallquote ist ein Faktor, mit dem bei jedem Projekt gekämpft werden muß, das Menschen selbständig durchführen müssen, um ihr eigenes Ziel zu erreichen. Meditation ist da keine Ausnahme. Die IMS behauptet zwar, es lägen keine offiziellen Zahlen über die Ausfallquote bei der TM vor; es sind indessen einige unabhängige Studien gemacht worden, um sie festzustellen. Es zeigte sich, daß dreißig bis fünfzig Prozent der Erwachsenen früher oder später aufhören, diese Technik zu praktizieren; bei den Oberschülern beträgt die Quote bis zu siebzig Prozent[7]. Die meisten dieser Studien geben eine Ausfallquote an, die bei fünfzig Prozent liegt.

Das überrascht nicht weiter; es sagt auch nichts über den Wert der TM aus. Es ist nur ein weiterer Faktor, der bei der Prüfung der Validität der Meditationsforschung im Auge behalten werden muß. Wenn sich eine Studie über einen längeren Zeitraum erstreckt und eine Gruppe Meditierender ist während dieser Zeit ausgeschieden, dann werden am Schluß nur mehr diejenigen Versuchspersonen erfaßt, die die Ausdauer, die Entschlossenheit, die Motivation oder was sonst noch vonnöten war, besaßen, um sie bei der Meditationsübung zu halten. Diejenigen, denen diese Eigenschaften fehlten, wurden automatisch von den endgültigen Resultaten ausgeschlossen. Unter diesen Bedingungen können wir gar nicht wissen, wie sehr sich die Ausgeschiedenen vielleicht verbessert hätten, wenn sie die Meditationsübung genauso lange fortgesetzt hätten wie die anderen. Vielleicht sind die Ausgeschiedenen gerade deshalb gegangen, weil sich ihr Zustand nicht besserte und sie deshalb den Mut verloren. Wenn das der Fall ist und wenn wir dies bei den Endresultaten nicht berücksichtigen, sieht das Forschungsergebnis über die Meditationswirkungen positiver aus, als es den Tatsachen entspricht. Aus derartigen Studien kann man legitimerweise nur folgern, daß *unter denen, die bei der Meditation blieben*, eine gewisse Besserung eingetreten ist.

Das ist eine vom wissenschaftlichen Standpunkt aus annehmbare Feststellung; leider wird sie nur selten getroffen. Der Leser, der die Ergebnisse der Meditationsforschung durchsieht, muß fast immer selbst diese Einschränkungen machen. Er sollte sich daher dieser Schwäche bewußt sein, bei jedem speziellen Experiment die Ausfallrate im Auge behalten und darauf achten, ob der Forscher bei der Auswertung der Ergebnisse diesen Faktor in Rechnung gestellt hat.

Wo wir stehen

Die Arbeiten der Meditationsforschung, insbesondere diejenigen, die sich mit der TM befassen, sind der Öffentlichkeit in Form von Büchern und Broschüren zugänglich, die die Versuchsergebnisse in attraktiven Diagrammen wiedergeben. Diese graphischen Darstellungen sind das Ergebnis redlicher wissenschaftlicher Forschung. Wie wir gesehen haben, sind aber nicht alle angeführten Studien gleich zuverlässig. Ich habe einige Wege aufgezeigt, damit jemand, der etwas über die Forschung auf diesem Gebiet liest, selbst beurteilen kann, ob irgendeine spezielle Studie einer Prüfung standhält. Aber sind derartige Erwägungen hinsichtlich des praktischen Wertes von Nutzen, den die Meditation für den Meditierenden hat?

Möglicherweise nicht. Die neuere, kritischere Forschung hat nicht die fundamentale Erkenntnis auf den Kopf gestellt, daß Meditation den Menschen entkrampft, Spannungen abbaut und eine Reihe guter Nebenwirkungen haben kann. Daher mögen die Gründe, warum sie beruhigend ist, oder die Erkenntnis, daß auch andere Zustände entspannend und heilsam sein können, für all jene unwichtig sein, für die Meditation ein besonders angenehmes und wirksames Mittel ist, in sich zur Ruhe zu kommen. Dies wollen wir uns vor Augen halten und uns nunmehr der Meditationserfahrung selbst zuwenden.

2. Die Kunst der Meditation

5 *Wie lernt man meditieren?*

Da wir in diesem Buch verschiedene Formen der praktischen Meditation besprechen werden, wird es den Leser vielleicht interessieren, von jeder Schule eine repräsentative Technik kennenzulernen. Auf diese Weise haben Sie eine bessere Grundlage zur Beurteilung der folgenden Erörterungen. Wenn Sie bereits Meditationsübungen machen, möchten Sie vielleicht Ihre Kenntnisse auf diesem Gebiet erweitern.

Wenn Sie sich entschließen, einige Meditationsformen auszuprobieren, wäre es vielleicht am besten, je eine der hier beschriebenen Techniken im Laufe von vier aufeinanderfolgenden Tagen zu erlernen. Sie können dies entweder als ein interessantes Experiment betrachten oder aber als einen Weg, das Meditieren als ständige Übung zu lernen. Sollten Sie vorhaben, regelmäßig mit einer dieser Techniken zu meditieren, übergehen Sie nicht die später in diesem Kapitel gegebenen Kommentare.

Vorbereitung

Die gleichen Vorbereitungen gelten für alle vier Meditationstechniken, die hier gelehrt werden:

1. Richten Sie Ihre Meditationssitzungen so ein, daß Sie frühestens eine Stunde nach der letzten Mahlzeit beginnen. Vermeiden Sie es, zwei Stunden vorher Anregungsmittel wie Kaffee, Tee oder Coca-Cola zu trinken. Vor der Meditation kann man ein kleines Glas Orangensaft, Milch oder coffeinfreien Kaffee zu sich nehmen ... Die alten Überlieferungen betonen, daß das Meditieren bei vollem Magen relativ unwirksam (wenn nicht sogar wirklich schädlich) sei; es liegt auf der Hand, warum man keine Anregungsmittel zu sich nehmen soll – die Meditation soll beruhigen.
2. Wählen Sie für die Meditation einen relativ ruhigen Raum,

in dem Sie allein sein können, und stellen Sie das Telefon ab. Man soll die Meditation ernst nehmen und sich nicht leicht ablenken lassen. Ihrer Umgebung machen Sie klar, daß Sie nicht gestört werden sollen. Auch Kinder, die meistens verstehen, was ein »Nickerchen« ist, können bald lernen, Sie während der Meditation nicht zu stören.

3. Meditieren Sie sitzend vor einer grünen Pflanze, vor Blumen oder anderen schönen Dingen, die wohltuend für Ihre Augen sind. Auch der Geruch von Räucherwerk kann zur meditativen Erfahrung beitragen, er ist aber nicht notwendig. Wenn Sie es aber gebrauchen, vermeiden Sie ein zu süßes oder künstliches Aroma; ideal wäre ein natürlicher, unaufdringlicher Duft, der Ihnen das Gefühl gibt, der Natur nahe zu sein.
4. Setzen Sie sich mit dem Rücken zur Lichtquelle. Der Raum braucht nicht dunkel zu sein; es ist jedoch angenehmer, wenn er gedämpftes Licht hat.
5. Nehmen Sie eine ungezwungene, bequeme Haltung auf einem Stuhl oder auf dem Fußboden ein. Wenn Sie an den Lotossitz gewöhnt sind, ist das gut; ein Stuhl mit gerader Rückenlehne ist genauso geeignet. Wenn Sie vor Beginn der Meditation Ihre Schuhe ausziehen und alle engen Kleidungsstücke lockern, hilft Ihnen das, sich zu entspannen.
6. Sollten Sie sich irgendwann während der Meditation nicht wohl fühlen, können Sie immer Ihre Haltung leicht ändern. Sie können sich strecken, gähnen oder sich kratzen, wenn es Sie juckt. Bei diesen Meditationstechniken ist es wichtig, sich wohl zu fühlen. Sie lernen nicht die strengeren Methoden, die z. B. ein Zen-Mönch oder ein Yogi praktiziert. Daher brauchen Sie sich nicht so anzustrengen, Ablenkungen meistern zu lernen wie diese. Es soll eine angenehme, ruhige Zeit sein, die Sie für sich haben – das ist alles.
7. Folgen Sie den Anweisungen, die Ihnen für den speziellen Meditationstyp, den Sie anwenden, gegeben werden. Wenn Sie trotz aller Vorsichtsmaßnahmen während der Meditation unterbrochen werden, dann denken Sie an eines: *Lassen Sie sich Zeit.* Versuchen Sie nicht, die Meditation plötz-

lich zu unterbrechen und aufzuspringen; ebensowenig wie Sie plötzlich aus tiefem Schlaf aufspringen würden. Ihr Körper ist während der Meditation wahrscheinlich so entspannt wie im Tiefschlaf. Wenn jemand an die Tür klopft oder Sie ruft, antworten Sie (wenn möglich) erst nach einer Pause und sagen Sie, Sie würden in etwa einer Minute kommen. Bewegen Sie sich langsam, gähnen Sie, recken Sie sich – und stehen dann erst auf. Wenn möglich, kehren Sie nach der Unterbrechung zu Ihrer Übung zurück und meditieren noch so lange, bis Ihre übliche Meditationszeit abgelaufen ist.

8. Die Dauer Ihrer Meditationsübung können Sie am besten kontrollieren, indem Sie gelegentlich auf die Uhr schauen oder die Uhr durch halbgeschlossene Lider im Auge behalten; wenn Sie so blinzeln, werden Sie nicht ganz aus der Übung herausgerissen. Sie können auch einen Wecker unter Ihr Kissen legen, um das Geräusch zu dämpfen. Viele finden jedoch, es erschrecke sie zu sehr, und es klinge zu energisch. Es kann auch sein, daß Sie zuweilen für eine besondere Meditation eine oder zwei Minuten mehr brauchen. Der Wecker wird das nicht »wissen«, Sie schon.
9. Nach Beendigung der Meditation bleiben Sie eine oder zwei Minuten mit geschlossenen Augen sitzen. Während dieser Zeit lassen Sie Ihren Geist die täglichen Gedanken wieder aufnehmen. Nach einigen Minuten öffnen Sie langsam die Augen. Vielleicht haben Sie das Bedürfnis, Ihre Hände leicht aneinander zu reiben und sanft über Ihre Wangen zu streichen, so, als würden Sie Ihr Gesicht waschen; oder Sie haben das Bedürfnis, sich zu strecken. Danach stehen Sie ruhig auf.

Innere Einstellung

Die hier beschriebenen Techniken sind leichte Meditationsformen; sie sollten Ihnen keine Schwierigkeiten bereiten, auch wenn Ihnen Meditation vollkommen unbekannt ist. Einige dieser

Techniken führen zu einer relativ stärkeren Konzentration als andere, obwohl Sie zu allen eine gelassene, zwangfreie Haltung einnehmen sollen. Das Wichtigste ist, nicht zu versuchen, eine dieser Meditationsübungen »korrekt« zu machen; jede Meditation muß von sich aus »geschehen«. Machen Sie sich keine Gedanken darüber, ob sie »gut« oder »schlecht« sein wird. Meditieren Sie nur weiter, lassen Sie sich von ihr tragen und warten Sie ab, was sich ereignet.

Bei diesen Formen der Meditation konzentrieren Sie Ihren Geist nicht auf einen bestimmten Punkt oder zwingen ihn gar, »bei der Sache zu bleiben«. Immer wenn Gedanken auftauchen (und sie werden oft auftauchen, weil auch dieses zum meditativen Prozeß gehört), behandeln Sie sie so, als seien sie Wolken, die an einem Sommertag über den Himmel ziehen. Sie beobachten sie nur, wie sie kommen und gehen. Wenn Sie merken, daß Ihr Geist weit wegdriftet und sich in Gedanken verwickelt, lenken Sie ihn sanft auf den Gegenstand Ihrer Konzentration zurück. Erzwingen Sie dies nicht – tun Sie es freundlich, so als kämen Sie heim und würden einen Freund begrüßen. Die nicht zur Meditation gehörenden Gedanken, die Sie hatten, sind ein natürlicher und nützlicher Teil des meditativen Prozesses*.

Achten Sie besonders darauf, daß Sie nicht versuchen, während der Meditation etwas zu erzwingen. Glauben Sie der Meditation, daß sie es am besten »weiß«. Man hat diese Meditationsformen mit dem Erlebnis verglichen, das man in einem Ruderboot ohne Ruder hat, das langsam auf einem ruhigen Strom dahintreibt. Lassen Sie sich von dem Strom treiben, wohin er will.

Wenden wir uns nunmehr der ersten Meditationsform zu, die Sie lernen werden. Wir haben bereits über die Verwendung des Mantra als Zentrierungsmittel in der TM und CSM gesprochen. Während einige Formen der Mantra-Meditation Konzentration erfordern, gilt dies weder für die TM noch die CSM und auch nicht für die hier gelehrte meditative Methode. Nach einem Versuch werden Sie mehr von den »duldsamen« Formen der Mantra-Meditation verstehen.

* Warum dies so ist, werden wir in Teil V dieses Buches erörtern, wenn wir die Meditationstheorien behandeln.

Die Mantra-Meditation

Anweisungen: Wählen Sie eines der drei unten angegebenen Mantras oder, wenn Sie wollen, ersetzen Sie es durch ein Wort Ihrer eigenen Wahl, das einen angenehm klingenden Ton hat. Vermeiden Sie aber auf jeden Fall ein Wort, das emotional »geladen« ist; keine Namen von Menschen, keine Worte, die ein zu intensives oder erregendes Bild hervorrufen. Das Wort sollte durch Ihren Geist klingen und Ihnen ein Gefühl heiterer Gelassenheit geben. Ist es etwas ungewöhnlich oder geheimnisvoll, kann es helfen, die täglichen Gedanken und Sorgen fernzuhalten.

Sollten Sie sich entschließen, jemandem, der Ihnen nahesteht, das von Ihnen gewählte Mantra mitzuteilen, seien Sie zuvor sicher, daß diese Person ungeachtet ihrer persönlichen Reaktion darauf versteht, daß Ihr Mantra respektiert werden soll. Ihr Mantra wird für Sie eine besondere Bedeutung erhalten und wird bald zu einem Signal für Sie werden, sich nach innen, einem friedlichen Zustand zuzuwenden, es sei denn, Sie verderben diese guten Wirkungen des Mantra dadurch, daß Sie es leicht und oberflächlich verwenden.

Wiederholen Sie zunächst jedes vorgeschlagene Mantra für sich selbst (entweder im Geist oder laut mit sanfter Stimme) und dann wählen Sie das, welches am angenehmsten und beruhigendsten klingt, oder aber Sie bilden sich selbst ein Mantra.

*Mantras**
Ah-nam
Shi-rim
Ra-mah

Nachdem Sie Ihr Mantra gewählt haben, setzen Sie sich bequem hin. Richten Sie Ihre Augen auf einen angenehmen Anblick,

* Ahnam bedeutet im Sanskrit »namenlos« (wörtlich: »ohne Namen«). Ramah weist auf die Hindu-Gottheit »Rama« hin und ist ein hochgeschätztes Sanskrit-Mantra. Shirim (hebräisch für »Gesang«) wurde wegen seines Wohlklangs als CSM-Mantra gewählt und weil viele es besonders beruhigend fanden. Seit wir es verwenden, haben mir mehrere TM-Meditierende mitgeteilt, daß ein Sanskrit-Mantra, das ganz ähnlich klingt, auch in der TM gebraucht wird.

z. B. auf eine Pflanze. Sagen Sie das Mantra laut vor sich hin und wiederholen es langsam rhythmisch. Genießen Sie es, das Mantra auszusprechen. Experimentieren Sie mit dem Klang. Spielen Sie damit. Wiegen Sie sich sanft in seinem Rhythmus hin und her. Während Sie es wiederholen, sprechen Sie es immer leiser und leiser aus, bis es schließlich fast zu einem Flüstern wird.

Dann hören Sie auf, das Mantra laut auszusprechen, schließen Sie die Augen und horchen nur auf das Mantra in Ihrem Geist. Denken Sie es, aber sprechen Sie es nicht aus. Entspannen Sie Ihre Gesichtsmuskeln, sprechen Sie das Wort nicht aus, »hören« Sie nur ruhig das Mantra, z. B. »Ah-nam« ... »Ah-nam« ... »Ah-nam« ... Darin besteht das ganze Meditieren – friedlich dasitzen, das Mantra im Geist hören, zulassen, daß es sich ändert, wie es will – lauter oder leiser wird – verschwindet oder wiederkommt – sich dehnt oder schneller wird ... Meditieren ist wie das Treiben in einem ruderlosen Boot auf einem Strom – Sie brauchen keine Ruder – Sie haben kein Ziel.

Meditieren Sie auf diese Weise zwanzig Minuten lang. Wenn die Zeit verstrichen ist, bleiben Sie wenigstens noch zwei oder drei Minuten lang (wenn Sie wollen, auch länger) ruhig sitzen, ohne zu meditieren; dann befolgen Sie die Anweisungen über das Beenden der Meditation unter 9.

Atem-Meditation

Es gibt eine Anzahl Meditationstechniken, bei denen sich die Aufmerksamkeit auf die Atmung konzentriert; alle sind Variationen alter Techniken. Einige stellen an den Meditierenden höhere Anforderungen als andere. Die hier gegebenen Anweisungen sind eine Abwandlung der von dem Psychologen Dr. Robert Woolfolk und seinen Mitarbeitern entwickelten Instruktionen für eine Studie über Schlaflosigkeit, die später beschrieben wird. Diese Forscher entdeckten, daß die Meditationstechnik gegen Schlaflosigkeit wirksam war, und die Zeit, die zum Einschlafen benötigt wurde, verkürzte. So wie sie hier beschrieben wird, kann man sie zu den »duldsamen« Meditationsübungen zählen.

Anweisungen: Setzen Sie sich bequem hin und tun Sie einen einzigen, langsamen, tiefen Atemzug. Denken Sie dabei an das Wort »ein«, während Sie einatmen, und an das Wort »aus«, während Sie ausatmen. Nach diesem ersten tiefen Atemzug beeinflussen Sie Ihre Atmung nicht mehr absichtlich. Lassen Sie Ihren Atem seinen eigenen Gang nehmen, schneller oder langsamer, flach oder tief, wie er es will. Während er dies tut, denken Sie »ein« bei jedem Einatmen und »aus« bei jedem Ausatmen.

Bei dieser Atemmeditation können Sie versuchen, im Geist den Ton auszudehnen, so daß Sie während der ganzen Meditation entweder »ein . . .n . . .n . . .n« oder »auuuu . . .s . . .s . . .s« in langgezogenen, angenehmen Lauten denken. Wenn sich das Wort »aus« zu abrupt anhört, weil es mit einem s endet und Sie das ablenkt, dann ersetzen Sie das »aus« durch »ah«, so daß Sie beim Einatmen »ein« und beim Ausatmen »ah« denken.

Üben Sie diese Meditation ganz natürlich, ohne sich Gedanken darüber zu machen, ob Sie es korrekt tun. Wenn Sie einmal ein »ein« oder »aus« weglassen, weil Ihre Gedanken abgeschweift sind, können Sie immer beim nächsten Atmen, wenn Sie wieder bereit sind, die Worte von neuem aufnehmen. Schwinden die Worte langsam dahin und fühlen Sie nur noch das Atmen, dann ist das gut so. Es bedeutet nämlich, daß Sie ruhig geworden sind. Die Worte sind nur dazu da, um Ihre Aufmerksamkeit auf Ihre Atmung zu konzentrieren; sie schwinden häufig während der ruhigeren Meditationsphasen, wenn sie nicht mehr gebraucht werden. Aber warten Sie nicht darauf, daß sie verschwinden – lassen Sie sie einfach gehen, wenn sie es wollen. Nach zwanzig Minuten geben Sie die Meditation allmählich gemäß den unter 9. gegebenen Anweisungen auf.

Meditation in der Bewegung

Wir beschreiben hier zwei Typen von Meditationstechniken mit Bewegungen. Sie können auch Ihre eigenen Bewegungen nach den gegebenen Anweisungen machen.

1. *Methode:* Setzen Sie sich mit einem Kissen auf dem Schoß hin, so daß Ihre Hände bequem auf dem Kissen liegen. Legen Sie die Hände wie zum Gebet zusammen, wobei die Finger sich leicht berühren. Öffnen Sie die Handflächen, während die Hände auf dem Kissen liegen bleiben und sich unten berühren. Dann bringen Sie die Handflächen wieder zusammen, wobei die Finger sich berühren und wieder zur Ausgangsstellung zurückkehren. Diese Meditationsübung besteht darin, daß Sie die Handflächen immer wieder sanft und leicht öffnen und wieder schließen. Während Sie dies tun, können Sie auf Ihre Hände sehen oder Ihren Blick auf einen hübschen Gegenstand in der Nähe richten oder Sie können Ihre Augen schließen. Wenden Sie für diese Übung so wenig Energie auf wie möglich, und achten Sie darauf, daß die Bewegungen leicht und rhythmisch sind.
2. *Methode:* Setzen Sie sich bequem mit offenen oder geschlossenen Augen hin. Beginnen Sie, langsam und sanft, den Kopf leicht hin und her zu wiegen. Gleichzeitig klopfen Sie im Takt mit der Kopfbewegung leicht mit einem Fuß. Achten Sie darauf, daß alle Bewegungen gering, leicht und angenehm sind. Wenn der eine Fuß müde geworden ist, benutzen Sie den anderen oder lassen Sie beide Füße ausruhen. Wenden Sie wenig Kraft auf, lassen Sie sich von Ihrem eigenen natürlichen Rhythmus treiben.

Verlieren Sie nicht den Mut, wenn die Meditationsübung mit Bewegungen vielleicht zunächst ungeschickt, unangenehm oder sogar »töricht« erscheint. Wenn Sie mit der Übung fortfahren, werden Sie entdecken, daß Ihr Körper an irgend einem Punkt in den Rhythmus »hineingerät«. An diesem Punkt werden Sie sich im Einklang fühlen, und Ihre Bewegungen werden leicht und angenehm sein.

Lassen Sie der »Bewegungsmeditation« ihren Lauf, wie sie es will. Ihre Bewegungen können sich im Rhythmus, in der Intensität, in der Dauer oder der aufgewandten Muskelkraft ändern. Wenn Sie sehr entspannt sind, können Ihre Bewegungen fast unwahrnehmbar werden. Ihr Körper sagt Ihnen, was Sie brauchen; respektieren Sie es.

Vielleicht ziehen Sie es vor, Ihre eigenen Bewegungen zu erfinden. Das ist gut so. Nur denken Sie daran, daß die immer wiederkehrenden Bewegungen leicht bleiben – ganz gleich, ob es sich um die Hände, die Füße oder den Kopf handelt. Es muß eine Bewegung sein, die nur wenig Kraft braucht.

Meditieren Sie zwanzig Minuten lang. Wenn die Zeit verstrichen ist, lassen Sie Ihre Körperbewegungen allmählich auspendeln. Ist keine Bewegung mehr zu verzeichnen, bleiben Sie noch ungefähr eine Minute lang ganz still sitzen, damit sich die Wirkungen der Meditation entfalten können; sodann beenden Sie die Meditation nach den Anweisungen unter 9.

Die visuelle Meditation

Anweisungen: Wählen Sie einen angenehmen, natürlichen Gegenstand, z. B. eine Pflanze, eine Blume, eine Frucht, ein Stück Treibholz oder irgendeine einfache Vase. Obwohl man für die visuelle Meditation häufig eine Kerzenflamme benutzt, empfehle ich sie hier nicht, weil ihr blendendes Licht die Augen überanstrengen kann, wenn man nicht vorsichtig ist.

Stellen Sie den von Ihnen gewählten Gegenstand auf einen Tisch oder in Augenhöhe in einer Entfernung von einem halben bis einem Meter auf. Wählen Sie die Entfernung so, wie sie für Ihre Augen am angenehmsten ist, und entfernen Sie alle ablenkenden Gegenstände im unmittelbaren Hintergrund.

Setzen Sie sich bequem hin und lassen Sie Ihre Augen auf dem Gegenstand ruhen; aber versuchen Sie nicht, ihn zu sehen. Strengen Sie sich nicht an, sich darauf zu konzentrieren. Statt dessen lassen Sie den Gegenstand in Ihr Gesichtsfeld eintreten, lassen Sie ihn in Ihr Bewußtsein eindringen. Versuchen Sie nicht, bewußt darüber nachzudenken – was er ist, was er bedeutet, wie er heißt und zu welcher Kategorie von Gegenständen er gehört. Stellen sich diese Gedanken jedoch spontan in Ihrem Geist ein, dann ist das gut so. Sehen Sie Ihren Gegenstand so unbefangen an, wie ein Kind es tun würde.

Vermeiden Sie es immer zu starren, denn das kann die Augen

überanstrengen. Während dieser Meditation werden Ihre Augen spontan herumschweifen, über den Gegenstand hinweggehen. Lassen Sie sie gewähren. Verhindern Sie nicht die Bewegungen Ihrer Augen – sie sind ein Teil des »Sehens«.

Da die meisten von uns die Dinge jeweils nur einige Sekunden lang »mit dem Auge des Anfängers« betrachten können, besteht diese Meditation aus einer Serie von Neuanfängen. Behalten Sie den Gegenstand für ungefähr sieben bis zehn Sekunden (diese Zeitspanne kann je nach Wunsch kürzer oder länger sein) in Ihrem Gesichtsfeld, dann lenken Sie Ihre Augen absichtlich auf eine Stelle, die weiter im Raum liegt. Auch Ihre geistige Aufmerksamkeit können Sie jetzt von dem Gegenstand ablenken und beliebig schweifen lassen.

Wiederholen Sie diese Übung – wenden Sie Ihre Augen einige Sekunden lang von dem Gegenstand ab (Sie werden bald selbst das richtige Zeitmaß »fühlen«) und dann, wenn Sie bereit sind, wenden Sie Ihre Augen und Ihre Aufmerksamkeit ihm wieder zu. Jedesmal versenken Sie sich wieder aufs neue in den Gegenstand (ungefähr sieben bis zehn Sekunden lang) und wenden dann systematisch Ihren Blick wieder ab. Auf diese Weise – den Gegenstand ansehen, wegsehen und dann wieder hinsehen – fahren Sie fünf Minuten lang fort (dies ist eine kürzere Meditationsübung als die anderen Techniken). Nach fünf Minuten schließen Sie Ihre Augen für ungefähr eine Minute und bleiben ruhig sitzen; sodann beenden Sie die Meditation gemäß den unter 9. gegebenen Anweisungen.

Kommentar

Die oben gegebenen Anweisungen erfordern eine »duldsame«, zwanglose Haltung; jede dieser Methoden kann jedoch auch konzentrierter, disziplinierter durchgeführt werden, und sie werden häufig auch so gelehrt. Um Entspannung zu erreichen, ist meines Erachtens die »duldsame« Methode leichter erlernbar, wirksamer und für die regelmäßige Praxis des westlichen Durchschnittsmenschen geeigneter. Das bedeutet nicht, daß die streng konzentrativen Methoden falsch oder schädlich sind – sie sind nur anders. Im allgemeinen sind die schwierigeren Methoden eher für fortgeschrittene Schüler geeignet, die einen beträchtlichen Grad an Selbstdisziplin erlangt haben und mit Hilfe eines Lehrers Ziele anstreben, die sich von unseren etwas unterscheiden.

Die hier beschriebene Mantra-Meditation ist die »duldsamste« der vielen Techniken, da sie ein absolutes Minimum an Anstrengung erfordert. Die Anweisungen sind fast genau die gleichen, die wir für die CSM geben, mit dem einen Unterschied, daß die CSM persönlich gelehrt wird und dann Gruppengespräche und Einzelberatungen folgen.

Die Atem-Meditation gleicht insofern den in diesem Buch erwähnten Zazen-Techniken, als sie sich von ihnen herleitet, aber nicht deren Strengegrad erreicht. In der klassischen Zazen-Übung müssen die Meditierenden einen genau vorgeschriebenen Lotos- oder Halblotossitz einnehmen. Sie dürfen sich während der Übung nicht bewegen, auch nicht, wenn eine Fliege über sie hinwegkrabbelt, ihre Beine einschlafen oder wenn sie ein starkes Jucken verspüren. Sie müssen ihre Augen immer offenhalten und auf eine Stelle richten, die einen halben bis einen Meter von ihnen entfernt ist. Bei einigen Zazen-Methoden folgen die Meditierenden ihren Atemzügen, indem sie jeden Atemzug zählen, von eins bis zehn, und dann wieder mit »eins«, »zwei« usw. von vorn anfangen.

Die Bewegungs-Meditation, die auf eine klassische indische Meditationsmethode, als *Mudra* bekannt, zurückgeht, ist eine viel weniger anstrengende Technik als die stilisierte indische Form. Die *Mudra*-Meditation bedient sich ritueller Gesten, die auf bestimmte Weise aufgegliedert sind, um – wie man sagt – »vitale Kräfte« aufzufangen. Die von mir beschriebenen, ständig zu wiederholenden Bewegungen gehen nicht auf traditionelle indische *Mudras* zurück, sondern sind für den westlichen Menschen bestimmt.

Die hier beschriebene visuelle Meditation unterscheidet sich etwas von der *Trataka*-Meditation (einer Hindu-Meditation über das Licht); bei der *Trataka*-Methode muß der Meditierende, ohne zu blinzeln, auf eine kleine Flamme starren, bis die Augen tränen. Es ist bekannt, daß ein Teil vieler Entspannungsübungen für die Augen darin besteht, das Blickfeld auf sich zukommen zu lassen, anstatt zu versuchen, aktiv zu »sehen«. Das Verfahren, den Blick vom Gegenstand ab- und wieder hinzuwenden, wurde erdacht, um dem schnellen visuellen Eindruck das ständige Gefühl der »Frische« zu geben. Ich halte diesen »Wechsel«-Prozeß für diese spezielle Meditationsmethode für wesentlich.

Meditation als regelmäßige Praxis

Man kann eine dieser vier Techniken mit Erfolg als regelmäßige Meditationsmethode verwenden, unter der Voraussetzung, daß folgendes beachtet wird:

1. Es ist wichtig, Ihre Meditationssitzung mit in Ihren Tagesplan aufzunehmen, so daß sie zu einer täglichen Routine wird – eine gelegentliche Anwendung der Technik, auch wenn sie angenehm ist, wird keinen dauerhaften Gewinn bringen. Am besten ist es, zweimal täglich zu meditieren; ist das schwierig, sollten Sie es wenigstens einmal täglich versuchen.
2. Sie sollten immer in einem einigermaßen ruhigen Raum ohne Ablenkung meditieren. Wenn jemand anwesend ist, sollte er oder sie ebenfalls meditieren. Nichtmeditierende Erwachsene, Kinder oder Tiere sollten sich in dem Raum nicht aufhalten. Es ist gut, wenn ein »Signal« für den Beginn der Meditation vorhanden ist; es kann außen an Ihrer Tür angebracht werden, damit die Familie, Freunde oder Zimmergenossen wissen, daß Sie sich in Meditation befinden; die anderen denken häufig nicht daran.
3. Der Morgen und der Spätnachmittag sind gute Zeiten für die Meditation; es gibt jedoch auch viele andere gute Gelegenheiten*.
4. Beenden Sie Ihre Meditation immer langsam; nehmen Sie

* Vgl. Kapitel 9 betr. Meditation und Tageszeit.

dafür eine ganze Minute oder mehr in Anspruch, um allmählich »herauszukommen«. Das trägt dazu bei, daß die Ruhe der Meditation in Ihr tägliches Leben übergeht.

5. Wenn Sie beabsichtigen, mit einer dieser Techniken regelmäßig zu meditieren, ist es ratsam, Teil 2 dieses Buches, »Die Kunst der Meditation«, zu Ende zu lesen, ehe Sie mit den Meditationsübungen beginnen. Auf diese Weise lernen Sie einige Schwierigkeiten kennen, die Ihnen begegnen könnten, sowie mögliche Lösungen.
6. Verspüren Sie nach Aufnahme der Übungen während oder nach dem Meditieren irgendein Unbehagen, das nicht nur zeitweilig aufzutreten scheint (vgl. Kapitel 6), dann reduzieren Sie Ihre Meditationszeit sogleich auf nur zehn oder sogar fünf Minuten (die »visuelle Meditation« sollte auf eine oder zwei Minuten heruntergesetzt werden). Meistens löst sich das Problem, wenn die Meditationszeit reduziert wird. Sollten die Übungen jedoch weiterhin schwierig sein, geben Sie sie ruhig auf, ohne sich darüber Gedanken zu machen oder sich schuldig zu fühlen. Es kann sein, daß Sie jetzt die Anleitung eines erfahrenen Meditationslehrers brauchen.
7. Wenn Sie Meditationsübungen machen wollen, um damit Ihren durch Streß oder Spannung angegriffenen Gesundheitszustand zu verbessern, sollten Sie dies nur mit Wissen des Arztes tun und unter seiner sorgfältigen Beobachtung verbleiben. Lassen Sie sich auf jeden Fall regelmäßig vom Arzt untersuchen, auch wenn es scheint, als »fühlten« Sie sich durch die Meditation »besser« – das kann irreführend und auch gefährlich sein.
8. Wenn Sie sich augenblicklich in psychotherapeutischer Behandlung befinden, sollten Sie vor Aufnahme der Meditationsübungen Rücksprache mit Ihrem Therapeuten nehmen; Sie sollten zusammen mit ihm entscheiden, ob es für Sie im Augenblick klug ist, regelmäßige Meditationsübungen zu machen. Bei der Entscheidung hilft Ihnen Teil 3 dieses Buches, der die Anwendung der Meditation zur Unterstützung der Psychotherapie behandelt.

9. Entschließen Sie sich zur regelmäßigen visuellen Meditation, sollten sich Ihre Augen nach der Übung entspannt fühlen. Ist dies nicht der Fall und Sie merken, daß Ihre Augen überanstrengt sind, reduzieren Sie die Meditationszeit auf die Hälfte. Bessern sich Ihre Augen nicht, dann stellen Sie diese Meditationsmethode ganz ein. Wenn Sie hingegen merken, daß Ihre Augen nach fünf Minuten visueller Meditation entspannt und ausgeruht sind, können Sie vorsichtig Ihre Übung täglich um je zwei Minuten verlängern. Beobachten Sie dabei die Wirkung auf Ihre Augen. Ist diese Meditationstechnik auch weiterhin für Ihre Augen entspannend, können Sie allmählich die visuelle Meditationsübung auf volle zwanzig Minuten ausdehnen.
10. Es ist möglich, daß keine der hier beschriebenen vier Meditationstechniken Erfolg bei Ihnen hat oder nach Ihrem Geschmack ist. Wenn Sie aber trotzdem das Gefühl haben, Sie möchten gern Nutzen aus der Meditation ziehen, dann verlieren Sie nicht den Mut. Es gibt noch andere gute Meditationsmethoden, von denen eine gerade die richtige für Sie sein könnte. Es kann auch sein, daß Sie einer von den Menschen sind, die ausgezeichnet auf einen Lehrer reagieren, aber keine nichtverbalen Techniken aus einem Buch lernen können. Falls Sie zu dem Personenkreis gehören, für den es schwierig ist, nach schriftlichen Anweisungen zu lernen, rate ich Ihnen dringend, eine absolut zuverlässige, persönliche Anleitung zum Meditieren zu suchen, statt zu resignieren.

Die Erfahrung der anderen

Seitdem wir die Meditationsübungen aufgenommen haben, haben mein Mann und ich wie auch eine Anzahl unserer Kollegen und Freunde mit Unterbrechungen richtige Meditationstagebücher geführt. Die Teilnehmer meines Meditationsseminars an der Princeton-Universität haben ihre Meditation auf die gleiche

Weise dokumentiert. Diese Tagebücher zeigen, daß jede Meditationssitzung eine neue und andere Erfahrung zu sein scheint, wie ja auch jeder Traum einzigartig ist. Jeder Meditierende scheint auch seinen eigenen charakteristischen Meditationsstil zu haben. Wie die folgenden Eintragungen in meinem eigenen Tagebuch zeigen, kann sich dieser Stil mit der Zeit ändern und entwickeln:

> Als ich zuerst meditieren lernte, pflegte ich im Geist das zweisilbige Sanskrit-Mantra als deutliches Wort zu hören, meistens personifiziert. Zuerst schien es von einer anmutigen weiblichen Erscheinung zu kommen, einer Seejungfrau, die während meiner Meditation vor mir schwamm, die mich in einer fremden, aber sehr sinnreichen Sprache anrief – die Sprache war der Klang meines Mantra. Manchmal war das Bild ein Vogel, der in den Himmel aufflog und mich mit seinem schönen Gesang weiterführte.

Nach einigen Wochen hatte ich diese führenden Bilder nur noch, wenn ich unter besonderem Streß stand. Das Mantra wurde undeutlicher, weniger wortähnlich. Nach neun Monaten des Meditierens schrieb ich:

> Mein Mantra ist jetzt während eines großen Teils meiner meditativen Sitzung als schwacher, aber ständiger Hintergrundrhythmus hinter meinen Gedanken und Überlegungen gegenwärtig. Es geht seinen eigenen Weg, aber es harmonisiert wie der kontrapunktische Rhythmus in Bachs Musik. Wenn das Mantra schließlich irgendwann während der Meditation »die Führung übernimmt«, ist es kein Wort mehr, sondern nur noch ein schwingender Rhythmus wie die langsam rollenden Wellen der Küste. Die erste Silbe ist das zurückweichende Wasser, die zweite Silbe ist die lange Woge der See, die den Strand überspült.

In den verschiedenen Formen der Mantra-Meditation kann das Mantra selbst in anscheinend unendlicher Vielfalt erfahren werden. Zu verschiedenen Zeiten kann es laut oder leise sein, schnell, langsam, gedämpft, klar, kaum wahrnehmbar oder man kann es in irgendeiner anderen Form erleben.

Zuweilen tauchen während der Meditation eine Reihe von Erinnerungen auf, die dem Meditierenden durch den Sinn gehen. Häufig sind es Bilder von ruhigen, romantischen Orten aus der Kindheit, die ein starkes Gefühl der Freude auslösen. Ein anderes Mal können verwirrende Bilder auftauchen. Meistens haben diese jedoch die Tendenz, im Laufe der Meditation ihre Schmerzhaftigkeit zu verlieren und sich durch den beruhigenden Rhythmus des Mantra oder durch das eigene ruhige Weiteratmen zu verändern oder sich einfach in der Stille aufzulösen.

Erinnerungen, die während der Meditation hochkommen, werden oft als ungewöhnlich lebhaft empfunden. Dem Meditierenden mag es scheinen, als erlebe er alles noch einmal, und nicht, als sei es nur eine Erinnerung. Die Meditierenden können fast den Duft riechen, die Nahrung schmecken, die Berührung auf ihrer Haut fühlen, die entfernten Einzelheiten der betreffenden Szenen sehen – Einzelheiten, an die sie seit dem ursprünglichen Ereignis nicht mehr gedacht haben. Es scheinen keine Geschichten mit irgendwelchen Handlungen oder Traumgebilde zu sein, die sie noch einmal erleben, es sind lebendige Eindrücke.

Abgesehen von den Bildern, die während der Meditation auftauchen, kann die ganze Meditationsübung in einer Weise erfahren werden, die man am besten mit vertrauten Bildern vergleicht. Mein Mann hat verschiedene Male seine positiveren meditativen Zustände wie folgt beschrieben: Es sei, als säße er oben auf einem Bergabhang und horche auf den Wind; als säße er am Kamin und schlürfe einen duftenden Tee; oder als beobachte er ein Baby, das friedlich die Brust nehme. Andere berichten, die Meditation habe in ihnen das Gefühl froher Tage auf einer ruhigen Wiese hervorgerufen, eines Bootes, das sanft vor Anker schaukelt oder eines Regens von Kirschblüten, die auf die Erde fallen. Es gibt unendlich viele Vergleiche. Sie sind sehr individuell, haben aber auch einiges gemeinsam. Die meisten schildern ruhige Stimmungen; Wasser, Nebel, rhythmische Bewegungen sind häufige Merkmale.

Das Mantra oder jedes andere Zentrierungsmittel, das verwendet wird, kann während der Meditation eine bedeutsame orientierende und synthetisierende Funktion haben. Ein Meditierender beschreibt dies so:

> ... Ich suchte nach dem Mantra, und nachdem ich es gefunden hatte, fühlte ich mich »gesammelt« (als habe mir der Polarstern die Richtung angegeben). Ich war eins mit mir.

Oft wird auch über die Erfahrung berichtet, daß man auf den inneren Rhythmus eingegangen ist, nichts unternommen hat:

> ... Ich bin in einem Zustand der Wachheit, ohne jedoch zu begreifen oder mich zu bemühen, etwas zu erreichen. Ich versuche nicht, Erfolg zu haben; auch kann ich nicht scheitern. Unaufgefordert treiben schwache Gefühle, undeutliche Bilder am Horizont, aber ich bemühe mich nicht, zu definieren, was ich höre, sehe, fühle ...

Gelegentlich hat ein Meditierender während der Meditation eine spontane Erkenntnis, die sein ganzes Leben verändern kann. Ich meine, diese Erkenntnisse gleichen im wesentlichen den tieferen Einsichten, die sich während der Psychotherapie einstellen können; mit einem Unterschied: es fehlt die voraufgehende bewußte »Arbeit«, die zur therapeutischen Einsicht führt. Der meditative Prozeß kann sogar Erkenntnisse bei Menschen fördern, die unerfahren in der Suche nach dem Sinn und den Ursachen der Dinge sind, die sich in ihrem Leben abspielen.

Noch ein anderer Aspekt der meditativen Erfahrung sollte an dieser Stelle erwähnt werden. Eine Meditationssitzung durchläuft häufig eine gewisse Entwicklung. Sie kann mit einem aktiven Gedankengang beginnen, sich dann zu ruhigeren Gedanken entwickeln, und manchmal kann dieser Prozeß zu einem Zustand führen, in dem überhaupt kein Denken mehr stattfindet. In der Mantra-Meditation kann das Mantra während der Meditationsübung zunehmend leiser und undeutlicher werden, bis es, da es nicht länger gebraucht wird, einer tiefen Ruhe weicht. In der

Atmungs-Meditation kann das Bewußtsein des Atmens so weit schwinden, daß ein allumfassendes Schweigen an seine Stelle tritt.

Nach der Überlieferung ist der Geist an diesem Punkt weder auf Gedanken noch auf Bilder konzentriert. Er ist hellwach, im Besitz des Bewußtseins. Man sagt, der Geist sei wach, ohne einen Gegenstand der Aufmerksamkeit zu haben. Diese Erfahrung der völlig regungslosen Wachheit ist eines der Ziele der fortgeschrittenen spirituellen Disziplinen, obwohl sie nicht unbedingt ein Ziel der praktischen Meditationsformen ist.

»Transzendieren« – wie die TM-Lehrer diesen Zustand nennen – gehört durchaus nicht zu den Erfahrungen aller Meditierenden, die nur einfache Zentrierungstechniken betreiben. Vielleicht erfährt noch nicht einmal die Mehrheit der Meditierenden diesen Zustand. Viele Menschen haben ihn, wenn sie ihn erfahren haben, nicht als einen besonderen Bewußtseinszustand erkannt.

Für eine Persönlichkeitsveränderung ist es zwar nicht unbedingt notwendig, einen derartigen »objektlosen« Wachzustand zu erreichen, aber für diejenigen, die ihn erleben, scheint er von tiefer Bedeutung zu sein. Ein Forscher hat diesen fragilen Zustand, der vielleicht das höchste Ziel der Meditation ist, wie folgt beschrieben:

> Wenn bei voller Wachheit alle innere Aktivität zum Stillstand kommt, wenn alles Denken, alle Phantasie, alles Fühlen, alle Bilder – alles – sogar der Drang zu denken, zu fühlen und zu handeln, schwinden; wenn all dies aufhört, von selbst aufhört, ohne Unterdrückung und Verdrängung, dann bleibt nur eins: eine grenzenlose innere Stille – ein abgeklärter Friede und die klare Erkenntnis, daß dies allermindestens die Essenz des Gefühls ist, einfach lebendig zu sein[1].

Da wir nunmehr wissen, was Meditation als *Erfahrung* sein kann, wenden wir uns der Frage ihrer Verwendung im täglichen Leben zu. Es kann vom Verständnis gewisser praktischer Aspekte der Meditation abhängen, ob wir die Technik mit oder ohne Erfolg handhaben. Die nächsten Kapitel dieses Abschnitts befassen sich mit den verschiedenen Möglichkeiten, mit der Meditation umzugehen.

6 *Nebenwirkungen des Spannungsabbaus*

Ein auffallendes Merkmal des meditativen Zustandes ist seine Tendenz, seinen eigenen Weg zu gehen – häufig nimmt er gar nicht die Richtung, die der Meditierende bewußt anstrebt. Man kann alle richtigen Verhaltensweisen erlernt haben, alle Regeln einer speziellen Meditationsmethode befolgen und doch unfähig sein, willentlich einen veränderten Bewußtseinszustand zu »erzeugen« oder seinen Inhalt zu bestimmen. Die meditative Stimmung kann entstehen – oder es können sich andere Dinge ereignen.

Diese anderen Dinge – die überraschenden Alternativen zu dem erwarteten friedvollen Zustand – sind wahrscheinlich die häufigste Ursache dafür, daß Anfänger in der Meditation den Mut verlieren. Zeitweilige Nebenwirkungen oder Empfindungen des Mißbehagens sind ein normales Ergebnis tiefer Entspannung. Diese Nebenwirkungen, die gewöhnlich spontan, häufig innerhalb von Minuten verschwinden, erfordern gelegentlich Änderungen der Meditationspraxis, bevor sie wieder verschwinden, und Lehrer all der verschiedenen Entspannungstechniken mußten Wege finden, die ihren Schülern halfen, damit fertigzuwerden.

Der Entspannungsprozeß (besonders bei einem Menschen, der vorher spannungsgeladen war) verläuft nicht immer glatt und ohne Schwierigkeiten. Man kann ihn mit einer fest angespannten Metallfeder vergleichen, die plötzlich gelockert wird. Wenn sich die Feder löst und dem neuen, geringeren Spannungsniveau anpaßt, kann es zu einem plötzlichen Ruck, zu Stößen und Erschütterungen kommen. Unser Geist und unser Körper verhalten sich ähnlich wie diese fest angezogene Stahlfeder. Der Lockerungsprozeß ist häufig unangenehm und ungleichmäßig. Die meisten von uns werden sich an Zeiten erinnern, in denen wir nach einem spannungsreichen Tag zu Bett gingen. Während der Entspannung im Stadium des Vorschlafes konnte es geschehen, daß wir plötzlich durch eine Zuckung des Körpers wieder hellwach waren. Bei den tiefen Entspannungstechniken können zeitweise ähnliche Formen des Zusammenschreckens oder andere Beschwerden vorkommen. Zuweilen sind sie so gering, daß man sie kaum bemerkt, und meistens braucht man sie nicht besonders zu behandeln. Gelegentlich jedoch sind sie so auffallend, daß man auf sie aufmerksam werden muß.

Diesem Lockerungsphänomen hat man verschiedene Namen gegeben. IMS nennt es »Normalisieren«*. Die Lehrer des autogenen Trainings bezeichnen die Nebenwirkungen als »autogene Entladungen«. Andere Schulen, wie die progressive Muskelentspannung oder Alpha-Biofeedback, beschreiben zwar diese Erscheinung in ihren Lehrbüchern, geben dem Prozeß jedoch keinen besonderen Namen. Ich bevorzuge den Begriff »Spannungsabbau«, da er einfach ist und das beschreibt, was sich wirklich ereignet.

Die Nebenwirkungen des Spannungsabbaus treten am häufigsten während der ersten zehn Minuten jeder Meditationssitzung auf; danach verschwinden sie allmählich. Im allgemeinen brauchen Körper und Geist so viel Zeit, um ganz zur Ruhe zu kommen. Im Anfangsstadium der Übung sollte man die Spannungslösung als natürlich und nützlich hinnehmen und nicht gleich als Signal dafür, die Meditationszeit zu verkürzen. Nur wenn die Nebenwirkungen während der ganzen Sitzung andauern und dem Meditierenden deutliches Unbehagen bereiten, sollte man die vorgeschlagene Verkürzung der Meditationszeit vornehmen. Fast immer kann jedes kurze Unbehagen überwunden, die Spannung gelöst und tiefe Entspannung erreicht werden, wenn man ausharrt und einfach zum Gegenstand der Konzentration zurückkehrt.

Es ist gut zu wissen, welche Formen diese Nebenwirkungen annehmen können. Die größte Materialsammlung, die sich damit befaßt, wurde von Erforschern des autogenen Trainings zusammengetragen. Wie oben angedeutet, haben die Lehrer des autogenen Trainings eine große Anzahl sorgfältiger Berichte von Schülern gesammelt, die ihre Entspannungstechnik praktizieren.

* Ursprünglich nannten sie es »ent-stressen«, ließen diesen Begriff später jedoch fallen.

Sie sind von besonderem Interesse, weil diese Methode ebenfalls die meditative Stimmung hervorruft. Die Schüler des autogenen Trainings werden meistens aufgefordert, jede Empfindung, die sie während der Übungsstunde haben, ihrem Lehrer zu berichten oder, falls sie zu Hause üben, sie sogleich niederzuschreiben.

Spannungsabfuhr im autogenen Training

Die Liste der Nebenwirkungen des Spannungsabbaus, die von den Lehrern des autogenen Trainings aufgestellt worden ist, stimmt auffallend mit der der Begleiterscheinungen überein, die wir bei Meditierenden beobachten[1]. Obwohl es ganz normale Vorkommnisse sind, kann der von ihnen Betroffene zuweilen aus der Fassung geraten, wenn er vorher nicht gewarnt worden ist, und braucht vielleicht einen Rat, wie er sich zu verhalten hat.

Der Übende kann zum Beispiel im entspannten Zustand das Gefühl einer unerklärlichen Schwere haben, so »als sinke er durch den Fußboden«, oder er kann genau das Gegenteil empfinden – Gewichtslosigkeit, so »als schwebe er dahin«. Von diesen Gefühlen kann der ganze Körper oder nur ein Teil, etwa Arme, Beine oder Kopf, betroffen sein. Die Wirkungen lassen gewöhnlich nach, sobald die Entspannungsübung vorüber ist.

Während der tiefen Entspannung kommt es zuweilen vor, daß man intensive Hitze, eisige Kälte oder ein Brennen verspürt. Im Zustand tiefer Entspannung verspürt man auch manchmal ein plötzliches Jucken, das kommt und geht. In Teilen des Körpers kann ein Kribbeln oder sogar eine zeitweise Empfindungslosigkeit auftreten oder ein Vibrieren, das durch den ganzen Körper oder über den Kopf hinweg geht. Häufig sind dies angenehme Empfindungen. Gelegentlich sind sie beunruhigend, als passiere »ein elektrischer Strom« den Körper oder als habe man »ein Stahlband um den Kopf« oder als fühle man eine plötzliche Verhärtung in bestimmten Teilen des Körpers. Zuweilen schwitzen die sich entspannenden Menschen stark, frösteln oder merken, daß sie zittern. Wenn die Spannungsabfuhr besonders intensiv ist, können sie Herzklopfen haben oder sehr schnell atmen. Diese

Reaktionen scheinen letzten Endes nützlich für die »Lockerung« zu sein, denn das Ergebnis einer scheinbar so schwierigen Sitzung ist oft eine darauffolgende tiefe Entspannung.

Wer sich im Zustand völliger Entspannung befindet, kann auch noch andere Erfahrungen machen. Er kann den Eindruck haben, einen bestimmten Geruch zu »riechen«, als sei er »in einer Scheune voll duftendem Heu« oder »als fühle er den Wind am Strand und atme den strengen, salzigen Geruch der See ein« oder »als atme er in Großmutters Küche den Duft von frisch gebackenem Brot ein«. In diesem Zustand können Gerüche – angenehme, unangenehme oder neutrale – überraschend real sein. Ebenso kann der sich entspannende Mensch lebhafte Geschmacksempfindungen haben; er kann frisch gemahlenen Pfeffer oder Milch oder Honig oder Senf u. ä. auf der Zunge schmecken.

Während der tiefen Entspannung kann sich auch die Vorstellung vom eigenen Körper ändern; man kann das Gefühl haben, als seien die Hände »so groß wie das Zimmer« oder der Kopf »wie ein aufgeblasener Ballon«. Man kann sogar das Gefühl bekommen, als seien Beine, Arme oder Kopf vom Körper getrennt oder als habe man gar keinen Leib oder man kann sich als unglaublich »winzig« erfahren. Derartige Empfindungen werden häufig als angenehme »Reize« erlebt. Andererseits kann der sich entspannende Mensch auch vorübergehende Beschwerden bekommen, wie Schmerzen, die kommen und gehen, Kopfschmerzen, ein Stechen in einem Zeh oder Finger oder anderswo. Er kann plötzlich das Empfinden haben, sein Hals sei entzündet, und die »Entzündung« kann innerhalb weniger Minuten wieder verschwunden sein. Die Speichelproduktion kann so angeregt sein, daß er unaufhörlich schlucken muß. Sein Mund kann trokken werden, die Nase laufen oder er muß niesen und husten. Einige seufzen, ohne es zu wollen oder gähnen wiederholt oder machen automatische Saugbewegungen mit den Lippen oder ihr Magen gibt Geräusche von sich. In seltenen Fällen extremer Spannungsabfuhr geschieht es, daß einzelne einen Brechreiz oder einen starken Harndrang verspüren.

Der sich entspannende Mensch kann bei sich vielleicht auch

leichte Muskelzuckungen oder ungewollte Bewegungen feststellen oder er kann alle möglichen faszinierenden Bilder »sehen« – einen Funkenregen, Spiralen, Wirbel, geometrische Formen, textilartige Muster, lebhafte Farben, helle Lichter.

Er kann auch innere »Geräusche hören«, z. B. ein Summen im Kopf, ein Sausen, Surren oder Klingeln. Häufig werden diese Geräusche als selten und schön empfunden, so »als zirpten tausend Grillen« oder »klingelten eine Menge kleiner Glocken«. Zuweilen hat der Betreffende den Eindruck, als neige sich sein Körper zu Boden, falle um oder stehe kopf. Je nachdem, wie stark sich der Übende von der Seltsamkeit dieser Empfindungen bedroht fühlt, wird er sie als angenehm oder unangenehm erfahren.

Für jemanden, der sich in einem tiefen Entspannungszustand befindet, ist es nicht außergewöhnlich, zeitweilig eine extreme Rastlosigkeit zu verspüren und das Gefühl zu haben, »es nicht eine Sekunde länger aushalten zu können, ohne aufzustehen«. Er kann auch starke emotionale Reaktionen zeigen, in Lachen oder Tränen ausbrechen, Wut oder angenehme sexuelle Empfindungen verspüren oder sogar einen Orgasmus haben.

Das sind nur einige Formen, die die Spannungsabfuhr in der tiefen Phase annehmen kann. Der einzelne verspürt meist nur wenige dieser Nebenwirkungen. Im allgemeinen treten sie nach Aufnahme der Meditationsübungen ungefähr zwei Wochen lang auf, danach verschwinden sie schnell. Einige erleben am Anfang so schwache Formen des Spannungsabbaus, daß sie diesen Prozeß gar nicht bemerken. Auch ist das jeweilige Muster der Streßabfuhr bei jedem Menschen verschieden.

Es ist noch hervorzuheben, daß keine Nebenwirkungen auftreten müssen, damit die Meditation von Nutzen ist, obwohl sie durchaus nutzbringend sein können. Ein Meditierender sollte sie weder erwarten noch überrascht sein, wenn sie nicht auftreten. In der Regel erledigen sie sich von selbst; wenn nicht, gibt es verschiedene Methoden, damit umzugehen, die wir später noch besprechen werden.

Die Beziehung der Spannungsabfuhr zur Lebensgeschichte

Jeder Meditierende hat nicht nur ein charakteristisches Muster des Spannungsabbaus; sein spezielles Muster kann von seiner ganz persönlichen Lebensgeschichte her seinen Sinn haben. Die Spezialisten des autogenen Trainings haben auffallende Parallelen zwischen den Lebenserfahrungen ihrer Patienten und den von ihnen berichteten charakteristischen Mustern der Spannungsabfuhr festgestellt.

Sie entdeckten, daß ängstliche Menschen, die zu irgendeiner Zeit schwere Unfälle erlitten hatten, am ehesten starken Nebenwirkungen ausgesetzt waren. Ihr Spannungsabfuhr-Muster stand in Zusammenhang mit dem verletzten Körperteil und löste die Empfindungen wieder aus, die ursprünglich mit dem Unfall verbunden gewesen waren.

Von einem vierundzwanzigjährigen Mann, der sich wegen seiner Angstreaktionen und einer Depression dem autogenen Training unterzogen hatte, wird berichtet, er sei während einer Entspannungssitzung plötzlich in Gelächter ausgebrochen. Später erzählte er dem Therapeuten, er habe das Gefühl gehabt, als sei ihm ein Stock in die linke obere Bauchhälfte, genau unter die Rippen, gestoßen worden; seine Augenlider seien angespannt gewesen, als habe man sie zugepreßt. Gleichzeitig habe er das Gefühl gehabt, sein Herz schlage stärker. Interessanterweise fühlte sich der junge Mann nach der Entspannungssitzung ganz wohl, eine Reaktion, die nach einer intensiven Spannungsabfuhr nicht ungewöhnlich ist. Als er mit seinem Therapeuten darüber sprach, erinnerte er sich an drei leichte Hockey-Unfälle, die er zwischen dreizehn und achtzehn Jahren erlitten hatte. Bei einem Zusammenstoß war ihm ein Hockeystock in den Oberbauch gestoßen worden, seine Atmung stockte, und er wäre beinahe ohnmächtig geworden. Diese spezielle Reaktion hat sich – wie berichtet wird – während der autogenen Trainingssitzungen des Patienten mehrmals wiederholt, als müsse er sein Trauma verarbeiten, indem er es aufs neue durchlebte[2].

Auch andere traumatische Situationen können sich in besonderen Spannungsabfuhr-Mustern widerspiegeln. Während des autogenen Trainings erlebten Frauen, die eine Fehlgeburt oder eine schwierige Entbindung hinter sich hatten, unangenehme Streßabfuhr-Erscheinungen im Bauch- und unteren Rückenbereich[3]. Diese Nebenwirkungen wurden geringer oder hörten später ganz auf, als seien in der tiefen Entspannung die physischen Traumen aus ihrem Organismus »herausgearbeitet« worden*.

Eine weitere Gruppe, die solche traumabedingten Spannungsabfuhr-Muster aufwies, waren schizophrene Patienten, die man mit langen Serien von Elektroschocks behandelt hatte. Während der autogenen Entspannung berichteten diese Patienten über weitaus mehr Nebenwirkungen, die mit Gleichgewichtsstörungen (Schweben, Sinken usw.) zusammenhingen, als schizophrene Patienten, die nie einer Schockbehandlung unterzogen worden waren[4].

Spezifische Nebenwirkungen können auch bei Menschen auftreten, die gezwungen sind, sexuell enthaltsam zu leben. In einer Untersuchung von autogenen Trainings-Forschern wurden sexuell deprivierte Menschen mit einer Kontrollgruppe verglichen, die ein ziemlich normales Geschlechtsleben führte und »sehr zärtliche Beziehungen zum anderen Geschlecht unterhielt«[5]. Bei sexuell abstinenten Personen traten sehr viel mehr Nebenwirkungen aller Art auf als bei denjenigen, die ein normales Geschlechtsleben führten**. Sie hatten auch mehr sexuell orientierte visuelle Erfahrungen und Gedanken. Empfindungen und Bewegungen während der Entspannung, bei denen Schenkel,

* Bisher wurden keine Vergleichsstudien der Spannungsabfuhr-Muster während der verschiedenen praktischen Meditationsübungen gemacht, so daß nicht sicher ist, ob spezifische Reaktionen wie diese auch während der Meditation zu beobachten sind. Ein Kollege von mir berichtet, einer seiner Patienten, der im Alter von zwölf Jahren nach einer schweren Schädelverletzung ein Jahr lang das Bett hüten mußte, habe während der TM *keine* unangenehmen Nebenwirkungen gehabt. Auf diesem Gebiet muß noch weiter geforscht werden.

** Das trifft aber nicht unbedingt auch auf Meditierende zu. Ein Kollege berichtet von einem Patienten, der wegen großer Angst vor sexuellen Kontakten während seines ganzen Erwachsenendaseins faktisch im Zölibat lebe und in der CSM keine unangenehmen Nebenwirkungen gehabt habe.

Unterleib und Genitalien eine Rolle spielten, waren bei den sexuell Deprivierten fast sechsmal häufiger als bei den Versuchspersonen, die ein normales Sexualleben führten.

Auffallend an diesen Untersuchungen war die Art und Weise, wie der Streßabfuhr-Prozeß Ausdrucksmuster zu »wählen« schien, die in direktem Zusammenhang mit tiefen Konflikten und unbewußten Problemen der Versuchspersonen standen. Das geschieht aber nicht nur beim autogenen Training, es kann ebensogut während der Meditation vorkommen, obwohl derartig dramatische Streßabbau-Erscheinungen meistens bei Menschen beobachtet werden, die entweder traumatische Vergangenheit oder lange bestehende emotionale Probleme haben.

Umgang mit der Spannungsabfuhr

Glücklicherweise wissen wir heute aus unserer praktischen Meditationstätigkeit genug, um die Meditierenden, die unter zeitweiligen Beschwerden leiden, gut beraten zu können. Der erste Schritt zur Behandlung der Entspannungsprobleme besteht darin, »die erste Anpassungsperiode«, d. h. eine Periode, die etwa die ersten zwei oder drei Wochen nach Aufnahme der Meditationsübungen umfaßt, zu erkennen. Ihre genaue Dauer hängt von der Persönlichkeit des Meditierenden und dem Druck ab, unter dem er in letzter Zeit gestanden hat.

Einige Menschen haben, wenn sie mit der Übung beginnen, die Tendenz, zu abrupt »abzuschalten«; die Umstellung von einem ständig angespannten auf einen gelösten Zustand ist dann zu plötzlich, um assimiliert zu werden. Der Wechsel zu einem friedvolleren Zustand hat nicht nur Vorteile, er kann unangenehm sein, wenn dabei Spannungsüberschüsse plötzlich freigesetzt werden. In solchen Fällen können die Nebenwirkungen überhandnehmen und das tägliche Leben des Meditierenden beeinträchtigen. Auch zwischen den Meditationssitzungen können dann Anzeichen von Spannungsabfuhr wie Tränen oder Wutanfälle auftreten. Dies ist ein Anzeichen dafür, daß aufgestaute Spannung und emotionaler Streß freigesetzt wurden, noch ehe durch die Meditation ein besseres emotionales Gleichgewicht erreicht worden ist. Fast immer verschwinden diese etwas lästigen Nebenwirkungen, wenn die Meditation zur Gewohnheit geworden ist.

Gelegentlich zeigt sich während der Anpassungsperiode noch ein anderes Problem. Wenn man sehr müde ist oder vor Erlernung der Meditation lange Zeit Schlaf und Ruhe entbehrt hat oder überarbeitet und überanstrengt ist, kann dies zu einem vorübergehenden Zustand führen, in dem man »die verlorene Zeit nachzuholen sucht«. Das Bedürfnis nach Ruhe kann dann so groß sein, daß der Betreffende meint, er sei zu nichts mehr fähig. Im allgemeinen regelt sich dies nach einigen Wochen von selbst, ohne daß der Meditierende etwas zu unternehmen braucht; zuweilen jedoch ist es notwendig, die Meditationszeit entsprechend anzupassen oder sogar zeitweilig auszusetzen.

Aus meinem eigenen Leben kann ich hierzu ein interessantes Beispiel erzählen. Als ich meditieren lernte, war ich so ungewöhnlich entspannt, daß dies häufig zu körperlicher Schwäche führte. Ich war immerfort schläfrig und nickte sogar bei meiner Arbeit ein. Einmal mußten ungefähr achtzig Examensarbeiten innerhalb von zwei Tagen korrigiert werden. Aber so sehr ich mich auch bemühte, ich konnte nicht die für diese Aufgabe notwendige Konzentration aufbringen. Weil die Zeit aber drängte, handelte ich gegen den Rat meines TM-Lehrers und stellte für eineinhalb Tage das Meditieren ganz ein, um die notwendige Wachheit wiederzuerlangen. Das ging gut. Ich konnte meine Arbeit erledigen und als ich sie beendet hatte, wieder zur Meditation zurückkehren.

Nach den ersten drei Wochen (die, wie sich herausstellte, meine Anpassungsperiode waren) verschwand dieses Problem. Seitdem habe ich niemals mehr diese Beschwerde gehabt. Ich kann jetzt regelmäßig zweimal täglich zwanzig Minuten lang meditieren und habe niemals das Gefühl, daß meine Wachheit darunter leidet. Wenn überhaupt, dann bin ich wacher und leistungsfähiger als zuvor.

Mit anderen Worten, der beste Weg, mit einer so abrupten Streßabfuhr fertigzuwerden, ist, die Meditationszeit radikal zu kürzen und zwar sofort. In allen Fällen, in denen wir bei einem

Schüler derartige Regulierungen der Meditationszeit vorgenommen haben, hat dies fast ausnahmslos Erfolg gehabt. Die Meditation wurde, wenn sie nur einmal am Tag während kürzerer Zeit geübt wurde, zu einer wirklich zufriedenstellenden Erfahrung.

Kürzung der Meditationszeit

Wenn notwendig, reduzieren wir im CSM-Unterricht die Meditationszeit für einen Schüler häufig von zwanzig auf zehn Minuten und zuweilen auf fünf Minuten oder noch weniger. Wir tun dies schon nach der allerersten Sitzung, wenn der Schüler während der Meditation ernste Beschwerden gehabt hat, ohne abzuwarten, ob die starken Nebenwirkungen von selbst verschwinden, denn wenn der Schüler zu lange an diesen unangenehmen Begleiterscheinungen leidet, wird er in vielen Fällen das Meditieren aufgeben und sich weigern, es später wieder aufzunehmen. Das kann man fast mit Sicherheit vermeiden, wenn die Meditationszeit unverzüglich dem Schüler angepaßt wird. Er wird dann in der Lage sein, später wieder längere Meditationsübungen zu machen, sie allmählich zu verlängern, bis er merkt, daß er das für ihn Richtige gefunden hat.

Wenn wir eine Meditationszeit unter fünf Minuten festsetzen müssen, schlagen wir zuweilen vor, diese gekürzte Meditation fünf- oder sechsmal am Tag zu praktizieren, obwohl es ungewöhnlich ist, die Zeit so stark kürzen zu müssen. Die meisten Menschen zeigen bei Aufnahme der Meditationsübungen nur schwache, leicht zu behandelnde Auswirkungen der Spannungsabfuhr.

Glücklicherweise haben die meisten von uns einen eingebauten Sicherheitsmechanismus. Die meisten Menschen fahren nicht fort, etwas zu tun, das ihnen Beschwerden macht oder für ihre emotionale Anpassung bedrohlich sein kann. Dieser Mechanismus funktioniert im allgemeinen wie eine Bremse, die ernsthaftere Schwierigkeiten, die aus dem Spannungsabbau entstehen, verhütet. Gelegentlich jedoch hört ein Mensch nicht auf die Weisheit seines inneren Selbst und hält – trotz sich mehrender

Nebenwirkungen – starr an einem Meditationsplan von zweimal täglich fünfzehn bis zwanzig Minuten fest; dies kann zu einer Reihe von Komplikationen führen, die wir sogleich besprechen werden. Jeder Meditierende muß lernen, auf seine innere Stimme zu hören und sich für die Meditationszeit, die unter den gegebenen Umständen für ihn die beste ist, zu entscheiden.

An dem Beispiel einer meiner Freundinnen, einer außerordentlich kompetenten Verwaltungsbeamtin mit beträchtlicher Verantwortung, die ich die CSM gelehrt habe, können wir sehen, welche positiven Wirkungen die Kürzung der Meditationszeit haben kann. Mit ihrer ersten Meditationsübung war sie sehr zufrieden, aber innerhalb von zwei Tagen beklagte sie sich, daß ihre Meditationen sie »zu empfindlich« machten. Einmal, als sie durch das Klingeln des Telefons unterbrochen wurde, erschrak sie so, daß ihr nachher übel wurde und sie zu zittern begann. Sie rief mich an, was sie tun solle. Ich schlug ihr vor, in ihr Zimmer zurückzukehren, das Telefon abzustellen und noch fünfzehn Minuten lang zu meditieren. Damit wollte ich ihr helfen, die Störungen zu verkraften, und es half tatsächlich. Ihre Angst und Übelkeit verschwanden, und sie fühlte sich wieder ruhig.

Zwei Tage später berichtete sie jedoch, sie büße durch die Meditation in beunruhigendem Maße ihre Leistungsfähigkeit ein. Sie fühle sich während des Tages zwar wohl und ungewöhnlich ausgeruht, mache aber in ihrer Arbeit Flüchtigkeitsfehler, die für sie nicht typisch seien. Sie brauche doppelt so lange für bestimmte Arbeiten, die vorher keine Schwierigkeiten machten.

Als wir dies besprachen, kamen wir beide zu dem Schluß, daß es zwar gut wäre, wenn sie auf die Dauer ihr normales Arbeitstempo etwas herabsetzen würde, daß dies in der »Anpassungsperiode« jedoch extreme Formen annehme. Da sie fühlte, daß sich die Meditationsübung störend auf ihre Arbeit auswirkte, hatte sie angefangen, sich ihr zu widersetzen. Ich schlug ihr vor, ihre Meditationszeit auf zweimal täglich je zehn Minuten zu beschränken. So geschah es, und sie wurde wieder leistungsfähig. Ihre Lebensprozesse verlangsamten sich nicht mehr in einem Grade, daß sie arbeitsunfähig war, und sie fand auch weiterhin in der Meditation Entspannung.

Dieses Beispiel zeigt, wie wichtig die Erkenntnis ist, daß es für keine der westlichen Techniken eine unbedingt »richtige« Übungszeit gibt. Übungen von zwanzig Minuten z. B. sind einfach nur eine Möglichkeit von vielen.

Allmähliche Veränderungen

Nach monate- oder jahrelangem Meditieren haben sich die Muster der Spannungsabfuhr – falls es sie noch gibt – meist gegenüber ihrer anfänglichen Form beträchtlich geändert und abgeschwächt. Die Erforscher des autogenen Trainings stellten fest, daß Versuchspersonen, die während ihrer Entspannungssitzungen zunächst viele unangenehme Gefühle und Bilder hatten, über eine allmähliche Veränderung dieser Nebenwirkungen berichteten. Am Ende hätten sie nur noch sehr wenige oder gar keine unangenehmen Erfahrungen mehr gehabt, während sich die gesunden, positiven Bilder oder Gefühle mehrten.

Obwohl emotionale Erfahrungen in den ersten Phasen der Entspannung häufiger vorkamen, gingen auch sie mit der Zeit zurück. Auch unangenehme körperliche Symptome ließen während der Entspannung nach, während die Empfindungen körperlichen Wohlseins zunahmen. Bei bestimmten Patiententypen konnte man während der ersten Monate des autogenen Trainings sehr starke »aggressive« und »destruktive« Gefühle feststellen. Im Laufe der Zeit begannen sie meistens abzunehmen, und die Sitzungen riefen schließlich größtenteils positive Empfindungen hervor.

Interessant ist, daß die Erforscher des autogenen Trainings bei den Schülern die Tendenz feststellten, während der Entspannungssitzungen zunächst dunkle, »gefährliche« oder morbide Farben zu sehen. Nachdem sie jedoch regelmäßig geübt hatten, neigten sie zu angenehmeren, helleren Farbschattierungen. Im allgemeinen konnte bei Leuten, die jahrelang autogenes Training betrieben hatten, ein allmähliches Nachlassen aller unangenehmen Nebenwirkungen und eine Zunahme der positiven Erfahrungen während der Entspannung festgestellt werden.

Dies sind genau die gleichen Veränderungen, die auch bei Meditierenden allgemein beobachtet werden können. Ein TM-Meditierender pflegte während seiner Übungen Gesichter zu sehen, die sich fortwährend in neue Gesichter mit anderem Ausdruck verwandelten. In den ersten Wochen nach Beginn des Meditationsunterrichts waren die Gesichter drohend und beunruhigend. Sie waren zornig, gerötet, verzerrt, fast unmenschlich vor Wut – er beschreibt ihren Gesichtsausdruck als »satanisch«. Nach regelmäßigen Meditationsübungen veränderte sich im Laufe der Zeit der Ausdruck der Gesichter. Schließlich verschwand die Röte und der satanische Blick, der »verkniffene Gesichtsausdruck« und die »eng beieinanderliegenden, kleinen, glänzenden Augen«. Nunmehr waren die Gesichter weicher, heller und hatten eine natürlichere Farbe, ihre Haut war glatter, und der erschreckende Blick war ruhig, friedlich und freundlich geworden – es war ein Blick, der ihm Mut machte.

Gleichzeitig stellte die Familie dieses Mannes fest, daß seine unkontrollierten Wutausbrüche aufgehört hatten. Er war unbeschwerter, verständnisvoller und kooperativer geworden. Seine besten Eigenschaften schienen in den Vordergrund getreten zu sein. Er selbst kam zu der Erkenntnis, daß die Gesichter irgendeine tiefe innere Veränderung und Spannungslösung in ihm selbst widergespiegelt haben mußten. Nachdem er ungefähr zwei Jahre lang meditiert hatte, erschienen die Gesichter nur noch selten. Er sah jetzt während der Meditation ländliche Szenen, friedliche Hütten, Zäune, Wiesen und Dörfer.

Die Auflösung des Spannungszustandes

Wenn die Meditation verfrüht abgebrochen wird, weil der Meditierende sich plötzlich unruhig fühlt (eine ziemlich verbreitete Erscheinung während der Meditation), überträgt sich diese Rastlosigkeit häufig auf das tägliche Leben, statt sich im ruhigen meditativen Zustand aufzulösen. Das kann für den Meditierenden eine Enttäuschung bedeuten, da er ja gehofft hatte, ruhig, gelassen und zufrieden aus der Meditation hervorzugehen.

Im allgemeinen empfiehlt es sich bei dieser unangenehmen Nebenwirkung, mit der Meditationsübung fortzufahren, in der Erkenntnis, daß diese Nebenwirkung normal ist; dabei lenkt man die Aufmerksamkeit von Zeit zu Zeit immer wieder auf den Meditationsfokus zurück. Meistens verschwindet diese Nebenwirkung dann von selbst, wenn sie so behandelt wird.

Zuweilen kann der Meditierende feststellen, daß er noch im Begriff ist, Spannungen zu lösen, aber die Zeit für die Meditation ist bereits abgelaufen. In diesem Fall hat er oft das Empfinden, die Meditationssitzung sei »unvollständig« gewesen; er hat den Eindruck, es sei noch etwas ungelöst geblieben. Bricht der Meditierende sodann seine Meditation abrupt ab, kann sich nachher Gereiztheit und eine nachwirkende Spannung von starker oder geringer Intensität einstellen. Wenn der Meditierende das starke Bedürfnis hat, weiterzumachen, um einen Spannungsrest »durchzuarbeiten«, dann soll er die Sitzung verlängern (höchstens um weitere fünf oder zehn Minuten), bis er merkt, der Prozeß ist beendet.

Der Meditierende hat viele Möglichkeiten, sich selbst zu signalisieren, daß störendes oder spannungsgeladenes Material »neutralisiert« worden und die Meditationsübung gewissermaßen »abschlußreif« ist. Erforscher des autogenen Trainings haben dieses Phänomen beobachtet und es sorgfältig studiert[6]. Häufig sieht der entspannte Mensch ein ruhiges, friedliches Bild, vielleicht eines schönen Sonnenuntergangs, vor sich, oder er spürt, wie er »in liebevollen Armen einschläft«. Ereignet sich dies nach einer unruhigen Sitzung, so scheint es auf eine Auflösung des Spannungszustandes zu deuten.

Weitere Zeichen für den Abbau des Spannungszustandes können spontane Schläfrigkeit, Gähnen oder das Verschwinden aller bildlichen Vorstellungen sein. Oder der Meditierende merkt, daß ihm immer mehr positive Gedanken oder Bilder in den Sinn kommen, die friedlicher, weniger aktiv und weniger streßbezogen sind. Wärmeempfindungen können zunehmen oder der Meditierende sieht helle Schattierungen eines Farbtons wie Hellblau, Türkis, Hellgrau, Silbertöne oder Hellgelb. Er kann sogar Weiß oder eine Leere oder einen leeren Raum sehen. Einige berichteten, »ein blendend weißes Licht« gesehen zu haben, das an bestimmte sogenannte Erleuchtungserfahrungen erinnert, von denen Mystiker erzählen[7]. Die Tatsache, daß zahlreiche Aufzeichnungen des autogenen Trainings berichten, dieser plötzliche Eindruck des blendenden Lichts sei nur dann entstanden, wenn höchst streßgeladenes Material neutralisiert und während der Entspannungssitzung »behandelt« worden war, läßt darauf schließen, daß dies ein sehr positives Zeichen ist. Es deutet auf eine friedliche innere Auflösung des beunruhigenden Materials. Wer das »weiße Licht« während der Meditation erlebt hat, wird sich durch diese Berichte vermutlich beruhigt fühlen; vielleicht wird er sich fragen, ob das glänzende Licht auch für ihn das Signal für die positive Bewältigung der Spannung war. Einige Meditierende berichten auch, für sie habe blaugrünes oder »elektrisches« blaues Licht die gleiche Bedeutung. Aber wie auch die jeweiligen Manifestationen sein mögen: immer stellt sich ein Gefühl der Vollendung und der Erleichterung ein, das typisch ist für das Ende der Spannungsabfuhr.

Techniken zum Umgang mit hartnäckigen Nebenwirkungen

Gelegentlich sind Nebenwirkungen der Spannungsabfuhr sehr hartnäckig und halten nach der Meditationsübung noch an. Für diesen Fall gibt es einige wirksame Strategien.

Die erste trifft die *physischen* Nebenwirkungen. Nehmen wir an, die Streßabfuhr äußert sich in einem physischen Symptom, vielleicht in einem Schmerz im Hinterkopf. Wenn sich der Schmerz zum erstenmal während der Meditation einstellt (ein Anzeichen dafür, daß er wahrscheinlich auf die Spannungsabfuhr zurückzuführen ist) und bis zum Ende der Sitzung nicht verschwindet, dann besteht eine Strategie darin, die Aufmerksamkeit von dem üblichen Meditationsfokus abzuwenden und sich auf den Schmerzbereich selbst zu konzentrieren, sich ganz darin zu vertiefen. Man soll nicht versuchen, den Schmerz loszuwerden oder ihn bekämpfen, sondern ihn ganz einfach als Meditationsfokus benutzen, so wie man ein Mantra verwendet.

Auf diese Weise lernt man den Schmerz genau und sensitiv kennen. Man »verschmilzt« damit, statt gegen ihn zu opponieren, als sei er eine äußere Kraft. Dadurch ändert sich die Situation. Während man sich mehr auf den Schmerz einstimmt, kann er sich spontan, ohne jede Anstrengung des Meditierenden, auflösen. Es mag seltsam erscheinen, aber ich habe noch keinen Mißerfolg dieser Technik erlebt, und ich empfehle sie für jede hartnäckige Nebenwirkung der Meditation.

Emotionale Nebenwirkungen, z. B. unkontrollierbares Weinen, das nach der Meditation anhält, kann eine andere Behandlung notwendig machen. Meistens haben derartige Entspannungsphänomene ihren eigenen Stundenplan. Ein »Weinkrampf« z. B. kann wohltuend sein, wenn man ihn gewähren läßt, und hört gewöhnlich von selbst auf.

Wird während der Meditation Angst aufgewühlt und hält nachher noch an, dann besteht eine wirkungsvolle Taktik darin, einige lange, langsame Atemzüge zu tun, wobei man die Luft tief in die Lungen eindringen läßt, bis man das Gefühl hat, sie habe sich im ganzen Bauch ausgebreitet. Danach atmet man langsam wieder aus, bis die letzte Luft heraus ist. Wenn man will, kann man sich sogar dabei vorstellen, die Luft fließe beim Einatmen durch den ganzen Leib nach unten und beim Ausatmen durch die Fußsohlen wieder hinaus.

Derartige tiefe Atemzüge, vielleicht zusammen mit einigen einfachen Körperübungen wie Yoga-Haltungen*, sind bei auftretender Angst meistens wirksam. Es empfiehlt sich auch, unangenehme Gedanken oder Gefühle, die während der Meditation an die Oberfläche kommen, mit jemandem durchzusprechen, zu dem man Vertrauen hat. Das Erlebnis, diese unangenehmen Empfindungen mit jemandem zu teilen, kann häufig zu wichtigen Erkenntnissen und beträchtlicher Erleichterung führen.

Sollte keine dieser Taktiken wirken, muß man sich eine Zeitlang von der Meditationsübung ausruhen und sollte sie fünf Tage unterbrechen. Das ist eine ausgezeichnete Strategie, um den

* Die grundlegenden Yoga-Haltungen werden in zahlreichen Lehrbüchern gelehrt.

Streßabbau in Ordnung zu bringen. Nach dieser Pause sollte man die Meditation zunächst nur langsam wieder aufnehmen und vielleicht mit nur einer Meditation täglich beginnen; die Meditationszeit kann man dann so, wie es als angenehm empfunden wird, allmählich verlängern. Man zögere nicht, falls notwendig, sich wieder zurückzuziehen, die Meditationszeit zu kürzen oder sogar eine weitere Pause einzulegen. Der Maßstab hierfür sollte die eigene Flexibilität und das eigene Urteil sein. In seltenen Fällen können sich bestimmte Symptome, die schon vor Erlernung der Meditation vorhanden waren, zeitweilig verschlimmern. Wenn der Meditierende weiterhin täglich übt, bessern sich diese Symptome im allgemeinen und verschwinden. Reizbarkeit, Spannungs-Kopfschmerzen und andere lästige Erscheinungen, die mit dem Streß zusammenhängen, sind gelegentliche Anzeichen dieser »paradoxen« Wirkung.

Ein gutes Beispiel hierfür ist einer meiner Patienten, den ich zur Schulung an ein TM-Zentrum verwiesen habe*, weil sich seine starken Spannungs-Kopfschmerzen während der psychotherapeutischen Behandlung nicht gebessert hatten. Er hielt die Meditation für eine sehr angenehme Erfahrung, aber seine Kopfschmerzen wurden während der ersten Woche schlimmer als zuvor. Sie traten häufiger als gewöhnlich auf und hielten während seiner Meditationssitzungen an.

Der Meditationslehrer erklärte ihm, man nenne diesen Prozeß »Normalisieren«; er sei zu erwarten gewesen und werde sich wahrscheinlich bald von selbst regulieren, wenn die erste Spannung gelöst sei. So kam es tatsächlich. In der zweiten Woche nach Erlernung der Meditation hatte er weniger Kopfschmerzen. In der dritten Woche waren sie so weit zurückgegangen, daß er weniger Kopfschmerzen hatte als vor Erlernung der Meditation. Nach einem Monat waren sie verschwunden, und heute hat er – solange er regelmäßig meditiert – kaum noch Spannungs-Kopfschmerzen.

In dem obigen Fall hatte der Rat des TM-Lehrers, die Medi-

* Ehe ich die CSM lehrte, habe ich meine Patienten regelmäßig zur Schulung an die TM verwiesen.

tationsübungen bis zur Abnahme der Symptome fortzusetzen, Erfolg. In manchen Fällen ist dieser Rat jedoch nicht angebracht. Dr. Leon Otis vom Stanford Research Institute berichtet von fünf Versuchspersonen, von denen drei die TM praktizierten; die beiden anderen hatten in seinem Labor eine andere Methode der Mantra-Meditation gelernt. Nachdem die Versuchspersonen die Meditationsübungen aufgenommen hatten, traten bei ihnen erneut ernste psychosomatische Symptome auf, die vorher unter Kontrolle gewesen waren[8]. Darunter befanden sich ein blutender Ulcus (der während der letzten fünf Jahre unter Kontrolle gewesen war), eine Depression, die psychiatrische Behandlung und Medikation erforderte, extreme Erregungszustände, die mit Aufgabe des Arbeitsverhältnisses endeten, und andere bedauerliche Symptome.

Auch Dr. Arnold Lazarus berichtet von einigen Fällen, in denen das Erlernen der TM psychiatrische Probleme heraufbeschwor[9]. Eine vierunddreißigjährige Patientin unternahm nach einem TM-Wochenendkurs einen ernsten Selbstmordversuch; mehrere Patienten behaupteten, die TM steigere ihre Depressionen, und einige agitierte Versuchspersonen berichteten, die TM habe die Tendenz, ihre schon bestehende Spannung und Ruhelosigkeit noch zu erhöhen. Dr. Robert Woolfolk berichtet auch von einem Fall, in dem die TM einen schizophrenen Zusammenbruch heraufbeschworen zu haben scheint[10]. Aufgrund der vorliegenden Untersuchungsergebnisse schließt Lazarus, daß Entspannungsübungen (einschließlich der Meditation) nicht jedem Menschen anzuraten sind; wenn sie jedoch in ausgewählten Fällen von guten Fachleuten richtig gelehrt werden, können sie viele Aspekte des Streß, der Spannung und der Angst überwinden helfen. In meiner eigenen psychotherapeutischen Praxis habe ich verschiedene TM-Meditierende beobachtet, bei denen sich nach Aufnahme der Meditationsübungen physische, spannungsbedingte Symptome oder eine latente Gemütskrankheit sichtlich verschlimmerten. Dies sind zwar extreme Fälle, aber sie geben Anlaß zu Besorgnis.

Es ist interessant, daß Symptomverschlimmerungen dieser Art im autogenen Training mit so gutem Erfolg behandelt werden.

Diese Entspannungsmethode ist in ihrer mehr als fünfzigjährigen Existenz in Hospitälern und Kliniken von Tausenden von Patienten praktiziert worden, die ernstlich krank und aufgrund ihrer Labilität für jede kleinste Störung anfällig waren. Ich vermute, es gibt zwei Gründe für den ausgezeichneten Ruf des autogenen Trainings:

1. Die Schüler des autogenen Trainings werden gelehrt, *zu Beginn ihrer Praxis nur während sehr kurzer Zeit zu üben.* Für jede Standard-Übung sind nicht mehr als dreißig bis sechzig Sekunden gestattet, bis der Schüler die Anwendung beherrscht und alle Nebenwirkungen der Spannungsabfuhr unter Kontrolle hat.
2. Ausgebildete Lehrer passen die Technik sorgfältig den Bedürfnissen eines jeden Schülers an.

Die CSM sieht auch einige der gleichen Maßnahmen vor, und es ist interessant, daß wir bei den mehr als eintausendfünfhundert Menschen, die bisher die CSM gelernt haben, kein Wiederauftreten von Symptomen, emotionale Zusammenbrüche oder andere bedauerliche Vorkommnisse erlebt haben. Ich glaube, wir haben diese Schwierigkeiten bisher vermieden, weil wir eher zu wenig meditieren. Beim ersten Anzeichen einer auftretenden Beschwerde kürzen wir die Meditationszeit lieber, als das Risiko einzugehen, daß sich beim Meditierenden ein Streß aufbaut. Wir legen auch besonderen Wert auf die Anpassung der meditativen Technik an die individuellen Bedürfnisse.

Dies scheinen zwar selbstverständliche Vorkehrungen zu sein; sie stehen aber sehr im Widerspruch zur TM-Praxis. Die TM-Lehrer werden angewiesen, stets die »Reinheit« ihrer Methode aufrechtzuerhalten, was bedeutet, daß dem einzelnen Lehrer wenig Spielraum bleibt, seine Technik den besonderen Umständen anzupassen. Die Lehrer kürzen nur ungern die Meditationszeit (obwohl sie es gelegentlich tun), weil sie sehr von den »richtigen« Meditationszeiten überzeugt sind. Es wird angenommen, die TM löse von sich aus automatisch jedes Problem, wenn der Meditierende brav zweimal täglich fünfzehn oder zwanzig Minuten lang übe, und das ist tatsächlich im allgemeinen auch der Fall. Wenn dies gelegentlich nicht hilft, kann der TM-Lehrer versuchen, das Problem der Spannungsabfuhr auf andere Weise zu lösen: er weist den Schüler an, vor der Meditation Yoga-Atmungen oder bestimmte Yoga-Stellungen zu praktizieren. Das mag in einigen Fällen von Nutzen sein, aber nicht in allen. Sieht der TM-Lehrer, daß der Meditierende nach einigen Tagen oder Wochen des Meditierens plus Atemübungen weiterhin Beschwerden hat, darf er die Meditationszeit auf fünfzehn Minuten kürzen. Er wird sie jedoch nicht – auch nicht im Falle ernster Nebenwirkungen – auf weniger als zehn Minuten reduzieren. Zur Zeit der Abfassung dieses Buches hält die IMS kurze Meditationen von drei bis fünf Minuten für unwirksam und bezeichnet sie nicht als »Meditationen«. Außerdem erlaubt sie dem Schüler nicht, das Mantra, das ihm gegeben wurde, zu ändern, auch dann nicht, wenn ihm der Klang mißfällt.

Die relative Rigidität der TM-Lehrer in diesen Dingen mag manchen überraschen. Man kann sie jedoch verstehen, wenn man den autoritären Charakter der World Plan Organization in Betracht zieht. Was »Maharishi« sagt, wird ohne Zögern von jedem TM-Lehrer als Wahrheit hingenommen, und einem Rat von oben wird ohne Widerspruch gefolgt. Das läßt dem Lehrer wenig Raum für persönliche Entscheidungen, und daher werden die Probleme der Meditierenden nach feststehenden Regeln behandelt.

7 *Die Verwendung der Meditation unter Streß*

Die regelmäßig geübte, tägliche Meditation hat für den Meditierenden im allgemeinen gewisse Vorteile. Es ist erwiesen, daß derjenige, der wenigstens einmal täglich eine volle Meditation hält und nur in seltenen Fällen darauf verzichtet, auf die Dauer den meisten Nutzen aus ihr zieht. Aber wie ist es, wenn die Zeit dazu fehlt? Hat es Zweck, in Streßzeiten zu meditieren?

Die verschiedenen Meditationsschulen geben auf diese Frage unterschiedliche Antworten. Wenden wir uns aber an den Meditierenden selbst, stellen wir fest, daß die meisten von ihnen versucht haben, in einem bestimmten Augenblick zu meditieren, um eine spezielle Schwierigkeit zu überwinden. Sie berichten, die Meditation habe in derartigen Fällen eine überraschend gute Wirkung.

Da bisher keine systematischen Studien darüber betrieben worden sind, was wir den »strategischen« Gebrauch der Meditation nennen können, werden wir uns auf Berichte von Meditierenden stützen, die ihre eigene Methode erfunden haben, in großen und kleinen Lebenskrisen ihre Zuflucht zur Meditation zu nehmen. Es liegen inzwischen genügend solcher Berichte vor, die uns wichtige Erkenntnisse vermitteln.

Mini-Meditationen

Viele Schüler, die ich die CSM gelehrt habe, berichten über die erfolgreiche Anwendung sehr kurzer Meditationen an strategisch wichtigen Punkten des Tages. Diese meditativen Übungen dauern vielleicht nicht mehr als eine oder zwei Minuten; man könnte sie »Mini-Meditationen« nennen. Eine meiner Patientinnen, die unter extremem Druck arbeitet, erzählt, sie wiederhole still für sich etwa eine Minute lang ihr Mantra, sobald bei ihrer Arbeit besondere Spannungen aufträten. Das bringe eine »enorme« Ruhe über sie, und sie fühle sich dann »ausgeglichen«.

Ich selbst habe ebenfalls Mini-Meditationen geübt. Als ich einmal im Lincoln Tunnel bei New York in einen Verkehrsstau geriet, merkte ich, daß ich in hohem Maße verspannt wurde. Der Tunnel war von einem höchst irritierenden Rauch erfüllt, und die Fahrer hupten ohne Unterbrechung. Während die Zeit dahinging, wurde ich immer unsicherer, ob sich der Stau auflösen würde oder aber ob uns mehrere Stunden Wartezeit drohten. Um meiner wachsenden Angst entgegenzuwirken, begann ich, mein Mantra zu wiederholen. Während ich an das Mantra dachte, hielt ich meine Augen offen und beobachtete die anderen vor mir stehenden Wagen. Das schien mir beruhigender zu sein, als die Augen vor einer Situation zu schließen, von der ich glaubte, sie könne gefährlich werden. Innerhalb von weniger als einer Minute gab mir die Mini-Meditation ein Gefühl der Ruhe und Erleichterung. Ich war nunmehr in der Lage, das ganze Problem mit gelassenem Optimismus zu sehen, und konnte die nächsten fünfzehn Minuten gut durchstehen, bis sich der Verkehr wieder in Bewegung setzte.

Mini-Meditationen tragen zuweilen auch dazu bei, die Wirksamkeit der regelmäßigen Meditationen zu erhöhen. Ein TM-Meditierender, der an Bluthochdruck leidet, erklärte mir kürzlich, seine beiden täglichen Meditationen seien zwar sehr entspannend für ihn, sie hätten aber nicht ein außerordentliches Ansteigen des Blutdrucks während der Arbeitsstunden verhindern können. Wenn er Entscheidungen im Büro zu treffen hatte, fühlte er, wie sein Blutdruck stark anstieg, und konnte doch nichts dagegen tun. Schließlich entdeckte er, daß er gegen diesen lästigen Anstieg des Blutdrucks etwas tun konnte: Er mußte sich die Zeit nehmen und fünf Minuten lang meditieren, sobald er merkte, daß die Lage schwierig wurde. Diese Mini-Meditationen, die sich über den ganzen Tag verteilten, bauten seine Spannung ab und befähigten ihn, den Streß der Arbeit mit Gelassenheit zu meistern. Er sagt, diese Strategie sei »mehr wert als jedes Beruhigungsmittel«, das er je gekannt habe. Vielleicht würde es sich auch für andere Meditierende, die an zu hohem Blutdruck leiden, lohnen, diese Methode zu versuchen. Möglicherweise erhöht sich die Wirksamkeit der regelmäßigen Meditationsübungen, wenn die Patienten gelehrt werden, zusätzlich zu ihren regelmäßigen Meditationssitzungen Mini-Meditationen zu praktizieren.

Grenzen

Mini-Meditationen können zwar außerordentlich nützlich sein, aber man muß sich ihrer mit Maß bedienen. Wollte z. B. jemand, der die Mantra-Meditation praktiziert, bei jeder auftauchenden Schwierigkeit an sein Mantra denken, könnte sich das Mantra in seiner Vorstellung mit der Idee »Schwierigkeit« verbinden. Wenn es dann für die Meditation verwendet werden soll, könnte es begreiflicherweise eher einen störenden als einen beruhigenden Einfluß auszuüben beginnen.

Dieses Problem wurde mir bei einer Mitreisenden deutlich, die ich in einem Flugzeug traf und mit der ich über das Meditieren sprach. Sie erklärte, sie habe ein besonderes Mantra »für Notfälle«, das sie nur verwende, wenn sie sich in einer gespannten, bedrohlichen Lage befinde (eine davon war das Fliegen!). Dieses »Mantra für Notfälle« schien sie außerordentlich zu beruhigen, wenn sie sich in einer Gefahr wähnte. In einer ruhigen Situation jedoch hatte es die entgegengesetzte Wirkung; es pflegte sie dann an die unangenehmen Empfindungen während des Fluges oder an irgendeine andere angsteinflößende Erfahrung zu erinnern; sie merke dann selbst, wie sie »vollkommen verspannt« würde. Es klang wie Ironie, daß ihr TM-Mantra ihr in Notlagen nicht helfen konnte, da es in ihrer Vorstellung ganz mit einem ruhigen, friedlichen Zustand verbunden war, der keine Sofortmaßnahmen erforderte. Daher war sie vorsichtig und verwandte ihr »Mantra für Notfälle« nur, wenn sie bereits äußerst ängstlich war.

Die Erfahrung dieser Frau klingt plausibel, wenn wir die Angst als das ansehen, was die Psychologen eine »konditionierte Reaktion« (auf ihr »Mantra für Notfälle«) nennen – d. h. eine Reaktion, die sich mit dem Mantra verbunden hat, weil sie wiederholt zugleich mit ihm auftrat, und zwar unter Bedingungen, die so aufregend waren, daß die beiden sich assoziierten. Das Ergebnis ist, daß das Mantra nunmehr die Tendenz hat, Angst zu erzeugen, wenn es zu einem indifferenten Zeitpunkt verwendet wird. Im allgemeinen versuchen wir, eine Verbindung von Mantra und Spannung zu vermeiden. Daher raten TM-Lehrer wahrscheinlich ihren Schülern, ihr Mantra niemals in der Absicht zu verwenden, der Angst entgegenzuwirken. Wie jedoch die obigen Beispiele zeigen, *kann* die Meditationsübung für derartige Zwecke verwendet werden, vorausgesetzt, der Meditierende wählt ein besonderes »Mantra für Notfälle« und verwendet es, wie die ängstliche Flugreisende, nur in Streß-Situationen. Außerdem muß man sich bewußt sein, daß man das Mantra (oder andere Meditationsmittel) für solche Zwecke auch überbeanspruchen kann.

Meditationsübungen in starken Streß-Situationen sind tatsächlich meistens Mini-Meditationen. In einer gefährlichen Situation ist unsere Aufmerksamkeit naturgemäß auf die Außenwelt gerichtet, was bedeutet, daß ein tiefes und langes Meditieren gar nicht möglich ist. Daher halten auch viele Menschen während einer Mini-Meditation ihre Augen ganz oder halb geöffnet. Wenn wir glauben, uns in Gefahr zu befinden, lassen wir instinktiv unsere Blicke schweifen und beobachten scharf unsere Umgebung. Würden wir in einer solchen Situation unsere Augen schließen, könnten wir noch ängstlicher werden, weil wir das Gefühl bekämen, ungeschützt und verletzbar zu sein.

Auch andere Entspannungstechniken können »strategisch« verwendet werden. Von einer jungen Sängerin, die autogenes Training gelernt hatte, wird berichtet, sie habe zufällig entdeckt, daß sie während ihrer Entspannungsübungen sehr schön sang und sogar hohe Töne singen konnte, die sie sonst nicht erreichte. Sie beschloß, einen Versuch zu machen und während ihrer Gesangsübungen einen Zustand der autogenen Entspannung herbeizuführen. Dabei stellte sie fest, daß dies möglich war, wenn sie nur einen Teil ihrer autogenen Formel wiederholte. Schließlich war diese junge Frau in der Lage, auf der Bühne hohe Passagen zu meistern, bloß indem sie kurz vor Beginn der Arie an die Formel dachte[1].

Vorbereitende Meditationsübungen

Mitten in einer Streß-Situation zu meditieren ist etwas anderes, als zur Vorbereitung auf eine Streß-Situation zu meditieren. Erwartet man bestimmte Schwierigkeiten, kann eine vollständige, tiefe Meditation von vollen zwanzig Minuten einer Mini-Meditation vorzuziehen sein.

Eine meiner Teenager-Patientinnen, die die TM praktizierte, war wegen einer Rolle, die sie in einer Theateraufführung in der Schule zu spielen hatte, außerordentlich nervös. Nach einer Besprechung mit mir beschloß sie, an allen Tagen, an denen sie auftreten mußte, ungefähr eine halbe Stunde vor der Aufführung volle zwanzig Minuten lang zu meditieren. Sie tat es und war überrascht, wie außerordentlich wirksam diese Methode war. Wenn sie vorher meditiert hatte, fühlte sie sich auf der Bühne ruhiger und weniger befangen.

Am American Conservatory Theater in San Francisco gehört Meditieren mit zu den regelmäßigen Proben. Das Ensemble berichtet, das Verhältnis der Schauspieler untereinander und ihre Gesamtleistung besserten sich, wenn vor dem Spiel gemeinsam meditiert wurde. In diesem Zusammenhang fällt mir ein, wie beruhigend es für mich war, kurz vor meinem Auftritt im Fernsehen zu meditieren. Sowohl der Regisseur als auch der Kameramann und ich gehören zu denen, die regelmäßig meditieren. Kurz bevor die Kameras zu klicken begannen, hielten wir eine Gruppenmeditation. Wir hatten den Eindruck, daß sich dies sehr positiv auf die Sendung auswirkte.

Meditation und Examensangst

Studenten berichten, daß sich die Meditation als Vorbereitung auf ein Examen bewährt habe. Sie scheint sehr geeignet zu sein, die Examensangst zu reduzieren, vorausgesetzt, der Meditierende kennt seine eigenen Reaktionen so gut, daß er den Zeitpunkt seiner Übung vor dem Examen genau zu bestimmen weiß. Für einige Studenten mag es gut sein, früh in den Examensraum zu gehen, sich ruhig in eine Ecke zu setzen und zu meditieren. Der Student geht entspannt und mit besseren Erfolgsaussichten in die bevorstehende Prüfung. Wer jedoch nach der Meditation zu Schläfrigkeit neigt, tut nicht gut daran, kurz vor einem Examen zu meditieren. Seine Leistungsmotivation sowie seine Wachheit könnten vermindert sein. Er könnte aus der Meditation ohne den Grad von Aggressivität hervorgehen, der notwendig ist, um ein Examen erfolgreich bestehen zu können. Für diesen Menschentyp wäre es viel besser, eine Stunde vor dem Examen statt im Prüfungsraum zu meditieren.

Unlängst habe ich an der Princeton-Universität ein Experiment mit Studenten gemacht, die vor ihrem Abschlußexamen standen. Viele von ihnen hatten Angst vor diesem Examen zu erkennen gegeben, da es wesentlich zu ihrer Abschlußzensur beitrug. Ich beschloß, ihrer Examensangst entgegenzuwirken und die Klasse, kurz ehe ich die Examenstexte austeilte, eine Mini-Meditation von drei Minuten machen zu lassen. Ich zeigte ihnen eine einfache Zazen-Atemübung, von der ich wußte, daß sie – auch für jemand, der keine Erfahrung in Meditationsübungen hat – schnell erlernbar ist. Ich hielt die Meditationszeit mit Absicht kurz, damit die Studenten nicht schläfrig oder zu sehr entspannt würden.

Obgleich die Klasse bei Ankündigung der Meditation zunächst etwas befremdet war (da sie nicht darauf vorbereitet waren), stellten sich die Studenten rasch darauf ein. Auf einem anonymen Fragebogen, der nach dem Examen ausgefüllt wurde, berichteten über achtzig Prozent der Studenten, die Meditation habe ihnen geholfen, sich während des Examens zu entspannen. Außerdem sagte die Mehrheit dieser Studenten, sie würden gern vor weiteren Examina an der Universität Gruppenmeditationen abhalten. Ungefähr zwanzig Prozent gab an, sie seien ärgerlich gewesen, eine Meditationspause einlegen zu müssen, da sie sich psychisch schon ganz auf das Examen eingestellt hätten. Keiner berichtete hingegen, die Meditation habe seiner nachfolgenden Leistung geschadet.

Meditation vor Operationen

Ein wichtiges mögliches Anwendungsgebiet der strategischen Meditation ist die Vorbereitung auf eine Operation. Ich kenne keine systematische wissenschaftliche Untersuchung in dieser Richtung, aber ich habe selbst Mini-Meditationen vor Zahnoperationen praktiziert und kenne einige Patienten, die das auch getan haben.

Im Wartezimmer, ehe man zum Behandlungsstuhl geführt wird, bietet sich eine gute Gelegenheit, ungehindert strategische Mini-Meditationen zu praktizieren. Für mich ist dies außerordentlich beruhigend; ich bin viel besser auf die Zahnbehandlung vorbereitet. Bei einer Gelegenheit setzte ich diese vorbereitende Meditation während der Zahnbehandlung fort. Da dies eine sehr starke Streß-Situation war, hielt ich meine Augen offen. Während der langen (eineinhalb Stunden) Zahnbehandlung ließ ich die Mini-Meditationen ganz natürlich kommen und gehen. Dies war die entspannendste Zahnbehandlung, die ich je gehabt habe; dazu war sie auch noch erstaunlich schmerzlos.

Meditation gegen Phobien

Ein Verhaltenspsychologe, Leoné Boudreau[2], berichtet über eine interessante Verwendung der vorbereitenden Meditation. Ein Student, der zu ihm zur Behandlung gekommen war, klagte über viele Ängste, die ihn behinderten. Er fürchtete geschlossene Räume, Aufzüge, »Alleinsein« und Examina. Er hatte solche Angst vor diesen Situationen, daß er seit seinem dreizehnten Lebensjahr versucht hatte, sie unter allen Umständen zu vermeiden. In vieler Hinsicht war dies natürlich für ihn ein Hindernis. Außerdem trugen die physischen Symptome, die während der Panikanfälle auftraten, dazu bei, daß er sich fürchtete, »geisteskrank« zu werden.

Zunächst wurde dieser Student einer »systematischen Desensibilisierung« unterzogen. Die Therapie besteht darin, daß der Patient Methoden tiefer Entspannung, z. B. die progressive

(Muskel-)Entspannung praktiziert oder sich ruhige friedliche Szenen vorstellt. Die Situationen, die er fürchtet, werden ihm sodann eine nach der anderen (meistens verbal) in leicht zu bewältigenden Schritten vorgeführt. Erst wenn er imstande ist, während der Schilderung einer Situation ruhig und entspannt zu bleiben, darf er den nächsten Schritt zu einer noch stärker angstbesetzten Vorstellung tun, bis er sich am Ende auch die gefürchtetste Situation angstfrei vorstellen kann.

Diese Methode bewirkt häufig eine Verminderung von Angstzuständen, die noch andauern, wenn die ursprüngliche emotionale Ursache schon beseitigt ist. Im Falle dieses Studenten hatten jedoch weder die Muskelentspannung noch die »ruhigen Szenen«, die zur systematischen Desensibilisierung verwendet wurden, eine Wirkung auf seine Angstzustände.

Sein Therapeut unterzog ihn dann einer noch massiveren Behandlung, die »konzentrierte Desensibilisierung« genannt wird. Dabei muß der Patient die Desensibilisierungs-Übungen an drei aufeinanderfolgenden Tagen je drei Stunden lang praktizieren. Diese intensive Technik wirkt zwar in einigen Fällen, wenn eine einfachere, mildere Methode nicht geholfen hat; dieser Student zeigte aber auch hier keine Besserung seiner ernsten Symptome.

Nun erwähnte der Student zufällig, er habe einmal die TM gelernt und sie gelegentlich praktiziert. Überzeugt, nichts zu riskieren, wenn er ein Experiment mache, schlug der Therapeut vor, der Student solle sich jeden Tag lebhaft vorstellen, sich in einer der Situationen zu befinden, die er besonders fürchtete. Sobald er diese angsterzeugende Szene klar vor Augen habe, solle er sogleich eine halbe Stunde lang meditieren. Wenn er sich wirklich einmal in solch einer von ihm gefürchteten Situation befinde, solle er sofort mit dem, was er gerade tue, aufhören und eine halbe Stunde lang meditieren.

Der Student ging auf diesen Plan ein und erzielte überraschende Ergebnisse. Im Gegensatz zu den anderen Desensibilisierungs-Techniken hatte die Meditation eine fast sofortige Wirkung. Kurze Zeit, nachdem er angefangen hatte, die TM zur Behandlung seiner Angstzustände zu praktizieren, konnte man bei dem Patienten eine merkliche Besserung feststellen. Innerhalb eines Monats brauchte er weder geschlossene Räume, noch Alleinsein und Aufzüge mehr zu scheuen. Sogar die physischen Symptome waren verschwunden, da sein Spannungsgrad in diesen Situationen gesunken war.

Das günstige Ergebnis läßt darauf schließen, daß Meditation bei der Behandlung von Phobien und ähnlichen Zuständen nützlich sein kann. Ihre Verwendung in derartigen Fällen jedoch kann man mit der Mantra-Übung in Notlagen vergleichen; man könnte sie möglicherweise übertreiben.

Meditierende Sportler

Am meisten ist vermutlich über die strategische Verwendung der Meditation im Sport berichtet worden. Von verschiedenen Sportlern ist bekannt, daß sie meditieren, um sich auf athletische Wettkämpfe vorzubereiten. Da ihre Zahl wächst, scheint es der Mühe wert zu sein, einmal zu untersuchen, welche Elemente der Meditation besonders nützlich für Sportler sind.

Wie wir gesehen haben, hat Meditation die Tendenz, Angstwerte herabzusetzen und den Meditierenden ruhiger, weniger besorgt zu machen, ihm mehr Selbstvertrauen zu geben. Das sind für einen Athleten, der im Begriff ist, einen Wettkampf aufzunehmen, offensichtlich nützliche Eigenschaften. Entspannung und Gemütsruhe sind bei fast jedem Unternehmen von Nutzen. Beim Sport ist es jedoch wichtig, nicht so entspannt zu sein, daß es einem gleichgültig ist, ob man einen Wettkampf gewinnt oder nicht. Auf diesen Punkt werden wir noch zurückkommen.

Einer meiner Studenten in Princeton, Andy Rimol, interessierte sich für dieses Thema. Er war Captain der Basketball-Mannschaft der Universität und behauptete, die Meditation habe sein Spiel wesentlich verbessert. Nach seinem Bericht hatte seine Ausdauer merklich zugenommen, seit er in seinem zweiten Universitätsjahr mit der TM begonnen hatte. Es war ihm ein leichtes, am gleichen Tag ohne Ermüdungserscheinungen an mehreren zusätzlichen Spielen teilzunehmen. Er berichtete auch, seine Koordination habe sich sehr gebessert.

Da Rimol persönlich von der Meditationswirkung auf seine sportlichen Leistungen so begeistert war, beschloß er, in unserem Labor die perzeptiv-motorische Koordination von Meditierenden und Nichtmeditierenden durch Leistungsvergleich zu messen. Er plante auch, zwei verschiedene Gruppen von Meditierenden miteinander zu vergleichen, nämlich eine Gruppe, die kurz vor dem perzeptiv-motorischen Test meditieren durfte, mit einer Kontrollgruppe, die das nicht konnte.

Blasdalls Spiegelzeichner

Ehe Rimol seine Untersuchung begann, hatte ein anderer Forscher, Blasdall, die Leistungen regelmäßiger TM-Meditierender mit denen von Nichtmeditierenden in der Spiegelzeichnungsaufgabe (Mirror Star Tracing Task) geprüft. Es ist dies ein ziemlich schwieriger, recht frustrierender, puzzleähnlicher Test, bei dem die Versuchsperson aufgefordert wird, einen Stern nachzuzeichnen, den sie nur im Spiegel sehen darf[3]. Ehe den TM-Meditierenden die Aufgabe gestellt wurde, meditierten sie zwanzig Minuten lang, während die Nichtmeditierenden nur mit geschlossenen Augen ruhten. Beide Gruppen waren daher ausgeruht, als sie den Test begannen. Wie der Forscher vorausgesagt hatte, lösten die Meditierenden ihre Aufgabe bedeutend besser als die Nichtmeditierenden.

Dies war sicherlich ein vielversprechender Anfang, aber Blasdalls Versuch ließ noch einige Fragen offen. Zum Beispiel: Wie können wir wissen, daß die Meditierenden ihre Spiegelzeichnungsaufgabe nicht auch dann besser gelöst hätten als die Nichtmeditierenden, wenn sie in das Versuchslabor gekommen wären, ohne vorher meditieren zu dürfen? Mit anderen Worten, ist es nicht vielleicht möglich, daß Menschen, die lange Zeit Meditationsübungen gemacht haben, schlechthin eine bessere Koordinationsfähigkeit besitzen? Vielleicht hat die Meditation unmittelbar vor der Aufgabe absolut nichts mit Blasdalls Ergebnissen zu tun. Offensichtlich ist diese Frage zur Beurteilung des Wertes der »strategischen« Meditation im Sport wichtig.

Rimols Labyrinth-Spieler

Rimol überlegte, daß Meditationsübungen sowohl langfristige wie sofortige Wirkungen auf die perzeptiv-motorischen Leistungen haben können[4]. Aufgrund seiner eigenen Erfahrung und der anderer Athleten wußte er, daß regelmäßiges Meditieren im allgemeinen die Koordinationsfähigkeit tatsächlich verbessert. Seine eigene Erfahrung hatte ihn außerdem gelehrt, daß ihn das Meditieren vor einem wichtigen Basketball-Spiel in diesem spezifischen Spiel zu einer besseren Leistung befähigte. Die Aufgabe bestand nunmehr darin, ein Experiment zu erfinden, das beide Möglichkeiten zugleich testete.

Er wählte als Versuchspersonen für das Experiment drei Gruppen von Studenten. Die ersten beiden Gruppen bildeten Studenten, die vor Beginn des Versuchs regelmäßig fünf Monate oder noch länger die TM praktiziert hatten. Die dritte Gruppe hatte niemals die TM oder irgendeine andere Meditationstechnik ausgeübt.

Um die psychomotorischen Fähigkeiten der Versuchspersonen zu messen, wählte Rimol ein ziemlich anspruchsvolles Spiel – das »Labyrinth-Spiel«, bei dem es darum geht, eine Metallkugel auf einem mit Löchern versehenen Brett durch geschickte Bewegung desselben vom Start zum Ziel zu manipulieren, ohne daß sie frühzeitig in eines der Löcher fällt.

Alle Versuchspersonen erhielten eine Übungszeit von fünf Minuten und wurden dann aufgefordert zu versuchen, »so viele Punkte wie nur möglich zu erzielen«. Danach wurde die Hälfte der Meditierenden aufgefordert, sich auf die Couch zu legen und mit geschlossenen Augen zu ruhen, *ohne* zu meditieren; die andere Hälfte wurde gebeten, sich hinzusetzen und zu meditieren. Die Nichtmeditierenden sollten sich ebenfalls zwanzig Minuten lang hinlegen und mit geschlossenen Augen ruhen. Nach zwanzig Minuten wurde allen Versuchspersonen nochmals Gelegenheit zu einem »Test« gegeben, bei dem sie versuchten, ihr Bestes zu tun.

Die erste Frage, die Rimol interessierte, war, ob die Meditierenden in den Vorversuchen – ehe eine der Versuchspersonen geruht oder meditiert hatte – besser waren als die Nichtmeditierenden. Würden bei ihnen langfristige Meditationswirkungen auf ihre motorischen Funktionen festzustellen sein?

Die Resultate auf diese Frage waren eindeutig. Die Meditierenden erzielten von Anfang an eine bedeutend höhere Punktzahl bei dieser ihnen unbekannten Aufgabe zur Prüfung der perzeptiv-motorischen Leistungen als die Nichtmeditierenden. Wie sich bei dieser speziellen Aufgabe herausstellte, waren sie als Gruppe besser in ihrer Koordinationsfähigkeit.

Die nächste Frage war, ob Meditierende, die zwischen dem ersten und zweiten Test meditieren durften, sich vom ersten zum zweiten Test stärker verbessert hatten als Meditierende, die zwischen den beiden Tests nur geruht hatten – oder als die nichtmeditierende »Kontroll«-Gruppe. Wiederum waren die Resultate klar.

Alle drei Gruppen verbesserten sich etwas beim zweiten Test. Das interessanteste Ergebnis war, daß die Meditierenden, die zwischen den beiden Tests meditiert hatten, beim zweiten Test bedeutend bessere Resultate erzielten sowohl als die Meditierenden, die nur geruht hatten, als auch die Nichtmeditierenden. Tatsächlich erzielten die Meditierenden, die zwischen den beiden Tests nicht meditieren durften, bei ihrem Schlußtest keine besseren Ergebnisse als die Nichtmeditierenden! Das Meditieren schien eine sofortige, kurzfristige Wirkung bei dieser Aufgabe zur Prüfung der perzeptiv-motorischen Leistung zu haben. Dies deutet darauf hin, daß die strategische Meditation unmittelbar vor der gestellten Aufgabe besonders wichtig für Menschen ist, von denen besondere Leistungen verlangt werden.

Unbeantwortete Fragen

Obwohl die Meditation sowohl auf die perzeptive wie auch auf die motorische Leistung eine Wirkung zu haben scheint, gibt es bei diesem Prozeß noch einige Dinge, die wir nicht wissen. Zum Beispiel: Wie viele Wochen oder Monate muß ein Mensch Meditation üben, bevor eine Wirkung auf seine motorischen Fähigkeiten festzustellen ist? Kann jemand, der zwei Wochen lang meditiert hat, bei einem athletischen Wettkampf das gleich gute Ergebnis erzielen wie jemand, der drei Monate lang Meditationsübungen gemacht hat? Oder wie jemand, der ein Jahr lang meditiert hat?

Wir wissen auch nicht, ob die unmittelbare Wirkung einer Meditationssitzung davon abhängt, ob der Betreffende große Erfahrung in der Meditation besitzt. Ist es möglich, daß jemand, der nie zuvor in seinem Leben meditiert hat, den gleichen Nutzen aus einer Meditationserfahrung ziehen kann, wenn ihm das Meditieren »auf der Stelle« beigebracht wird, wie jemand, der Erfahrung in der Meditation hat und sie schon seit einiger Zeit praktiziert? Als ich eine Klasse lehrte, wie man kurz vor dem Schlußexamen meditiert, habe ich erfahren, daß nicht unbedingt bereits Meditationskenntnisse vorhanden sein müssen, um gute, kurzfristige Resultate zu erzielen. Auch eine Untersuchung der Psychologen Daniel Goleman und Gary Schwartz in Harvard zeigte, daß sogar Anfänger, die an diesem Tag im Labor meditieren gelernt hatten, nach einem spannungsgeladenen Film geringere Angstwerte aufwiesen und sich schneller erholten als die Nichtmeditierenden, obwohl sie keine so ausgeprägte Entspannung zeigten wie die erfahrenen Meditierenden[5].

Für Sportler, die meditieren lernen wollen, mag noch eine letzte Frage wichtig sein: Wie lange hält der Nutzen einer Meditationssitzung an? Mit anderen Worten: Wenn die Meditation die motorischen Fertigkeiten und die Wahrnehmungsfähigkeiten verbessert – wie lange hält diese Verbesserung an? Wann fängt sie an zu schwinden und sich allmählich zu verlieren? Konkret gesagt: Wie lange vor einem Spiel sollte ein Athlet meditieren, um die besten Ergebnisse aus seiner Meditation zu erzielen?

Rimol glaubt, dies sei bei den einzelnen Menschen unterschiedlich. Bei sich selbst hat er festgestellt, daß er – wenn er kurz vor dem Spiel meditiert – sich eher »weich« fühlt und kein großes Interesse mehr daran hat, das andere Team zu besiegen; er hegt dem anderen Team gegenüber »warme und freundliche Gefühle«, wie er sagt. Aus diesem Grunde meditiert er grundsätzlich eineinhalb Stunden vor Spielbeginn. Das befähigt ihn, seine Leistungsfähigkeit zu erhöhen und gleichzeitig seinen Konkurrenzgeist wieder lebendig werden zu lassen. Bill Walton, der Basketball-Star der Portland Trail Blazers, andererseits glaubt, energischer und aggressiver zu sein, wenn er unmittelbar vor Beginn eines Spiels meditiert. Derartige individuelle Unterschiede müssen offensichtlich durch Versuche herausgefunden werden, und die Athleten müssen selbst ermitteln, welches die richtige Zeit für sie ist.

Diese aus verschiedenen Quellen stammenden Informationen deuten darauf, daß es der Mühe wert ist, die strategische Verwendung der Meditation auf dem Gebiet des Sports zu prüfen. Obgleich noch mehr Versuche angestellt werden müssen, sind die Resultate doch schon so vielversprechend, daß die einzelnen Wettkämpfer ohne Risiko selbst die Technik ausprobieren können, die sie für ihren Zweck verwenden wollen. Das gilt allgemein auch für jede andere strategische Verwendung der Meditationsübungen. Es gibt viele Möglichkeiten, die Meditation in besonderen Lebenslagen auszuüben, wenn dies mit Umsicht und Vernunft geschieht.

Meditation während der Krankheit

Für bestimmte Menschen kann das beliebig häufige Meditieren während einer Krankheit sehr nützlich sein. Eine meiner Bekannten, die ich vor ungefähr einem Jahr die CSM gelehrt hatte, mußte sich unlängst einer Bauchoperation unterziehen. Als sie unmittelbar nach der Operation im Hospital starke schmerzstillende Medikamente erhielt, erinnerte sie sich, gelernt zu haben, daß sie während der Krankheit, so oft sie wolle, meditieren könne. Ehe sie ins Krankenhaus kam, hatte sie nicht regelmäßig meditiert. Sie gab nunmehr ihrem plötzlichen Verlangen nach Meditation nach und begann während ihres Krankenhausaufenthaltes täglich fünf- bis sechsmal zu meditieren.

Die Meditation hatte auf sie eine verblüffende Wirkung. Nach den ersten postoperativen Stunden brauchte sie keine schmerzstillenden Mittel und während des ganzen Krankenhausaufenthaltes auch keine Schlaftabletten mehr. Ihr Arzt berichtete, sie habe so schnelle Fortschritte gemacht, daß er sich nach ihrem speziellen »Zaubermittel« erkundigt habe. Sie sagte ihm, sie habe meditiert. Er war zunächst skeptisch, aber schließlich meinte er, er sei sehr beeindruckt von der Art und Weise, wie sie auf die Operation reagiert habe, und insbesondere davon, daß sie keine Sedativa gebraucht habe. »Was immer Sie tun, muß richtig sein«, sagte er.

Aber wie verhält es sich mit der Anweisung der IMS an die TM-Meditierenden, während der Krankheit zusätzliche Meditationsübungen *nur* zu machen, wenn sie so krank sind, daß sie nicht aufstehen können? Zweifellos will man damit vermeiden, daß zuviel meditiert wird. Mir scheint jedoch »bettlägerig« oder »nicht bettlägerig« eine willkürliche Unterscheidung zu sein. Für die IMS ist es charakteristisch zu glauben, daß zusätzliche Meditationsübungen in dem einen Fall angebracht sind und in dem anderen nicht; wissenschaftlich begründet ist diese Meinung jedoch nicht. Ich kenne mehrere Fälle von Patienten, die krank, aber »nicht bettlägerig« waren und die zusätzliche Meditationsübungen am Tage hielten, um ihrer Krankheit Herr zu werden. Sie sagten, sie hätten ausgezeichnete Ergebnisse erzielt. Ein Kollege erzählt mir z. B., ihm hätten unlängst zusätzliche Meditationsübungen geholfen, sich von einem gefährlichen Virus viel schneller als unter normalen Umständen zu erholen, obwohl er während der ganzen Zeit nicht bettlägerig gewesen sei.

Trotz dieser imposanten Berichte sind aber die subjektiven Eindrücke der Patienten, die Meditation hätte ihnen geholfen, ihre Krankheit besser zu bewältigen, kein wissenschaftlicher Beweis, daß die Meditation tatsächlich zur Genesung beigetragen hat. Um den Beweis zu führen, wäre es notwendig, eine Gruppe von Personen, bei der eine bestimmte Krankheit festgestellt wurde und die meditieren gelernt hat, im Vergleich zu einer nichtmeditierenden Gruppe mit der gleichen Krankheit systematisch zu untersuchen. Man könnte schriftlich festhalten, welche Gruppe sich schneller erholt. Bis heute liegt nur eine sorgfältige systematische Forschungsarbeit auf diesem Gebiet vor, die Untersuchungen an Hypertonikern und Asthmatikern angestellt hat. Darauf werde ich noch zurückkommen, wenn das Verhältnis von Meditation zu streßbedingten Krankheiten behandelt wird.

Zu der strategischen Verwendung von Meditation während der Krankheit muß noch gesagt werden, daß nicht jeder imstande ist, während einer Krankheit zu meditieren. Selbstverständlich ist es gar nicht jedem möglich, bei jeder Krankheit zu meditieren. Ich kenne mehrere Menschen, die sich bei Grippe so schwach fühlen, daß sie auch im Bett »gar nicht die Kraft aufbringen könnten« zu meditieren. Beim Versuch zu meditieren, »passiere nichts«, ganz gleich, wie lange sie es probierten. Schließlich mußten sie jeden Versuch aufgeben, bis sie sich wieder besser fühlten. Interessant ist, daß Yoga-Schriften raten, bei Fieber nicht zu meditieren. Es ist gut möglich, daß dies auf lange Erfahrungen mit derartigen Schwierigkeiten zurückzuführen ist.

Die Unfähigkeit einiger Menschen, bei Schwächezuständen oder im Fieber zu meditieren, zeigt sehr deutlich, daß der Mensch noch ein gewisses Minimum an verfügbarer Kraft haben muß, obgleich das Meditieren als Entspannungstechnik betrachtet wird. Einige – auch mein Mann und ich – haben zuweilen erklärt, daß wir manchmal zu erschöpft seien, um zu meditieren. Wir waren so müde, daß das gewisse konzentriert-entspannte Engagement, das die Meditation verlangt, nicht möglich war. In derartigen Fällen würde die Meditation, statt zu erquicken, zu einer unangenehmen, großen Anstrengung werden.

Auch diese Erfahrung ist jedoch, wie es bei vielen anderen Aspekten der Meditation der Fall ist, individuell sehr verschieden. Manche Patienten berichten, die Meditation wirke in Zeiten, in denen sie sich erschöpft fühlen, wie ein Stimulus. Ich vermute, einige von uns neigen dazu, Meditation als Beruhigungsmittel zu benutzen, während andere sie als Anregungsmittel empfinden. Das soll nicht etwa heißen, wir hätten die Wahl, wie wir die Meditation verwenden; vielmehr hat jeder Organismus unterschiedliche Bedürfnisse und macht von dieser außerordentlich wandlungsfähigen und anpassungsfähigen Technik verschiedenen Gebrauch.

Meditation bei emotionalem Dauerstreß

Wir CSM-Lehrer sind der Ansicht, daß zusätzliche Meditationsübungen notwendig werden können, wenn jemand unter besonderen emotionalen Belastungen leidet, z. B. während der Krankheit eines geliebten Menschen, in einer finanziellen Krise oder in anderen Situationen, in denen der Mensch ständigem Druck ausgesetzt ist. Im Gegensatz zu den gelegentlichen Mini-Meditationen zur Beherrschung besonderer Situationen ist in solchen Fällen die Planung regelmäßiger zusätzlicher Meditationsübungen erforderlich. Selbstverständlich ist dies eine ernstere Angelegenheit als der Entschluß zu gelegentlichen Mini-Meditationen, und die Wirkungen sollten sorgfältig beobachtet werden. Die zusätzlichen Übungen können jedoch, wenn sie richtig angewendet werden, äußerst wirksam sein.

Einer meiner Patienten, der die CSM übt, befand sich unlängst mit seiner Familie in einer ernsten Notlage, als seine Frau mit einer akuten Krankheit schnell ins Krankenhaus gebracht werden mußte. Während ihres dortigen Aufenthaltes und ihrer Genesung hatte er viele aufregende Tage zu überstehen. Gleichzeitig stand er unter dem Druck schwerer Entscheidungen hinsichtlich der Zukunft seiner Familie und hatte auch noch die alleinige Sorge für seine Kinder. Während dieser Zeit merkte er, daß er spontan fünf- oder sechsmal täglich meditierte. Er sagt, er glaube nicht, daß er ohne dieses intensive Meditationsprogramm die Belastung dieser Krise hätte tragen können. Mit Hilfe der Meditation kam er gut darüber hinweg, traf vernünftige Entscheidungen und war in der Lage, konstruktive Pläne für die Rückkehr seiner Frau und ihre Genesungszeit zu treffen.

In unserem CSM-Unterricht haben wir beobachtet, daß die erste tägliche Meditation bei Menschen, die unter kontinuierlichem Streß stehen, fast wirkungslos, sozusagen »wie ein Tropfen auf einem heißen Stein«, erscheinen kann. Die Praktizierenden sagen, die erste Meditation habe unter solchen Umständen »nur die Oberfläche angekratzt«, d. h. nur die oberste Schicht der Spannung »abgeschöpft«, aber nicht mehr. Wenn die Meditierenden dann, wie es meistens der Fall ist, einen halben Tag bis zur nächsten Übung warten, kann sich so viel Spannung angehäuft haben, daß sie bei der zweiten Meditation dasselbe erleben; auch sie wird den Anschein erwecken, nur an der Oberfläche zu bleiben.

Wenn jedoch auf diese erste Meditation bereits ein bis zwei Stunden später eine weitere vollständige Meditation folgt, kann diese eine ganz andere Wirkung haben. Es ist, als bereite die erste Meditation den Boden vor und als fasse die zweite Übung nach und könne tiefgehende therapeutische Wirkungen ausüben. Unter diesen Umständen wird die dritte und letzte Meditation, die meistens am späten Nachmittag oder am Abend gehalten wird, ebenfalls wirksamer sein. Auf diese Weise kann der ganze Tag durch die beiden Meditationen am Morgen beeinflußt werden.

Zuweilen habe ich Patienten, die unter ungewöhnlich starkem Streß standen, geraten, zwei »Doppel-Meditationen« (d. h. Meditationspaare im Abstand von nur einer oder eineinhalb Stunden) am Tage zu halten. Wie im Fall des oben beschriebenen Patienten haben vier strategisch richtig über den Tag verteilte Meditationen bei intensivem emotionalem Streß in vielen Fällen eine äußerst gute Wirkung.

Wichtig ist jedoch, die Wirkung solcher zusätzlicher Meditationsübungen auf das Verhalten zu beobachten – ob sie die Wachheit beeinträchtigen oder zu einem unangemessenen Spannungsabbau führen. Sollte das der Fall sein, müßten die Übungen reduziert werden. Desgleichen ist es wichtig, die zusätzlichen Meditationen wieder einzustellen, sobald die emotionale Krise vorüber ist, damit es nicht zur Gewohnheit wird, zuviel zu meditieren.

Meditation im Wechsel mit Ruhe

Ein Kollege, der ebenfalls Psychologe ist, erzählte mir von einem treffenden Beispiel für die Wirkung zusätzlicher Meditationsübungen in einer emotionalen Krise. Er war wegen einiger belastender Vorfälle in große Panik geraten, die er zu anderen Zeiten besser bewältigt hätte. Jetzt hatte er ein Gefühl des Versinkens, er schien seine Identität und seine Selbstbeherrschung zu verlieren und wurde von einem seltsamen Gefühl der Unwirklichkeit geplagt. Wahrscheinlich waren diese extremen Reaktionen, zumindest teilweise, physisch begründet; das war zu jener Zeit jedoch noch nicht klar. Sicher war nur, daß extreme Maßnahmen notwendig waren, um die zunehmende Panik abzuwenden.

Da er im allgemeinen regelmäßig TM praktiziert und ihm das Meditieren zu strategischen Zwecken bekannt ist, beschloß er, einen Versuch zu machen, seine Panik durch Meditation zu überwinden. Zunächst zog er sich in einen dunklen Raum zurück, um zwanzig Minuten lang zu meditieren. Danach legte er sich auf sein Bett, um halb zu schlafen und halb zu ruhen. Er stellte seinen Wecker, stand nach einer Stunde wieder auf und meditierte wieder zwanzig Minuten lang. Auf diese Weise verbrachte er einen ganzen Tag. Er blieb in dem verdunkelten Raum, meditierte und ruhte abwechselnd nach seinem festgelegten Stundenplan. Im Laufe des Tages verspürte er eine enorme Erleichterung, als »hätte man ihn aus einem schwarzen Loch gezogen« und »als fügten sich Teile eines Puzzles zusammen«.

Seine eigentlichen Beschwerden wurden durch diese Methode zwar nicht geheilt; sie waren auf hormonelle Veränderungen des Klimakteriums zurückzuführen und erforderten ärztliche Behandlung, Diät und Psychotherapie. Die Methode hatte sich aber als eine ausgezeichnete Notmaßnahme erwiesen; sie hatte ein potentiell gefährliches psychiatrisches Syndrom so entscheidend verändert, daß es sich lohnt, sie in extremen Fällen in Erwägung zu ziehen. Selbstverständlich muß eine derartig radikale Maßnahme sofort eingestellt werden, sobald die Symptomatik unter Kontrolle ist.

Meditation in Katastrophenfällen

Wir wissen noch nicht, wie Menschen Meditationstechniken verwenden, wenn sie unter extremem Streß stehen und ihr Leben bedroht ist, z. B. wenn sie in einem Rettungsboot auf hoher See treiben, im Feindesland gefangen sind oder mit sonstigen katastrophalen Situationen konfrontiert werden. Systematische Berichte über Meditationsübungen unter solchen Umständen sind bis heute noch nicht gesammelt worden. Mir scheint es jedoch sehr wichtig, Berichte zu erwähnen, die sich mit der Verwendung anderer Entspannungstechniken beschäftigen; auch sie riefen eine meditative Stimmung hervor, trugen zur Beruhigung bei und steigerten die Kräfte zum Durchhalten.

Wissenschaftliche Zeitschriften und Bücher berichten von Anhängern des autogenen Trainings, die diese Technik in verschiedenen Katastrophensituationen verwendet haben. Für alle diese Menschen, über die eine Katastrophe kam, war es von höchster Bedeutung, sich selbst zu schützen und zu überleben. Bei allen hatte die Verwendung dieser Entspannungstechnik sowohl auf ihren Geist wie auf ihren Körper eine erhebliche Wirkung und half ihnen, nicht zusammenzubrechen. Statt dessen stärkte sie häufig unter den widerwärtigsten Umständen den Selbsterhaltungstrieb.

Die Berichte geben Beispiele von Menschen, denen die Entspannungstechnik geholfen hat, als sie von der Gestapo bedroht waren; von Kriegsgefangenen in Lagern, in denen es keine ärztliche Hilfe gab; von Soldaten, die in gefährliche Kampfsituationen gerieten; und von politischen Gefangenen in Einzelhaft oder während des Verhörs.

Ein besonders eindrucksvolles Beispiel für die strategische Anwendung der Entspannungstechnik ist die Geschichte einer deutschen Jüdin reiferen Alters, die zufällig als junges Mädchen in Berlin während des ersten Weltkrieges autogenes Training gelernt hatte[6]. Diese Frau versteckte sich vor der Gestapo und lebte zweieinhalb Jahre im Untergrund. Sie war ständig in großer Gefahr, litt ständige Angst und lebte in menschenunwürdigen Verhältnissen.

Die schwersten Prüfungen waren für sie die Luftangriffe, bei denen sie in völliger Dunkelheit allein in der Wohnung bleiben mußte. In diesen Stunden gewann ihr Entspannungstraining für sie entscheidende Bedeutung. Sie schreibt: »Wie hätte ich sonst diesen immer wiederkehrenden Terror aushalten können? Ich fürchtete nicht nur, von einer Bombe getroffen, sondern noch mehr, verletzt zu werden und die Menschen in Gefahr zu bringen, die mir Unterschlupf gewährten, um mich vor der Gestapo zu retten. Sobald die Sirenen ertönten, packte mich schreckliche Angst. Durch die (Entspannungs-)Übungen konnte ich diese Gefühle jedoch auf ein relativ erträgliches Maß reduzieren und sie mir irgendwie fernhalten. Ich brachte es fertig, ruhig und fast furchtlos zu bleiben, bis der Angriff ganz nahe war.« Dann half ihre Entspannungstechnik auch nicht mehr, aber in dem Maße, wie sich der Angriff entfernte, »gewann ich mit Hilfe der Übungen schnell meine Ruhe wieder...« Diese Frau ist überzeugt, daß es zum Teil ihrem Entspannungstraining zuzuschreiben ist, daß sie diese Jahre des Terrors überstanden hat und mit geringem psychischem Schaden davongekommen ist. Sie sagte, sie habe keinen völligen Vitalitäts- und Kräfteverfall erlitten, weil sie die wiederholten, sehr intensiven Spannungszustände durch die wohltuende Entspannungsübung habe ausgleichen können.

In dem obigen Bericht ist besonders interessant, die Grenzen des Entspannungstrainings zu beobachten. Der Punkt, an dem es seine Wirksamkeit zu verlieren schien, war im Moment der Lebensgefahr – auf dem Höhepunkt des Bombardements. In diesem Augenblick machte sich ihr Fluchtwunsch geltend (dem sie natürlich unter diesen Umständen nicht nachgeben konnte), und ihr Selbsterhaltungstrieb überwältigte sie.

Interessant ist auch, daß ihr die Entspannungsübungen nach dem Bombardement halfen, ihre Angst zu meistern und sich wieder zu erholen. Wie die Frau andeutete, verhinderten die Entspannungsübungen tiefergehende zermürbende Wirkungen dieser wiederholten Traumen auf ihre Persönlichkeit. Es ist ein eindrucksvoller Bericht, und es besteht kein Grund zu der Annahme, daß nicht auch Meditationsübungen, die in vieler Hinsicht dem autogenen Training ähnlich sind, genau die gleichen Resultate erzielen können.

Entspannung unter physischem Streß

In einem anderen interessanten Bericht über die strategische Verwendung von Entspannungsübungen erzählt ein Arzt, H. Lindemann, wie er sein Entspannungstraining nutzte, als er zweiundsiebzig Tage lang allein in einem Eskimoboot den Atlantik überquerte[7]. Er pflegte kurze autogene Entspannungsübungen (ähnlich den Mini-Meditationen) zu machen, um seine Kräfte zu schonen und sich immer wieder vom Streß zu erholen. Er behauptet, dies habe ihm auf dieser strapaziösen Reise ganz entscheidend geholfen, Müdigkeit und Schlaf zu überwinden.

Entspannungsübungen gekoppelt mit Autosuggestion haben ihm auch geholfen, die periodisch wiederkehrenden Halluzinationen zu reduzieren. Zuweilen »sah« er z. B. ein Nahrungsmittelgeschäft, das ihn einlud, Lebensmittel zu kaufen; dann überkam ihn ein plötzlicher mächtiger Drang, über Bord zu springen, um den Laden zu erreichen. In solchen Fällen pflegte er sich zu entspannen und sich immer wieder zu sagen, diese Halluzinationen seien nicht wirklich. So war er imstande, sein Gleichgewicht wiederzuerlangen. Sein Training half ihm auch, depressive Zustände und verzweifelte Situationen wie das Kentern des Bootes zu überwinden. Er verband dann die Entspannungsübung mit Autosuggestionen, wie z. B.: »Ich werde es schaffen ... meine Muskeln halten durch ... Ich werde es schaffen.«

Meditation und Autosuggestion

Das autogene Training ist so strukturiert, daß man, wenn es notwendig und ratsam erscheint, in die Übungen verschiedene spezifische Autosuggestionen einbauen kann. Dieses Charakteristikum ist in Notlagen wie der soeben von Lindemann beschriebenen von besonderem Nutzen.

Wir wissen noch nicht, ob ein meditativer Zustand dem gleichen Zweck dienen kann. Es scheint jedoch ganz plausibel, daß anstelle des Satzes »Ich werde es schaffen« ein Mantra wiederholt werden kann. Man kann sich auch durchaus vorstellen, daß in Notlagen Autosuggestionen in einen schon bestehenden meditativen Rahmen eingebaut werden. Zumindest sollte die Möglichkeit untersucht werden.

Sich die Beispiele dieses Kapitels veranschaulichen, ist einer der wichtigsten Faktoren der Meditation, der ihre Verwendung in Streß-Situationen ermöglicht, die Tatsache, daß sie unabhängig von einem anderen Menschen oder einer äußeren Kraft ist. Sie scheint daher besonders für Menschen geeignet zu sein, die physisch oder emotional irgendeiner unkontrollierbaren Gefahr ausgesetzt sind. Wenn die Meditation unter solchen Bedingungen strategisch eingesetzt wird, könnte sie nicht nur eine wichtige, sondern sogar eine lebensrettende Hilfe sein.

8 *Tag-Nacht-Rhythmen und die Meditation*

Die ganze Geschichte hindurch wurde die meditative Stimmung bei Sonnenaufgang und Sonnenuntergang für Riten, Gebete oder Meditationsübungen genutzt. Unzählige Beobachter in verschiedenen Teilen der Welt haben festgestellt, daß der Sonnenaufgang eine Zeit ist, in der sie ein Gefühl tiefen Staunens und großer Bedeutsamkeit befällt. In etwas geringerem Grade wird der Sonnenuntergang als eine Stunde der Kontemplation, Meditation, des Gebetes oder feierlichen Ritus angesehen. Es scheint, daß Sonnenaufgang und -untergang unser Leben und unsere Stimmungen tief beeinflussen.

Heißt dies, daß die Meditation von größtem Nutzen ist, wenn sie mit den natürlichen Zyklen von Tag und Nacht zusammenfällt?

Man kann den Glauben, daß dem so ist, wahrscheinlich nicht von der gesamten Lebensauffassung der Völker trennen, die alle Aktivitäten in ihrer Beziehung zu den natürlichen Zyklen der Erde, der Sonne, des Mondes und des Universums sehen. Insbesondere trifft dies auf die Yoga-Philosophie zu, die besagt, daß der Mensch, der als Teil des Kosmos betrachtet wird, das Ganze, von dem er ein Teil ist, widerspiegelt und so die Pulsierungen und Rhythmen des ganzen Universums in sich trägt.

Daraus ergibt sich, daß Krankheit und emotionale Leiden als Ergebnis der Disharmonie zwischen dem Menschen und den ihn umgebenden natürlichen Kräften aufgefaßt werden. Von einem Menschen, der mit dem Kosmos nicht im Einklang steht, sagt man, er sei wie ein empfindliches Instrument, das auf die anderen Instrumente eines Orchesters nicht abgestimmt sei. Die Noten, die er spielt, sind mißtönend; die Welt erscheint ihm hart und bedrohlich, weil er ein anderes Tempo angeschlagen und die Verbindung zu seinen Wurzeln verloren hat.

In der Yoga-Methode, wie auch in vielen anderen spirituellen Disziplinen, wird die Meditation als ein Mittel betrachtet, die Einheit zwischen Mensch und Natur wiederherzustellen. Man glaubt, sie bringe den individuellen Pulsschlag des Menschen in Übereinstimmung mit dem größeren Pulsschlag des Kosmos. Daher schreibt die Überlieferung des Yoga die Meditation zu den Tageszeiten vor, wenn der Meditierende sein tägliches Leben mit diesen größeren Zyklen am besten synchronisieren kann.

Eine derartige Auffassung mag weise sein; leider ist sie im Labor noch nicht wissenschaftlich untersucht worden. Wenn ein Volksglaube auch in der ganzen Welt verbreitet ist, so heißt das noch lange nicht, daß Interesse und Geld für seine Erforschung vorhanden sind. Möglicherweise wird er sogar – aus Gründen, die wenig mit seinem potentiellen Wert zu tun haben – niemals wissenschaftlich überprüft werden. Hoffentlich ändert sich diese Haltung hinsichtlich der meditativen Traditionen, so daß uns kontrollierte wissenschaftliche Versuche erkennen helfen, ob die überall vorhandenen kosmischen Einflüsse wie Sonnen- und Mond-Zyklus tatsächlich auf die Meditationsbereitschaft einwirken.

Anweisungen zur Meditation am Morgen und am Nachmittag

Die Anweisungen bestimmter dem Westen angepaßter Meditationsschulen wie der TM, »morgens vor dem Frühstück und am späten Nachmittag vor dem Abendessen zu meditieren«, haben ihren Ursprung in alten Glaubenslehren. Sie mögen indessen in Hinblick auf die Bedürfnisse der Industriegesellschaft etwas von ihrem ursprünglichen Sinn verloren haben. So kann man zwar überzeugend argumentieren, daß wir die natürlichen Zyklen von Tag und Nacht beobachten sollen, weil der eigentliche Augenblick des Sonnenaufgangs tiefgehende physische, emotionale und spirituelle Bedeutung für den Menschen haben kann. Es ist jedoch weniger überzeugend zu sagen, gerade ehe man Kaffee oder Orangensaft trinke oder zur Arbeit fahre, sei unbedingt die Zeit, zu der man in engerer Verbindung mit dem kosmischen Rhythmus stehe. Hat es einen Sinn, den »Spätnachmittag vor dem Abendessen« als die »richtige« Meditationszeit zu betrachten, da er im gemäßigten Klima meistens nicht die Zeit des tatsächlichen

Sonnenuntergangs ist? Hat es überhaupt einen Sinn, uns an die alten Traditionen zu halten, wenn wir sie in ihrer ursprünglichen Form nicht beobachten? Leider liegen keine unmittelbaren experimentellen Befunde über diese Dinge vor, und wir müssen uns im Augenblick auf die Berichte der Meditierenden verlassen.

In meinem Verkehr mit vielen Menschen, die die einfacheren, dem Westen angepaßten Meditationsmethoden praktizieren, habe ich bisher noch nicht gehört, daß ein Meditierender Schaden genommen hätte, wenn er seinen täglichen Meditationsplan ändern mußte und sich nicht mehr an die strenge Regel »vor dem Frühstück, vor dem Abendessen« halten konnte. Für Tausende westlicher Menschen, die praktische Meditationsmethoden verwenden, mag es völlig genügen, die erste Meditation am späten Vormittag oder gar erst zur Mittagszeit zu halten.

Ebenso kann das Meditieren am späten Abend oder kurz vor dem Schlafengehen äußerst nützlich sein für jene Menschen, deren einzige Zeit dies ist, in der sie nicht gestört werden. Ein solcher Spielraum kann entscheidend dafür sein, ob man zwei Meditationen am Tag halten kann oder nicht. Dabei ist es äußerst wichtig, sich bei diesen Änderungen des Meditationsplans wohl zu fühlen.

Nebennierenrinden-Hormone und Meditation am Morgen

Es gibt einige Anzeichen, die darauf schließen lassen, daß es biologisch günstig sein kann, »vor dem Frühstück« zu meditieren, falls wir die ideale Zeit für die erste Meditation am Tag suchen. Es hat sich gezeigt, daß die Nebennierensekretion des Menschen regelmäßig zwischen vier und acht Uhr morgens ihren Höhepunkt erreicht. Die Sekretion dieser Hormone steht in Verbindung zu Streß-Belastungen, das heißt, NNR-Hormone werden zu Zeiten, wenn der Organismus vor intensivem Streß steht, in hoher Konzentration in den Blutstrom abgegeben. Die Forschung hat Grund zur Annahme, daß die emotionale Empfänglichkeit des Menschen unmittelbar mit der Konzentration von NNR-Hormonen in Zusammenhang steht.

Im Hartford Institute of Living haben Dr. Charles Stroebel und seine Mitarbeiter Affen beobachtet, um herauszufinden, zu welcher Tageszeit die Affen die stärksten Angstreaktionen und die größte physische Verletzbarkeit zeigten[1]. Sie wollten wissen, ob der Höhepunkt der Angst mit dem höchsten NNR-Hormonspiegel im Blut zusammenfiel. Sie stellten fest, daß die Affen in den frühen Morgenstunden mit der größten Furcht auf Anzeichen von Gefahr reagierten, also gerade vor und sogleich nach dem Erwachen – tatsächlich genau zu den Stunden, als ihr NNR-Hormonspiegel am höchsten war. Zur gleichen Zeit waren sie auch am anfälligsten für physischen Schmerz.

Die gleichen Forscher verfolgten diese Frage noch weiter und untersuchten zu verschiedenen Tageszeiten die Reaktionen von Ratten auf erschreckende Reize. Ratten unterscheiden sich von Affen unter anderem dadurch, daß sie tagsüber schlafen und nachts aktiv sind. Wie die Affen reagierten die Ratten jedoch mit der größten Angst, wenn ihre NNR-Hormone den höchsten Stand erreicht hatten; das war auch für sie gerade vor und nach dem Erwachen von ihrer langen Ruhepause. Zu anderen Tageszeiten, wenn die NNR-Hormonkonzentration dieser Ratten am geringsten war, brauchten die Tiere doppelt so lange, bis sie auf die Warnsignale der Forscher ängstlich reagierten.

Wenn auch der Mensch diesen Zyklus emotionaler Labilität und physischer Anfälligkeit in Verbindung mit dem NNR-Hormonspiegel hat, würden wir logischerweise zwischen vier und acht Uhr morgens am empfindlichsten sein. Wir haben zwar noch keine direkten Beweise dafür, daß die Menschen wirklich während dieser Zeit emotional labiler sind als während des übrigen Tages. Aber wir besitzen eine Art indirekten Beweis – die Tatsache nämlich, daß während dieser frühen Morgenstunden der REM-Schlaf am lebhaftesten ist und wir daher die meisten Träume haben.

REM-Schlaf als Streß-Zustand

Wie wir gesehen haben, ist der REM-Schlaf eine äußerst aktive Schlafphase, und einige Forscher betrachten sie als eine Zeit des Stresses. Während des REM-Schlafes werden die langsamen Hirnstromwellen, die man während der ruhigen Schlafphasen auf dem EEG sieht, durch ein schnelles, unregelmäßiges, asynchrones Muster ersetzt, das auffallend dem des äußersten Wachzustandes ähnelt. Man stellte während dieser Zeit physiologische Veränderungen fest, die einen höchst erregten Zustand anzeigen. Während der REM-Phase lassen Herzfrequenz, Atmung und systolischer Blutdruck eine auffallende Unregelmäßigkeit erkennen, jedoch läßt sich kein Muster ausmachen, das diese erratischen Fluktuationen zu lenken scheint. Bei den Männern ist die Erektion des Penis eine regelmäßige Begleiterscheinung des REM-Schlafes. Paradoxerweise verschwindet während dieses Zustandes der Muskeltonus am Kopf und am Nacken, die erschlaffen; jedoch kann der Schläfer während dieses Zustandes plötzliche zuckende Bewegungen machen, sich winden oder sich schnell von einer Seite auf die andere drehen. Während der REM-Phase ist der Ulcus-Patient am meisten dem nächtlichen Ulcus-Anfall ausgesetzt; Herzpatienten neigen zu Herzanfällen, und eine Anzahl anderer Krankheiten, die direkt oder indirekt durch Streß beeinflußt werden, scheinen sich zu verschlimmern. Die REM-Phase ist ganz allgemein eine Zeit erhöhter physischer Anfälligkeit.

Daher ist es interessant zu entdecken, daß REM-Schlaf und Hormonspiegel eng miteinander verbunden sein könnten. Dr. Elliott Weitzman vom Albert Einstein-Medical College, der die nächtliche Konzentration von Blut-Hydrocortison (einem NNR-Hormon) studiert hat, stellte fest, daß dieses Hormon während der Nacht nicht gleichmäßig in den Blutstrom seiner Versuchspersonen abgegeben wurde, wie man hätte erwarten können[2]. Statt dessen schienen die Hormone »stoßweise« ins Blut ausgeschüttet zu werden, was zeitlich meistens sehr eng mit dem REM-Schlaf zusammenfiel. Daraus schloß Weitzman, daß REM-Perioden und Sekretion von NNR-Hormonen miteinander in Beziehung stehen. Vielleicht spiegelt die wachsende Unruhe während des Schlafes am frühen Morgen tatsächlich eine allgemein labile Verfassung des Menschen zu dieser Zeit wider.

Vom Standpunkt der Meditation aus lassen diese Studien darauf schließen, daß das Meditieren in den frühen Morgenstunden einem Menschen helfen kann, seinen Tag harmonischer zu beginnen. Die Meditation hat im allgemeinen einen friedlichen und stabilisierenden Einfluß, der dieser Zeitspanne besonderer Anfälligkeit effektvoll entgegenwirken kann.

All dies legt zwar nahe, daß es einen objektiven Grund geben kann, die erste Meditation am Tage vor acht Uhr morgens zu halten; die Befunde könnten aber auch anders interpretiert werden. Wir könnten z. B. wie folgt argumentieren: Da Menschen und niedrigere Lebewesen gleicherweise am Ende ihrer täglichen Ruhepause den wenigsten Widerstand gegenüber jeder Art von Streß zeigen, brauchen wir ungeachtet des Zeitpunkts, zu dem wir erwachen (sogar wenn wir relative Langschläfer sind), einen Moment ruhiger Stabilisierung, ehe wir wirklich bereit sind, den zusätzlichen Anforderungen des täglichen Lebens gewachsen zu sein. Es kann daher sehr viel Weisheit in dem Vorschlag stecken, morgens als erstes zu meditieren, auch wenn wir erst später als acht Uhr aufwachen. Es scheint ohne Zweifel ratsam, seine morgendlichen Riten so angenehm und hilfreich wie möglich zu gestalten.

Das Verlegen der morgendlichen Meditation

In vielen Fällen müssen wir praktische Gründe bei der Wahl unserer Meditationszeit walten lassen. Das scheint zwar selbstverständlich zu sein; ich habe aber eine Anzahl Menschen kennengelernt, die die Übungen nur eingestellt haben, weil sie die Meditation vor dem Frühstück (oder die Nachmittagsmeditation) nicht in ihren Tagesplan einfügen konnten und zu Unrecht glaubten, das Meditieren habe für sie keinen Zweck, wenn sie die Meditationsübungen nicht zu den vorgeschriebenen Zeiten in ihr Leben einplanen könnten.

Die Berichte vieler Meditierender zeigen indessen, daß praktische Meditationsformen für fast alle Menschen höchst wirksam sind, wenn sie nur vernünftig geplant werden. Meditierende, die ihre erste Übung am Tage erst während der Mittagspause halten können, berichten über Erfolge, die in keiner Weise geringer sind als die fast aller mir bekannten Meditierenden, die vor dem Frühstück meditieren.

Aus Zweckmäßigkeitsgründen habe ich sogar einigen Hausfrauen mit kleinen Kindern geraten, ihre erste Meditation am Tage nachmittags zu halten, wenn das Baby schläft. Das ist häufig die erste Stunde am Tag, in der diese Frauen wirklich so frei von ihren Hausarbeiten sind, daß sie lange genug meditieren können. Je später man die erste Meditation hält, desto später wird natürlich die zweite gehalten werden müssen, falls man die Regel über den richtigen Abstand beachtet – d. h. im allgemeinen sollten zwischen den Meditationen nicht weniger als vier Stunden liegen. Diese Regel, die die IMS betont, scheint ein vernünftiger Rat zu sein, da sie einen gesunden Wechsel zwischen Meditation und aktivem Leben gestattet.

Meditation am späten Nachmittag und zur Schlafenszeit

Die Meditation am späten Nachmittag scheint eine wichtige Funktion zu haben, weil sie den Tag in zwei Hälften teilt. Viele Menschen berichten, das Meditieren zu dieser Zeit sei ein ausgezeichnetes Mittel, die angehäuften Spannungen des Tages »hinwegzuspülen« und dem Menschen wieder Auftrieb für die Abendstunden zu geben, was für viele sicherlich ein Vorteil ist. Entscheidet man sich jedoch, am späten Nachmittag zu meditieren, erhebt sich unweigerlich die Frage, ob es möglich ist, am späten Abend zu meditieren oder nicht.

Für die Meditation am späten Abend gibt es beachtliche Präzedenzfälle. Viele Religionen schreiben Gebet und Meditation während der Abendstunden vor. Die Hindu-Schriften bezeichnen die »dunkelste Stunde der Nacht« (in der Mitte zwischen Sonnenuntergang und Sonnenaufgang) als *die* Meditationszeit, wenn man vor unlösbaren Problemen steht[3]. Nach den alten Texten findet man die Antwort auf das Problem, wenn man in vierzig aufeinanderfolgenden Nächten zur dunkelsten Stunde über einer Kerzenflamme meditiert (die *Trataka*-Übung). Der Glaube, die Meditation eigne sich für die Nachtstunden, ist weit verbreitet und beeinflußt viele der heutigen Meditationslehrer. Richard Hittelman z. B. schreibt, Sonnenaufgang, Sonnenuntergang und die Zeit vor dem Schlafengehen seien ausgezeichnete Stunden für die Meditationsübung[4].

Seltsamerweise denkt die IMS hierüber anders. Sie hält daran fest, daß Meditieren am Abend wenn auch nicht schädlich, so doch bestimmt unklug ist. Sie lehrt, der Meditierende werde dadurch so energiegeladen, daß er nachher nicht schlafen könne. Das ist eine verständliche Annahme, *vorausgesetzt*, man gehört zu dem Personentyp, der nach der Meditation überströmt von Energie und danach nicht schlafen kann.

Unsere Forschung zeigt jedoch, daß die meisten Menschen, die versucht haben, abends kurz vor dem Schlafengehen zu meditieren, dies als sehr nützlich und nicht stimulierend empfinden. Wir haben unlängst einen Fragebogen über Meditationsgewohnheiten verteilt, der von sechsundachtzig CSM-Meditierenden und vierunddreißig TM-Probanden, insgesamt einhundertundzwanzig Meditierenden, beantwortet wurde. Er enthielt unter anderem die Frage, ob der Befragte jemals versucht habe, spät abends zu meditieren und wenn ja, ob er nachher habe schlafen können. Zwei Drittel der CSM-Meditierenden antworteten, sie hätten versucht, spät abends zu meditieren (nach der CSM-Lehre ist dies erlaubt). Davon berichteten neunzig Prozent, sie hätten nachher gut schlafen können, während zehn Prozent erklärten, die Meditation habe sie so aktiviert, daß sie nicht schlafen konnten. Im Gegensatz hierzu hatten nur zwei von den vierunddreißig TM-Meditierenden versucht, spät abends zu meditieren. Beide konnten nachher gut einschlafen, haben das Experiment jedoch niemals wiederholt.

Vom praktischen Standpunkt her gesehen tut jeder gut daran, selbst herauszufinden, zu welchem Typus er gehört. Wenn man feststellt, daß man zu der Minorität gehört, die nach einer Meditation am späten Abend mit erneuter Tatkraft reagiert, soll man selbstverständlich diesen Zeitpunkt meiden, es sei denn, man bereitet sich auf ein Examen vor oder muß aus anderen Gründen während der Nacht wach und tatkräftig sein. Es ist jedoch nicht ratsam, mit dem späten Termin zu experimentieren, ehe nicht die Anpassungsperiode von drei Wochen verflossen ist, weil die ersten Reaktionen des Schülers häufig nicht typisch für ihn sind. Auch ist es angebracht, ein- oder zweimal während des Jahres zu prüfen, ob man imstande ist, spät abends zu meditieren. Einige Menschen, die zu den »Energiegeladenen« gehören, merken, daß sie nach einer längeren Übungsperiode sehr gut spät abends meditieren können.

Auch sollte man nicht im Bett meditieren, weil man die Meditation nicht mit seinen üblichen Einschlafgewohnheiten vermischen sollte. Bei unserer Nachfrage berichteten aber einige Meditierende, sie könnten gut kurz vor dem Einschlafen meditieren; sie würden dabei gegen ein Kissen gelehnt aufrecht im Bett sitzen. Einige wenige meditieren morgens oder abends im Liegen und berichten, es sei ihnen eine Hilfe. Auch hier muß jeder einzelne herausfinden, wie er reagiert.

Es gibt noch einen anderen Einwand, den zuweilen TM-Lehrer gegen das Meditieren vor dem Einschlafen erheben. Sie meinen, der Meditierende komme schließlich so weit, daß er auf die Meditation angewiesen sei, um einschlafen zu können, was offensichtlich nicht erwünscht ist. Sie argumentieren, man könne sich so gut trainieren, Meditation mit Schlaf zu verbinden, daß man gar nicht mehr einschlafen könne, wenn man zufällig an einem Abend nicht zum Meditieren kommt. Theoretisch klingt das zwar verständlich; aber ich kenne niemanden, der diese Erfahrung gemacht hat.

Die richtige Zeit für die Meditation

Da es möglich ist, die Meditationszeit auch in einem ungewöhnlichen Tagesprogramm unterzubringen und daraus Gewinn zu ziehen, schlage ich den Meditierenden vor, selbst zu eruieren, in welchem Grade sie einen Wechsel ihrer Meditationszeit ertragen können. Es wird Zeiten geben, in denen sogar der Meditierende, der sich strikt an seine Einteilung hält, aus irgendeinem Grunde seine Meditation am späten Nachmittag versäumt. Wer weiß, daß er zur Schlafenszeit mit Erfolg meditiert, kann leicht abends die versäumte Nachmittagsübung nachholen und so noch seine beiden Meditationen am Tag halten.

Das Grundprinzip hinsichtlich der richtigen Meditationszeit scheint darin zu bestehen, daß die Übung – um eine Wirkung zu erzielen – zu unserem Lebensstil passen, angenehm und durchführbar sein muß. Zwar könnte man vielleicht den größten Nutzen aus ihr ziehen, wenn man sie zu bestimmten Tageszeiten hielte (obwohl das noch nicht bewiesen ist); aber es ist besser, eine angenehme und gute Meditationsübung zu einer anderen Tageszeit zu halten, als das Meditieren ganz aufzugeben, nur weil es zu den vorgeschriebenen Zeiten nicht gehalten werden kann. Gewisse Dinge erreicht das Meditieren zu anderen Tageszeiten vielleicht nicht, aber es kann andere, äußerst gute Ergebnisse zeitigen.

9 *Das »Geheimnis« des Mantra*

Haben verschiedene Mantras unterschiedliche Wirkungen auf die Persönlichkeit? Wird einem jemals irrtümlich ein »falsches« Mantra zugewiesen? Warum wählen TM-Lehrer für ihre Schüler ein geheimes Mantra? Was geschieht, wenn jemand sein Mantra einem anderen verrät?

Dies sind einige der meistgestellten Fragen über Meditation, ein Beweis, daß die Menschen des Westens einen großen Teil ihres Wissens über Meditation der TM-Publicity verdanken. Wenn wir das Mantra, seinen Sinn und seine Verwendung klären, fällt vielleicht auch etwas Licht auf die Behauptungen der TM.

Wie wir gesehen haben, ist die Mantra-Meditation keinesfalls die *einzige* wirksame Meditationsmethode. Robert Ornstein drückt es so aus: »Fast jeder Prozeß oder jedes Objekt scheint verwendbar zu sein und ist wahrscheinlich verwendet worden. Das spezifische für die Meditation verwendete Objekt ist viel weniger wichtig als *die Beibehaltung des Objekts als einziger Bewußtseinsfokus während einer langen Zeitspanne*...«[1]. Dennoch ist die Mantra-Meditation im Vergleich zu anderen Methoden heute besonders populär; sogar Bensons Methode bedient sich des Mantra *»one«* (»eins«). Wir werden daher zunächst seine Grundprämisse betrachten – daß ein Laut die Gefühle, das Denken und sogar das physische Wohlbefinden eines Menschen beeinflussen kann.

Die Wirkung des Klanges

Klänge haben offensichtlich unterschiedliche Wirkungen. Wir reagieren anders auf eine Mozart-Sonate als auf ein Rock-Konzert. Manche Eigennamen erscheinen uns sanft und angenehm, andere hart und unangenehm. Unsere Reaktionen können zwar zum Teil auf frühere Erfahrungen zurückzuführen sein (unsere persönlichen Assoziationen zu verschiedenen Klängen); aber es gibt guten Grund zu der Annahme, daß wir auf bestimmte Geräusche auch angeborene Reaktionen haben.

Die meisten Menschen reagieren mit Behagen und Entspannung auf das Geräusch eines plätschernden Baches oder eines sanften Regens auf einem Holzdach und mit Unbehagen und Spannung auf das Geräusch eines Preßlufthammers (sogar wenn man es nur aus der Ferne hört und die Lautstärke keine Rolle spielt) oder auf das Kratzen von Kreide auf einer Wandtafel. Auch die tierischen Organismen reagieren unterschiedlich auf verschiedene Geräusche. Es ist z. B. kein Märchen mehr, daß bestimmte Arten von Musik das Wachstum der Pflanzen anregen. Viele landwirtschaftliche Hochschulen lehren heute aufgrund wissenschaftlicher Experimente, das Wachstum gesunder Pflanzen durch Musik zu fördern[2].

Die Auffassung, daß bestimmte Mantras bestimmte Wirkungen haben, setzt in der Tat keinen mysteriösen Prozeß voraus. Da verschiedene Klänge verschiedene Reaktionen auslösen, ist es logisch anzunehmen, daß die Wiederholung eines bestimmten Lautes still für uns eine etwas andere Wirkung auf uns hat als die Wiederholung eines anderen Lautes.

Ich habe die moderne, dem Westen angepaßte Meditationstechnik erwähnt, die von dem Herzspezialisten von Harvard, Dr. Robert Benson, entwickelt worden ist. Man beachte den Laut, den Benson wählte und den er von seinen Schülern während ihrer Meditation wiederholen ließ: das Wort *»one«* (»eins«). Er wählte dieses Wort, weil es »wohlklingend« war und keine »scharfen« Laute hatte (das nächstbeste Wort mit dieser angenehmen Eigenschaft war nach seiner Ansicht »nine« [»neun«]). Interessant ist, daß sich dieses Wort sehr dem Sanskrit-Mantra *»Om«* nähert, das nach der Überlieferung starke Wirkungen haben soll. Die meisten der anderen vorherrschenden Sanskrit-Mantras enden ebenfalls mit einem nachhallenden Nasallaut – mit »n«, »m« oder »ng«, die die Tendenz haben, im Kopf sogar auch dann nachzuklingen, wenn man nur an sie *denkt.*

Neuere Forschungen haben ergeben, daß wir möglicherweise Bewegungen in den kleinen Muskeln des Mittelohrs erzeugen, wenn wir in Tönen »denken«. Als Dr. Howard Roffwarg und seine Mitarbeiter im Montfiore Hospital in New York die Mittelohrmuskeln schlafender Versuchspersonen studierten, stellten sie fest, daß bei Träumen, die mit Geräuschen verbunden waren, diese Muskeln dazu tendierten, in Aktion zu treten[3]. Wenn die Muskeln unseres Hörzentrums auf ein in einem Traum vorkommendes Geräusch genauso wie auf ein »wirkliches« reagieren können, kann der emotionale Einfluß vorgestellter Laute den wirklichen sehr ähnlich sein.

Will man selbst einen Versuch machen, um die Wirkungen verschiedener Laute als »Mantras« herauszufinden, ist es lehrreich, Bensons Meditationsmethode zu versuchen und zwei Wörter zu verwenden. Zu diesem Zweck setze man sich bequem in einen ruhigen Raum, schließe die Augen und wiederhole im Geist bei jedem Ausatmen den Laut *»one«*. So fahre man zwei Minuten lang fort; danach ersetze man bei jedem Ausatmen im Geist das Wort »one« durch das Wort »two«.

Wahrscheinlich stellt man in seinen Reaktionen auf die beiden Laute einen Unterschied fest. Wie groß dieser Unterschied ist, hängt von der Empfindlichkeit eines jeden auf spezifische Laute und von der Vorliebe ab, die man für einen besonderen Laut hat. Wenn Sie dieses Experiment machen wollen, ist es wahrscheinlich gut, es sogleich zu tun, ehe Sie weiterlesen. Die nun folgende Erörterung könnte Ihre Beobachtungen beeinflussen.

Bei einem zwanglosen Test der beiden obigen Laute sagten viele, daß das Denken an »two« eine leichte, fast unmerkliche Zungenbewegung mit sich bringe, die Zunge sei gewohnt, für den Konsonanten »t« an den Vordergaumen zu stoßen. Bei dem Gedanken an »two« spannten sich bei einigen auch leicht die Magenmuskeln, und häufig wurde der Laut als etwas scharf und abrupt im Gegensatz zu dem als rund, nachklingend und resonant beschriebenen »one«. Der Laut »two« wurde öfter als leicht, oberflächlich und zuweilen sogar als etwas ärgerlich empfunden, während viele den Laut »one« als ruhig und ausgleichend erfuhren, der ihnen das Gefühl gab, »gesammelt« oder zentriert zu werden. Diejenigen, die »two« für einen abrupten Laut hielten, stellten zuweilen fest, daß sie sich durch ihre Meditation eher rastlos als beruhigt fühlten.

Trotzdem werden einige von Ihnen bei diesem Versuch vielleicht entdeckt haben, daß Sie auf das Wort »two« mit größerer Ruhe reagierten. Was den einen Menschen beruhigt, kann den anderen aufregen und umgekehrt. Das ist ein weiterer Grund, weshalb die Meditationsformeln so gewählt werden sollten, daß sie dem einzelnen Menschen zusagen.

Vielleicht sind auch Assoziationen zu diesen beiden Worten bemerkt worden, die die Reaktionen beeinflussen. Bei englischsprechenden Menschen ruft das Wort »one« bedeutsame geistige Assoziationen hervor. »One« impliziert Einheit und Vollständigkeit. Der Ausdruck »one world« meint nicht so sehr eine *einzige* Welt als eine *vereinte* Welt. Das Wort »one« scheint tatsächlich zugleich Individualität und Totalität zu beinhalten, ein Begriff, von dem einige vielleicht denken, er habe metaphysische Bedeutung. Die Wiederholung des Wortes »one« kann also auf den Meditierenden nicht nur wegen seines Lautes wirken, sondern weil das Wort den Gedanken heraufbeschwört, mit dem Universum zu einer Einheit zu verschmelzen. »Two« andererseits hat für die meisten Menschen keine derartigen Nebenbedeutungen. In der englischen Sprache sind seine Assoziationen eher dürftig, obwohl das Wort für bestimmte Menschen sehr bedeutungsvolle persönliche Assoziationen haben mag.

Viele Meditierende geben an, ihre Mantras verwandelten sich im Laufe einer tiefen und entspannenden Meditation eher in einen vagen, pulsierenden Takt, als daß sie sie noch als *Worte* identifizieren könnten. Auf unserem letzten Meditations-Fragebogen antworteten fünfundvierzig Prozent der CSM- und TM-Meditierenden, sie »hörten« das Mantra nur »gelegentlich oder nie« als *Wort.*

Die Wirkungen spezieller Laute

Der Forscher Douglas Moltz von der Princeton-Universität und ich wollten methodisch die Wirkungen von Wortlauten auf das Gemüt untersuchen[4]. Wir begannen mit den einfachsten Wortkomponenten – mit einzelnen Silben, die im Englischen keinen bestimmten Sinn haben wie »wys«, »grik«, »rahm«, »noi« und andere mehr. Aus einer großen Sammlung solch »sinnloser« Silben wählte eine Gruppe Kollegen fünf Laute aus, die ihnen äußerst »beruhigend«, weitere fünf, die äußerst »mißtönend« und schließlich fünf, die ihnen neutral erschienen. Diese ausgewählten »sinnlosen« Silben wurden zu einer Liste zusammengestellt.

Wir legten diese Liste hundert Versuchspersonen vor. Sie wurden gebeten, alle fünfzehn Silben im Geist zu wiederholen und sie auf einer Sieben-Punkte-Skala, die von »äußerst beruhigend« bis zu »äußerst mißtönend« reichte, zu bewerten. Dabei stellten wir fest, daß die Versuchspersonen in ihren Bewertungen weitgehend übereinstimmten. Zwei Laute wurden von der überwältigenden Mehrheit der Versuchspersonen als »beruhigend« und äußerst hoch bewertet. Nur drei von hundert Versuchspersonen gaben überhaupt irgendeine negative Reaktion auf sie an. Gleicherweise wurden zwei andere Laute mit großer Mehrheit als »mißtönend« bewertet. Ein anderer Laut wurde von den meisten als »neutral« empfunden.

Wir wählten nun für den zweiten Teil des Versuchs die drei Laute aus, die am höchsten bewertet worden waren. In diesem Stadium baten wir dreißig Studenten, die niemals zuvor meditiert hatten (und die am ersten Teil des Experiments nicht teilgenommen hatten), jeden der drei Laute je fünf Minuten lang still für sich zu wiederholen und eine Liste mit Adjektiven, die ihr Gefühl beschrieben, während sie an diesen besonderen Laut dachten, anzukreuzen. Sie hatten diese Kontrolliste auch vor Beginn des Experiments ausgefüllt. Wir testeten damit, ob bestimmte Wortlaute unterschiedliche Wirkungen auf das Gemüt haben, und die Behauptung der traditionellen Meditationsschulen, daß bestimmte Mantras spezielle Wirkungen ausüben.

Wir hatten zwar vorausgesehen, daß einige Laute beruhigender sein würden als andere; aber auf diese Resultate waren wir doch nicht vorbereitet. Sie zeigten, daß die Wirkung auf das Gemüt von Fall zu Fall außerordentlich variierte. Nur ein Laut (Lōm) z. B. bewirkte, daß sich Zorn und Feindseligkeit bei unseren Versuchspersonen entschieden reduzierten, während ein anderer Laut (Grik) zornige, reizbare Stimmungen verstärkte. Bei der Wiederholung des Lautes Grik nahmen auch Depression und Niedergeschlagenheit ab. Dieser letzte Befund stimmt mit einer bekannten klinischen Beobachtung überein. Wenn nämlich ein deprimierter Mensch zornig über etwas oder über jemanden anderen wird, verschwindet häufig seine Depression*. Andere hatten festgestellt, daß der Laut Lōm »träge« Gefühle vermindert; der Laut Noi vermindere das Gefühl, »ausgepumpt« zu sein, während Grik keinerlei Wirkung auf Müdigkeit oder Trägheit hatte. Ebenso verminderten Noi und Grik Gefühle von Depression und Niedergeschlagenheit, während Lōm keine Wirkung auf Depression ausübte. Noi war der einzige von den drei Lauten, der Spannung und Angst verminderte. Jedoch bewirkten alle drei Laute gleichermaßen eine Reduzierung des Gefühls von »Tatkraft« und »Aktivität« (vielleicht macht *jeder* monoton wiederholte Laut den Menschen ruhiger).

Es scheint daher, als könnten Laute sehr spezielle Wirkungen auf Menschen ausüben, selbst wenn sie sie nicht aussprechen, sondern nur »denken«. Wenn die Ergebnisse dieses Experiments durch spätere Studien erhärtet werden, sind wir vielleicht eines Tages in der Lage, die Wirkungen von Lauten auf Stimmungen genau vorauszusagen, was für therapeutische Zwecke sicher von Nutzen wäre. Man könnte sich vorstellen, daß man von Fall zu Fall verschiedene Mantras zur Behebung von Depressionen, zur Beruhigung eines reizbaren Patienten, zur Bekämpfung von Müdigkeit, zur Verminderung von Angst, zur Freisetzung von Kreativität, zur Erhöhung der Energie oder zu allen möglichen anderen Zwecken verwenden würde. Seit Tausenden von Jahren haben die Meister der alten traditionellen Meditationsmethoden die Mantras zur Erzielung spezieller Wirkungen den individuellen Bedürfnissen angepaßt, und man muß ihnen zugestehen, daß sie bemerkenswerten Erfolg damit hatten. Vielleicht sind wir nicht mehr weit davon entfernt, diese alte Kunst der Gurus nun aufgrund von Laborversuchen in wissenschaftlicher Weise auszuüben.

* Die Psychoanalyse erklärt dies damit, daß eine der Ursachen von Depression nach innen gerichteter Zorn sei. Wenn dieser Zorn wieder nach außen dirigiert wird (wo man ihn bearbeiten kann), verschwindet die Depression.

Wenn weitere Studien ebenfalls zeigen, daß einfache »sinnlose« Silben spezifische Wirkungen auf die Stimmung haben, gehen die Forscher vielleicht einen Schritt weiter und erfinden Experimente, um festzustellen, ob einige der traditionellen Sanskrit-Mantras, deren Langzeitwirkungen von den Lehrern vorausgesagt werden kann, für bestimmte Zwecke wirksamer sind als andere, »prosaischere«, alltägliche Laute. Das könnte gut der Fall sein, denn diese alten Mantras sind durch einen »Versuch-und-Irrtum-Prozeß« ausgewählt und verfeinert worden, der sich über Tausende von Jahren hinzieht.

Auch nach klinischer Erfahrung sollte die Wahl eines spezifischen Mantra für therapeutische oder Selbstentwicklungszwecke nicht als unwichtig betrachtet werden. Unlängst wurde ich von einer TM-Schülerin konsultiert, die nicht imstande gewesen war, mit der Meditation zurechtzukommen, obwohl sie wiederholt zur »Kontrolle« zu ihrem TM-Lehrer gegangen war. Schließlich hatte sie die TM aufgegeben, weil sie es für »fast unerträglich hielt«, zwanzig Minuten lang ein Mantra zu wiederholen, welches sie, wie sie sagte, von Anfang an als »außerordentlich unangenehm« empfunden hatte. Da ihre Antipathie gegen das Mantra so groß war, bestand die Möglichkeit, daß dies einer der Gründe ihres Scheiterns war. Das erste, was offensichtlich getan werden mußte, war, ein neues Mantra zu wählen. Ich legte ihr daher eine Liste von sechzehn CSM-Mantras vor und bat sie, eines davon zu wählen oder selbst eines zu bilden.

Sie reagierte mit Begeisterung, wählte bereitwillig ein neues Mantra aus der Liste und begann, es zu verwenden. Fortan konnte sie regelmäßig meditieren, und zu ihrer Überraschung erlebte sie ihre Meditation nunmehr als außerordentlich entspannend, hilfreich und erfreulich. Sie sagte, ihr früheres TM-Mantra sei ihr immer wie ein unangenehmes Bild erschienen, »das irgendwo links oben in ihrem Gesichtsfeld gehangen habe«, während ihr selbstgewähltes Mantra ganz anders und sehr beruhigend wirke.

Ich kenne drei weitere Fälle, in denen TM-Meditierende auf die ihnen von der IMS zugewiesenen Mantras unglücklich reagierten und die sich in der Meditation zum erstenmal wohl fühlten, als sie selbst andere Mantras wählen durften. Diese Beispiele beweisen natürlich nicht, daß die ursprünglichen TM-Mantras unbedingt »falsch« für sie waren. Der wesentliche Faktor könnte hier die *Wahlfreiheit* gewesen sein. Diese Menschen fühlten sich nicht mehr in eine Situation gepreßt, an der sie sich aus dem einen oder anderen Grunde stießen, und konnten sich nun zum erstenmal ungehindert an der Meditation freuen. Andererseits ist es möglich – wie unsere vorherige Untersuchung über die Wirkungen spezifischer sinnloser Silben nahelegt –, daß einige Mantras, darunter einige TM-Mantras, auf manche Menschen besonders unangenehm wirken und sie daher eher verspannt als entspannt machen. Da Probleme wie diese im Labor untersucht werden können, werden wir fast mit Sicherheit bald mehr über das Mantra und seine Verwendung in der Meditation erfahren. Bis dahin mag unsere eigene Intuition in bezug auf das, was »gut« für uns ist, der beste Ratgeber für uns sein.

Musik und Gesang

Viele Meditationsmethoden verwenden Laute, um die meditative Stimmung hervorzurufen; der Mantra-Laut ist nur einer von ihnen. Häufig bedient man sich auch des Gesanges, des Glockenläutens, bestimmter Instrumente oder besonderer Arten von Musik, um die meditative Stimmung zu erzeugen. Klänge scheinen eine tiefe Wirkung sowohl auf die Seele wie auf den Leib zu haben, und es ist bekannt, daß sie für die Veränderung von Bewußtseinszuständen verwendet werden. Im Westen bedient man sich häufig der Musiktherapie, um eine Stimmungsänderung hervorzurufen. Im Osten benutzt man die Musik, um tiefgehende Veränderungen in der Art und Weise zu bewirken, wie man sich selbst und seine Umgebung erfährt. Die tiefergehenden Veränderungen hängen dabei jedoch nicht von der Melodie ab. Wie Ornstein sagt, spielt die Melodie im Mittleren und Fernen Osten eine viel weniger zentrale Rolle als im Westen[5]. Statt dessen werden in diesen Traditionen die tonalen Eigenschaften der Musik stärker hervorgehoben. Langgezogene, vibrierende Töne können erzeugt werden, um *den* Teil des Gehirns anzuregen, der auf Musik in ihrer am wenigsten strukturierten Form, nämlich auf ihren *Ton* reagiert, und weniger auf die Aufeinanderfolge oder den Zusammenklang der Töne.

Shyam Bhatnagar, ein indischer Klang-Therapeut, hat ein einzigartiges System für *Pranava* (Klang-Therapie) entwickelt; er benutzt dazu ein altes Saiteninstrument, den Tanbur. Der Mantra-Gesang wird untermalt von dem Vibrieren dieses Instruments. Die auf diese Weise erzeugten ungewöhnlichen Töne sollen auf den Bewußtseinszustand einwirken. Der Tanbur erzeugt lange, anhaltende Töne, Untertöne und angenehme Resonanzen. Sein immerfort wechselnder Rhythmus und seine Harmonie erzeugen mächtige Tonschwingungen, von denen man glaubt, sie regten die verschiedenen *Chakras* (Energie-Zentren) des Körpers an. Wie auch immer diese Klangeffekte im einzelnen auf den Bewußtseinszustand einwirken mögen, so kann für den Hörer doch kaum bezweifelt werden, daß sie häufig den Bewußtseinszustand ändern und eine tiefe meditative Stimmung erzeugen. Die Vibrationen einer Stimme zusammen mit einem Instrument können ein tiefes Gefühl der Entspannung bewirken, und viele Menschen fühlen sich hinterher zufrieden und voller Tatkraft. Ein Meditierender beschrieb den Klang wie »Chor- und Orgelmusik, die durch weite Räume erklingt ... Beim Anhören geriet man in eine fast an die Antike erinnernde Stimmung.«

Nach Bhatnagar ist jedoch davon abzuraten, die eigene, private Wiederholung des Mantra von Musik begleiten zu lassen, weil das Aufmerken auf die beiden verschiedenen Quellen des Klanges bzw. des Lautes – die äußere und die innere – zu Konflikten führen kann. Obwohl man diese Praxis traditionsgemäß ungern sieht, sagten zwölf Prozent der Meditierenden, die unseren Fragebogen beantworteten, sie bedienten sich während des Meditierens gelegentlich der Musik und hielten dies für nützlich; keiner der Befragten ließ jedoch regelmäßig seine Meditation von Musik begleiten.

Die meisten Menschen empfinden es nicht als angenehm, wenn die Wiederholung des Mantra von Musik begleitet wird. Wenn ich der Aufnahme von Bhatnagars Tanbur-Vibrationsklängen lausche, kann ich nicht gleichzeitig mein Mantra wiederholen; die Wirkung ist zu stark. Die Musik scheint sich vornehmlich als vorbereitendes Element für die Meditation zu eignen.

3. Meditation und persönliches Wachstum

In den fünfziger und sechziger Jahren wurden sich Amerikaner der Mittelschicht bewußt, daß sie zwar mit materiellen Gütern relativ gut versorgt waren, ihnen aber in ihrer Lebensweise etwas von fundamentaler Bedeutung zu fehlen schien. Dieses Etwas wurde verschieden ausgelegt als Liebe, Kreativität, Sinn, persönliches Wachstum, Selbstverwirklichung oder spirituelle Werte. Wie immer man sie auch bezeichnete, derartige Werte hätte man früher nicht als zum Aufgabengebiet der Psychotherapie gehörig betrachtet. Der Psychotherapeut hatte die Aufgabe, einen Patienten von einer Krankheit zu »heilen«. Heute gibt es jedoch eine immer größer werdende Anzahl von Therapeuten, die sich mit der psychischen Gesundheit befassen; sie sehen ihre Aufgabe aus einer anderen Perspektive und suchen einen sogenannten humanistischen Zugang zur Psychotherapie. Diese neuere Methode legt den Akzent auf Selbstverwirklichung. Sie sieht den Menschen als jemanden, der sich danach sehnt, sein vollständiges menschliches Potential auszuschöpfen, und ständig danach strebt, wenn ihm nur die geringste Chance dazu gegeben wird. Sie betont die Wichtigkeit der Individualität. Jeder Mensch wird aufgrund seiner besonderen Vergangenheit und seines Hintergrundes sowie seiner besonderen Erfahrung als einzigartig und wichtig behandelt. Sie räumt den *Werten* eine zentrale Rolle ein; die Menschen werden nicht als biologische Maschinen betrachtet, sondern als denkende, fühlende, urteilsfähige menschliche Wesen, die in der Lage sind, ihr eigenes Geschick in die Hand zu nehmen. Es ist wesentlich, daß jeder Mensch ein klares Gefühl der Selbst-Identität erhält, daß er entdeckt, wer er ist und wer er werden will, damit sein Potential voll entfaltet werden kann.

Der humanistische Ansatz ist seiner Natur nach positiv. Trotz der Gewalttätigkeit, Grausamkeit und der Schreckenstaten, die das Menschengeschlecht im Laufe der Geschichte begangen hat – es ist nicht zu leugnen, daß der Mensch zum Bösen ebenso wie zum Guten fähig ist –, wird der Mensch nicht als notwendig böse betrachtet. Er kann zwar bisweilen fast ausschließlich seine negativen Möglichkeiten wirksam werden lassen; aber es bleibt ihm immer die Fähigkeit, auch seine positiven Eigenschaften zu verwirklichen.

Dieser Gesichtspunkt hatte einen großen Einfluß auf die Einstellung zur Psychotherapie. Der humanistische Psychotherapeut konzentriert sich darauf, dem Patienten zu helfen, sich so zu sehen, wie er wirklich ist, seine Schwächen und Stärken zu akzeptieren, ganz er selbst zu sein. Wenn der Patient dies lernt, wird er seine Abwehr fallenlassen und sich der Erfahrung öffnen; er wird im wahren Sinne des Wortes »leben«. Das Ergebnis ist, daß mehr Aufmerksamkeit der kreativen und gesunden Seite der menschlichen Natur zugewendet wird – im Gegensatz zur früheren Praxis, als die Psychotherapie die Störungen der Persönlichkeit und deren Wiederherstellung in den Vordergrund stellte.

Dieser Ansatz eignet sich nicht nur für die Behandlung gestörter Menschen, sondern befaßt sich ebenso mit dem Unvermögen »normaler« Personen, ihre eigenen Möglichkeiten zu erkennen. Sie wendet sich an die große Masse derer, die sich selbst entfremdet sind und mit sich selbst uneins fühlen. Sie versucht, den Menschen zu helfen, völlig und mit mehr Freude sie selbst zu sein, ihr Leben sinnvoll zu leben.

In diesem Anliegen kreuzen sich die Wege der Meditation und der Psychotherapie. Die Meditation wirkt auf ihrer eigenen Ebene und verhilft dem Selbst zu einem natürlichen, ungehinderten Wachstum, zu einer Entfaltung, die seiner persönlichen Eigenart und seinem Tempo entspricht. Sie kann insofern eine therapeutische Wirkung haben, als sie häufig dazu dient, besondere psychologische und physische Probleme auszugleichen; aber sie bringt eine tiefergehende Wandlung zustande und beseitigt nicht nur Symptome. Einige Psychotherapeuten, die dies erkannt haben, halten die Meditation für eine mächtige Verbündete in ihrer Arbeit am Menschen – eine neue und anregende Partnerschaft ist entstanden.

Die Erfahrungen von Hartford

Im Jahre 1972 habe ich mich zum erstenmal für die Möglichkeit interessiert, die Meditation bei psychotherapeutischen Patienten zu verwenden. Damals begannen die Wallace-Benson-Studien in wissenschaftlichen Zeitschriften zu erscheinen. Ich dachte, diese Technik könnte vielleicht eine Hilfe für Menschen sein, die an lähmender Angst litten. Es sah vielversprechend aus, und es schien eine Möglichkeit der Zusammenarbeit zwischen den Vertretern der Meditation und den Psychotherapeuten zu geben.

Auf psychiatrischem Gebiet gab es außer mir auch noch andere, die sich dafür interessierten. Das altehrwürdige Hartford Institute of Living, eine der ältesten und angesehensten psychiatrischen Anstalten des Landes, beschloß zu jener Zeit, eine drei Jahre währende Studie über die Wirkungen der TM auf hospitalisierte psychiatrische Patienten zu beginnen.

Ursprünglich hatten Dr. Bernard Glueck, Direktor der Forschungsabteilung, und Dr. Charles Stroebel, Chef des Psychophysiologischen Labors des Instituts, damit begonnen, drei Patientengruppen miteinander zu vergleichen, um herauszufinden, welche der verschiedenen Entspannungsmethoden den Fortschritt der Psychotherapie am wirksamsten beeinflussen würde: die TM, Alpha-Biofeedback oder die Progressive Muskelentspannung. Alle drei Techniken schienen geeignet zu sein, weil sie den Vorteil haben, daß man sie allein ausüben kann, sobald man sie beherrscht. Das war besonders für Patienten der Psychiatrie von Nutzen, die häufig dazu neigen, einseitig von den Krankenhäusern eine »Heilung« zu erwarten. Die Forscher glaubten, wenn diese Patienten imstande seien, etwas für sich selbst zu tun, könnte dies an sich schon eine therapeutische Wirkung haben.

Anfangs hatte man geplant, drei Gruppen miteinander zu vergleichen. Aber wie es so oft in der wissenschaftlichen Forschung geschieht, ließ sich der Plan nicht verwirklichen. Bald nach Beginn der Untersuchung zogen sich eine große Anzahl Versuchspersonen aus den Biofeedback- und Progressiven Entspannungs-Gruppen zurück, so daß die Statistiken wertlos waren. Die Probanden der Alpha-Biofeedback-Gruppe berichteten, sie hätten

Schwierigkeiten, ihren Alpha-Zustand praktisch zu nutzen oder auch nur seine Zielsetzung zu verstehen. Patienten, die die Progressive Entspannung gelernt hatten, gaben fast einmütig an, sie fänden diese Methode ermüdend und langweilig. Im Gegensatz zu diesen beiden Gruppen setzten fast alle Patienten, die meditieren gelernt hatten, ihre regelmäßigen Übungen fort. Sie fanden allgemein Gefallen an der Übung und empfahlen sie ihren Freunden im Hospital. Es entstand tatsächlich eine lange Warteliste von Patienten, die meditieren lernen wollten.

Für die Forscher bedeutete der Ausfall der beiden Vergleichsgruppen ein Problem. Mit wem konnten sie nun ihre Meditations-Versuchspersonen vergleichen? Sie beschlossen, die Schwierigkeiten so zu lösen, daß sie für jeden Meditierenden eine entsprechende »Kontrollperson« unter der Gesamtpopulation des Hospitals wählten. Als »Kontrollperson« bzw. »Zwilling« wurde jeweils ein Patient gleichen Geschlechts, ungefähr gleichen Alters und mit einem ähnlichen Persönlichkeitsprofil wie der Meditierende gewählt. Beide Gruppen von Versuchspersonen mußten verschiedenen Persönlichkeits-Tests unterzogen werden.

Die Bewertungsverfahren waren sehr umfassend. Eines davon war eine regelmäßige Durchführung des Minnesota Multiphasic Personality Inventory (MMPI); dies ist eine persönliche Selbstdarstellung, die den Grad und die Art der emotionalen Störungen, an denen die Patienten leiden, einschließt. Außerdem führte jeder Patient Tagebuch über seinen Schlaf, seine Stimmungen und Eßgewohnheiten. Die Veränderungen wurden auch objektiv festgehalten durch EEG und andere physiologische Messungen, durch tägliche im Computer gespeicherte Berichte der Krankenschwestern und der Psychotherapeuten über Fortschritte des Patienten und durch die Behandlungsberichte des Hospitals.

Bei der Untersuchung der ersten Patientengruppe, die meditiert hatte und aus dem Hospital entlassen werden sollte, stellten die Forscher fest, daß sich der Zustand der Meditierenden signifikant mehr verbessert hatte als der aller anderen in jenem Jahr entlassenen Patienten. Ihr Zustand war auch besser als der der Kontrollpersonen[1].

Dies sind die einzigen statistischen Befunde, die bisher veröffentlicht wurden. Das Forscherteam hat indessen noch weitere Veränderungen festgestellt. So verlangten die meditierenden Patienten nach Aufnahme der Meditationsübungen häufig kleinere Dosierungen von Beruhigungsdrogen und anderen psychotropen Medikamenten. Eine Anzahl Patienten, die an Schlaflosigkeit gelitten hatten, gaben an, daß eine Besserung eingetreten sei. In vielen Fällen konnten einige Wochen nach Aufnahme der Meditationsübungen die Schlaftabletten reduziert oder ganz abgesetzt werden.

Nachdem die Patienten einige Zeit meditiert hatten, ergab eine Prüfung der MMPI-Ergebnisse vielversprechende Veränderungen in der Art und Weise, wie sie über ihren eigenen Zustand berichteten. Die durchschnittlichen Selbstbewertungen der meditierenden Patienten auf dem MMPI schienen eine kontinuierliche Besserung des psychiatrischen Zustandes anzuzeigen. Diese »Selbstdarstellungen« der Patienten wurden auch durch die Aufzeichnungen der Krankenschwestern bestätigt, die darauf hinwiesen, daß seit Aufnahme der Meditationsübung Angst, Depressionen und störendes Verhalten auf der Station zurückgegangen waren.

Trotz dieses ermutigenden Berichts von Hartford brauchte ich noch mehr spezifisches Informationsmaterial, ehe ich bereit war, meinen Patienten Meditationsübungen zu empfehlen. Ich wollte wissen, welche Arten psychiatrischer Störungen speziell auf Meditation ansprechen; welches die unerwünschten Begleiterscheinungen dieser Übung sind, falls es solche gibt; und ob es einen Patiententyp gibt, für den die Meditation gefährlich werden kann. Um Antworten auf diese Fragen zu erhalten, fuhr ich nach Hartford und konsultierte das Forscherteam des Instituts. Während meines dortigen Aufenthalts hatte ich Gelegenheit, die Wirkungen der Meditation auf hospitalisierte Patienten zu beobachten.

Im Hartford-Experiment wurde die Meditation bei allen Arten psychiatrischer Erkrankungen verwendet. Die Forscher lehrten die Methode mit Erfolg und guten Resultaten sogar eine Anzahl von Schizophrenen. Dr. Glueck erzählte von einer schizophrenen Frau, die so krank und deren Denken so konfus war, daß die

Ärzte zunächst bezweifelten, ob sie lernen würde, das Mantra zu wiederholen, bzw. ob sie den Zweck der Meditation begreifen würde. Die sorgfältige Betreuung durch besonders ausgebildete Lehrer hat auch dieser Frau geholfen, die Technik zu erlernen, und es wurde eine ausgezeichnete Besserung ihres Zustandes festgestellt. Ich hatte auch Gelegenheit, mit einem paranoid-schizophrenen Jugendlichen zu sprechen. Er empfand seine Meditationsübung ganz entschieden als wohltuend und sagte mir, er fühle sich, seit er begonnen habe zu meditieren, »weniger paranoid«.

Die Forscher zeigten mir das Hirnstrombild psychotisch depressiver Patienten, die meditieren gelernt hatten. Der Meditationsgruppe gehörten sogar zwei Patienten an, die durch Unfälle schwere Gehirnverletzungen erlitten hatten. Selbstverständlich konnte die Meditation den physischen Schaden, den die Patienten erlitten hatten, nicht heilen, aber sie half ihnen, sich ihrer veränderten Gehirnfunktion anzupassen. Sie waren jetzt weniger ängstlich, kooperativer und umgänglicher, als sie es vorher gewesen waren.

Ich stellte fest, daß das Meditationslehrprogramm des Instituts sehr verschieden war von dem, das außerhalb des Hospitals gang und gäbe ist. Zwei TM-Lehrer, die hauptamtlich im Hospital tätig waren, befanden sich ständig im Haus und widmeten jedem neuen Patienten, der die Technik lernte, so viel Zeit wie notwendig. Während der ersten drei Wochen überprüften die Lehrer täglich die Meditationsübung der Patienten und behandelten jeden einzeln. Einmal wöchentlich hielten sie auch eine Gruppensitzung ab. Nach den ersten drei Wochen meditierten die Patienten im allgemeinen allein (mit Ausnahme der wöchentlichen Gruppenmeditation). Zu jeder Tages- und Nachtzeit stand ein TM-Lehrer zur Verfügung, falls ein meditierender Patient eine Frage über die Meditationsübung oder eine damit verbundene Besorgnis hatte.

Offensichtlich sind dies die besten Voraussetzungen für ein psychiatrisches Programm, das sich der Meditationsmethode bedient. Sie werfen jedoch gewisse Fragen auf, z. B. ist es möglich, daß manche der bei den Patienten festgestellten Fortschritte darauf zurückzuführen sind, daß sie jemanden (ihren TM-Lehrer) hatten, der während ihres Krankenhausaufenthaltes größtes Interesse an ihnen nahm und gewillt war, sie zu leiten und ihnen besondere Aufmerksamkeit zuzuwenden? Mit anderen Worten, könnte die spezielle Zuwendung der TM-Lehrer einen Placebo-Effekt erzeugt haben?

Die Forscher bezweifeln dies und weisen darauf hin, daß die Besserung des Zustandes dieser Patienten weit über die Zeit hinaus anhielt, da die meisten Placebo-Effekte abklingen. Zwei Jahre nach Beginn der Studie wurde ein Fragebogen an alle Patienten gesandt, die ursprünglich die Meditationsübung gelernt hatten. Von denen, die antworteten (ungefähr siebzig Prozent der angeschriebenen Patienten), berichteten achtundsechzig Prozent, daß sie immer noch meditieren und gute Resultate erzielen. Alle Patienten der Nachuntersuchung waren aus dem Hospital entlassen und lebten nunmehr zu Hause. Ermutigung durch die TM-Lehrer des Hospitals spielte bei diesen Resultaten also keine Rolle.

Auf meine vielen Fragen über mögliche unerwünschte Nebenwirkungen der Meditation erwiderten die Forscher, sie hätten bei ihrer Studie keine ungünstigen Begleiterscheinungen festgestellt; möglicherweise sei dies auf die besonderen Lehrmethoden und Vorsichtsmaßnahmen zurückzuführen. Einige wenige Patienten, die kurz nach Beginn der Studie ausgeschert waren, hatten angegeben, ihr Denkvermögen habe sich durch die Erlernung der Meditation teilweise so schnell »geklärt«, daß sie befürchteten, ihre ganze vertraute Abwehr zu verlieren, falls sie mit der Meditation fortführen. Sie waren offenbar emotional auf eine derartig schnelle Veränderung nicht vorbereitet, ein Problem, das – wie wir sehen werden – auch andere Therapeuten bei ihren Patienten beobachtet haben.

Dem Forscherteam waren auch gelegentliche Schwierigkeiten bekannt, die sich bei der Anwendung der TM außerhalb des Hospitals einstellten. In allen von ihnen untersuchten Fällen schienen die Beschwerden daher zu rühren, daß der betreffende frühere Patient die Meditation nicht korrekt angewandt hatte. Übermäßiges Meditieren schien in den meisten Fällen der Grund für schädigende Nebenwirkungen zu sein.

Im allgemeinen waren die Hartford-Forscher der Ansicht, daß stationäre, psychiatrisch schwerkranke Patienten mit Erfolg meditieren lernen können, vorausgesetzt, den verschiedenen Problemen, die während der ersten Meditationswochen auftauchen können, wird genügend Aufmerksamkeit geschenkt.

Die endgültigen Resultate der dreijährigen Hartford-Studie sind im Augenblick noch nicht verfügbar. Obwohl alle Daten vorliegen, sind die meisten noch nicht analysiert. An diesem Hospital wird die Untersuchung jedoch nicht fortgesetzt werden, zumindest nicht unter Verwendung der TM. Dr. John Donnelley, Chef-Psychiater des Hartford Institute of Living, hat unlängst erklärt, die TM stelle die Bedingung, die Schüler ein geheimes Mantra zu lehren, und dies »verletzt die medizinische Ethik und behindert wissenschaftliche Untersuchungen«[2]. Sein Kommentar ist ein Echo der Einwendungen, die uns bereits bekannt sind; die Erforschung der TM wird ernstlich durch die Weigerung der IMS behindert, den Forschern bestimmtes sachdienliches Informationsmaterial zur Verfügung zu stellen. Die Einstellung der TM-Studien in Hartford weist auf einen Trend hin, der sich vielleicht in den nächsten Jahren verstärken wird, nämlich sich von den begrenzten TM-Studien der Vergangenheit abzuwenden und wissenschaftliche Ansätze auf breiterer Grundlage zu suchen.

Die Verminderung der Angst

Angst ist nicht nur eine treibende Kraft hinter den meisten ernsten psychiatrischen Störungen, sondern auch eines der Haupthindernisse für ihre wirksame Behandlung. Der von Angst besessene Mensch ist häufig zu ängstlich, gerade über die Dinge zu reden, die ins Auge zu fassen für ihn äußerst wichtig wäre. Angst, die in Panik ausartet, ist ein derart peinigendes Gefühl, daß es meistens unter allen Umständen – sogar wenn dies die psychiatrische Behandlung des Patienten unterminiert – vermieden wird. Jede zusätzliche Therapie, die Angst vermindern kann, ist daher eine Hilfe; dies ist auch der Grund, warum Beruhigungsmittel so großzügig verschrieben werden.

Bei der Beobachtung meditierender Patienten haben meine Kollegen in der Psychotherapie und ich festgestellt, daß bei den meisten die Angst in dem Maße abnimmt, wie sie ihre Meditationsübung praktizieren. Sie sorgen sich weniger um ihre Arbeit, ihre Familien und um eine Menge vermeintliche Gefahren, die früher ihre Initiative lähmten. Sie scheinen vor diesen Belastungen geschützt und abgeschirmt zu sein.

In dem Maße, wie ihre Angst abnimmt, neigen diese Menschen auch dazu, entspannter und tüchtiger bei der Erledigung vieler Arbeiten zu sein. Diese erhöhte Fähigkeit, die Situationen zu meistern, unterscheidet sich von dem Zustand, den wir meistens bei Patienten beobachten, die Beruhigungsmittel oder Antidepressiva nehmen. Drogen können den Patienten dazu bringen, sich »normaler« zu fühlen – »Ich fühle mich wie früher, seitdem ich mein Beruhigungsmittel nehme« –, aber die Droge fördert kaum das persönliche Wachstum und hilft dem Menschen nicht, sein Leben auf neue Weise zu erfahren. Im Gegensatz hierzu stellen die Menschen nach Aufnahme der Meditationsübungen häufig fest, daß sie auf eine Weise reagieren, wie sie es früher nicht getan haben. Die Meditationsübung hat eher die Tendenz, neue Horizonte zu öffnen, als frühere Zustände wiederherzustellen. Aus diesem Grunde empfehlen manche mit der Meditation vertraute Psychiater ihren Patienten, meditieren zu lernen, bevor sie ihnen Beruhigungsmittel verschreiben[3].

Ein weiterer Vorzug, den die Meditation vor den Drogen hat, ist die Tatsache, daß der Meditierende normalerweise seine Wachheit nicht verliert oder halb betäubt wird. Menschen, die hohe Dosierungen von Beruhigungsmitteln nehmen, klagen häufig, daß sie sich träge und schläfrig fühlen, und ihre Reaktionszeit ist typischerweise verlangsamt. Aus diesem Grunde werden Patienten, die Drogen dieser Art einnehmen, regelmäßig gewarnt, keine Maschinen zu bedienen oder irgendwelche Arbeiten zu verrichten, die schnelle Reaktionen erfordern. Im Gegensatz hierzu sind Meditierende häufig wacher, gewandter und sich ihrer Umgebung bewußt.

Allein die Tatsache, daß die Meditation etwas ist, das der Patient für sich selbst tun kann, gibt schon Kraft und Vertrauen. Ein

Mensch, der meditiert, wenn er nervös und ängstlich ist und dadurch ein Gefühl der Ruhe bekommt, merkt, daß er sein eigenes Leben unter Kontrolle hat und daß keine Droge »für ihn« arbeiten muß. Eine Lektion des Meditierens besteht also darin, daß man physische und psychische Prozesse unter die eigene Kontrolle bringen kann – ein fundamentaler Schritt zur Bekämpfung der Angst.

Die Bekämpfung der Sucht

Es ist nicht sicher, ob Angst Suchtformen wie den Alkoholismus oder die Drogenabhängigkeit verursacht. Diese Verhaltensweisen werden häufig von der Gesellschaftsschicht beeinflußt, in der der Mensch aufwächst, den Familienverhältnissen in früher Kindheit und vielleicht auch von bestimmten vererbten biologischen Merkmalen. Wenn man von der Angst auch nicht behaupten kann, sie sei die Ursache, so ist sie doch ganz sicher ein wirksamer Auslöser schwerer Suchtfälle.

Kann die Meditation, indem sie Angst reduziert, auch zur Beherrschung von Suchtformen beitragen? In Anbetracht der Häufigkeit von Sucht in unserer Gesellschaft und der Unzulänglichkeit der meisten unserer heutigen Behandlungsmethoden lohnt es sich, diese Frage zu untersuchen. Im Jahre 1971 versuchten die Forscher Benson und Wallace herauszufinden, ob die Meditation vielleicht irgendeine Wirkung auf den Drogengebrauch ausübe. Sie untersuchten eintausendachthundertzweiundsechzig TM-Lehranwärter, die sich noch in der Ausbildung befanden und die zumindest drei Monate lang und in vielen Fällen schon länger TM praktizierten. Die Forscher wollten wissen, wieviel Marihuana, Amphetamine, Barbiturate oder Halluzinogene (z. B. LSD) sie nach dieser beträchtlichen Anzahl von Meditationsübungen noch nahmen[4]. In einem anonymen Fragebogen gaben die Kandidaten an, sie hätten seit Beginn der Meditationsübungen jeden Drogenmißbrauch vermieden und sogar den mäßigen Drogenkonsum stark reduziert.

Es ist schwer zu sagen, ob dies allein auf die Meditation zurückzuführen ist. Die TM-Lehrerkandidaten gehören einer engen Gemeinschaft an. Sie leben viele Monate in Wohngemeinschaften und Trainingszentren zusammen und werden einer intensiven Schulung, bestehend aus Meditation und Unterricht, unterzogen. Während ihres Aufenthalts in den TM-Zentren stehen sie unter einem starken Gruppendruck, die Drogen zugunsten der Meditation aufzugeben. »Erfolgreich Meditierende« nehmen nach dortiger Ansicht keine Drogen. Aber wenn sich auch herausstellen würde, daß die Ergebnisse von Benson und Wallace zumindest teilweise dem Bedürfnis zuzuschreiben sind, sich den Gruppennormen anzupassen, würde dies an sich schon etwas Wichtiges darüber aussagen, wie Drogenmißbrauch kontrolliert werden kann. Es bedeutet nämlich, daß eine sinnvolle soziale Gemeinschaft einen Druck ausüben kann, der den Drogenkonsum wirksam reduziert.

In den sechs Monaten vor Beginn der Meditationsübungen hatten ungefähr achtzig Prozent dieser zukünftigen TM-Lehrer Marihuana geraucht, und von diesen waren ungefähr achtundzwanzig Prozent »starke Drogenkonsumenten« gewesen (d. h. sie kifften ein- oder mehrmals täglich). Sechs Monate nach Aufnahme der Meditationsübungen rauchten nur noch siebenunddreißig Prozent der Lehrerkandidaten Marihuana, und von diesen waren nur noch sechseinhalb Prozent starke Konsumenten. Unter den Kandidaten, die einundzwanzig Monate oder länger Meditationsübungen gemacht hatten, rauchten nur noch zwölf Prozent Marihuana und nur ein einziger war noch ein starker Konsument. Die Abnahme des LSD-Verbrauchs war noch signifikanter; ähnliche Resultate wurden bezüglich des Konsums von Halluzinogenen, Narkotika, Amphetaminen und Barbituraten erzielt.

Diese offensichtlichen Antisucht-Effekte der Meditation waren auch auf anderen Gebieten festzustellen. In der Benson-Wallace-Studie betrug der Prozentsatz der Lehrer-Kandidaten, die harte Getränke (gelegentlich oder häufig) zu sich genommen hatten, ehe sie mit den Meditationsübungen begannen, sechzig Prozent. Diese Zahl ging in der Gruppe, die einundzwanzig Monate oder länger meditiert hatte, auf fünfundzwanzig Prozent zurück.

Ungefähr die gleichen Ergebnisse stellte man bei den regelmäßigen Zigarettenrauchern fest. Achtundvierzig Prozent der Lehrer-Kandidaten gaben an, sie hätten vor Aufnahme der Meditationsübungen geraucht, und fünfundzwanzig Prozent sagten von sich, sie seien »starke Raucher« gewesen (d. h. sie hatten ein oder mehrere Päckchen pro Tag geraucht). Nach einundzwanzig Monaten Meditation war der Prozentsatz derjenigen, die noch rauchten, auf sechzehn Prozent zurückgegangen, und nur noch 5,7 Prozent waren noch »starke Raucher«.

Was sagt uns diese Studie? Wurden diese Resultate erzielt, weil Menschen, die auf jeden Fall von den Drogen lassen wollten, sich verpflichteten, die TM zu lernen (damit wären die hartnäckigen Drogenverbraucher nicht erfaßt)? Waren diejenigen unter den Meditierenden, die schweren Drogenmißbrauch trieben, vielleicht ausgeschieden, ehe die Fragebogen verteilt wurden, und daher nicht von der Studie erfaßt worden? Scheuen sich die starken Drogenkonsumenten ganz allgemein, TM-Lehrer zu werden? Gehören diejenigen, die mit der Meditationspraxis fortfahren, zu dem Menschentyp, der wahrscheinlich gar nicht zur Sucht neigt? Mit anderen Worten, trifft diese Studie nur auf eine ausgewählte Gruppe zu, oder sind ihre Resultate allgemein gültig?

Bisher gibt es auf diese Fragen noch keine Antworten. Einige meiner Kollegen in der Psychotherapie und ich selbst haben indes eindrucksvolle Reduzierungen des Drogenverbrauchs bei Patienten beobachtet, die keine TM-Lehrer werden wollen und die wir sowohl vor wie nach dem Erlernen der Meditation beobachtet haben. Klinische Beobachtungen dieser Art haben Dr. Mohammad Shafii und seine Mitarbeiter am Medizinischen Institut der Universität Michigan dazu veranlaßt, eine Studie zu planen, bei der versucht werden sollte, einige der Nachteile der Benson-Wallace-Untersuchung auszumerzen.

Nach Ansicht des Michigan-Teams war es wesentlich, eine Kontrollgruppe zu haben, die bei der Benson-Wallace-Studie fehlte. Zu diesem Zweck wurden Menschen gewählt, die Drogen nahmen, die aber nicht meditierten, so daß festgestellt werden konnte, bis zu welchem Grade Nichtmeditierende im Laufe der

Zeit auf natürliche Weise den Drogenverbrauch reduzierten. Da die Shafii-Gruppe für diese zusätzliche Absicherung sorgte und als Versuchspersonen reguläre Meditierende – keine TM-Lehrer – nahm, sind ihre Untersuchungsergebnisse noch aufschlußreicher und instruktiver.

Nachdem die TM-Gruppe einen Monat bis neununddreißig Monate meditiert hatte, stellte die Shafii-Studie eine auffallende Reduzierung der Marihuana-Menge fest, die noch konsumiert wurde[5]. Die Anzahl der Marihuana-Raucher war jetzt bis fast auf ein Drittel der ursprünglichen Anzahl zurückgegangen, während die Zahlen der Kontrollgruppe fast die gleichen geblieben und nur leicht gesunken waren*.

Was regelmäßiges Zigarettenrauchen angeht – eine Gewohnheit, die ebenfalls als Sucht bezeichnet wird, wenn sie zwanghaft geworden ist –, berichteten einundsiebzig Prozent derjenigen, die mehr als zwei Jahre meditiert hatten, ihr Zigarettenverbrauch habe bedeutend abgenommen; siebenundfünfzig Prozent hatten inzwischen das Rauchen ganz eingestellt, während der Zigarettenverbrauch in der Kontrollgruppe fast unverändert geblieben war[6].

Auch der Alkoholgenuß war beeinflußt worden. Innerhalb der ersten sechs Monate nach Beginn der Meditation hatten vierzig Prozent derer, die mehr als zwei Jahre lang regelmäßig meditiert hatten, aufgehört, Bier oder Wein zu trinken, während keine der Kontroll-Versuchspersonen den Alkoholkonsum eingestellt hatte. Nach drei Jahren waren die Zahlen noch höher: sechzig Prozent der Meditierenden hatten nunmehr den Genuß von Bier und Wein eingestellt. Zusätzlich nahmen vierundfünfzig Prozent dieser letzten Gruppe (gegenüber einem Prozent der Kontrollgruppe) auch keine harten Getränke mehr zu sich[7].

Aus diesen Studien ist zu ersehen, daß Meditation bei der Verhütung bestimmter Formen von Sucht erfolgreich sein kann, vorausgesetzt, der Meditierende ist genügend motiviert, die Me-

* Wie bereits in Kapitel 4 angedeutet, in dem wir die Persönlichkeitsunterschiede zwischen Personen erörterten, die meditieren lernen, und solchen, die es nicht tun, hatten die späteren TM-Meditierenden dieser Studie ursprünglich doppelt so viel Marihuana geraucht wie die Kontrollgruppe.

ditationsübungen lange genug fortzusetzen. Die Dauer der Meditationsausübung und deren Wirkung auf die Reduzierung des Drogenverbrauchs scheinen eindeutig miteinander in Beziehung zu stehen – je länger, um so besser.

Vielleicht sind wir an dem Punkt angelangt, an dem wir keine Fragebogenstudien mehr benötigen, die eruieren sollen, wie hoch der Drogenverbrauch in der Vergangenheit war. Wir müssen eine Gruppe von Anfang an verfolgen – sie studieren, ehe sie zu meditieren beginnt, und dann wieder ein oder zwei Jahre später. Obwohl eine derartige Studie schwierig und teuer in der Durchführung wäre, vermute ich, daß sie in naher Zukunft versucht wird. Mittlerweile gibt es interessante klinische Beobachtungen, die seit einiger Zeit gemacht werden.

Ich habe drei Patienten beobachtet, die nach Aufnahme der Meditationsübungen weniger Marihuana rauchten, zwei Patienten, die ihren Alkoholkonsum einschränkten, und zwei weitere, die das Zigarettenrauchen einstellten und bei denen nur wenige – falls überhaupt – Nikotinentzugserscheinungen auftraten*.

Das ist ein großer Teil der Gesamtzahl meiner Patienten, die ursprünglich als starke Drogenverbraucher zu gelten hatten. Meine klinischen Beobachtungen scheinen daher mit den Prozentsätzen hinsichtlich der Reduzierungen, die die Shafii-Studie festgestellt hat, völlig übereinzustimmen.

Ich wurde auf eine Patientin aufmerksam, die zum erstenmal Marihuana rauchte, nachdem sie die regelmäßige TM-Praxis aufgenommen hatte. Sie behauptete, ihre »Kühnheit«, Marihuana zu rauchen, sei darauf zurückzuführen, daß die Meditation weniger Schuldgefühl bei ihr aufkommen lasse und sie sich jetzt erlauben könne zu experimentieren. Ihr Verhalten in dieser Hinsicht

* Ich habe nicht beobachtet, daß Meditation irgendeine Wirkung auf die zu reichliche Nahrungsaufnahme übergewichtiger Patienten hatte. Über ihre Wirkung auf diesem Gebiet weiß man wenig. Die einzige bisherige Untersuchung benutzte als Versuchspersonen TM-Lehrer, eine Gruppe, die nicht typisch ist, da fast alle von ihnen Vegetarier sind und die Meditation viel intensiver als allgemein üblich betreiben. Diese Lehrer brachten es während eines intensiven Lehrer-Trainings auf ein normales Gewicht; das kann aber auch auf andere Faktoren als auf Meditation zurückzuführen sein.

war Teil einer allgemeinen Veränderung. Sie war eine sehr konventionelle Frau gewesen und hatte sich immer gescheut, in irgendeiner Weise spontan zu sein. Nunmehr entwickelte sie auf vielen Gebieten ihres Lebens neue Aktivitäten. Ihre freiere Einstellung zu Marihuana führte indessen nicht zur Sucht. Ihr Interesse für die Droge schien abzunehmen und legte sich schließlich völlig. Zu keiner Zeit hat sie so viel Marihuana geraucht, daß man es in unserer Gesellschaft als abnorm hätte ansehen können.

Eine Fragebogen-Erhebung über Meditation und Drogenmißbrauch von Dr. Leon Otis hat auch gezeigt, daß sich nur bei einer sehr kleinen Anzahl von Meditierenden (sechs Prozent) der Drogenverbrauch nach Aufnahme der Meditationsübungen *erhöhte.* Die Mehrzahl (achtundsechzig Prozent derjenigen, die weniger als zwei Jahre meditiert hatten) gab an, ihr Drogenkonsum habe stark abgenommen*[8].

Warum ist Meditation ein Mittel gegen Sucht?

Da Meditation Angst abbaut, kann sie gleichzeitig das Bedürfnis verringern, Suchtmittel gegen Angst zu nehmen. Es könnte jedoch auch sein, daß dies nicht die einzige Erklärung für die Veränderungen ist, die wir angesichts der Meditation beobachten.

Dr. Andrew Weil, ein Arzt und Drogenexperte, dessen Bericht über die Wirkungen des Marihuanakonsums ein Meilenstein auf diesem Forschungsgebiet ist, hält den Drogengebrauch für den Ausdruck einer natürlichen und generellen Neigung, veränderte Bewußtseinszustände hervorzurufen. Nach seiner Ansicht ist es eine Neigung, die z. B. Kinder jeder Kultur zu Spielen wie dem Herumwirbeln im Kreis veranlaßt, bis sie schwindlig auf den Boden fallen, aber sich durch den neuen Bewußtseinszustand heiter angeregt fühlen[9]. Weil glaubt, der Wunsch, in einen solchen ungewöhnlichen Zustand zu geraten, könnte hinter dem generellen

* Leider konnte Otis keine Angaben darüber erhalten, um wieviel sich der Drogenverbrauch im gegebenen Falle erhöht hatte, welche spezifischen Drogen in Frage kamen, oder welche Rolle der erhöhte Drogenverbrauch in der gesamten emotionalen Anpassung gespielt hatte.

Gebrauch von Suchtmitteln wie Alkohol, Tabak, Coffein sowie der üblichen bewußtseinsverändernden Drogen und auch der stärkeren Narkotika wie der Opium- und Morphium-Derivate stecken. Er meint, dieser Wunsch erkläre zwar nicht den Mißbrauch dieser Drogen, aber ihren Gebrauch.

Nach Ansicht Weils können Drogen zwar das natürliche Bedürfnis nach veränderten Bewußtseinszuständen befriedigen; aber er glaubt, dieses Bedürfnis könne ebenso, vielleicht sogar noch wirkungsvoller, durch Meditationsübungen, Gesang, spezielle Übungen und andere drogenfreie Techniken befriedigt werden. Ein natürliches »*High*« geht nicht verloren, wie dies bei abklingender Drogenwirkung der Fall ist. Auch behält man die Kontrolle darüber, und der Mensch ist sich seiner eigenen Rolle beim Herbeiführen des gewünschten Zustandes bewußt.

Weil bemerkt dazu, daß Menschen, die in Verbindung mit Drogenexperimenten eine spirituelle Richtung nähmen, früher oder später nach anderen Methoden als Drogen suchten, um ihre Erfahrungen zu erhalten:

> Man beobachtet viele langjährige Drogenverbraucher, die die Drogen zugunsten der Meditation aufgeben ... aber man sieht niemanden, der schon lange Zeit meditiert und die Meditationsübung aufgibt, um ein »*acid head*« (LSD-Süchtiger) zu werden*.
> Diese Beobachtung bestätigt die Behauptung, daß die »*Highs*«, die durch die Meditationsübungen erreicht werden können, besser sind als die durch Drogen erreichbaren**[10].

Ein kürzlicher Bericht über meditierende Patienten in der Alkoholiker-Rehabilitations-Abteilung des Manhattan Psychiatric Center scheint die Theorie Weils zu unterstützen. An dieser Kli-

* Wie wir gesehen haben, kann es einzelne Fälle geben, in denen der Drogenverbrauch nach Aufnahme der Meditationsübungen zunimmt. Wir haben jedoch keine Hinweise dafür, daß diese Menschen die Meditation um der Drogen willen aufgegeben haben oder »*acid heads*« oder andere ernsthaft Süchtige geworden sind.

** Mit »besser« meint Weil nicht: moralisch vorzuziehen, sondern nur: »wirksamer«.

nik hat ausgebildetes Personal fünfundzwanzig Alkoholiker die CSM gelehrt. Die Patienten waren chronische Alkoholiker, die als die »hoffnungslosesten Fälle« von den fünf Prozent der Bevölkerung bezeichnet wurden, die Alkoholiker sind. Wenn sie nicht im Hospital waren, zählten sie zu den völlig heruntergekommenen Menschen, die für die Erziehung zu einer neuen Gewohnheit wie z. B. regelmäßige Meditation nicht im geringsten ansprechbar sind. Außerhalb des Hospitals ist ihr Leben im allgemeinen vom Zufall bestimmt und ohne feste Linie.

Zunächst wehrten sich diese Patienten heftig dagegen, meditieren zu lernen; sie wollten nichts davon wissen. Dann erklärten sich zwei Patienten zögernd zu einem Versuch bereit. Sobald diese beiden begonnen hatten, wurde in der Abteilung verbreitet, Meditation sei »die beste Erfahrung, die diese Männer gemacht haben, seitdem sie keinen Alkohol mehr bekommen«. Meditation wurde als das einzige angesehen, was das Hospital zu bieten hatte, um ihnen ein Gefühl zu vermitteln, das in etwa dem Alkoholgenuß gleichkam.

Das Personal, das die CSM lehrte, berichtete, die Reaktion dieser Alkoholiker auf ihre Meditationsübung sei von besonderer Art. Statt sich während der Meditation einfach auszuruhen, gingen diese Patienten auf »Trips«. Sie sahen phantastische Bilder und hatten vielerlei Empfindungen. Die Meditation war ihnen willkommen, weil sie in ihr eine Ersatz-Aktivität sahen. Sie war in der Tat die einzige Therapie, die sie bei Alkoholentzug beruhigen konnte.

Wie es bei vielen stationären Behandlungen der Fall ist, war dieser Fortschritt nicht von Dauer, sobald die Patienten in ihr früheres Milieu entlassen wurden. Es war typisch, daß sie sogleich nach Rückkehr in ihre alte Umgebung ihre Meditationsübungen einstellten, wieder zu trinken begannen und schließlich erneut mit Alkoholvergiftung hospitalisiert werden mußten. Sobald sie wieder im Krankenhaus waren, baten viele dieser Patienten erneut um Meditationsanweisungen.

Nach meiner Ansicht müßte die Austauschbarkeit verschiedener Arten veränderter Bewußtseinszustände sorgfältig studiert werden. Menschen, die vor Erlernung der Meditationsübungen starke Konsumenten von Halluzinogenen waren, berichten häufig über ganz andere Erfahrungen bei ihrer Meditation als solche, die niemals oder nicht viele Drogen genommen haben. Ein Meditierender hat dies wie folgt erklärt:

> Ich habe während der Meditation wirklich extreme Erfahrungen, aber mir ist diese Art von Erfahrung natürlich von meinen Drogen-Trips her bekannt. Wenn ich nicht gelernt hätte, angstfrei damit umzugehen, dann wäre ich wahrscheinlich sehr erschrocken, und ich glaube, ich würde dann diese Art von Erfahrung weitgehend unterdrücken.

Das bedeutet nicht, daß frühere starke Drogenverbraucher die »besten« Meditierenden werden oder die »besten« Erfahrungen bei der Meditation machen. Die unterschiedlichen Grade positiver Reaktion auf Meditation scheinen eine rein individuelle Angelegenheit zu sein. Aber sie werfen ein helles Licht auf die Wechselbeziehung zwischen den verschiedenen Arten veränderter Bewußtseinszustände. Die Kenntnis eines Zustandes scheint die Erfahrung in anderen zu beeinflussen; verschiedene veränderte Zustände scheinen tatsächlich aufeinander zu wirken. Es wurde z. B. nachgewiesen, daß Versuchspersonen, die sich gut auf eine einfache meditative Aufgabe konzentrieren können, im allgemeinen leichter zu hypnotisieren sind als solche, die während der Meditation in höchstem Grade ablenkbar sind. Diese Austauschbarkeit oder Verkettung zwischen verschiedenen Methoden zur Veränderung des Bewußtseins sollte weiter wissenschaftlich untersucht werden.

Die Behandlung physischer Krankheiten

Nach der Tradition ist die allgemeine Medizin mit körperlichen Krankheiten befaßt, während die Berufe, die sich die geistige Gesundheit angelegen sein lassen, ihre Aufmerksamkeit den psychischen Störungen zuwenden. Heute zeigt sich jedoch immer mehr, daß es nicht sehr sinnvoll ist, diese beiden Bereiche zu trennen. Jede spezifische Störung kann größtenteils physischer oder größtenteils psychischer Natur sein, aber sie ist dennoch immer eine Reaktion des *ganzen* Menschen. Wenn wir erschöpft sind oder eine starke Erkältung haben, sind wir vielleicht weniger in der Lage, unsere psychischen Probleme zu lösen; wenn wir emotional gestört sind, haben wir vielleicht einer physischen Krankheit weniger Widerstand entgegenzusetzen. Der Mensch ist ein Ganzes, nicht »Seele«, nicht »Leib«, sondern beides in einem.

Die Betrachtungsweise von Krankheiten oder Störungen, die dieses Faktum berücksichtigt, bezeichnet man nach den griechischen Worten *psyche* (Geist) und *soma* (Körper) als *Psychosomatik.* Man nimmt an, daß zumindest eine von zwei Personen, die ärztliche Hilfe suchen, unter einer Krankheit leidet, die mit emotionalem Streß zusammenhängt, und dies ist wahrscheinlich noch eine vorsichtige Schätzung. Sie berücksichtigt nicht die Komplikationen, die durch emotionale Verstimmungen während ansteckender Krankheiten entstehen, oder die Beschwerden, die eine starke emotionale Komponente zu haben scheinen, von denen aber noch nicht wissenschaftlich erwiesen ist, ob sie psychologischen oder emotionalen Ursprungs sind.

Zu den bekanntesten psychosomatischen Krankheiten zählen Magengeschwüre, Bronchialasthma und hoher Blutdruck. Bei diesen ist mit Sicherheit erwiesen, daß fortwährende emotionale Spannungen die körperlichen Kräfte unterminieren. Bisher sind es nur diese Krankheiten, die man in ihrer Beziehung zur Meditation untersucht hat, obwohl auch auf diesem Gebiet noch wenige Experimente gemacht worden sind.

Wir haben Dr. Herbert Bensons Arbeit erwähnt. Sein Interesse an diesem Thema wurde wach, als er zu der Annahme gelangte, daß Meditation wirksam die »Kampf-oder-Flucht«-Reaktion bekämpfen könnte, die im Körper Schutzmechanismen auslöst, die z. B. die Muskeldurchblutung intensivieren und dadurch das Lebewesen befähigen, entweder einen Feind zu bekämpfen oder vor ihm zu fliehen.

Wir brauchen »Kampf-oder-Flucht«-Reaktionen, wenn wir im Urwald leben, in einem Krieg kämpfen oder wenn wir mit irgendeiner anderen Situation konfrontiert werden, die unmittelbar unser Leben bedroht. Für die meisten täglichen Probleme sind diese Notfallsreaktionen jedoch nicht geeignet. Die Spannungen, denen der zivilisierte Mensch ausgesetzt ist, können häufig weder physisch bekämpft werden, noch kann man vor ihnen die Flucht ergreifen. Unsere »Feinde« sind allzu häufig anderer Art: Es geht darum, einen Arbeitsplatz zu behalten, erfolgreiche Beziehungen aufzubauen, sich finanziell zu sichern, sich im Konkurrenzkampf zu behaupten oder um andere soziale und wirtschaftliche Probleme. Diesen Schwierigkeiten kann man nicht durch eine *physische* Kampf-oder-Flucht-Reaktion begegnen. Im Gegenteil, die Lösung dieser Probleme kann durch physiologische Reaktionen wie ein heftig schlagendes Herz, rasche Atmung oder schnell steigenden Blutdruck ernstlich behindert werden.

Die »Kampf-oder-Flucht«-Reaktion kann, wenn sie eine Zeitlang nicht richtig eingesetzt wird, in der Tat schädlich sein. Bietet der Körper angesichts bedrohlicher Anzeichen, vor denen es kein Entrinnen gibt, wiederholt alle seine Kräfte auf, dann führt dies schließlich zu tiefgehenden Veränderungen der Körperfunktionen, die der Gesundheit schaden können. Eine dieser Veränderungen besteht darin, daß die Blutgefäße sich verengen und so bleiben. Der Mensch mit chronischem Bluthochdruck (Hypertension) scheint dauernd auf einen Kampf oder eine Flucht eingestellt zu sein, die er nicht durchführen kann. Der Notstandsmechanismus des Körpers, der unter primitiven Verhältnissen nützlich war, ist jetzt zu einem Nachteil geworden.

Aus diesen Gefährdungen schloß Benson, daß eine Technik, die die sinnlos gewordene Kampf-Flucht-Reaktion abbauen und eine natürliche Gegen-Reaktion auslösen könnte (er nannte sie die »Entspannungs-Reaktion«), vielleicht dazu dienen könnte, die ungesunde physiologische Reaktion des Hypertonie-Patienten zu ändern. Die Entspannungs-Reaktion scheint zwar ebenso wie die Kampf-Flucht-Reaktion Teil unserer ererbten Veranlagung zu sein; sie kommt jedoch in einer auf Hochtouren arbeitenden Gesellschaft nicht so leicht zustande.

Benson war beeindruckt, als sich bei den Meditationsstudien, die er mit Wallace betrieb, herausstellte, daß eine tiefgehende

Entspannung durch die einfache TM-Übung herbeigeführt werden konnte. Wie wir gesehen haben, bewies er später, daß der gleiche Zustand tiefer physiologischer Entspannung durch die Verwendung seiner eigenen Meditationsmethode hervorgerufen werden konnte. Bis heute hat er die Wirkungen sowohl der TM wie seiner eigenen Meditationsmethode an mehr als hundert Hypertonie-Patienten studiert[11].

Einige dieser Patienten zeigten nach ungefähr zweimonatigem Üben signifikantes anhaltendes Absinken des Blutdrucks, während bei anderen nur leichte – falls überhaupt – Wirkungen festzustellen waren. Im Durchschnitt sank der systolische Blutdruckwert des Patienten um zehn Punkte, und der diastolische Wert ging um ungefähr fünf Punkte zurück. Es sind dies kaum dramatische Ergebnisse, aber sie weisen in die erwünschte Richtung. Viele Hypertoniker, die an der oberen Grenze lagen, erreichten, nachdem sie meditieren gelernt hatten, einen normalen Blutdruck; einige Patienten konnten sogar die Dosierungen ihrer Medikamente gegen die Hypertension reduzieren.

Benson hat betont, daß regelmäßiges Üben wesentlich für die Beibehaltung dieser guten Ergebnisse ist. Die Hypertoniker, die gut auf die Meditationsübung reagierten, konnten ihren Blutdruck nur niederhalten, wenn sie weiterhin regelmäßig meditierten. Gaben sie aus irgendeinem Grunde die Übung auf, pflegte der Blutdruck allmählich wieder zu steigen. In diesen Berichten erscheint die Meditation wie eine Diätverordnung, die die Symptome nur so lange beseitigt, wie die Diät strikt eingehalten wird. Meditation ist daher eher eine Präventivmaßnahme als eine »Behandlung«. Sie muß zu einer ständigen Lebensweise werden, wenn der Patient Nutzen aus ihr ziehen will.

Bronchialasthma wird ebenfalls als eine mit Spannung verbundene Krankheit angesehen, und die Forscher Honsberger und Wilson nahmen an, daß auch sie auf Meditation reagieren könnte[12]. Als sie eine Gruppe Asthmatiker am Medizinischen Institut der Universität von Kalifornien untersuchten, stellten sie fest, daß nach Aufnahme der Meditationsübung vierundneunzig Prozent der Patienten eine Besserung ihrer Asthma-Symptome aufwiesen, wie Messungen ihres »Respirations-Widerstandes«

(ein Test für den freien Atemstrom) zeigten. Die privaten Ärzte von zweiundfünfzig Prozent dieser Patienten beurteilten den Zustand ihrer Patienten gleichfalls als »besser«. Vierundsiebzig Prozent der Patienten bezeichneten ihren eigenen Zustand als »gebessert«. Eine andere Gruppe Asthmatiker, die täglich zwanzig Minuten lang Informationsmaterial über Meditation lasen (aber nicht meditieren lernten), zeigten keine Besserung. Das waren vielversprechende Resultate.

Meditation wird auch häufig zur Bekämpfung von Spannungs-Kopfschmerzen verwendet. Sie hat sich in drei Fällen als wirksam erwiesen, die ich selbst behandelt habe und in denen Patienten Hilfe gegen diese Schmerzen brauchten. Ich habe Berichte von Psychotherapeuten-Kollegen über neun weitere Patienten erhalten, die meditieren lernten, weil sie hofften, die lähmenden Spannungs-Kopfschmerzen loszuwerden. In allen Fällen besserten sich die Schmerzen, und bei vielen Patienten wurden sie völlig beseitigt. Auch hier schien wieder kontinuierliche, regelmäßige Meditation wesentlich zu sein. Sobald die Patienten die Übungen einstellten, traten die Kopfschmerzen wieder auf.

Migräne-Anfälle (die sich physiologisch von den Spannungs-Kopfschmerzen unterscheiden) reagieren häufig nicht gut auf Meditation. Nach Benson fanden von siebzehn Patienten, die an schwerer Migräne litten und die in der Headache Foundation in Boston, einer Spezialklinik für Kopfschmerz-Patienten, untersucht worden waren, nur drei durch regelmäßige TM-Übungen Hilfe, und einer Versuchsperson ging es danach »noch schlechter«[13].

Meditation gegen Schlaflosigkeit

Eines der häufigsten Symptome von Angst ist schlechter Schlaf. Wenn wir ängstlich sind, neigen wir dazu, schlecht einzuschlafen, oder erfahren den Schlaf nicht als wirklich erholsam. Beim Erwachen sind wir vielleicht müde, gereizt und eher verspannt als erfrischt. Kann Meditation – da sie häufig dazu beiträgt, Angst zu verringern – auch helfen, Schlafstörungen zu überwinden?

Sie kann es, obwohl nicht klar ist, wie sie das bewirkt. Mit einigen meiner Psychotherapeuten-Kollegen habe ich eine Anzahl solcher Patienten behandelt und dabei festgestellt, daß sich die Nachtruhe dieser Patienten nach Aufnahme der Meditationsübungen in den meisten Fällen besserte. Zuweilen ist die Besserung geradezu dramatisch. Im Institute of Living stellten die Forscher fest, daß ihre meditierenden psychiatrischen Patienten viel weniger Sedativa brauchten, da ihre chronische Schlaflosigkeit einem normalen, erholsamen sieben- bis achtstündigen Schlaf gewichen war. Eine Anzahl dieser meditierenden Patienten brauchte überhaupt keine Schlaftabletten mehr[14]. Das ist ein bemerkenswerter Erfolg, der mit unseren klinischen Beobachtungen übereinstimmt. Wir stellen bei Patienten, die zu meditieren beginnen, so häufig eine Besserung des Schlafes fest, daß ich es mir zur Gewohnheit gemacht habe, Patienten, die unter Schlaflosigkeit leiden, einen Versuch mit Meditation zu empfehlen.

Viele, die die Meditationstechnik erlernt haben, aber sich nicht bewußt waren, daß sie an Schlafstörungen litten, berichteten ebenfalls über eine bessere Nachtruhe. Die Forscher Matthew Silverman und Ernest Hartmann sandten kürzlich einen Fragebogen an TM-Meditierende (es handelte sich in diesem Fall nicht um Patienten, die an Schlaflosigkeit litten). Viele der Befragten berichteten nach mindestens vier Monaten Meditationspraxis, sie schliefen besser und brauchten weniger Schlaf[15].

Die gleichen Forscher untersuchten während einer Zeitspanne von vier Monaten acht Meditierende im »Schlaflabor« und stellten dabei fest, daß diese jetzt schneller als vor Aufnahme der Meditationsübungen einschlafen konnten. Die Versuchspersonen dieser Studie hatten nie unter besonderen Schlafstörungen gelitten; auch vor Aufnahme der Meditationsübungen brauchten sie durchschnittlich nur dreizehn Minuten, bis sie einschliefen – eine Zeit, um die sie jeder, der Einschlafschwierigkeiten hat, beneiden könnte! Nachdem sie meditieren gelernt hatten, reduzierte sich diese kurze Zeitspanne auf durchschnittlich acht Minuten.

Nur zwei systematische Untersuchungen sind bisher mit Patienten gemacht worden, die speziell an Schlaflosigkeit litten und die aus diesem Grunde meditieren lernten. An der Universität von Alberta in Kanada stellte der Forscher Donald Miskiman nach Aufnahme der Meditationsübungen fest, daß diese Patienten wesentlich schneller einschlafen konnten[16]. Ehe sie die TM lernten, hatten Patienten durchschnittlich eineinviertel Stunden zum Einschlafen gebraucht. Nachdem sie meditieren gelernt hatten, schliefen sie innerhalb von fünfzehn Minuten ein.

Derartige Resultate beschränken sich nicht auf die TM. Andere Meditationsmethoden wirken ebenso gut. An der Rutgers University verglich ein Forscherteam unter Leitung des Psychologen Robert Woolfolk drei Patientengruppen, die unter schwerer Schlaflosigkeit litten und im Durchschnitt eineinviertel Stunden brauchten, um einzuschlafen[17]. Eine Gruppe lernte die Progressive Muskelentspannung, eine andere eine von Woolfolk entwickelte Meditationsmethode; die dritte diente als Kontrollgruppe.

Die Technik, die die meditierenden Versuchspersonen lernten, war im Grunde die gleiche wie die in Kapitel 5 beschriebene Atem-Meditationsübung. Der einzige Unterschied war, daß die Versuchspersonen Woolfolks aufgefordert wurden, ein spezifisches inneres Bild zu wählen, auf das sie sich bei der Übung konzentrierten.

Nach vier Wochen stellten die Forscher fest, daß beide Techniken – Meditation und Progressive Entspannung – wirksam gewesen waren. Beide Gruppen konnten nunmehr innerhalb einer halben Stunde einschlafen. Die Kontrollgruppe hatte ihre Schlafgewohnheiten nicht geändert. Noch ermutigender war das Ergebnis einer sechs Monate später durchgeführten Nachuntersuchung, die zeigte, daß die guten Wirkungen nicht nur angehalten, sondern sich, wenn möglich, noch verbessert hatten.

Meditationsübungen haben sich somit bei der Behandlung einiger Probleme als wirksam erwiesen, die Psychiater und Psychotherapeuten beschäftigen: ständige Angst, psychosomatische Krankheiten, Schlafstörungen. Geht ihre Wirkung aber noch weiter und beeinflussen sie auch *Einstellungen*, die traditionellen Angelpunkte der Psychotherapie? Dieser Frage werden wir als nächstes nachgehen.

11 *Offener für das Leben*

Viele Menschen führen einen inneren Dialog, in dem sie sich selbst kritisieren, weil sie sich nicht »richtig« verhalten oder die Dinge nicht »gut« erledigen. Psychoanalytiker bezeichnen diese selbstkritische Instanz als das Über-Ich. Es ist der Teil von uns selbst, der sich über das Ich stellt. Ein strafendes Über-Ich ist wie ein überstrenges, unbarmherziges Gewissen, während ein flexibles Über-Ich aus vernünftigen und gesunden Verhaltensnormen besteht. Durch Meditation wird häufig insofern eine wichtige Veränderung des Über-Ichs erreicht, als es flexibler wird – der Meditierende wird geduldiger und verständlicher mit sich selbst:

> Während der Meditation klammere ich mich an nichts, halte nichts fest. Ich mache keine Anstrengung zu kämpfen. Ich suche weder Erfolg noch Mißerfolg ... Obwohl entfernte Musik oder Erinnerungen uneingeladen an meinem Horizont auftauchen mögen, bemühe ich mich nicht, zu definieren, was ich sehe oder höre ... Während der Meditation treibe ich rhythmisch, ohne Anstrengung dahin, fast völlig erlöst von dem quälenden Müssen und Sollen ...[1]

Wenn diese neu entdeckte Selbstbejahung anfängt, das tägliche Leben des Meditierenden zu beeinflussen – und sie tut es häufig –, dann merkt er vielleicht, daß er seinen eigenen Schwächen gegenüber toleranter geworden ist; er sieht das Leben aus einer anderen, besseren Perspektive. Er mag sogar tüchtiger werden, weil seine Handlungen nicht mehr durch ungeduldige Selbstkritik behindert werden. Befreit sich der Meditierende von Selbstbeschuldigungen, ist es für ihn auch leichter, gewisse Gedanken zu akzeptieren, die er andernfalls schwerlich ohne Schuld- oder Angstgefühle ertragen könnte.

Dr. Bernard Glueck hat darauf hingewiesen, daß während der Meditation Gedanken bewußt werden können, die den Menschen unter normalen Umständen erschrecken würden; im meditativen Zustand sind die Reaktionen darauf jedoch völlig anderer Art. Das ansonsten angsterzeugende Material ruft auffallend geringe oder fast keine Beunruhigung hervor[2]. Ich selbst habe ähnliche Reaktionen beobachtet.

Eine meditierende Patientin wurde vor der Hochzeit äußerst unruhig, weil die zerrütteten Ehen ihrer Mutter, die sie in ihrer Kindheit erlebt hatte, einen unauslöschlichen Eindruck bei ihr hinterlassen hatten. Ihre Meditationen waren voll von Verstümmelungsphantasien, die so lebhaft und realistisch waren, daß sie sie unter normalen Umständen entsetzt hätten. Diese Bilder pflegten während der ersten zehn Minuten ihrer Meditation »vorbeizurasen« und zu verblassen, sobald sie »wirklich zum Meditieren« kam; aber sie schmerzten oder quälten sie zu keiner Zeit. Aus diesem Grunde konnte sie in der Psychotherapie offen darüber sprechen und so tiefsitzende Befürchtungen beseitigen.

Ein anderer Meditierender erlebte während seiner Meditationsübungen Zorngefühle, die ihn unter normalen Umständen verstört hätten:

> Während der heutigen Meditation begann ich mir eine klare Vorstellung, ein Bild von meinem Zorn zu machen. Er war kolossal, scheußlich, vernichtend. Er sah aus und fühlte sich an, als sei das ganze Höllenfeuer zu einer einzigen Kugel aus Scherben, zersplitterndem Glas und riesigen Stahlwerken verschmolzen ... Diese Bilder vermischten sich dann mit Städten, von Tornados zerstört, mit Wirbelstürmen, Hurrikans und Schlachtfeldern; dies alles ergoß sich in das Universum und wirbelte mit schrecklicher Gewalt durch den Weltenraum ... Dann geschah irgend etwas ... Während ich weitermeditierte, schien ein Gefühl der Liebe den Schmerz aufzulösen ... Etwas kam in mir zur Ruhe.

Nicht selten löst sich während der Meditation eine beunruhigende emotionale Reaktion auf. Dann kann sich der Mensch auch außerhalb der Meditation emotional lebendiger fühlen. Es kann der Beginn eines neuen Lebensabschnitts des Meditierenden sein, in dem er sich tiefer bewußt wird, wer er eigentlich ist.

Eine Verdrängung kommt hoch

Eng verbunden mit der größeren Fähigkeit, Emotionen während der Meditation ruhig zu akzeptieren, ist das dramatische Aufsteigen von verdrängtem Material, wobei lange begrabene Erinnerungen wieder an die Oberfläche kommen. Eine der eindrucksvollsten Wirkungen der Meditation habe ich bei einer Frau erlebt; sie wurde von lang unterdrückten erschreckenden Erinnerungen befreit, die sie viele Jahre lang erfolgreich aus ihrem Bewußtsein verbannt hatte.

Adele kam zunächst in die Beratungsstelle, um Hilfe für ihre kleine Tochter zu suchen. Das Kind litt unter schweren Angstgefühlen, die es in der Schule behinderten. Für sich selbst lehnte Adele jede Notwendigkeit einer Psychotherapie ab, obwohl sie offensichtlich verspannt war. Sie hatte eine hohe Stimme, ihr Atem ging schnell, ihre Sprechweise war gehetzt. Sie litt an chronischen Herzbeschwerden, weswegen sie mehrmals täglich Medikamente einnahm, sowie an hohem Blutdruck und Schilddrüsenbeschwerden.

Bald nach Beginn der psychiatrischen Behandlung ihrer Tochter beklagte sich Adele, sie könne mit dem Kind nicht mehr allein fertigwerden. Deshalb schloß sie sich einer Müttergruppe an, die ich leitete.

Als sie unserer Gruppe beitrat, war sie sehr besorgt, ob sie zu den anderen Müttern »passen« würde oder nicht, und bemühte sich anfangs allzu eifrig um deren Gunst. Da sie so verkrampft war, kam ich zu dem Schluß, daß Meditieren eine gute Unterstützung für ihre Behandlung sein könne.

Als Adele CSM lernte, reagierte sie von Anfang an sehr stark. Sie erzählte, während ihrer ersten Meditation habe sie das Gefühl gehabt, ein Vogel zu sein, der durch die Lüfte segelte; sie habe ein wunderbares Gefühl der Freiheit gehabt, während sie über die Landschaft dahinflog. In der ersten Meditationsübung hatte sie auch spontan ihr Mantra durch eine eigene Formel ersetzt, die ihr plötzlich in den Sinn kam – »innerer Friede«.

Innerhalb von zwei Tagen nach Aufnahme der Übungen wurde Adeles Herzschlag langsam und regelmäßig. Sie konnte eine Woche nach Erlernen der Meditation auf ihre Herzmedikamente verzichten und braucht sie auch seitdem nicht mehr.

Während der ersten Wochen war ihre Meditation mit Empfindungen des Schwebens und Dahinfliegens, mit Bildern von Blumen und anderen friedlichen Symbolen verbunden. Bald jedoch traten anstelle dieser angenehmen »schwebenden« Eindrücke erschreckende Bilder. Sie sah während ihrer Meditation Atomexplosionen oder andere Katastrophen. Zu diesem Zeitpunkt bat mich Adele um eine private psychotherapeutische Sitzung.

Da sie ungewöhnlich verkrampft schien, schlug ich ihr vor, mit mir zusammen zu meditieren. Wir hatten ungefähr zehn Minuten lang meditiert, als die Sitzung durch lautes, fast hysterisches Gelächter unterbrochen wurde. Adele erklärte, sie habe sich vorgestellt, sie fahre mit ihrer Mutter in einem Boot und sie habe ihre Mutter ins Wasser gestoßen. Das bereitete ihr so viel Vergnügen, daß sie sich des Lachens nicht enthalten konnte.

Sie vertraute mir an, dies sei für sie ein »unglaublicher Gedanke«, und sie wollte wissen, ob es »normal« sei, derartige Gedanken zu haben. Als ich ihr versicherte, es sei normal, gegenüber den Eltern gemischte Gefühle zu hegen, öffnete sich sozusagen ein Schleusentor. Bis dahin hatte sie stets versichert, ihre Eltern seien »ausgezeichnet und großartig – niemand könne sich bessere wünschen«. Jetzt gestand sie, als Kind häufig geschlagen worden zu sein und in schrecklicher Angst vor ihrer offenbar psychotischen Mutter gelebt zu haben. In dieser Sitzung tauchte eine Erinnerung nach der anderen auf. Einige dieser Erinnerungen waren seit ihrer Kindheit aus ihrem Gedächtnis verbannt gewesen.

Adele war ohne den Segen der Kirche zur Welt gekommen, der ihre Mutter gläubig anhing. Daher betrachtete Adeles Mutter ihre Tochter als »in Sünden« geboren. Kurz nach der Geburt des Kindes wurde die Mutter geisteskrank und blieb es während der ganzen Kindheit ihrer Tochter.

Die erste Erinnerung, die während einer Meditationssitzung auftauchte, war ein Vorfall, den Adele lange versucht hatte zu vergessen. Als sie drei Jahre alt war, hatte ihre Mutter in einem Wutanfall ein Geschirrtuch ergriffen, es um den Hals des Kindes geschlungen und versucht, es zu erdrosseln. Erst als ein Nachbar, der den Angriff durch ein Fenster beobachtet hatte, an die Tür gestürzt kam um einzugreifen, ließ die Mutter sie verstört los.

Eine weitere Meditationssitzung brachte einen anderen Vorfall ans Licht, an den sich Adele fast dreißig Jahre lang nicht mehr erinnert hatte. Als sie noch sehr klein war, hatte ihr Vater ihr ein Stoffhündchen geschenkt, ehe er auf eine seiner allzu häufigen Geschäftsreisen ging. Während seiner Abwesenheit hatte sie diesen Hund ständig mit sich herumgetragen. Vielleicht weil sie sich durch ihn gestärkt fühlte, hatte Adele, als ihre Mutter einmal hinter ihr herjagte, um sie zu schlagen, ausgerufen: »Ich sag's Pappi!« Weil Adele »Widerworte gegeben« hatte, zerrte ihre Mutter sie in den Keller, verschloß die Tür und sagte, wenn sie jemals irgend jemandem – insbesondere dem Vater – von den Schlägen erzählen würde, die sie von der Mutter erhielt, dann würde sie sie in den Ofen stoßen. Um dies zu veranschaulichen, warf sie den Spielzeughund in den Ofen und zwang Adele zuzusehen, wie er verbrannte.

Trotz der großen Schwierigkeiten in ihrem Leben war es Adele gelungen, sich vor der Zerstörung zu bewahren. Nach dem Abitur trat sie in die Armee ein, entschlossen, wirksame Methoden zur Selbstverteidigung wie Karate und Judo zu lernen. Sie lernte tatsächlich, sich zu verteidigen, nahm später eine Stelle an, heiratete und hatte mehrere Kinder. Sie lebte im allgemeinen ein konstruktives Leben, obwohl ihre vielen spannungsbedingten Krankheiten bewiesen, daß ihre traumatische Kindheit noch auf ihr Leben weiterwirkte.

Als sie in einer Einzeltherapie begann, über die Mißhandlungen durch ihre Mutter zu sprechen, waren ihre Meditationen voller feindseliger Phantasien, die um ihre Mutter kreisten. Einmal stellte sie sich lebhaft eine Atombombe vor, die ihre Eltern tötete, aber die übrige Bevölkerung ungeschoren ließ. Während ihrer Meditationsübungen begannen so viele quälende Erinnerungen aufzutauchen, daß Adele anfing, sich vor der Meditation zu fürchten, während sie andererseits aber nicht damit aufhören wollte, weil sich ihre Herzbeschwerden offensichtlich besserten. Da gab ich Adele den Rat, ihre Meditationszeit auf drei bis fünf

Minuten je Sitzung zu reduzieren, damit sich der Spannungsabbau verlangsamte. Das hatte eine gute Wirkung, und bald war Adele bereit, ihre schmerzlichen Erinnerungen in der Müttergruppe, der sie angehörte, zu besprechen.

Dies war ein wichtiger Schritt. Die früheren Drohungen ihrer Mutter, sie würde schrecklich bestraft, wenn sie irgend jemandem etwas über die ihr zugefügten Mißhandlungen sagte, waren noch tief in ihr verwurzelt. Als die anderen Frauen der Gruppe ihre schmerzlichen Erlebnisse mit Verständnis aufnahmen und ihr beistanden, schöpfte sie daraus neue Kraft. Ihre Einstellung zu ihrer Mutter begann sich daraufhin zu ändern. Sie konnte nunmehr das Faktum akzeptieren, daß ihre Mutter geisteskrank gewesen war und während jener Jahre wahrscheinlich hätte hospitalisiert werden müssen –, daß sie in Wirklichkeit für ihre Taten nicht verantwortlich gewesen war. Diese Erkenntnis befreite sie so sehr, daß sie wieder zweimal täglich volle zwanzig Minuten meditieren konnte; dieses Programm hat sie auch weiterhin beibehalten. Während ihrer Meditationsübungen tauchten nun keine Erinnerungen mehr auf; sie waren wieder voll von sehr angenehmen Bildern, und nur gelegentlich gab es eine gewalterfüllte Szene.

Von da an merkte Adele, daß sie sich über viele Dinge weniger beunruhigte. Es regte sie nicht mehr auf, wenn sich ihre Kinder vor dem Haus gegenseitig anschrien. Ihr zwanghaftes Nägelkauen hörte auf. Die Alpträume, unter denen sie ihr Leben lang gelitten hatte, verloren sich fast völlig. Auch war es instruktiv zu beobachten, daß sie nicht mehr das Bedürfnis hatte, der Welt zu beweisen, wie sie »sich aufopferte«. Sie war jetzt angenehm und zwanglos in der Müttergruppe und versuchte nicht mehr, die Probleme aller anderen zu lösen. Während sie das qualvolle Verhältnis zu ihrer eigenen Mutter bearbeitete, sah sie sich zum erstenmal imstande, mit ihrer eigenen kleinen Tochter zu spielen und wirklich Freude daran zu finden.

Adele sagt, wenn sie neben der Meditation keine Einzeltherapie gehabt hätte, wäre sie über das Hochkommen der schmerzlichen Erinnerungen so entsetzt gewesen, daß sie die Übungen nicht mehr hätte fortsetzen können. Ich bin auch der Ansicht, daß sie ohne meine Unterstützung und ohne die spätere Ermutigung der Gruppe, die ihr half, mit ihrem Zorn über ihre Mutter fertigzuwerden, fast mit Sicherheit ihre Meditationsübungen hätte aufgeben müssen, um einer unerträglichen Angst zu entgehen. Ich bezweifle indessen, ob die Psychotherapie *allein* Adele bei der Lösung all dieser Probleme so hätte helfen können, wie sie es getan hat. Adele war am Anfang zu ängstlich, sich den schmerzlichen Phasen ihres Lebens zu stellen, als daß sie sich getraut hätte, eine Einzeltherapie von der Art auf sich zu nehmen, die freie Assoziationen verwendet, um verdrängte Erinnerungen wieder zu Bewußtsein zu bringen. Meditationsübungen hingegen ließen diese Erinnerungen auffallend schnell hochkommen, so daß sie konstruktiv mit in ihre Therapie eingebaut werden konnten.

Das Selbstbewußtsein wächst

Wie wir bereits angedeutet haben, besteht der Beitrag der Meditation zum persönlichen Wachstum nicht nur darin, daß Symptome beseitigt werden, und seien sie auch so lähmend wie die Verdrängung entscheidender Erinnerungen oder die Unfähigkeit, mit dem Zorn in seinem Innern fertigzuwerden. Der Einfluß der Meditation ist größer, denn er bewirkt eine Wandlung, die etwas mit der Entfaltung eines Gefühls des persönlichen Wertes zu tun hat, mit einer wachsenden Selbstbewußtheit. Ein Meditierender bringt dies in seinem Tagebuch wie folgt zum Ausdruck:

> Wenn ich meditiere, gehe ich in mich, komme ich zu mir. Ich nehme mich selbst als ein Wesen wahr, das von jedem anderen Wesen, von jedem anderen Ding getrennt ist. Ich bin nicht mein Haus noch mein Wagen noch die Kleider, die ich trage. Ich bin nicht die Grundsätze, nach denen ich lebe, nicht einmal die Worte, die ich sage. Ich bin ich. Wie seltsam! So fühlt es sich an, ich zu sein[3].

Von den Psychologen wird die Fähigkeit, uns getrennt von unserer Umgebung zu sehen, »Feldunabhängigkeit« genannt. Diese Befähigung wächst häufig mit der Meditation. Das ist beachtenswert, da Menschen, die »feldunabhängig« sind, sich selbst deutlicher, klarer und schärfer in allen Einzelheiten wahrnehmen können. Sie haben die Tendenz, eher eigenbestimmt als fremdbestimmt zu sein. Sie fragen sich eher: »Wie empfinde *ich* das?« als »Wie sieht das für *andere* aus?« Als »feldabhängig« bezeichnet man Personen, die ein weniger entwickeltes Identitätsbewußtsein haben, die dazu neigen, auf andere angewiesen zu sein, und ihre Haltungen und Urteile nach ihnen ausrichten.

Diese Aspekte der Persönlichkeit sind besonders interessant, weil es einige höchst zuverlässige Verfahren gibt, um sie zu messen. Eines davon ist der Vexierbild-Test, eine verfeinerte Version der Kinderrätsel, bei dem innerhalb eines größeren Bildes nach »kleinen Bildern« gesucht werden muß. Je »feldunabhängiger« ein Mensch ist, desto schneller wird er die kleinen Zeichnungen von der großen, die sie umschließt, abgesondert haben.

Beim Stab-und-Rahmen-Test erhält man eine physische Aufgabe: Ein Stab, der in einem etwas schrägen Rahmen zu sehen ist, muß gerade aufgerichtet werden. Menschen, die »feldabhängig« sind, neigen dazu, den Stab parallel zu den Kanten des Rahmens aufzustellen; sie benutzen äußere Orientierungszeichen, um ihre Aufgabe zu lösen. Menschen, die eher »feldunabhängig« sind, tendieren dazu, den Stab nach der Vertikalen ihres eigenen Körpers auszurichten; sie benutzen ihr eigenes Selbst als Bezugspunkt. Der Vexierbild- und der Stab-und-Rahmen-Test werden als sehr »unveränderliche« Meßverfahren betrachtet; die Art und Weise, wie der erwachsene Mensch an diese Aufgabe herangeht, pflegt sich im Laufe der Zeit nicht mehr zu ändern.

Um so interessanter ist es daher, daß sich bei Meditierenden diese Testergebnisse häufig verändern. In einer Untersuchung von Zazen-Meditierenden z. B. stellte die Forscherin Melissa Hines fest, daß ihre Versuchspersonen bei dem Vexierbild-Test nach zehn Wochen Meditationsübungen eine bedeutend höhere Punktzahl erreichten als vor Erlernen der Meditation[4].

Der Psychologe William Linden lehrte eine Gruppe Kinder der

dritten Schulklasse aus unterprivilegierten Verhältnissen, eine Zazen-ähnliche Meditationsmethode und kam zu dem gleichen Ergebnis[5]. Diese Kinder wurden vor Erlernung der Meditation geprüft und nach dreizehn Wochen Meditationsübungen, die sie täglich in der Schule einige Minuten lang machten, mit dem Vexierbild-Test geprüft. Am Schluß des Experiments zeigten die von ihnen erreichten Werte, daß sie bedeutend »feldunabhängiger« geworden waren – ein wichtiger Befund für all jene, die sich um die Förderung der Individualität und Unabhängigkeit kleiner Kinder bemühen.

Die Ergebnisse beim Stab-und-Rahmen-Test sind deshalb so beeindruckend, weil man – ungeachtet der Häufigkeit, mit der man diese Aufgabe löst – durch größere Übung doch keine höhere Punktzahl erreicht. Der Psychologe Kenneth Pelletier von der Universität von Kalifornien prüfte eine Gruppe Versuchspersonen, ehe sie die TM lernten, und nochmals, nachdem sie drei Monate lang Meditationsübungen gemacht hatten[6]. Dabei bediente er sich des Stab-und-Rahmen-Tests, des Vexierbild-Tests und einer Aufgabe, welche die Tendenz mißt, die scheinbaren Bewegungen eines Lichtflecks in einem verdunkelten Raum wahrzunehmen. Zur Kontrolle verglich er die Versuchspersonen während des gleichen Zeitraumes mit einer nichtmeditierenden Gruppe. Am Ende dieser Zeitspanne waren die von den Meditierenden erreichten Werte bei allen drei Verfahren bedeutend gestiegen, während die der Nichtmeditierenden überhaupt keine Veränderungen aufwiesen. Die grundsätzlich perzeptiven Meßwerte des Stab-und-Rahmen-Tests und des Vexierbild-Tests hatten also durch die Meditation eine Änderung erfahren.

Dies scheint die Angaben von Meditierenden zu bestätigen, sie hätten seit Aufnahme der Meditationsübungen ein stärkeres Gefühl ihrer eigenen Identität. Sie tendieren dazu, ihre persönlichen Rechte in Situationen wahrzunehmen, in denen sie sie früher nicht erkannt hatten, und sie können nunmehr sozialen Druck aushalten, ohne ihre eigenen Ansichten aufzugeben. Vielleicht stellen sie auch fest, daß sie entschiedener werden und ihre Ansichten ungehemmter zum Ausdruck bringen.

Einer meiner Patienten, Richard O., ein erfolgreicher Akademiker, wuchs in einer Familie auf, in der es nicht üblich war, seine Gefühle zu zeigen, und in der alle bestrebt waren, stets »vernünftig« zu handeln. Richard lernte, seine Gefühle zu beherrschen, und schließlich war er sich ihrer kaum mehr bewußt. Er konnte meistens nicht sagen, ob er zornig oder traurig war, und war auch außerstande, andere Gefühle zu identifizieren. Eine der wenigen Gelegenheiten, bei der ihm echte Gefühle zu Gebote standen, war, wenn er einige Drinks zu sich genommen hatte, und Trinken wurde für ihn allmählich zum Problem. Für die Psychotherapie bestand eine der ersten Aufgaben darin, Richard zu helfen, mit seinen eigenen Gefühlen in Kontakt zu kommen. Unter anderem schlug ich Richard vor, CSM zu lernen.

Nach seiner ersten Meditation sagte er, er habe sich wie »in einer anderen Welt« gefühlt und wäre gern noch lange dort geblieben. Als er mich am nächsten Tag anrief, um über seine Meditationsübung zu berichten, fragte er mich, ob er mehr als zweimal täglich meditieren dürfe, weil es eine so »angenehme Erfahrung« sei. Ich riet ihm, seine Meditationszeit nicht zu verlängern, da sich seine Spannungen zu schnell auflösen könnten und ihm das Schwierigkeiten machen könnte.

Als Richard eine Woche später zu seiner psychotherapeutischen Sitzung kam, zeigten sich schon Veränderungen. Er rauchte nicht mehr während der Sitzung (das hat er beibehalten), war entspannter in seiner Haltung und sprach über verschiedene Themen. Vorher war er geschäftlich nüchtern und intellektuell gewesen und hatte in wohlgeordneter Weise über sein Verhältnis zu seiner Frau gesprochen. In dieser Sitzung sprach er etwas nachdenklich über sich selbst, brachte Gedanken über seine Kindheit und seine Unfähigkeit vor, das Leben zu genießen oder zu »spielen«. Er schien ein neues Interesse daran zu haben, seine eigenen Reaktionen zu erforschen. Zum erstenmal drückte er den Wunsch aus, die Therapie zur Bereicherung seines eigenen Lebens zu nutzen und nicht nur als Mittel zur Verbesserung seiner ehelichen Beziehungen.

In der folgenden Woche meditierte er während eines Fluges und hatte den Eindruck, seine eigene Stimme sagen zu hören: »Laß ab von deinen Begierden!« Diese etwas geheimnisvolle Erklärung war gefolgt von einer gehobenen Stimmung und den weiteren Worten: »Ich kann trinken oder eine Zigarette rauchen, wenn ich es *möchte* – aber ich *muß* es nicht.« Dies schien ihm eine überraschende Enthüllung zu sein, die ihm zum erstenmal das Gefühl gab, die Wahl zwischen Trinken und Nichttrinken zu haben.

Für Richard war es immer äußerst schwierig gewesen, seine eigenen Wünsche zu erkennen. Nach ungefähr drei Wochen Meditationsübungen berichtete er über ein »ungewöhnliches Ereignis«. Seine Kinder hatten ihn gebeten, auf der Straße an einem Stand zu halten, um Eis zu kaufen. Seine übliche Reaktion wäre gewesen, für sich selbst das gleiche Eis wie für die anderen zu kaufen; er wäre sich nicht klar darüber gewesen, daß auch er eine bestimmte Sorte bevorzugen könnte. Diesmal jedoch hörte er sich sagen: »Schön, ich hole euch, was ihr wollt; für mich selbst nehme ich Schokoladeneis.« Scheinbar war dies nicht von großer Bedeutung, aber es war wichtig: Er hatte sein eigenes Bedürfnis gefühlt und hatte darauf bestanden.

Die Erfahrung eines neuen und überzeugenden Selbstgefühls während der Meditation bildet häufig die Grundlage eines Selbstbewußtseins, das die Psychotherapie zum weiteren Aufbau nutzen kann. Archimedes, der griechische Mathematiker und Physiker der Antike, soll gesagt haben: »Gib mir einen Platz zum Stehen, und ich werde die Welt bewegen.« Einige Patienten scheinen in der Psychotherapie keine Fortschritte machen zu können, weil ihnen das Selbst als Grundlage fehlt, von der aus sie eine Änderung herbeiführen könnten. In solchen Fällen können sogar tiefe psychologische Einsichten sozusagen auf Treibsand gebaut sein. Die Meditation leistet häufig einen wichtigen Beitrag zur Therapie, indem sie dem Menschen eine neue, tief überzeugende, im großen und ganzen wortlose Erfahrung seines Selbst vermittelt.

Ein anderer Meditierender ist ein gutes Beispiel für diesen Prozeß: Jack, ein intelligenter, wenn auch äußerst zurückgezogener Mann, war neunzehn Jahre lang auf die eine oder andere Weise in psychotherapeutischer Behandlung gewesen. Da er übergenau und äußerst verantwortungsbewußt war, konnte er lange Zeit verschiedene Verwaltungspositionen bekleiden. Im übrigen führte er das Leben eines Einsamen und hatte nur wenige Freunde und Beziehungen. Obwohl er Mitte Vierzig war, hatte er faktisch kein Geschlechtsleben. Jacks Beziehungen bestanden in seiner Phantasie. Sein Leben war voller Tagträume, in denen er attraktive Frauen traf; darauf folgten immer zwanghafte Sorgen, wie er sich diesen Frauen – falls er sie treffen sollte – auch nur zaghaft nähern könne.

Auf Veranlassung seiner Therapeuten hatte er Marathonsitzungen und Encounter-Gruppen mitgemacht, hatte sich einer Gruppentherapie und sogar einer längeren »systematischen Desensibilisierung« durch einen Verhaltenstherapeuten unterzogen, aber alles war nutzlos gewesen. Die Verhaltenstherapie hatte seine Symptome sogar noch verschlimmert, denn wenn er sich im entspannten Zustand eine Verabredung vorzustellen versuchte, wurde er noch ängstlicher und bekam Herzklopfen, statt ruhig zu werden. Seine zunehmende innere Verspannung veranlaßte ihn, diese Form der Therapie aufzugeben.

Sein Therapeut schlug ihm fast als letzten Ausweg vor, CSM zu lernen. Meistens kehrte Jack nach dem Versuch mit einer neuen Methode, die man ihm vorgeschlagen hatte, hohnlächelnd zurück; dennoch war er einverstanden, die CSM zu erlernen.

Zur allgemeinen Überraschung hatten die Meditationsübungen Erfolg. Jack war begeistert davon. Er selbst wie auch sein Therapeut waren der Ansicht, sie hätten sein Leben in vieler Hinsicht »umgekrempelt«. Durch die Meditation änderte sich seine Einstellung zu Kontaktaufnahmen ganz beträchtlich. Er war bald imstande, neue Formen des Umgangs mit anderen zu versuchen. Er hat auch probeweise sexuelle Beziehungen aufgenommen und macht auf diesem Gebiet ständig Fortschritte.

Seit Jahren hatte man Jack konstruktive Vorschläge gemacht, wie er »seinen Lebensstil ändern« könne. Einige dieser Vorschläge waren kühn gewesen, andere gemäßigt. Er war jedoch nicht imstande gewesen, auch nur den einfachsten in die Tat umzusetzen. Er selbst drückt es so aus: »Obwohl ich erkennen konnte, daß ihr Rat gut war, war niemand in mir, der darauf zu reagieren imstande war – jetzt ist da ein Ich, das hört und antwortet und diese Dinge vorwärtstreibt. Meditation hat mir ein Zentrum gegeben.«

Das »Zentrum«, auf das Jack verweist, scheint ein »inneres Ohr« zu sein, das sensibel auf sein eigenes Wesen reagiert. Es ist ein Zentrum des Selbst, das Kräfte mobilisieren und zu handeln beginnen kann. Während er früher kein »Rückgrat« und keine Substanz zu haben schien, hat er jetzt ein selbstbewußtes Wesen gewonnen und macht in der Psychotherapie zum erstenmal Fortschritte.

Durch die Meditation beginnen die Menschen, sich als selbstbestimmende Wesen abgetrennt von ihrer Umgebung zu erfahren. Gleichzeitig fühlen sie sich jedoch mit allem, was sie umgibt, enger verbunden.

Eine Eintragung in dem Meditationstagebuch meines Mannes bringt dies zum Ausdruck:

> Während der Meditation bin ich ich, nicht »du«, nicht deine Werte. Ich bin *ich*, und meine Werte konstituieren mich neu ... Ein Baum ist kein Sklave, sein Wachstum ist sein eigen. In der Meditation wachse ich wie ein Baum, ich lebe mit der Sonne und der Erde, und ich bin meine eigenen Zehn Gebote ...

Größere Offenheit für andere

Ebenso wie die Meditation das Gefühl der eigenen Individualität stärken und die Selbstbehauptung fördern kann, so daß man sich seinem Selbst nahe fühlt, gibt sie einem häufig auch ein Gefühl größerer Nähe zu anderen. Nach Erich Fromm sind Liebe zum Selbst und Liebe zu anderen nur zwei Aspekte einer einzigen fundamentalen Liebesfähigkeit[7]. Es ist interessant zu beobachten, daß Meditierende individualistischer und gleichzeitig kooperativer und freundlicher zu ihren Mitmenschen werden, als sie es vor den Meditationsübungen waren. Offenheit und Zwanglosigkeit im menschlichen Miteinander, die sich häufig mit der Meditation einstellen, größeres Wohlwollen und größere Toleranz für die Schwächen der anderen wachsen parallel zu der Nachsicht des Meditierenden mit sich selbst*.

Es ist eine alltägliche Beobachtung in der Psychologie, daß die Tendenz, andere zu beschuldigen, in dem Maße abnimmt, wie die Selbst-Beschuldigung geringer wird[8]. Ebenso werden wir die Lebensfreude anderer bejahen, wenn wir uns an unserem eigenen Leben freuen. Das ist der Grund, weshalb Psychotherapeuten damit beginnen, ihren Patienten zu helfen, *sich selbst* anzunehmen. Sobald dies der Fall ist, scheinen sich die Beziehungen zu anderen Menschen automatisch zu verbessern.

Ein weiteres Nebenprodukt wachsender Gewißheit über die eigene Identität ist, daß das Bedürfnis der Meditierenden abnimmt, bei gesellschaftlichen Anlässen Mittelpunkt der Aufmerksamkeit zu sein, denn sie sind ja Mittelpunkt ihrer eigenen Bewußtheit geworden. Identität und Wichtigkeit des Selbst brauchen nicht mehr bewiesen zu werden, sie sind nunmehr selbstverständlich. Das kann den Meditierenden in eine natürlichere Beziehung zu anderen bringen. Er wird der anderen um ihrer selbst willen wirklich gewahr, weil er nicht mehr besorgt ist, wie er »ankommt«. Familien, die meditieren, berichten häufig, es sei ihnen viel leichter, miteinander zu leben. Ihre Freunde sagen oft, man »könne besser mit ihnen reden«, sie seien »freundlicher« und »wärmer«.

Ich erinnere mich, bei einer Patientin innerhalb weniger Tage, nachdem sie die TM gelernt hatte, eine unmittelbare Veränderung dieser Art beobachtet zu haben. Diese Frau hatte sich bisher in den Therapiestunden kritisch, streitsüchtig und mißtrauisch verhalten. Aber in jener Sitzung war sie anders. Ihr Gesicht

* Fromm macht einen scharfen Unterschied zwischen Selbstliebe und »Selbstsucht«. Vom »selbstsüchtigen« Menschen wird gesagt, er liebe sich nicht, sondern er hasse sich. Seine mangelnde Sympathie und Fürsorge für sich selbst macht ihn leer, frustriert; er giert danach, aus dem Leben so viel Befriedigung zu ziehen, wie nur möglich. Dadurch macht er den Eindruck, als liebe er sich *zu* sehr. In Wirklichkeit macht er jedoch den erfolglosen Versuch, sein Unvermögen, sein wahres Selbst zu lieben, zu verdecken und zu kompensieren; deshalb ist er unfähig, andere zu lieben. Hingegen sind Menschen, die über echte Selbstliebe verfügen, fähig, sowohl sich selbst als auch andere zu lieben.

war entspannt und attraktiver. Sie sah mich offen an, wenn sie mit mir redete. Sie sprach ruhiger. Zum erstenmal seit Beginn der Therapie fühlte ich mich einem freundlichen menschlichen Wesen gegenüber, mit dem ich konstruktiv zum gegenseitigen Nutzen zusammenarbeiten konnte.

Es war bezeichnend, daß sie in jener Sitzung auch über einen Wandel in ihrem Verhältnis zu ihrer kleinen Tochter berichtete. Seitdem sie zu meditieren begonnen hatte, bemerkte sie, daß sie nicht mehr so »hart« zu dem Kind war. Sie erkannte, in der Vergangenheit die Wut über ihren Mann an dem kleinen Mädchen ausgelassen zu haben. Jetzt, sagte sie, könne sie ihre Tochter ruhig anweisen, ohne sie herumzukommandieren, und das Kind reagierte mit größerer emotionaler Offenheit gegenüber der Mutter.

Mehrere Forschungsstudien bestätigen diese beglückenden Veränderungen menschlicher Beziehungen, die nicht selten durch die Meditation eintreten. Der Erzieher Howard Shecter, der die sozialen Auswirkungen des TM-Trainings auf Schüler der High School untersucht hat, berichtet, meditierende Schüler hätten bei ihren Tests bezüglich sozialer Verhaltensweisen – die vor dem Erlernen der TM und dann vierzehn Wochen danach gemacht wurden – vergleichsweise höhere »Toleranz«-Werte erzielt[9]. Ähnliche Ergebnisse erzielte der Forscher David Ballou, der die Wirkungen der Meditation auf die Persönlichkeit von Häftlingen studierte. Er verwandte bei zwei Gruppen von Gefangenen, von denen die eine TM lernte und die andere als Kontrolle diente, einen bekannten klinischen Persönlichkeitsmaßstab, das MMPI. Dabei stellte er fest, daß die Werte der Meditierenden auf der Skala »soziale Introversion« bedeutend gestiegen waren und sich dem Skalenwert »sozial aufgeschlossen« näherten, während die Werte der Kontrollgruppe unverändert blieben[10].

Im Verlauf einer anderen Gefängnisstudie entnahmen die Forscher den Akten, die über meditierende Gefangene geführt wurden, daß sich nach Aufnahme der Meditationsübungen deren positive Aktivitäten wie Sport, Klubs und Weiterbildung verdoppelt hatten, während die Zahl der Verstöße gegen die Gefängnisvorschriften zurückgegangen war. Das Verhalten der nichtmeditierenden Gefangenen hingegen hatte sich während des gleichen Zeitraums nicht geändert[11].

Wie die »Fallstudien« dieses Kapitels zeigen, sind die Fortschritte, die wir bei meditierenden Patienten beobachteten, nicht nur psychiatrischer Natur; d. h. das Ergebnis der Meditation ist nicht nur die Lösung eines emotionalen Problems, obwohl dies der Fall sein kann. Ebenso wichtig ist es, daß die Meditation die Fähigkeit zu stärken vermag, das Leben in seiner ganzen Fülle zu leben und das Selbstgefühl zu genießen. Aus diesem Grunde können auch Meditierende, die niemals eine psychotherapeutische Behandlung in Anspruch nehmen müssen, aus der Meditation großen Nutzen ziehen.

Die Frage, ob Meditieren den Menschen »kreativer« mache, ist nicht ohne weiteres zu beantworten. Die Antwort lautet sowohl »ja« wie »nein«. Meditieren kann den Menschen helfen, gewisse charakteristische Merkmale zu entwickeln, die wir mit Kreativität identifizieren; dadurch werden sie jedoch keine Künstler, Erfinder oder kreative Wissenschaftler, wenn sie nicht das Interesse oder die nötigen Fähigkeiten dafür mitbringen. Meditation hilft auch denjenigen, die sich bereits schöpferisch betätigen, ihre Fähigkeiten weiterzuentwickeln. Andererseits sind viele Meditierende, die in anderer Hinsicht Nutzen aus der Meditation ziehen, nicht kreativer geworden, und manche Menschen, die schon schöpferisch tätig sind, wollen nicht meditieren oder geben die Meditationsübungen nach einiger Zeit wieder auf.

Es ist schwierig, die Relation zwischen Meditation und Kreativität genau zu bestimmen, weil »Kreativität« nicht ein einziges Charakteristikum zu sein scheint. Sie ist eine Kombination von Charakterzügen oder Fähigkeiten, die nur lose zusammenhängen, und unsere Methoden, auch nur *eine* dieser Eigenschaften nachzuweisen, sind noch nicht exakt. Trotz der genannten Probleme haben die Psychologen Marie Dellas und Eugene Gaier von der State University, New York, die Literatur über Kreativität geprüft und ein Bild des »kreativen Menschen« entworfen[1]. Es gleicht in überraschender Weise dem eines Menschen im meditativen Zustand.

Nach ihrer Studie verfügt der schöpferische Mensch über ein ungewöhnlich flexibles nach innen gerichtetes Bewußtsein, was ihn in außerordentlichem Maße zu »primärprozeßhaftem Denken« befähigt. Als »Primärvorgänge« bezeichnete Freud die Gesetze, welche jene unbewußten Prozesse beherrschen, die anders als das vertraute bewußte Denken funktionieren. Sie sind der »Stoff, aus dem Träume gemacht sind« – eine Denkweise, die sich symbolischer, oft bildlicher Ausdrucksformen bedient, um tiefsitzende Bedürfnisse und Wünsche zu äußern. Der Primärprozeß hat die Tendenz, im Zustand des Halbschlafs an die Oberfläche zu kommen, wenn der Geist nicht durch logische Einschränkungen behindert wird. Er kann bizarre Bilder erzeugen: die »Absurditäten«, die wir gelegentlich in Träumen sehen, oder die seltsamen Formen, die Halluzinationen annehmen können.

Es gibt zahlreiche Beispiele kreativer Durchbrüche, die sich in Träumen und anderen veränderten Bewußtseinszuständen, in denen primärprozeßhaftes Denken überwiegt, ereigneten: Robert Louis Stevenson erhielt die Inspirationen für die meisten seiner Bücher in seinen Träumen; das Material für Chagalls Gemälde ist unmittelbar seinen Träumen entnommen. Howe kam im Traum die Idee der Nadel, die das Loch unten hat – eine Erkenntnis, die ihn in die Lage versetzte, eine brauchbare Nähmaschine zu konstruieren. Eine Träumerei und ein Traum enthüllten Kekulé die Struktur des Benzolkerns und Crick das DNS-Molekül. Es gibt noch viele weitere Beispiele, die veranschaulichen, daß der Kontakt mit den Primärvorgängen ein wesentlicher Faktor des kreativen Prozesses ist. Das ist wichtig, da die Meditation das primärprozeßhafte Denken unterstützt. Wie der kreative Mensch treibt der Meditierende von Idee zu Idee, von Bild zu Bild und wird nicht eingeengt durch Müssen und Sollen.

Die Gabe des primärprozeßhaften Denkens an sich ist indessen noch kein Indikator für Kreativität. Dieser Kontakt mit dem Unbewußten muß auch gesteuert werden; er muß in das bewußte Denken integriert und von ihm gelenkt werden. Anscheinend sind weder die bewußten noch die unbewußten Vorgänge allein für die Kreativität entscheidend; vielmehr ist es die harmonische Interaktion zwischen beiden, die zu erfolgreichem kreativem Wirken führt.

Es sind einige Untersuchungen angestellt worden, die diese Beziehung zwischen Meditation und der Fähigkeit, primärprozeßhaftes Denken kontrolliert einzusetzen, anschaulich machen. Der Psychologe Terry Lesh bediente sich des Rorschach-Tests, um das Ausmaß des primärprozeßhaften Denkens, das der einzelne konstruktiv verwenden kann, zu messen. Die Probanden befanden sich in der Ausbildung zu psychologischen Beratern. Sie waren vor und nach vierwöchigen Zen-Meditationsübungen getestet worden. Die Fähigkeit, konstruktiven Gebrauch vom primärprozeßhaften Denken zu machen, hatte sich nach den vier Wochen bei den Meditierenden verstärkt; bei der Kontrollgruppe war sie unverändert geblieben[2].

In einer anderen Studie entdeckte der Psychiater Edward Maupin folgendes: Je wirksamer seine Versuchspersonen während ihrer Meditationsübung das primärprozeßhafte Denken und die visuelle Imaginationsfähigkeit gebrauchten, d. h. je wohler sie sich bei dieser »freiflottierenden« Denkweise fühlten, ohne sie zu unterdrücken oder ihr zu gestatten, mit ihnen »durchzugehen«, um so zufriedener waren sie nachher mit ihren Meditationssitzungen[3].

Dellas und Gaier stellten fest, daß kreative Menschen sich noch durch zwei weitere Persönlichkeitsmerkmale vom Durchschnitt unterscheiden: Sie sind offener für emotionale Erlebnisse, und sie haben die Fähigkeit, auf anstehende Probleme intuitiv zu reagieren. Auch diese beiden Charakterzüge werden häufig durch Meditationsübungen verstärkt. Viele Meditationslehrer ermutigen ihre Schüler, eher einen intuitiven Weg als den des logischen Denkens zu gehen. Einen Zen-Bogenschützen, Blumen-Arrangeur, Maler oder Dichter lehrt man, seine Kunst einfach »geschehen« zu lassen. Sie sollen mit hochsensiblem Bewußtsein auf das reagieren, was geschieht, ohne rationale Regeln auf den Prozeß anzuwenden. In der gleichen Weise lernt der westliche Mensch bei der TM, sich nicht an das Mantra zu »klammern«, sondern es auf natürliche, einfache Art, ohne Anstrengung und Planen »kommen zu lassen«.

Die Koans (Rätsel), die Zen verwendet, und die Art und Weise, wie sie gelöst werden, veranschaulichen ebenfalls, wie intuitives Denken in der Meditation angewendet wird. Immer wieder gelangt der Zen-Schüler zu *intellektuellen* Lösungen, die sein Zen-Meister stets ablehnt, bis es schließlich zu einer inneren Krise des Schülers kommt. Der Schüler erkennt, daß intellektuelle Fähigkeiten das Problem nicht lösen können, gibt den Kampf um eine rationale Lösung auf, »läßt los«, und man sagt, er »werfe sich in den Abgrund«. In diesem Augenblick tritt die »Erleuchtung« ein. Ein Koan lösen bedeutet daher, die logische, lineare, intellektuelle Betrachtungsweise restlos aufzugeben und das Problem intuitiv zu erfassen. Dieses »Loslassen« und »In-den-Abgrund-Stürzen« scheinen dem »kreativen Sprung« zu entsprechen, den Künstler tun müssen. Viele schöpferisch tätige Menschen berichten, ein großer Teil ihrer Arbeiten entstehe in einem »ichlosen« Zustand, ähnlich jenem, in dem der Zen-Schüler sein Koan löst.

Kreative Menschen haben auch Zugang zu einer relativ »unfokussierten« Art von Aufmerksamkeit, die Dellas und Gaier »perzeptive Offenheit« genannt haben. Sie ist das Gegenteil unserer üblichen Wahrnehmungsweise. Was wir normalerweise wahrnehmen, ist fast immer durch bestimmte Faktoren wie unsere augenblicklichen Bedürfnisse stark begrenzt. Wenn wir eine Straße entlanggehen und hungrig sind, werden wir vermutlich viele Restaurants und Nahrungsmittelgeschäfte, aber wenige – falls überhaupt – Kinos oder Schuhgeschäfte wahrnehmen; Kinder, die Zeitungen verkaufen, werden unsere Aufmerksamkeit weniger fesseln als diejenigen, die Eis essen; der Duft eines Rosengartens bleibt unbemerkt, während es überall nach Gegrilltem zu riechen scheint.

Ebenso setzen unsere Erfahrungen der Vergangenheit im allgemeinen unseren Wahrnehmungen Grenzen. Wenn wir jeden Tag durch eine bestimmte Straße gehen, werden wir mit größter Wahrscheinlichkeit die Gebäude auf dieser Straße nur selten bemerken, weil sie uns vertraut sind. Wir nehmen jedoch im allgemeinen eine neue Straße oder ein neues Gebäude auf einer bekannten Straße sofort wahr. Unser Wahrnehmungsvermögen des Unbekannten ist meistens scharf. Wegen dieses selektiven Prozesses werden die meisten Dinge, mit denen wir in Kontakt kommen, von unserem Bewußtsein niemals ganz registriert. »Wir sehen, was wir sehen wollen, was wir sehen müssen und mehr oder weniger, was wir zu sehen erwarten[4].«

Ein Blick auf die Geschichte bestimmter kreativer Durchbrüche zeigt, daß diese engprogrammierte, begrenzte Wahrnehmungsweise für den erfolgreichen Künstler oder Wissenschaftler weniger typisch ist als für den Durchschnittsmenschen. Das Denken dieser begabten Menschen hat die Tendenz, das Unbekannte zu suchen und sich unbehindert durch enggesteckte Ziele frei zu bewegen. Von kreativen Menschen sagt man, sie seien tolerant gegenüber sich wandelnden Situationen und leicht in der Lage, die Dinge aus neuen Perspektiven zu sehen. Sie sind »perzeptiv offener« als wir übrigen Menschen. Daher nehmen sie in ihrer Umgebung mehr Dinge wahr, die dem sogenannten normalen Menschen entgehen können; manchmal besitzen sie auch die Fähigkeit, sich des Wahrgenommenen besser zu erinnern und wirksameren Gebrauch davon zu machen.

Kunst ist häufig eine ungewöhnliche Präsentierung oder Anordnung alltäglicher Gegenstände der Umwelt, eine Fähigkeit, vertraute Objekte »merk-würdig zu machen«. Dadurch wird es uns möglich, sie so zu sehen, als seien sie uns vollkommen neu. Eine Suppenkonservendose von Campbell ist nichts, wenn man sie im Küchenschrank sieht. Man bemerkt sie nicht, wenn sie nicht gerade gebraucht wird. Stellt man sie aber in eine Galerie, dann erregt sie Aufsehen. Der Künstler, der als erster einen alltäglichen Gegenstand in eine Galerie stellt, gilt als »schöpferisch«, weil er das Objekt so gesehen hat wie niemand zuvor. Die Zen-Meister würden sagen, er ist fähig, es »mit dem Auge des Anfängers« zu sehen; in der Zen-Tradition ist dies eine anerkennenswerte Leistung[5].

Für wissenschaftliche wie auch für künstlerische Entdeckungen braucht man die Gabe, ein altes Problem aus einer neuen Perspektive zu sehen; das gleiche gilt für praktische Entdeckungen, jene »Erfindungen«, die wir alle in unserem täglichen Leben machen, wenn wir einer ungewöhnlichen Situation mit einer Innovation begegnen. Statt eine Erkenntnis in eine vertraute »Schublade« des Gehirns zu stecken, verknüpft der erfinderische Mensch sie im Geist mit scheinbar nicht damit in Beziehung stehenden Erkenntnissen. Weinpressen wurden beispielsweise schon seit uralten Zeiten verwendet, erweckten aber nur Assoziationen mit einer wohlriechenden Flüssigkeit und mit Gelagen, während das Drucken mit Hilfe von Holzblöcken eine zu Anfang des fünfzehnten Jahrhunderts entwickelte Kunst war. Diese ungleichen Verfahren hatte niemand im Geist miteinander in Verbindung gebracht. Erst Johann Gutenberg sah eine Weinernte in neuem Licht. Als er die Arbeit einer Weinpresse beobachtete, kam ihm der Gedanke, daß der gleiche feste Druck von einem Siegel auf Papier ausgeübt werden könne – der *Druck* konnte das Drucken ermöglichen. Damit war die Druckerpresse erfunden[6]. Zwar sind nicht alle – vielleicht noch nicht einmal die meisten – ungewöhnlichen Kombinationen von Erkenntnissen, die zunächst in keiner Beziehung zueinander stehen, von derart großem Nutzen; unter günstigen Umständen können sie bahnbrechend sein.

Der Psychologe Rollo May hat erklärt: »Selbstverständlich müssen wir imstande sein, uns in die Einsamkeit zu begeben, wenn wir Einsichten aus unserem Unbewußten erhalten wollen[7].« Meditation kann als ein Zustand innerer Einsamkeit definiert werden. In diesem Zustand scheint sich häufig eine ähnliche perzeptive Offenheit zu entwickeln, wie sie das Denken kreativer Menschen charakterisiert. Die Überlieferung der Hindu-Meditationsmethode empfiehlt, das »dritte Auge« zu öffnen, d. h. immer mehr aus einem neuen Gesichtswinkel zu sehen. Die Sufi-Sekte Persiens betrachtet die Meditation als Mittel zur Entwicklung eines zusätzlichen Sinnesorgans, das einen befähigen soll, die Grenzen des normalen Sensoriums zu überschreiten. Eines der Hauptziele der tradierten Meditationsschulen ist ein Zustand, der »Loslösung« genannt wird und in dem man »ohne Begierden« lebt. Dieser Zustand hat einige Ähnlichkeit mit der Geisteshaltung kreativer Menschen, die nicht zielgebunden, sondern freier als die meisten Menschen sind, ein weites Feld von Eindrücken zu überblicken, ohne sich in einem von ihnen zu verfangen.

Die Erweiterung der Wahrnehmung durch die Meditation hat jedoch nicht nur eine vorübergehende Wirkung. Sie beeinflußt oft die Reaktionsweise eines Menschen auf innere wie auf äußere Stimuli auch außerhalb der Meditation. Wie wir gesehen haben, konnten sich Yogis und Zen-Meister im »Normalzustand« nicht an klickende Geräusche gewöhnen, das heißt, sie waren außerhalb der Meditation ungewöhnlich offen für Stimuli.

Auch Menschen, die erst seit relativ kurzer Zeit meditieren, können eine verstärkte perzeptive Aufgeschlossenheit feststellen. Bei einer Überprüfung der Meditationswirkungen auf die Persönlichkeit im Rahmen unserer Forschungsarbeit an der Princeton-Universität konstatierten dreiundsiebzig Prozent der Versuchspersonen nach dreieinhalbmonatigen Meditationsübungen, ihre »Wahrnehmung der äußeren und inneren Umwelt« habe sich verbessert.

Meditation kann zwar gewisse Aspekte der Kreativität beeinflussen; es ist jedoch unwahrscheinlich, daß alle Merkmale, über die ein »kreativer Mensch« verfügt, von der Meditation betroffen werden. Einige davon scheinen ererbte oder so starke und fundamentale Persönlichkeitszüge zu sein, daß es unwahrscheinlich ist, sie durch äußere Interventionen erzeugen oder zerstören zu können. Drei wichtige Aspekte der Kreativität, die auf Meditation reagieren, sind jedoch Produktivität, Originalität und Ausdauer.

Erhöhte Produktivität

Erhöhte Produktivität hängt häufig vom leichten und schnellen Fluß der Ideen ab. Die Meditation kann einen derartigen Ideenfluß freisetzen. Eine Woche nachdem mein Mann meditieren gelernt hatte, konnte er eine vierzig Seiten lange wissenschaftliche Arbeit schreiben, die er sechs Monate lang aufgeschoben hatte. Im Gegensatz zu den vorherigen Schwierigkeiten strömten ihm die Ideen ohne Stocken zu; er führte diesen Wandel auf das »freiflottierende« meditative Denken zurück, in dem Bilder und Ideen ungehindert durch Selbstkritik dahintreiben.

Eine meiner Patientinnen stellte eine Woche nach Erlernen der TM fest, daß sie mit großer Leichtigkeit Kreuzworträtsel lösen konnte, was ihr vorher niemals gelungen war. Sie hatte in Situationen, in denen sie »die Perspektive wechseln« mußte (z. B. in Examina), immer Schwierigkeiten gehabt. Wenn sie ins Examen ging, hatte sie den Unterrichtsstoff zwar von *einem* Gesichtspunkt aus gründlich studiert, war aber dann außerstande, ihn aus einer anderen, in der Prüfung geforderten Perspektive zu beherrschen. Auch bei Kreuzworträtseln verrannte sie sich in bestimmte Ideen. Sah sie eine Möglichkeit für ein Wort, konnte sie es, wenn es nicht paßte, nicht aufgeben. So hinderte sie ihr Gedächtnis daran, nach anderen Worten zu suchen. Meditation schien jedoch ihre Fähigkeit zu wecken, im Geist andere Gänge einzuschalten. Sie war nunmehr imstande, Ideen zu neuen Kombinationen zu verbinden.

Die eindrucksvollste Wirkung der Meditation auf eine blokkierte Produktivität habe ich bei einer Studentin erlebt. Susan war eine hochintelligente junge Frau und eine hervorragende Studentin. Als sie an der Princeton-Universität studierte, war sie so selbstkritisch und perfektionistisch, daß sie nicht imstande war, mehr als einige Seiten ihres Junior-Paper (eine Grundvoraussetzung an der Universität) zu schreiben, ohne sie ärgerlich wieder zu zerreißen. Obwohl sie die wissenschaftliche Vorarbeit für das Thema abgeschlossen hatte, war ihr bei der Niederschrift, als habe sie »ein Brett vor dem Kopf«. Das Ergebnis ihrer sechsmonatigen Arbeit war eine anhaltende Frustration, und sie war in Gefahr, nach dem ersten Jahr durchzufallen.

Als ihre Besuche bei der Beratungsstelle für Studenten nichts nützten, schlug ich ihr vor, es mit Meditationen zu versuchen. Susan erlernte die TM, und zwei Wochen später kam sie zu mir in die Praxis und überreichte mir ein Manuskript von fünfunddreißig maschinegeschriebenen Seiten. Mit nur unbedeutenden Änderungen konnte es als eine solide Forschungsarbeit vorgelegt werden, die mehr als ausreichend den Anforderungen entsprach, welche an die selbständige Arbeit von Studenten im ersten Jahr gestellt werden.

Susan erzählte mir später, sie habe ihre Forschungsstudie schließlich schreiben können, weil die Meditation buchstäblich »die Schleusen geöffnet« habe, so daß ihr die Ideen nur so zugeströmt seien. Ein besonders wichtiger Aspekt dieses Falles ist, daß die Meditationsübungen weiter wirkten. Susan schaffte nunmehr ihr Studium mit Leichtigkeit und begann ihr ganzes wissenschaftliches Potential zu realisieren. Ein Jahr später war sie Absolventin der Princeton-Universität, Phi-Beta-Kappa-Mitglied (studentische Vereinigung wissenschaftlich hervorragender Akademiker an amerikanischen Universitäten) und erhielt die höchsten Auszeichnungen.

Abgesehen von Fällen wie dem obigen, gibt es auch einige wissenschaftliche Studien, die nahelegen, daß Meditation zu verstärkter Produktivität beitragen kann. In Melissa Hines' früher erwähnter Studie über Meditation und Kreativität stellte sie fest, daß durch Meditation ein »Ideenfluß« bewirkt werden kann, eine Tendenz der geistigen Assoziationen, leicht, schnell und produktiv zu fließen. Eine bedeutende Verstärkung des Ideenflusses trat bei Zazen-Meditierenden ein, die Melissa Hines über zehn Wochen lang beobachtete, während er bei einer Kontrollgruppe unverändert blieb[8].

Interessanterweise war dieser Fortschritt bei den Meditierenden fast nur in den letzten vier Wochen der Studie zu beobachten, während er in den ersten sechs Wochen verhältnismäßig gering war. Das läßt auf eine akkumulative Wirkung der Meditation auf bestimmte geistige Prozesse, die mit Kreativität verbunden sind, schließen. Je länger ein Mensch meditiert, um so wahrscheinlicher wird seine Persönlichkeit in bezug auf perzeptive Offenheit und Ideenfluß Wandlungen erfahren. Viele haben indessen berichtet, daß sich ihre Produktivität sogleich nach Aufnahme der Meditationsübungen erhöht habe. Daher ist es offensichtlich nicht für jeden notwendig, lange Zeit zu meditieren, um dieses Ziel zu erreichen.

Wertvollere kreative Arbeit

Manche Meditierende berichten über auffallende Veränderungen der Beschaffenheit ihrer kreativen Arbeit, die sie selbst unmittelbar auf die Meditation zurückführen. Das eindrucksvollste Beispiel dafür ist mein früherer Patient, Antoni Jurkiewicz. Toni empfand die Psychotherapie als äußerst schmerzvolle Erfahrung. Ehe er zu mir kam, war er bei verschiedenen Therapeuten gewesen. Zu der Zeit, als er und ich zusammenarbeiteten, war es für diesen sensiblen, begabten jungen Mann so beängstigend, über seine Probleme zu sprechen, daß er während eines guten Teiles der Sitzung in Schweigen verfiel.

Da Toni sich für Zeichnen und Malen interessierte, beschloß

ich, für seine Behandlung eine kreative Therapie zu verwenden. Wenn ihm Bleistifte und ein großer Block zur Verfügung gestellt wurden, »zeichnete er seine Gefühle« bereitwillig auf das Papier, und so konnten wir sie diskutieren. Zuweilen änderte er seine Zeichnungen, um neuere, gesündere Haltungen zu sich selbst zu reflektieren. Handwerklich waren seine Zeichnungen nicht bemerkenswert. Er war ein ziemlich unbeholfener Anfänger, und ich betrachtete sein Zeichnen nur als einen therapeutischen Vorgang.

Als Toni nach Boston ging, hatten sich seine Zukunftsaussichten zwar etwas gebessert; aber er war noch weit davon entfernt, sich in der Therapie wohl zu fühlen, und mußte erst seine Tendenz zu zeitweiligen Depressionen, an denen er sein ganzes Leben lang gelitten hatte, überwinden. Einige Monate nach seiner Übersiedlung rief er mich an und bat, ihm einen neuen Therapeuten in seiner Nähe zu empfehlen. Da ich seine frühere Schwierigkeit kannte, sich in der Therapie zu erschließen, schlug ich ihm vor, an seinem neuen Wohnort zunächst die TM zu lernen, sie drei Monate lang zu praktizieren und danach erneut mit mir in Verbindung zu treten.

Toni befolgte diesen Rat und entdeckte, daß die Übungen eine tiefe Wirkung auf ihn ausübten. Er empfand sie von Anfang an als überwältigende Erlebnisse. Noch eindrucksvoller waren jedoch die Wirkungen, die sie auf sein Leben hatten. Zum erstenmal bekam er seine quälenden Depressionen unter Kontrolle, und nach nunmehr dreijähriger Meditationspraxis hat sich sein Zustand stabilisiert. Er ist von der Meditation tief beeindruckt und versäumt es fast nie, täglich zwei Sitzungen zu halten.

Nach dreimonatiger Meditation war Toni bereit, sich wieder in therapeutische Behandlung zu begeben; ich verwies ihn an einen Therapeuten in Boston. Durch die Meditation hatte sich seine Einstellung zur Psychotherapie geändert. Er hatte nicht mehr das Gefühl, die Therapeuten seien »allmächtig«, sondern spürte, daß es hier um seine eigenen Rechte ging. Als er seine neue Therapie begann, war er imstande, frei und produktiv zu reden und großen Nutzen aus dieser Erfahrung zu ziehen. Da die Angst, die ihn früher während der Sitzungen fast gelähmt hatte, durch die Meditation sehr viel geringer geworden war, machte er ausgezeichnete Fortschritte.

Besonders überraschend war der Wandel in der Qualität seiner kreativen Arbeit. Die Meditation schien in ihm fast unmittelbar eine Quelle der Kreativität erschlossen zu haben. Bald nachdem er meditieren gelernt hatte, malte er pro Woche vier bis fünf Bilder, während er gleichzeitig seinem ganztägigen Beruf als Möbeltischler nachging. Obwohl er zuweilen unfruchtbare Perioden hatte, war er doch meistens erstaunlich produktiv.

Als ich ein Jahr nach seinem Weggang Gelegenheit hatte, eine Ausstellung seiner Gemälde zu sehen, war ich über den Unterschied überrascht. Sein Malstil, der unbeholfen, gehemmt, amateurhaft gewesen war, hatte sich in eine kräftige, künstlerische Ausdrucksweise gewandelt. Hier war ein moderner Künstler, der Integrität und Kraft besaß und seine Technik meisterhaft beherrschte. Seine Phantasiegestalten, die etwas an Chagall erinnern, waren doch gleichzeitig seine persönliche, unverwechselbare Aussage. Toni hat seine Gemälde und Tonfiguren (die ebenso originell sind) in vielen Galerien New Yorks und Bostons ausgestellt. Er ist ganz von seiner künstlerischen Tätigkeit in Anspruch genommen und hält regelmäßig seine Meditationsübungen. In diesem Fall wurde ich Zeuge, wie ein vitales Talent, das man bis dahin nicht erkannt hatte, aufblühte, als der Betreffende zu meditieren begann. Offensichtlich hat die Meditation sein Talent nicht geschaffen, aber sie scheint es an einem strategisch wichtigen Punkt seines Lebens freigesetzt zu haben.

Beglaubigte Episoden dieser Art machen mir mehr Eindruck als die wenigen statistischen Studien, die augenblicklich zur Verfügung stehen und die erhöhte Kreativität auf Meditationsübungen zurückführen. Bis jetzt sind die Mittel und Wege, um Kreativität in allen ihren Dimensionen zu messen, noch alles andere als hinreichend. Wir können einige wenige Komponenten des kreativen Prozesses auswählen und sie identifizieren; aber die schwer faßbare Qualität, die den wirklichen Künstler ausmacht, kann nur durch Betrachtung des Kunstwerkes identifiziert werden.

Zwei Studien, die die Veränderungen der Kreativität nach Aufnahme der Meditation gemessen haben, sind hingegen erwähnenswert. Eine Untersuchung, die an der Universität von Kalifornien durchgeführt wurde, verglich eine Gruppe von Versuchspersonen, die einige Monate lang die TM praktiziert hatten, mit einer Gruppe, die im Begriff war, die TM zu erlernen. Beide Gruppen wurden einem Test zur Prüfung des kreativen Denkens unterzogen[9]. Die bereits Meditierenden erzielten bei diesem Test bessere Resultate als die TM-Anfänger. Außerdem waren die Meditierenden – wie schon in der Hines-Studie – viel einfallsreicher. Sie bewiesen auch mehr Flexibilität und Originalität in ihrer Denkweise als die Nichtmeditierenden. Natürlich hat auch diese Studie einige Haken, die wir bei allen Vergleichen von Meditierenden und Nichtmeditierenden beobachtet haben. Wir wissen nämlich nicht, ob diese Meditierenden nicht schon vor Erlernen der Meditation bei einem Kreativitätstest höhere Werte erreicht hätten.

Der Psychologe Gary Schwartz von der Harvard University hat über einige andere Befunde berichtet. Als die Harvard-Forscher die Kreativität einer Gruppe von TM-Lehrern mit einer Gruppe Nichtmeditierender nach zwei genormten Maßstäben verglichen, stellten sie fest, daß die Lehrer keine besseren Werte als die Nichtmeditierenden erzielt hatten[10]. Bis zu einem gewissen Grade waren sie sogar schlechter. Nur bei einer Aufgabe, die darin bestand, »eine Geschichte zu erfinden«, erzielten die Meditationslehrer eine höhere Punktzahl. Es sah so aus, als nähme die Kreativität bei Meditierenden tatsächlich ab.

Die einzige Schwierigkeit bei dieser Schlußfolgerung besteht darin, daß TM-Lehrer (die »meditierende« Gruppe von Schwartz) im Unterschied zu gewöhnlichen Meditierenden lange Zeit hindurch täglich lange Meditationsübungen zu machen haben. (Der obengenannte Künstler z. B. meditiert nur die vorgeschriebenen zwanzig Minuten zweimal am Tage.) Außerdem kann man von TM-Lehrern als Gruppe annehmen, daß sie, wie die Mitglieder anderer autoritärer Organisationen, einige der gleichen Charakteristiken haben. Die IMS verlangt von ihnen, sich einer völlig genormten Methode zu bedienen. Ich habe einige wirklich kreative TM-Lehrer gekannt, die aus der IMS ausscheiden mußten (obwohl sie die TM-Technik sehr schätzten), weil sie sich den strengen Grundsätzen dieser Organisation einfach nicht genügend anpassen konnten.

Nimmt man TM-Lehrer als Versuchspersonen und bewertet sie in Hinblick auf Kreativität, dann mag uns dies etwas über die Merkmale von TM-Lehrern sagen, aber hilft es uns wirklich begreifen, was Meditation für Menschen bedeuten kann, die ihre Kreativität dank der Meditation befreit und frei zum Ausdruck bringen können?

Schwartz kommt zu dem Schluß, daß Meditation den ungehemmten Fluß der Assoziationen fördern und dem Menschen neue Ideen – eine Vorbedingung der Kreativität – erschließen kann; daß jedoch zuviel Meditation die logische, problemlösende Fähigkeit des Menschen beeinträchtigen und so diese Seite der Kreativität behindern kann. Nach seiner Ansicht kann die TM zwar zur Förderung der ersten Stufen der Kreativität beitragen; wenn sie jedoch übertrieben praktiziert wird, »hat der Meditierende unter Umständen eine geringere Chance, ein anerkanntes kreatives Werk zu schaffen«[11]. Bei der Kreativität, sagt er, komme es darauf an, ungewöhnliche Ideen zu haben und sie später mit Hilfe des rationalen und folgerichtigen Denkens zum Ausdruck zu bringen. Es bleibt also offen, ob Meditierende den »Notwendigkeiten des kreativen Schaffens«, wie Schwartz es nennt, besser gerecht werden als andere. Den Harvard-Experimenten zufolge schienen die TM-Lehrer jedenfalls nicht dazu fähig zu sein.

Es ist aufschlußreich, sich ins Gedächtnis zu rufen, daß Tonis künstlerische Disziplin nach Aufnahme der Meditationsübungen wuchs und daß er seine Maltechnik besser beherrschte. Eine Studentin, ebenfalls Malerin, die ich die CSM gelehrt habe, gab an, nach einigen Monaten Meditationsübungen die gleiche Erfahrung gemacht zu haben. Ihre Fähigkeit, bei ihrer kreativen Tätigkeit diszipliniert vorzugehen, wurde erheblich besser. Dies war die auffallendste Wirkung, die die Meditation auf sie hatte, und zwar eine, die ihr außerordentlich willkommen war. Die beiden Künstler unterscheiden sich in zwei wichtigen Punkten von den Versuchspersonen Schwartz': Sie meditierten nur zweimal täglich je zwanzig Minuten, und beide waren künstlerisch veranlagt.

Daraus ergibt sich, daß wir eine systematische Erforschung der Wirkungen der Meditation auf Künstler wie auch auf durchschnittliche Meditierende brauchen.

Stärkung der Ausdauer

Eine weitere Verbindung zwischen Meditation und Kreativität liegt auf einem ganz anderen Gebiet. Meditation kann zur Ausdauer des Künstlers beitragen, zu seinem Vermögen, lange Perioden kreativen Schaffens durchzuhalten. Hier sind eindeutige, vielversprechende Wirkungen erzielt worden, obwohl sie nur persönlichen Berichten zu entnehmen sind; wissenschaftliche Studien auf diesem Gebiet sind mir nicht bekannt.

Arnold Schulman, der erfolgreiche Drehbuch- und Bühnenautor, ist hierfür ein interessantes Beispiel. Die Grundlage der schriftstellerischen Tätigkeit Schulmans ist Meditation. Ursprünglich lernte Schulman meditieren, um seine schriftstellerischen Probleme bewältigen zu können. Er sagt von sich, vor Aufnahme der Meditationsübungen habe er planlos, unzulänglich, undiszipliniert und »chaotisch« geschrieben. Seine Depressionen nahmen zu. Schulmans Psychoanalyse half ihm zwar bei der Lösung einiger anderer Probleme; sie schien aber seine schriftstellerische Arbeit nicht beeinflussen zu können.

Daher versuchte er andere Wege. Zunächst brachte er sich selbst bei, seine Aufmerksamkeit immer nur auf *eine* Sache zu konzentrieren. Dann ging er tiefer und begann mit Meditationslehrern zu arbeiten. Er unterwarf sich der strengen Disziplin der klassischen Zazen-Übung. Meditation wurde für ihn eine »Lebensweise«. Er selbst sagt: »Ich könnte genausowenig ohne Meditation wie ohne Luft oder Nahrung leben. Sie ist mir unentbehrlich geworden.«

Schulman programmiert seine schriftstellerische Tätigkeit so, daß er sie in meditativer Stimmung verrichtet. Jeden Abend vor dem Zubettgehen prüft er im halbmeditativen Zustand die geleistete Arbeit. Dann bittet er sein »Unbewußtes« ehrerbietig, die nächste Fortsetzung am folgenden Morgen oder um Mitternacht oder um vier Uhr morgens – wann auch immer er wieder mit der Arbeit beginnen will – bereitzuhaben (er sagt, es sei wichtig, eine genaue Zeit anzugeben). Nachdem er dies in der festen Überzeugung getan hat, das »Unbewußte«, sein »loyaler Diener«, das er äußerst liebenswürdig und respektvoll behandelt (diese Haltung gegenüber der Arbeit hat er von einem Lehrer des Raja Yoga gelernt), werde seine Bitte erfüllen, gibt er jeden Gedanken an seine Arbeit auf und geht meist sogleich zu Bett. In letzter Zeit braucht er dazu keine meditative Haltung mehr einzunehmen, denn es ist jetzt eine so tief verwurzelte Verhaltensweise geworden, daß er sich die Anweisung für das, was er am nächsten Tag schreiben will, nach Erledigung aller anderen Dinge vor dem Einschlafen im Bett geben kann.

Wenn Schulman morgens seine Arbeit aufnimmt, beginnt er »nicht-denkend« zu schreiben. Er weiß nicht, was kommen wird, er »läßt es geschehen«. Die neue Fortsetzung fließt ihm buchstäblich vollständig aus der Feder, während sich das Werk weiter entfaltet, und er akzeptiert es ganz und ohne zu fragen. Später, wenn er die redaktionelle Arbeit vornimmt, prüft er den Text kritisch und entscheidet, wie »gut« oder vollständig das Ergebnis ist.

Schreibt er an einem Drehbuch, schläft er höchstens drei oder vier Stunden pro Nacht und arbeitet ununterbrochen mit nur kurzen Pausen. Er meditiert nach dem Aufstehen immer eine volle Stunde lang. Später, wenn er sich müde fühlt, macht er vielleicht einige Raja-Yoga-Übungen oder Asanas.

Er behauptet, eine halbe Stunde dieser Übungen ersetzten vollständig den Schlaf. Er arbeitet dabei auf dem Boden im halben Lotossitz und verharrt soweit wie möglich in meditativer Stimmung. Das befähigt ihn, »eine direkte Verbindung zum Unbewußten« herzustellen. Er nennt diese Arbeitsphase »das Weltall erreichen«.

Schulman glaubt, die Probleme der Kreativität glichen in vieler Hinsicht den Problemen der Weltraumflüge. Er benötige zunächst genügend Schubkraft, um durch die Atmosphäre hindurch in den Weltraum zu gelangen. Er sagt: »Ich funktioniere nur, wenn ich im Weltraum bin.« Sein Mittel, sich von der Startrampe zu lösen und die Atmosphäre zu durchbrechen, ist die Meditation. Er beginnt nicht nur jeden Tag mit einer langen Meditation, sondern nach jeder Unterbrechung (z. B. Telefonanruf) versetzt er sich von neuem in meditative Stimmung.

Sein Arbeitstag enthält so viele Meditationsübungen, wie notwendig sind. Auf diese Weise ist er imstande, zwanzig Stunden hintereinander höchst kreative Arbeit zu leisten. Er hält ohne zu ermüden in fast gleichmäßigem Rhythmus durch, bis er die ihm aufgetragene Arbeit vollendet hat. Er meint dazu, er müsse jedes kreative Werk »in einem Atemzug« und mit einem Schwung zum Abschluß bringen.

Schulman glaubt, die Meditation befähige ihn nicht nur, seine ungewöhnliche Produktivität aufrechtzuerhalten; sie helfe ihm auch, der lähmenden Angst Herr zu werden, die den Schriftsteller so häufig angesichts eines leeren Blattes befällt, eine Angst, die dazu führen kann, die Arbeit immer wieder aufzuschieben. Da die Meditation nicht mit dem bewußten, logischen, kritischen Geist arbeitet, meint er, schließe sie Vorurteil und Furcht vor dem Versagen, die den Schriftsteller blockieren können, aus. In der meditativen Stimmung schreibe er fließend – klar, frei, mühelos – und ohne Angst.

Diesen Aspekt der Meditation – Unterstützung und Hilfe zu gewähren – können wir als indirekten Beitrag zur Kreativität betrachten. Aber diese Unterstützung und Hilfe, die die Meditation bei der kreativen Arbeit leisten kann, ist wichtig. Bei manchen Menschen fördert Meditation die Erschließung unerkannter latenter Kräfte. Es bleibt indessen offen, für welche Menschen und unter welchen Umständen sie es tut. Wann übt die Meditation eine Wirkung aus und wann nicht? Dieser Frage wollen wir jetzt nachgehen.

13 *Probleme mit der Meditation*

Meditation ist kein Allheilmittel. Nicht jeder will sie lernen, und nicht jeden, der sie lernt, fördert sie. Manche, die Nutzen aus ihr ziehen, stellen die Übungen wieder ein. Es ist auch möglich, daß gewisse Menschen gar keine Meditation brauchen, weil ihr Lebensstil ihnen etwas Gleichwertiges bietet.

Dr. Mihaly Csikszentmihalyi und sein Forscherteam an der Universität von Chicago haben aufgrund einer Untersuchung von Menschen, die tief befriedigende Tätigkeiten ausüben, eine faszinierende Theorie über Lust entwickelt[1]. Das, was sie nach diesem Konzept »Fluß« (*flow*) nennen, hat mit der meditativen Stimmung einiges gemeinsam.

Nach Ansicht der Chicagoer Gruppe ist »Fluß« vorhanden, wenn der Mensch so völlig von der Tätigkeit, die er gerade verrichtet, in Anspruch genommen ist, daß er gar nicht dazu kommt, sich zu langweilen oder sich zu sorgen, was passieren könnte. Das Forscherteam arrangierte Interviews mit vielen Personen, die den verschiedensten Tätigkeiten nachgingen, und studierte jenes ganzheitliche Gefühl, das Menschen befällt, wenn sie völlig in ihrer Aktivität aufgehen.

Die Analyse dieser Interviews ergab, daß Sport offensichtlich zu den Fluß-Erfahrungen gehört und Spielen ihre vollendetste Form ist. Aber ein Spiel spielen ist noch keine Garantie dafür, daß man Fluß erfährt – maßgebend sind die Elemente der Erfahrung. Wenn ein Mensch ganz vom Spiel in Anspruch genommen ist, sich völlig darin »verloren« hat, dann kann er in »Fluß« geraten.

Fluß ist während der schöpferischen Arbeit häufig vorhanden. Angehörige der verschiedensten Berufe – Komponisten, Tänzer, Bergsteiger und Schachspieler, Chirurgen, die in der medizinischen Forschung tätig sind, und Mathematiker, die im Grenzbereich ihrer Wissenschaft arbeiten – können Fluß erleben. Tun sie es, dann ist dies häufig eine so angenehme Erfahrung, daß sie dafür gern vieles andere hergeben: Geld, Berühmtheit oder

Komfort. In gewisser Hinsicht ist Fluß Lebensfreude im höchsten Sinne, die alles andere in den Schatten stellt.

Das Chicagoer Team war das erste, das diese menschliche Erfahrung wissenschaftlich untersucht und, wie es glaubt, ihre Hauptelemente identifiziert hat. Diese beschreibt es wie folgt:

> Fluß ist ein Zustand totaler Versunkenheit. Ein bedeutender Schachspieler beschreibt ihn wie folgt:
> Das Spiel ist ein Kampf, und die Konzentration ist wie das Atmen – Sie denken nie daran. Das Dach kann einstürzen, und wenn Sie nicht getroffen werden, bemerken Sie es gar nicht[2].
>
> Zum Fluß gehört es, daß man seine Aufmerksamkeit auf ein begrenztes Reizfeld konzentriert, wobei alles andere ausgeschlossen wird. Ein Professor, der Bergsteiger ist, sagt:
> Wenn ich den Aufstieg beginne, ist es, als sei mein Erinnerungsvermögen abgeschnitten. Alles, woran ich mich noch erinnern kann, sind die letzten dreißig Sekunden, und alles, woran ich noch denken kann, sind die nächsten fünf Minuten[3].
>
> Fluß bringt eine Art Selbstvergessenheit mit sich. Das bedeutet nicht, daß der Mensch Kontakt mit seiner eigenen physischen Wirklichkeit oder sein Existenzgefühl verliert; er kann sich ihrer schärfer bewußt sein als je zuvor. Verloren geht nur das künstliche »Selbst-Konstrukt«, das Bewußtsein von sozialen Rollen und Rollenspielen. Das Gefühl »ich bin die und die Person, mit dem und dem Namen und in dieser Stellung, die jetzt handelt« schwindet und ein viel fundamentaleres Gefühl des Selbst tritt an seine Stelle. Im Fluß gibt es kein soziales »Ich«, kein erlerntes Bewußtsein des »Selbst«, kein Ich-Gefühl, das wie eine Wand zwischen jedem Menschen und der totalen Erfahrung steht. Ein hervorragender Komponist sagt:
> Man ist in einem so ekstatischen Zustand, daß man das Gefühl bekommt, man existiere fast nicht ... Ich sitze da und beobachte ... in einem Zustand von Ehrfurcht und Verwunderung. Und sie (die Musik) strömt von selbst aus mir heraus[4].

Ein Schachspieler sagt:
Die Zeit verfliegt hundertmal schneller. In diesem Sinne gleicht sie den Traumzuständen. Eine ganze Geschichte kann sich in Sekunden entfalten ... der Leib existiert nicht – aber das Herz pumpt in Wirklichkeit wie verrückt, um das Gehirn zu durchbluten[5].

Im Fluß beherrscht der Mensch seine Handlungen und seine Umgebung, er meistert sie. Eine Tänzerin sagt:
Eine große Entspannung und Ruhe kam über mich. Ich hatte keine Angst zu versagen ... Ich möchte mich ausdehnen, die Welt umarmen. Ich fühle eine ungeheure Kraft, etwas Anmutiges und Schönes zu vollbringen[6].

Damit Fluß sich einstellt, müssen die Anforderungen der Situation klar umrissen, voraussagbar und nicht widersprüchlich sein. Im Fluß muß der Mensch in jedem Augenblick wissen, wie es um seine Aktivität steht. Spielregeln, spezifische Übung in bestimmten Fertigkeiten oder Rituale, die vollzogen werden müssen, machen den Fluß möglich. Durch sie kann der Mensch beurteilen, wie er vorgehen muß, ohne daß er darüber nachzudenken braucht, ohne daß er seine Versunkenheit unterbrechen muß. Ein Basketballspieler sagt:
Ich spiele mein bestes Spiel fast zufällig ... Bei einem erstklassigen Spiel kann ich nicht sagen, ob ich gut spiele, bis nach dem Spiel ... Kameraden machen sich lustig über mich, weil ich die erzielte Punktzahl aus den Augen verlieren kann[7].

Zum Fluß gehören keine Ziele oder Belohnungen, die außerhalb von ihm liegen. Ein junger Dichter, der ein erfahrener Bergsteiger ist, sagt:
Man erreicht den Gipfel und ist froh, daß es vorüber ist; in Wirklichkeit wünscht man aber, es ginge immer so weiter ... Die Rechtfertigung für das Klettern ist das Klettern, genauso wie die Rechtfertigung für die Poesie das Schreiben ist; man erobert nur das, was in einem selbst ist ... Man ist ein *Fluß*. Der Zweck des Flusses ist, unaufhörlich zu fließen ...[8]

Nach dieser Definition sind viele Meditationsübungen ebenfalls eine Art Fluß. Wenn der Mensch tief in Meditation versunken ist, dann folgt gemäß ihrer eigenen inneren Logik Gedanke auf Gedanke; der Meditierende braucht nicht bewußt einzugreifen. Die Aufmerksamkeit ist streng auf wenige fundamentale Dinge beschränkt; die Aktivität nimmt einen total in Anspruch. Der Meditierende beherrscht ebenfalls völlig seine Handlungen; das mit der Meditation zusammenhängende Ritual schützt ihn davor, Entscheidungen zu treffen. Während der Meditation gibt es wenig Unterschied zwischen Selbst und Umgebung, Reiz und Reaktion, zwischen Vergangenheit, Gegenwart und Zukunft – die Aufmerksamkeit ist von der Intensität des Augenblicks gefesselt.

Was lehrt uns der Begriff »Fluß« über das »Bedürfnis« zu meditieren? Wird ein Skifahrer, der regelmäßig meditiert und der regelmäßig in einen Zustand des Flusses gerät, wenn er in vollkommenem Gleichgewicht durch Eis und Wind den Berg hinabsaust und Momente »außerhalb der Zeit« erlebt, später am gleichen Tag noch meditieren wollen? Ist das Bedürfnis nach Fluß immer gegenwärtig oder nimmt es ab und zu? Besteht ein Bedürfnis, eine Art von Fluß durch eine andere auszubalancieren? Versucht man, aktive Fluß-Erfahrungen gegen solche auszutauschen, die passiven oder rezeptiven Charakter haben – das uralte Bedürfnis, beide Aspekte des Lebens zu erfahren: Spannung und Ruhe, das männliche und das weibliche Element, Yin und Yang?

Dies sind entscheidende Fragen, die beantwortet werden müssen, wenn wir herausfinden wollen, ob andere Aktivitäten die gleichen Elemente wie die Meditation enthalten und ob sie nur für bestimmte Menschen oder vielleicht für alle Menschen zu gewissen Zeiten die Meditation überflüssig machen können. Zumindest ist plausibel, daß manche Menschen nicht zu meditieren brauchen, weil sie ihr Leben mit einem alles durchdringenden Gefühl der Harmonie leben. Bisher ist indessen noch nicht bekannt, wer diese Menschen sein könnten und warum sie dieses Gefühl haben sollten.

Hingegen kennen wir Menschen, die von ihrem Leben offenbar nicht ausgefüllt sind, Menschen, die in ihrem Verhalten nervös und gehetzt sind und die auch häufig kein Interesse daran haben, meditieren zu lernen. Solche Menschen werden sich nicht bereitfinden, die Meditation zu erlernen, wenn sie als Wahlfach auf einem Lehrplan steht oder in einer Beratungsstelle empfohlen wird. Selbst wenn ihre Familie oder Freunde begeistert von den Übungen sind, bleiben sie weiterhin gleichgültig. Es sieht so aus, als vermieden es diese Menschen absichtlich, die Meditation zu erlernen.

Bisher ist wissenschaftlich noch nicht untersucht worden, weshalb viele verspannte Menschen die Meditation meiden. Einige klinische Berichte über Patienten, die hartnäckig allen Meditationsvorschlägen getrotzt haben, geben uns jedoch in etwa Aufschluß über die Gründe ihres Widerstandes.

Die Weigerung, meditieren zu lernen

Meditation kann im Widerspruch zum Lebensstil mancher Leute stehen. Das trifft insbesondere auf ehrgeizige, sich abhetzende Menschen zu, die von ihrem Tempo auch nicht einen Augenblick lassen wollen. Es ist meistens schwierig, sie durch irgend etwas zu einer langsameren Gangart zu bewegen. Wenn ihr Arzt sagt, sie bräuchten für ihre Gesundheit eine Ruhepause, dann werden sie – falls sie sich überhaupt dazu herbeilassen – diese Ruhepause auf ihre Weise gestalten; sie bringen es fertig, daß ihre Ferien dauernd durch geschäftliche Anrufe unterbrochen werden; sie nehmen vielleicht ein Diktiergerät mit oder verbringen ihren Urlaub damit, geschäftliche Kontakte aufzunehmen. Wie auch immer sie sich zu zerstreuen suchen, sie sind nicht fähig, »loszulassen« oder ruhig zu werden, und empfinden schon den Gedanken daran meist als Bedrohung. Ihrer Selbstachtung scheint die Vorstellung zugrunde zu liegen, jemand zu sein, der jederzeit etwas vollbringt, der immer hohen Ansprüchen genügt und den nächsten Konkurrenten unermüdlich aus dem Felde schlägt. Sie haben den Verdacht, Meditation könne ihr Tempo verringern, und daher weigern sie sich gewöhnlich, sie zu erlernen.

Andere scheinen die Meditation nicht erlernen zu wollen, weil dies bedeutet, mit sich selbst allein zu sein. Das ist jener Menschentyp, der dazu neigt, sich immer zu beschäftigen, um die Konfrontation mit dem eigenen Selbst zu vermeiden. Ein Patient beschreibt dieses Dilemma wie folgt:

> Als ich meditieren lernte, fürchtete ich mich, mit mir allein zu sein. Ich glaube, das ist der Grund, weshalb die Menschen all die Dinge ins Werk setzen wie Sport, Bridgespielen und dies und jenes, alles nur, um nicht mit sich selbst allein zu sein. Allein sein und nicht verantwortlich sein für irgendeine Tätigkeit? – Mein erstes Gefühl war: »Nein!«

Wer allzu sehr auf die Reaktion anderer angewiesen ist, um sein Selbstwertgefühl zu nähren, kann sich ebenfalls scheuen, mit geschlossenen Augen still zu sitzen. Ohne die anderen zu sehen, begegnet er einem Fremden in seiner Mitte, seinem eigenen Selbst. Diese Menschen lassen die Außenwelt nur widerstrebend los und scheinen instinktiv vor den meditativen Disziplinen zurückzuschrecken. Einige von ihnen lernen sogar meditieren, aber sie geben die Übungen bald wieder auf*.

Wer immer Herr der Lage sein muß, kann sich von der Meditation bedroht fühlen. Er scheut häufig vor dem Neuen und Unerwarteten im Leben zurück und kann sich nicht vorstellen, selbst zu meditieren, weil diese Übung sowohl unstrukturiert wie auch unkontrollierbar ist. Einen meiner früheren Patienten störte die Verwandtschaft der Meditation mit der Hypnose, weil er immer befürchtet hatte, in der Hypnose die Kontrolle über sich zu verlieren. Alles Reden über die Unterschiede zwischen den beiden Techniken half nicht. Er betrachtete die Meditation weiterhin als eine Art »Bewußtseinskontrolle«, die Macht über ihn gewinnen und es ihm unmöglich machen würde, Herr der Lage zu bleiben. Selbstverständlich lernte er niemals meditieren, obwohl er unter Verspannungssymptomen litt.

* Diesen Menschen hilft es vielleicht, wenn sie während der ganzen Meditation die Augen offenhalten, so daß sie in Kontakt mit der Außenwelt, von der sie abhängig sind, bleiben. Es kann auch sein, daß sie eine Form der Meditation angenehm finden, bei der sie sich bewegen können.

Abgesehen von diesen tiefwurzelnden Gründen, die die Weigerung zu meditieren haben kann, gibt es auch zufällige. Ich habe Menschen gekannt, die von allzu enthusiastischen Meditationsjüngern in ihrer Familie oder ihrem Bekanntenkreis so stark unter Druck gesetzt wurden, meditieren zu lernen, daß sie sich aus Prinzip weigerten. Für andere ist vielleicht der richtige Zeitpunkt noch nicht gekommen, sie werden vielleicht später einmal zur Meditation finden.

Die Abspringer

Das Verhalten von Menschen, die der Meditation nach einiger Zeit den Rücken kehren, ist auf den ersten Blick oft schwer verständlich. Einige geben auf, weil sie Schwierigkeiten haben, aber viele lassen gerade dann davon ab, wenn sie ausgezeichnete Resultate zu erzielen scheinen. Dafür gibt es mannigfaltige Gründe, von denen einige an meditierenden Patienten studiert wurden.

Gewisse Menschen scheinen enttäuscht zu sein, wenn sie die Meditationsübungen aufnehmen, weil sie zu große Hoffnungen auf sie gesetzt haben. In ihrer Phantasie haben sie vielleicht die Meditation als eine »ideale Hilfe« gesehen, als eine Art Märchenfee, auf die sie sich verlassen können. Das ist verständlich, weil Meditation eine äußerst persönliche Erfahrung ist; die Tröstung, die sie mit sich bringt, wenn sie richtig gehandhabt wird, gleicht in etwa der einer gütigen Mutter. Wenn sie aus irgendeinem Grunde ausbleibt, sind wir alle etwas enttäuscht. Wer aber die Meditation als ein »Zaubermittel« betrachtet, ist nicht nur enttäuscht, wenn seine Erwartungen unerfüllt bleiben, er fühlt sich zerschmettert, vernichtet. Er kann dann wie ein gekränktes Kind reagieren, das einen Wutanfall bekommt oder sich in den Schmollwinkel zurückzieht.

Eine meiner Patientinnen, Rochelle, hatte große Freude an der TM. Nach Aufnahme der Meditationsübungen spürte sie zum erstenmal, daß sie »ein dickes Fell« bekommen hatte, wenn Mitglieder ihrer Familie ihr mit Vorwürfen zusetzten, und sie fing an, sich positiver zu ihnen zu verhalten. Sie hatte mehr Hoffnung und ein Gefühl des Friedens, das sie vorher nicht gekannt hatte. Sie begann sich so wohl zu fühlen, daß sie die Meditation als wertvolle Hilfe für ihr Leben begrüßte. Das Bild änderte sich jedoch, als sie eine schwere Grippe bekam. Sie wurde so schwach, daß sie nicht einmal mehr imstande war, ein Glas Wasser an die Lippen zu führen. Obwohl sie während ihrer Krankheit mehrmals versucht hatte zu meditieren, konnte sie nicht einmal im Liegen die Energie dazu aufbringen*.

Daher meinte Rochelle, die Meditation habe sie gerade dann »im Stich gelassen«, als sie sie am meisten brauchte. Darüber war sie sehr verärgert. Von da an lehnte sie die TM ab und weigerte sich, sie nach ihrer Genesung wieder aufzunehmen. Logisch konnte sie ihren Entschluß nicht begründen, da die Meditationsübungen für sie von äußerst großem Nutzen gewesen waren; aber ihre negativen Empfindungen waren so stark, daß sie sie nicht überwinden konnte.

Glücklicherweise hatte sie eine Gelegenheit, dieses Problem in der Psychotherapie aufzuarbeiten, in der wir die Gründe untersuchen konnten, warum sie sich so entschieden gegen die Meditation gewandt hatte. Rochelle war eines von elf Kindern gewesen und in relativer Armut auf einer Farm auf dem Lande aufgewachsen. Wenn sie als Kind krank wurde, pflegte sich ihre überarbeitete Mutter, die ein krankes Kind in der Familie als besondere Last empfand, gefühlsmäßig von ihr abzuwenden. Sie verwies sie auf ihr Zimmer und besuchte sie nur selten. Für das kleine Mädchen bedeutete dies, gerade dann verlassen zu sein, wenn sie die elterliche Liebe und Unterstützung am meisten brauchte.

Als sie viele Jahre später als Erwachsene zu meditieren versuchte, um Trost zu finden, sah sie sich krank und allein (zu dieser Zeit war sie geschieden), und auch die Meditation schien

* Manche physisch Kranke sind nicht imstande zu meditieren, während andere die Meditation mit Erfolg üben. Die Fähigkeit, während der Krankheit zu meditieren, scheint sowohl vom einzelnen wie von der Art der Krankheit (vgl. Kap. 7) abzuhängen.

ihr gegenüber »gleichgültig« zu sein. Die Verzweiflung, die sie als Kind erfahren hatte, als sie krank und allein in ihrem Zimmer lag, lebte wieder auf. Es war, als habe sich die Meditation in diesem Augenblick von einer »guten Mutter« (als die sie sie bisher empfunden hatte) in eine gleichgültige, nicht verfügbare verwandelt.

Erst als sich Rochelles Gefühle der Verlassenheit und persönlichen Wertlosigkeit durch die Therapie zu wandeln begannen, entdeckte sie ihr Interesse für die Meditation wieder. Ich mußte jedoch mit ihr meditieren, damit sie ihre Meditationsübungen wieder aufnahm. Sie schien meine Aufmunterung und Unterstützung zu brauchen – die Anwesenheit einer Art »Mutter-Therapeutin«, die genügend Zuneigung für sie empfand, um bei ihr zu bleiben. Allmählich erlebte sie die Meditation wieder positiv und nahm die regelmäßigen Übungen mit gutem Erfolg wieder auf.

In einem anderen Fall war es ein Mann, der auf die Meditation ganz wie auf eine Person reagierte und sich über sein Mantra entrüstete, weil er sich nicht ohne weiteres darauf konzentrieren konnte, wenn er sich hinsetzte, um zu meditieren. Er war besonders ärgerlich, weil er meinte, da er hundertfünfundzwanzig Dollar dafür bezahlt habe, »sollte« es kommen, wenn er es brauchte!

Dieser Mann behandelte sein Mantra, wie man vielleicht einen Menschen behandelt, der sich weigert, mitzumachen oder zu kommen, wenn er gerufen wird. In seiner Therapie arbeitete er an diesem Problem und erinnerte sich bald, daß er als Kind eine ähnliche Wut über seine Mutter empfunden hatte, wenn diese sich seinen Brüdern und Schwestern zuwandte und ihm nicht zur Verfügung stand, wenn er es wollte oder sie brauchte. Er war nicht imstande gewesen, seine Mama so zu beherrschen, wie er es wollte. Jetzt konnte er sein Mantra nicht so beherrschen, wie er wollte – beide schienen sich ihm zu entziehen. Seine Reaktion war, die Meditation abzulehnen, als sage er zu einer imaginären Mutter: »Wenn du eine schlechte Mutter bist und nicht zu mir kommst, wann ich will – dann will ich *dich* im Stich lassen.« Die Personifizierung des Mantra führte dazu, daß dieser Mann seine Meditationsübungen einstellte, bis das Mutterproblem in der Therapie durchgearbeitet werden konnte. Danach nahm er die

Meditationsübungen ziemlich regelmäßig und mit gutem Resultat wieder auf.

Es gibt jedoch Menschen, die die Meditation aus einem anderen Grund aufgeben: Sie haben das Meditationsritual zu einer Tyrannei für sich selbst gemacht. Sie neigen dazu, übergenau zu sein. Sie meinen, die Meditation auf eine bestimmte Weise, zu einer bestimmten Zeit verrichten zu müssen, und dulden von sich aus nicht die kleinste Übertretung ihrer eigenen Regeln. Da nimmt es nicht wunder, daß sie sich schließlich auflehnen und das Meditieren als »zu große Belastung« nach einiger Zeit wieder aufgeben.

Ich habe beobachtet, daß Menschen, die auf diese Weise reagieren, auch in vielen anderen Belangen puritanisch und überaus selbstdiszipliniert sind. Sie scheinen sich darauf zu verstehen, alles, was von Natur aus angenehm ist, in etwas Schwieriges zu verwandeln. Einfache Anweisungen, wann, wo und wie man meditieren soll, werden von ihnen als autoritäre Befehle interpretiert, die sie sehr übelnehmen. Es tut ihnen vielleicht gut, wenn man ihnen zeigt, wie sie ihr Meditationsritual abändern und in die Übung etwas Freiheit hineinbringen können. Ich meine jedoch, in den meisten Fällen ist die Einsicht in ihre eigene Verhaltensweise die beste Lösung. Wenn sie verstehen lernen, daß sie selbst für ihre angebliche »Versklavung« durch die Meditation verantwortlich sind und einige der strengen Forderungen, die sie an sich selbst stellen, lockern, kann es sein, daß sie zu den Meditationsübungen zurückkehren.

Andere können die Meditation ablehnen, weil sie persönliche Assoziationen damit verbinden. Eine meiner Freundinnen wurde immer außerordentlich deprimiert, wenn sie bei der TM mit geschlossenen Augen stillzusitzen hatte. Daher stellte sie bald die Meditationsübungen ein. Als ich später mit ihr darüber sprach, fragte ich sie, woran sie das »Stillsitzen« erinnere. Sie erzählte, daß sie als Kind dadurch bestraft wurde, absolut stillzusitzen und nicht zu sprechen, eine Strafe, vor der ihr gegraut hatte. Unter diesen Umständen hätte man das Problem vielleicht dadurch lösen können, daß man ihr eine Meditationsmethode zugestand, bei der sie sich frei bewegen und die Augen offenhalten konnte.

Sie hätte vielleicht auch angewiesen werden müssen, jeweils nur kurze Zeit zu meditieren.

Offensichtlich ist »des einen Eule des anderen Nachtigall«. Die Ruhe und Stille, für die meisten Menschen ein so willkommener Bestandteil der Meditation, kann für andere ein erschrekkender Aspekt sein. Wenn die Kürzung der Meditationszeit keine Änderung herbeiführt, scheint es für den Betroffenen keine andere Alternative zu geben, als die Meditation ganz aufzugeben, und wahrscheinlich ist es weise, das zu tun. Wir wissen heute nicht, wodurch diese gelegentlichen »allergischen« Reaktionen auf die Meditation hervorgerufen werden; man tut jedoch gut daran, sie wie jede andere Allergie zu behandeln und die Quelle der Irritation zu meiden.

Widerstand gegen ein neues Selbstbild

Von den Wandlungen, die die Meditation in der Anschauungs- und Verhaltensweise des Übenden verursacht, werden vielleicht nicht die tiefsten Persönlichkeitsschichten betroffen, aber sie können dennoch plötzlicher und dramatischer sein als diejenigen, die im allgemeinen in der Psychotherapie zu verzeichnen sind. Meditieren kann das Verhalten in mancher Beziehung so schnell ändern, daß der Mensch auf das »neue Selbst«, das sich entwikkelt, nicht vorbereitet ist. So positiv die Veränderungen auch sein mögen – passen die neuen Verhaltensweisen nicht zu den alten, so können sie bedrohlich sein. Wenn der Meditierende nicht annähernd versteht, was vor sich geht, stellt er unter Umständen die Meditationsübungen ganz ein.

Eine meiner Patientinnen, Margaret, hatte in der Psychotherapie spannungsbedingte Symptome wie ein Magengeschwür und eine Kolitis beseitigt, auch ihre Depression war behoben worden, aber ihre chronischen Spannungskopfschmerzen hatten nach eineinhalbjähriger Behandlung nicht nachgelassen. Daher beschloß ich, es mit der Meditation zu versuchen, und verwies sie an eine Stelle, wo sie die TM lernen konnte (damals lehrte ich noch nicht die CSM). Wenige Wochen nach Aufnahme der Meditationsübungen ließen Margarets Kopfschmerzen nach, und in den folgenden vier Monaten hatte sie keine Kopfschmerzen mehr – seit Jahren die erste Erleichterung.

Während dieser Zeit stellte sie eine teilweise Persönlichkeitsveränderung bei sich fest, die sie beunruhigte. Sie sei, behauptete sie, unmittelbar auf die Meditation zurückzuführen. Früher war sie selbstaufopfernd gewesen, hatte ihrem Mann, ihren Kindern und anderen Verwandten gegenüber die Rolle der »Märtyrerin« gespielt. Jetzt merkte sie, daß sie sich ihrer eigenen Rechte bewußter und bereit war, in Situationen für sich selbst einzutreten, in denen sie früher nachgegeben hätte.

Wenn sie mit Arbeit überlastet wurde, hatte sie sich immer gefügt, ihre Ressentiments hinuntergeschluckt und oft Kopfschmerzen bekommen. Nun entdeckte sie, daß sie für ihre eigenen Interessen kämpfte und sich daraufhin im Büro einiges änderte. Zu Hause brachte sie den Mut auf, eine gesetzliche Trennung von ihrem Mann zu erreichen, der geistesgestört war und dem sie sich schon lange entfremdet fühlte. Zum erstenmal trat sie ihren halbwüchsigen Söhnen entschieden entgegen und verbot ihnen, sie »die alte Dame« zu nennen. Anscheinend kam in ihrem Verhalten zum Ausdruck, daß sie nicht spaßte, denn die Jungen behandelten sie danach freundlicher und machten seltener verletzende Bemerkungen. Margaret zeigte deutlich mehr Selbstbehauptung; sie war imstande, zu ihrer Verteidigung notfalls aggressiv zu werden und ihren Zorn wirkungsvoll zu äußern.

Trotz der Vorteile ihres neuen Verhaltens fing sie jedoch an, sich über das ihr fremde Ungestüm ihrer eigenen Reaktionen zu beunruhigen; sie beklagte sich, die Meditation mache sie zu einer »widerlichen Person«. Sie sagte, ihre Verwandten, insbesondere ihre alten Eltern, klagten, sie sei nicht mehr der »liebe« Mensch wie früher, als sie nachgiebiger gewesen war.

Margaret bemerkte bei sich auch noch eine weitere Veränderung. Sie pflegte bei jedem gesellschaftlichen Anlaß fast fortwährend zu reden und häufig im Mittelpunkt zu stehen. Nach Aufnahme der Meditationsübungen verlor sie jedoch diesen Drang zu reden und konnte sogar lange Zeit schweigen. Dadurch wurde sie sich zum erstenmal des Unbehagens bewußt, das sie in Gesellschaft befiel und das sie unter zwanghaftem Geplauder verborgen hatte. Auch das beunruhigte sie.

Bald stellte Margaret ihre Meditationsübungen ein und war nicht imstande, sich zur Wiederaufnahme zu zwingen, obwohl ihre Spannungskopfschmerzen in voller Stärke wieder auftraten. Die Persönlichkeitsveränderung, die durch die Meditationsübungen eingetreten war, war für sie nicht zu bewältigen gewesen. Sie war nicht auf sie vorbereitet gewesen.

Ehe sie zu den Meditationsübungen zurückkehren konnte, war es notwendig, in der Therapie den Ursprung ihres ständigen Bedürfnisses herauszufinden, ihre eigenen Rechte zu verleugnen. Als wir diesen Aspekt ihrer Persönlichkeit näher untersuchten, entdeckte Margaret, daß der Wetteifer mit ihrer älteren Schwester Helen die Wurzel eines großen Teils ihres Übels war. In ihrer Kindheit war Helen von ihren Eltern als »Heilige« betrachtet worden, die ohne Zweifel für ein religiöses Leben bestimmt war und der Familie mit Sicherheit Ehre machen würde. Margaret dagegen hatte man als ein schwieriges, aufsässiges Kind angesehen. Als sie noch sehr klein war, hatte sie dieser Unterschied in der Haltung gegenüber Helen sehr geschmerzt, aber sie hatte nichts dagegen unternehmen können. Das junge Mädchen jedoch fand eine »Lösung«. Sie entwickelte das starke Bedürfnis zu beweisen, »heiliger« als ihre gepriesene Schwester zu sein, obwohl dies oftmals bedeutete, ihre eigenen Wünsche und Bedürfnisse für die anderen zu opfern. Da enttäuschte Helen die Familie (sie wurde keine Nonne, wie man erwartet hatte; auch zeigten sich bei ihr Persönlichkeitsprobleme), und Margaret nahm in der Familie die Stelle des »braven Kindes« ein. Obwohl sie wenig Anerkennung für diese neue Rolle erhielt, bemühte sie sich ständig, zu beweisen, wie selbstverleugnend sie sein konnte.

Als sie Jahre später meditieren lernte, begann die für die Meditation typische »Nachgiebigkeit gegen sich selbst« Margarets Vorstellung von sich selbst als opferwilliger Mensch zu bedrohen. Die Meditation bewirkte, daß sie in vielen Situationen bestimmter auftrat, und das untadelige Bild, das sie von sich hatte, drohte zu zerbrechen. An diesem Punkt stellte sie die Meditationsübungen ein.

Nachdem wir in der Therapie einige ihrer Probleme durchgearbeitet hatten, war Margaret schließlich bereit, die Meditationsübungen wieder aufzunehmen. Lange Zeit konnte sie jedoch nur einmal wöchentlich meditieren, damit sich nicht zuviel Angst aufstaute. Sie und ich pflegten dann regelmäßig vor ihrer psychotherapeutischen Behandlung zwanzig Minuten lang miteinander zu meditieren.

Dieses Verfahren hatte Erfolg, denn dadurch, daß ich ruhig mit ihr meditierte, zeigte ich, daß Meditation eine gute und akzeptable Aktivität ist. Viel später erklärte sie, auf diese Behandlungsphase zurückblickend:

> Als Sie mir sagten: »Wir werden miteinander meditieren«, war das für mich die *Erlaubnis* zur Meditation. Damit war für mich das ganze Problem gelöst. Ich war erleichtert und konnte damit fortfahren.

Die wöchentlichen Meditationsübungen waren für Margaret äußerst beruhigend und erholsam. Ihre Kopfschmerzen verschwanden wieder, und es zeigten sich Persönlichkeitsveränderungen, wie sie für regelmäßig Meditierende typisch sind, z. B. lebhaftere und erfreulichere Phantasien. Sie war imstande, in dieser gemäßigten Form die schrittweisen Veränderungen des Bildes, das sie von sich selbst hatte, zu ertragen.

Auf diese Weise arbeiteten wir ein Jahr miteinander. Dann konnte Margaret einmal täglich allein meditieren und hat dies seitdem zu ihrer ständigen Gewohnheit gemacht. Sie ist jetzt eine unabhängigere, selbstsicherere, glücklichere Frau, die die positiven Veränderungen, die sich in ihr vollzogen haben, akzeptieren kann.

Depression und Meditation

Menschen, die unter einer chronischen unterschwelligen Depression – einer bleibenden Schwermut und Freudlosigkeit – leiden, sprechen oft gut auf die Meditation an und erlangen durch sie wieder ein Gefühl des Wohlbefindens. Wer unter schwereren Depressionen leidet, reagiert meistens anders. Selbst wenn die Meditation zur Besserung beiträgt, geben diese stark deprimierten Menschen ihre Übungen gewöhnlich auf. Es kann sein, daß die Übungen ihr Selbstbild bedrohen oder in Widerspruch zu ihrem Lebensstil stehen. So berichtet z. B. Dr. Bernard Glueck aufgrund einer wissenschaftlichen Untersuchung am Hartford Institute of Living, daß sich die TM bei der Behandlung von Patienten mit schweren Depressionen nicht bewährt hat, wenn diese sich im Zustand der Apathie befinden. Die Forscher von Hartford stellten jedoch fest, daß die Meditation bei agitierter Depression dazu beiträgt, die Angst zu verringern. Der Patient ist in diesem Zustand außerordentlich verspannt und ruhelos. Hat der Patient einmal den Willen, sich von der Depression zu befreien, kann er sowohl regelmäßig meditieren als auch die üblichen Reaktionen auf die Übungen erkennen[9].

Ich habe erlebt, daß depressive Menschen mit den fadenscheinigsten Ausreden, die nicht einmal für sie selbst überzeugend klangen, zunächst Anregungen zu Meditationsübungen ablehnten. Eine depressive Patientin sagte mir spontan, sie wolle nicht meditieren lernen, weil sie sich »dadurch besser fühlen könnte, und in gewisser Weise *will* ich mich vielleicht gar nicht besser fühlen«.

Eine andere Patientin ist ein Beispiel für diejenigen, die die Meditation aufgeben, weil sie einen »depressiven« Lebensstil gefährdet. Anna, eine Frau in den Dreißigern, die an chronischen Depressionen litt, war zwanghaft unentschlossen hinsichtlich ihrer ehelichen Beziehungen. Obwohl sie das Leben mit ihrem Mann »unerträglich« fand, machte sie keine Anstrengungen, sich auch nur zeitweilig aus dieser unangenehmen Lage zu befreien. Sie blieb in ihrem Haus, kaum fähig, ihre Hausarbeiten zu verrichten, und im übrigen weinte sie und unternahm nichts.

Während der therapeutischen Sitzungen bei mir sprach Anna wenig und versuchte, mich zu zwingen, ihre Probleme zu lösen. Gleichzeitig setzte sie allen konstruktiven Anregungen meinerseits Widerstand entgegen. Ich hoffte, Meditation würde ihre resignierte Haltung ändern und ein aktiveres und kooperativeres

Verhalten herbeiführen. Daher schlug ich ihr vor, die TM zu erlernen. Zu meiner Überraschung war sie damit einverstanden, nahm Unterricht und stellte zu ihrer Verblüffung fest, daß sie entschieden positive Wirkungen der Meditation verspürte. Ihre Stimmung hob sich, ihre zwanghaften Weinkrämpfe hörten auf, und sie begann sinnvolle Entscheidungen zu treffen. Sie berichtete mir auch, sie fühle sich energischer und sei aktiver geworden. Sie sagte, die Meditation bewirke, daß sie sich »viel besser« fühle.

Zu diesem Zeitpunkt (es war Sommer) gingen sie und ich in Urlaub. Während der folgenden vier Wochen stellte Anna ihre Meditationsübungen ganz ein. Später erklärte sie, sie habe dies getan, weil sie »ärgerlich« über die Meditation geworden sei; sie habe dazu geführt, »daß sie mich schaffte«, und sie habe sie auch »so beruhigt, daß ich nicht mehr weinen und mich bedauern konnte«. Sie hatte aber das Bedürfnis, weiterhin zu weinen und sich zu beklagen. Mit ihren eigenen Worten: »Ich hatte meine eigenen Gefühle wieder zurückgewonnen.«

Anna nahm die Meditationsübungen nie wieder auf und setzte auch ihre psychotherapeutische Behandlung nicht mehr lange fort. Schließlich verschrieb ihr ein Arzt Antidepressiva, die sie befähigten, etwas besser zurechtzukommen, ohne ihr Verhalten grundsätzlich zu ändern.

In Annas Verlangen, die Meditationsübungen zu unterbrechen, scheint es verschiedene Momente zu geben. Als wir uns vor dem Urlaub verabschiedeten, forderte ich sie unmißverständlich auf, selbständiger zu werden. Sie kann dies übelgenommen und sich dadurch »gerächt« haben, daß sie die Meditation ablehnte – ich war diejenige, die ihr zuerst empfohlen hatte zu meditieren. Sie war auch ein Mensch, der dazu neigte, jede neue Aktivität zu einer Sklaverei zu machen, und Meditation schien für sie bald zu einer neuen »Last« und zu einer »Pflicht« zu werden, die sie zu erfüllen hatte.

Entscheidend war indessen wahrscheinlich die Tatsache, daß Meditation ihr die Rolle eines »hilflosen« Wesens zu nehmen drohte; sie benutzte (unbewußt) ihre Trübsal als einen Prügel, mit dem sie andere in Schach hielt: ihren Mann, Freunde und mich selbst. Tatsächlich kann die Meditation »zu gut« gewirkt und eine echte Veränderung in Annas Haltung gefördert haben, auf die sie nicht vorbereitet war. Da sie nicht die persönliche Wendigkeit, Ausdauer und Ich-Stärke wie die oben beschriebene Patientin Margaret hatte und ihre Gemütskrankheit viel ernster war, blieb bei ihrem neurotischen Verhaltensmuster nur die Wahl, die Meditation aufzugeben.

Dieses Unvermögen Annas, die angenehmen Aspekte der Meditation zu tolerieren, lenkt unsere Aufmerksamkeit auf eine andere merkwürdige Reaktion. Viele Menschen scheinen die Übung eben deshalb aufzugeben, weil sie bewirkt, daß sie sich zu wohl fühlen.

Lustangst

Genießen können bedeutet für viele Menschen ein Problem. Die Vorstellung, daß wir unsere Zeit mit »nützlichen« Beschäftigungen verbringen sollen, ist weit verbreitet. Ein Geschäftsmann kommt vielleicht zum Wochenende nach Hause, um sich zu erholen; er fühlt sich jedoch getrieben, Haus- und Gartenarbeiten zu verrichten, und verbringt so das ganze Wochenende mit Arbeit. Sogar wenn er Golf oder Tennis spielt, »nutzt er seine Zeit gut aus«, indem er versucht, sein Spiel zu verbessern oder geschäftliche und gesellschaftliche Kontakte herzustellen. Viele Menschen arbeiten sich regelrecht in eine Erschöpfung hinein, während sie spielen. Dann haben sie das Gefühl, aufgerieben, in die Enge getrieben zu sein, und um allem zu entgehen, versuchen sie, sich selbst »k. o. zu schlagen«.

Trinken ist eine Möglichkeit der Flucht vor einem solchen Spannungszustand. Eine andere besteht darin, sich an das Fernsehen oder die Zeitung zu klammern. Unsere Gesellschaft verfügt über eine Menge Fluchtwege, die es uns ermöglichen, in totale Passivität zu verfallen und uns der Verantwortung zu entziehen. Sie sind für uns notwendige Sicherungen, wenn das Leben eher eine mechanische Pflicht als ein erfreuliches, vitales Geschehen ist.

Meditation zählt nicht zu diesem Teufelskreis von Arbeit und Flucht. Sie ist ein Moment wirklicher Präsenz, eine Lebendigkeit, die um ihrer selbst willen existiert und keine Rechtfertigung braucht. Sie will mehr als bloßes Überleben, sei es sozial oder materiell, sie will die Freude.

Nach Ansicht des indischen geistlichen Führers Bhagwan Shree Rajneesh ist das Dasein in der materiellen Welt nur eine »Notmaßnahme«, und das wahre Ziel des Menschen »ist immer, die Entfaltung des gesamten Potentials zu erreichen ... all dessen, was mit dir gemeint ist«. Diese Entfaltung kann nur zustande kommen, wenn man seinem Leben eine neue Dimension hinzufügt, die Dimension des »Festlichen«:

> (Meditation) ist keine Arbeit; sie ist Spiel ... im Geschäft ist das Ergebnis wichtig. In der Festlichkeit ist das Tun wichtig ... jeder Augenblick kann ein geschäftlicher Augenblick sein; jeder Augenblick kann ein meditativer Augenblick sein. Der Unterschied liegt in der Haltung. Wenn du keine Entscheidungen triffst, wenn du spielst, dann ist sie meditativ[10].

Das ist es, was Rajneesh die »festliche« Haltung nennt – eine freie und spielerische Spontaneität, die Dinge um ihrer selbst willen tun. In unserer heutigen Gesellschaft wird dies oft verurteilt. Das alte Sprichwort »Müßiggang ist aller Laster Anfang« mag vielleicht überholt sein, aber sein Geist lebt fort. Nicht selten hört man von Meditierenden, sie hätten »kein Recht, sich so wohl zu fühlen«, wie sie es während oder nach der Meditation tun. Es kann sie sogar erschrecken, sich glücklich und zufrieden zu fühlen. Diese Menschen glauben vielleicht, das Meditieren aus praktischen Gründen aufzugeben; der eigentliche Grund zeigt sich erst, wenn ihre Meditationspraxis mit ihnen besprochen wird. Sie verhalten sich zur Meditation wesentlich anders als diejenigen, die die Übungen einstellen, weil sie sie als unangenehm empfinden; für sie ist es typisch, daß sie nur Worte des Lobes für die Meditation finden.

Menschen, die sich vor dem Erlebnis der Befriedigung und Erfüllung fürchten, das die Meditation gewährt, bringen es fertig, sich in eine Lage zu versetzen, in der sie unmöglich meditieren können. Eine Frau, die die TM erlernt hatte und behauptete, großen Gefallen daran zu finden, beklagte sich beständig, zu Hause finde sie keine Ruhe zur Meditation und meditiere daher nur selten. Auf Befragen stellte sich heraus, daß sie ihre Meditation immer im Wohnzimmer hielt, wenn Mann und Kinder zu Hause waren. Unter diesen Umständen war eine ruhige Meditation unmöglich. Dadurch, daß sie diese Zeit und diesen Ort für ihre Übung wählte, beraubte sie sich selbst einer Erfahrung, die sie mit Zufriedenheit und Freude hätte erfüllen können. Sie hätte in ihr Schlafzimmer gehen und die Tür abschließen können, oder sie hätte am frühen Nachmittag meditieren können, wenn sie als erste von der Arbeit in ein leeres Haus zurückkehrte, oder auch spätabends. Aber das tat sie nicht. Sie lehnte auch jeden Vorschlag seitens ihres Meditationslehrers oder ihrer Freunde zur vernünftigen Lösung ihres Problems ab. Sie war eine Frau von außerordentlicher Selbstverleugnung – Meditation versprach zu viel Glück.

Alle mir bekannten Psychotherapeuten, die mit Meditation arbeiten, berichten, Patienten beobachtet zu haben, die das Wohltuende dieses Zustandes nicht ertragen können. So bemerkte Dr. Bernard Glueck, daß einige Patienten des Institute of Living nicht fähig schienen, die angenehmen Gefühle, die die TM auslöst, zu akzeptieren. Eher gaben sie das Meditieren auf, als sich dem Schuldgefühl zu stellen, das die Übung für sie mit sich brachte[11].

Da Meditation von Natur aus so wohltuend ist, verzichten manche auf das Meditieren, um sich selbst zu bestrafen. Eine TM-Jüngerin, die die Meditation als eine Form von Belohnung empfindet, hat diesen Prozeß wie folgt beschrieben:

> Es ist das gleiche, als belohne man sich mit Süßigkeiten oder irgend etwas anderem ... Meditation ist sanft, sie ist etwas Gutes, eine Reise nach innen. Wenn man jedoch das Gefühl hat, sich schlecht benommen zu haben, dann benutzt man die Meditation als Waffe und sagt sich: »Nein! Du wirst nicht meditieren. Du verdienst es nicht. Du hast kein Recht, dich so

> wohl zu fühlen!« ... In solchen Augenblicken meditiert man nicht einmal schlecht. *Man meditiert überhaupt nicht*...[12]

Der wohltuende Aspekt der Meditation kann auch bei Menschen, die gelernt haben, Masturbation als Schuld zu empfinden, besondere Angst auslösen. Unbewußt kann Meditation (eine Erfahrung, bei der man allein ist und die Freude macht) als ein »verbotenes« Erlebnis ähnlich der Masturbation empfunden werden. Bei Menschen mit Onanie-Schuldgefühlen, von denen es in unserer Gesellschaft nur allzu viele gibt, sollte von der Meditation abgesehen werden, weil die Übungen eher Angst erzeugen als Entspannung bewirken könnten.

Anders verhält es sich, wenn die Meditationsübungen lange genug fortgesetzt werden; in diesem Fall hilft die Meditation sogar diese tiefverwurzelten Schuldgefühle zu verringern, weil sie dazu tendiert, Selbstbezichtigungen zu vermindern. Wer sich monate- oder jahrelang Zeit zum Meditieren nimmt, kann durch die Meditation automatisch seine Schuldgefühle angesichts von Lebensfreude oder sexueller Befriedigung verringern.

Dies sind einige der bisher entdeckten Gründe, warum die Meditation aufgegeben wird. Es ist aufschlußreich, die Ergebnisse der wissenschaftlichen Untersuchung dieses Themas zu betrachten. Der einzige Forscher, der diese Frage bisher systematisch untersucht hat, ist Dr. Leon Otis vom Stanford Research Institute. In seiner Forschungsarbeit weist er darauf hin, daß die »Dropouts« vielleicht ganz andere Wesenszüge haben als diejenigen, die bei der Stange bleiben[13].

Otis' Studien ergaben, daß die aus den TM-Übungen Ausgeschiedenen dazu neigten, sich für introvertiert, reizbar und angstbeladen zu halten. Sie beschrieben sich selbst als launenhaft, sorgenvoll, ungeduldig, unsicher, defensiv, befangen, verwirrt oder als »Einzelgänger«.

Die Probanden, die seit knapp sechs Monaten meditiert hatten, gaben von sich positivere Beschreibungen und waren der Ansicht, die TM habe ihnen geholfen. Sie bezeichneten sich als erregbar, flink, reizvoll, selbstbeherrscht, ehrgeizig und aufgeweckt.

Die Versuchspersonen, die die TM kontinuierlich achtzehn Monate oder länger ausgeübt hatten, sahen sich wieder anders. Sie beschrieben sich als friedlich, aufgeweckt, entschlossen, attraktiv, sicher, selbstbewußt, rücksichtsvoll, neubelebt, angenehm, offenherzig, präzise und warm – wirklich sehr positive Eigenschaften.

Ist dies darauf zurückzuführen, daß die TM alle diese Veränderungen bei den lange Meditierenden bewirkte, oder unterschieden sich die beiden Gruppen schon voneinander, ehe sie die TM zu lernen begannen? Die Resultate von Otis deuten darauf hin, daß nur jene Menschen, die sich zu einer ruhigen Lebensweise hingezogen fühlen, der Meditation treu bleiben.

»Psychotherapie« praktizieren die Menschen in der einen oder anderen Form schon seit Jahrhunderten. Jeder, der einen verzweifelten Freund zu trösten versucht oder ein erschrockenes Kind beruhigen hilft, praktiziert in gewissem Sinne Psychotherapie – er bedient sich psychologischer Mittel, um das emotionale Gleichgewicht eines anderen Menschen wiederherzustellen. Diese bekannten, alltäglichen Methoden basieren auf dem Versuch, das Problem zumindest intuitiv zu verstehen, obwohl ihnen die wissenschaftliche Fundierung fehlen mag. Psychotherapie als formale Disziplin unterscheidet sich von diesen Bemühungen nur insofern, als sie systematisch und nach bestimmten Prinzipien praktiziert wird, die sich auf unsere heutige Kenntnis der menschlichen Natur gründen.

Es gibt eine Reihe verschiedener psychotherapeutischer Methoden, aber sie haben alle bestimmte Ziele gemeinsam: dem Menschen zu helfen, reifer, kompetenter, tüchtiger zu werden und dem Leben mehr abgewinnen zu lernen. Diese Ziele sind nicht immer leicht zu erreichen. Die konfusen Ansichten eines Menschen über sich in seinem Verhältnis zur Welt oder seine ungesunde Art und Weise, sein eigenes Selbst zu sehen, sind häufig das Endprodukt eines schmerzlich gestörten Eltern-Kind-Verhältnisses, wozu in späteren Jahren auch noch negative Lebenserfahrungen kommen. Man kann von einem Psychotherapeuten nicht erwarten, daß er eingreift und in kurzer Zeit die ganze Vorgeschichte des Patienten ungeschehen macht. Psychotherapie hilft jedoch in vielen Fällen, insbesondere, wenn der Patient motiviert ist, an sich zu arbeiten.

Die Ziele der Psychotherapie können je nach den Klienten, ihren Bedürfnissen und den Therapieformen, die sie wählen, verschieden sein. »Psychodynamische« Therapie versucht, fundamentale innere Konflikte zu lösen, die häufig unbewußt sind, und dem Patienten zu helfen, sich in tieferen Schichten zu ändern. Die Verhaltenstherapie zielt, wie der Name schon andeutet, nur darauf ab, spezifische Verhaltensweisen zu ändern, ohne die Persönlichkeit weiter anzugehen. Beide Methoden haben ihren spezifischen Wert und können in manchen Fällen zur gegenseitigen Ergänzung gleichzeitig verwendet werden. Es gibt andere Formen der Psychotherapie, jedoch sind die am häufigsten angewandten die oben beschriebene »dynamische« und die »behavioristische« (verhaltenstherapeutische) Methode. Wenn wir verstehen wollen, wo und wie die Meditation als Ergänzung einer dieser Therapien dienen kann, müssen wir zwei Fragen beantworten: Wie »tief« reichen die durch Meditation bewirkten Veränderungen, und ist die Meditation selbst eine Form von Psychotherapie?

Wie tief greift die Meditation?

Christopher Ross und Hilary Brown an der Princeton-Universität untersuchten eine Gruppe von TM-Meditierenden und eine Gruppe von Studenten, die regelmäßig die Progressive Muskelentspannung praktizierten[1]. Sie verglichen diese »regelmäßig Übenden« mit einer Gruppe von Studenten, die selten oder niemals Entspannungsübungen machten. Die Frage, die sie zu beantworten suchten, war, ob regelmäßiges Meditieren und/oder Muskelentspannung zu Veränderungen der Trauminhalte des Menschen führen. Man wählte Träume, weil sie eine stabile Bewertungsgrundlage der Persönlichkeit liefern; das heißt, sie reflektieren fundamentale Konflikte und Bewältigungsmechanismen, die über lange Zeitspannen hinweg die gleichen bleiben. Der Psychologe Calvin Hall hat beispielsweise die Träume eines Mannes über einen Zeitraum von fünfzig Jahren, von dessen frühem Mannesalter bis zu seinem Tode, gesammelt; Hall wollte untersuchen, wie konsistent die Trauminhalte über die Jahre hinweg gewesen waren. Er entdeckte, daß jede Traumkategorie, die er studierte, fünfzig Jahre lang im wesentlichen unverändert geblieben war[2]. Beim Studium der Träume anderer Menschen stellte Hall auch fest, daß eine signifikante Änderung des Trauminhalts im allgemeinen immer auch einer gleich wichtigen Veränderung des Verhaltens und der Persönlichkeit entspricht.

Ross und Brown nahmen an, daß sich die Träume der Meditierenden dazu eignen könnten, um herauszufinden, ob Meditation die zugrunde liegende Persönlichkeitsstruktur eines Menschen ändern kann. Wie wir gesehen haben, wurde schon nach dreimonatigem Meditieren über vielerlei Veränderungen bei Meditierenden berichtet. Die genannten Forscher begannen die Veränderungen während des gleichen Zeitraumes, diesmal jedoch in einer tieferen Schicht, zu studieren. Sie veranlaßten die Versuchspersonen, zwei Wochen lang ein Traum-Tagebuch zu führen, ehe sie die TM bzw. die progressive Entspannungstechnik lernten, und ein weiteres Traum-Tagebuch, nachdem sie ihre Techniken drei Monate lang praktiziert hatten. Die Versuchspersonen führten während der Studie auch Buch über ihre täglichen Stimmungen.

Dann bewerteten die Forscher die Träume nach achtundvierzig verschiedenen Variablen, die von so einfachen Charakteristiken wie Anzahl handelnder Personen im Traum oder Stärke verbaler oder physischer Aggression bis zum Vorhandensein von Angst, Selbstbeschuldigung, bizarren Vorstellungen oder »Bedrohung durch die Umwelt« reichten.

Ross und Brown stellten fest, daß die überwältigende Mehrzahl dieser Traumscores weder bei den regelmäßig Meditierenden noch bei der Gruppe, die progressive Entspannung übte, noch bei der Kontrollgruppe Veränderungen aufwiesen. Diese Feststellung machten sie, obwohl eine Anzahl Versuchspersonen in den anschließend verteilten Fragebogen angaben, sie fühlten sich besser. Ein schriftlicher Test, der den Grad der Angst maß, ergab, daß die regelmäßig Übenden weitaus »weniger ängstlich« waren, und ihre Stimmungs-Check-Liste zeigte, daß sie sich häufiger »glücklich« fühlten als in der Zeit vor den Meditationsübungen.

Was bedeutet dies? Passierte bei den Versuchspersonen nach Aufnahme der regelmäßigen Meditations- bzw. Entspannungs-Übungen nichts? Zeigen die unveränderten Träume, daß die dramatischen Entwicklungen im Leben der Meditierenden, über die so häufig berichtet wird, nur »Einbildung« sind?

Ganz bestimmt nicht. Etwas hatte sich bei diesen Versuchspersonen, die ihre Technik regelmäßig praktiziert hatten, tatsächlich verändert: Sie waren sowohl weniger ängstlich als auch glücklicher. Trotz dieser Veränderungen jedoch ließ die regelmäßige Meditation und Entspannung andere, tiefere Schichten ihrer Persönlichkeit unberührt. Ihre Träume und ein Test (der TAT), der die zugrunde liegende Persönlichkeitsdynamik reflektiert (die Probanden werden aufgefordert, Geschichten zu Bildern zu erfinden), zeigten während der drei Monate überhaupt keine Veränderungen. Ein Test, der Veränderungen des Selbstbildes maß, ergab ebenfalls keine Veränderungen[3].

Wie bereits gesagt, haben andere Studien, die die Selbstaktualisierung, Feldunabhängigkeit und andere Aspekte der Persönlichkeit prüften, gezeigt, daß die Meditation Veränderungen hervorrufen kann. Keine dieser Studien bediente sich jedoch der »projektiven Tests«, die tiefere Persönlichkeitsschichten oder Träume messen. Die Arbeit von Ross und Brown und von Zevin (bei der der TAT verwendet wurde) deuten darauf hin, daß sich gerade diese tieferen Persönlichkeitsschichten häufig einer Veränderung durch Meditation widersetzen.

Die gleichen Grenzen haben wir bei unserer Princeton-Studie an unseren meditierenden Patienten beobachtet. Da mein Mann und ich über Meditation schreiben, ziehen uns häufig Menschen zu Rate, die schon lange meditieren und die in Meditation erfahrene Therapeuten suchen. Einige von ihnen hatten schon eine jahrelange intensive Praxis in der einen oder anderen Technik hinter sich und einige von ihnen sind sogar Meditationslehrer.

Diese schon lange Zeit meditierenden Patienten berichteten, sie seien nach Aufnahme der Übungen emotional zugänglicher, ruhiger, einsichtiger und energischer geworden. Als sie zu uns kamen, litten sie jedoch trotz dieser Fortschritte noch unter starken emotionalen Behinderungen. Sie kamen in Therapie, weil emotionale Konflikte in den Bereichen der sexuellen Anpassung, der sozialen Verantwortung, der emotionalen Reife, in bezug auf Ehe und Karriere nicht gelöst waren. Mit anderen Worten, obwohl diese Patienten sich durch intensive Meditationsübungen in gewissen Punkten geändert hatten, waren andere unverändert geblieben.

Diese Frage ist noch in einer anderen wissenschaftlichen Untersuchung behandelt worden. Ihre Ergebnisse stimmen mit Ross und Brown und unseren klinischen Beobachtungen überein. Als Dr. Leon Otis vom Stanford Research Institute Persönlichkeitstests bei TM-Meditierenden und bei einer Kontrollgruppe machte, die sich für die Erlernung der Technik gemeldet hatte, stellte er fest, daß die TM im Laufe der einjährigen Studie bei den regelmäßig Meditierenden keine erkennbaren Wirkungen auf deren Selbstbild gehabt hatte[4]. Er schloß daraus, die Versuchsergebnisse »unterstützen die Ansicht, daß die TM die fundamentalen Persönlichkeitsmerkmale nicht ändert«. Diese Schlußfolgerung stimmt völlig mit der der Princeton-Studie überein.

Ebenso wie die letztere Studie feststellte, daß sich gewisse Verhaltensweisen und Stimmungen mit den Meditationsübungen gewandelt hatten, so entdeckte auch Otis in seiner Untersuchung, daß die TM-Gruppe in bezug auf Lebensfreude, erholsamen Schlaf, Glücksgefühl, Grad der Energie, sexuelle Anpassung und Kreativität bedeutend größere Fortschritte gemacht hatte als die Kontrollgruppe. Diese Veränderungen stellten sich trotz der Tatsache ein, daß tiefergehende Persönlichkeitsmerkmale keine Änderung zu zeigen schienen.

Insgesamt deuten die wissenschaftlichen Untersuchungen und klinischen Beobachtungen darauf hin, daß die Wirkungen der Meditation zwar eindrucksvoll sein können, daß es aber zweifelhaft ist, ob sie es vermögen, die Persönlichkeit in irgendeinem fundamentalen Sinn zu ändern. Um eine wirklich tiefgehende Änderung zu erreichen, muß die Meditation vielleicht Teil eines allgemeineren Wandels des ganzen Lebensstils werden. Die praktische Meditation vermindert jedoch Spannungen und verbessert die Funktionsfähigkeit auf einer Reihe von Ebenen. Das kann zu verblüffenden Änderungen des Verhaltens und des Selbstbildes führen, auch wenn dabei tiefsitzende Probleme unberührt bleiben. Eine Patientin, mit der ich an der East Brunswick Guidance Clinic arbeitete, ist ein Beispiel für diese zweifache Wirkungsweise der Meditation.

Als Elvira zur Psychotherapie kam, war sie Mitte Dreißig und sowohl depressiv wie äußerst ängstlich. Sie trug die alleinige Verantwortung für die Erziehung von fünf Kindern, da ihr geschiedener Mann seiner Unterhaltspflicht für die Kinder nicht nachkam. Sie erhielt Wohlfahrtsunterstützung, drei ihrer Kinder hatten starke emotionale Probleme, und der Älteste weigerte sich rundweg, die Schule zu besuchen.

Fast von Anfang an sprach Elvira auf die Psychotherapie an. Als ihr bewußt war, daß sie auf die Hilfe eines interessierten Therapeuten rechnen konnte, war sie imstande, ihre Intelligenz und Kraft einzusetzen und anzufangen, es mit den Schwierigkeiten aufzunehmen. Schließlich kehrte sie erfolgreich an ihre Arbeit zurück und ließ sich freiwillig mit einem Gefühl des Stolzes aus der Liste der Wohlfahrtsempfänger streichen. Sie war nicht nur imstande, ihre Kinder zu unterstützen und sich mit weniger Streß und Angstgefühlen ihrer anzunehmen, sondern auch ihre Depression war völlig gewichen.

Ein belastendes Problem war jedoch geblieben. Elvira war nicht imstande gewesen, ein insgesamt destruktives Verhältnis zu einem emotional gestörten Liebhaber aufzugeben. Dieser labile Mann verhielt sich ihr gegenüber außerordentlich possessiv und spielte in ihrem Haushalt eher die Rolle eines Kindes. Er war außerordentlich eifersüchtig auf jede Aufmerksamkeit, die sie ihren Kindern schenkte, war ein starker Trinker und drohte mehrmals, gegen sie und ihre Familie gewalttätig zu werden. Einmal wurde er in eine psychiatrische Klinik eingeliefert, in der er mehrere Wochen verbrachte.

Elvira hatte schon seit einiger Zeit das Gefühl, daß sie um ihrer eigenen und der Sicherheit der Kinder willen dieses Verhältnis beenden müsse, war aber unfähig, auch nur daran zu denken, ohne in unkontrollierbares Weinen auszubrechen. Sie hatte bei dem Gedanken, »ihn hinauszuwerfen«, intensive Schuldgefühle.

Im Verlauf der Therapie verringerte sich ihre Bereitschaft, das tyrannische Verhalten ihres Freundes zu ertragen, und der Konflikt zwischen ihrer neuentdeckten persönlichen Würde und ihrer Abhängigkeit von seiner Nähe verstärkte sich. Zu dieser Zeit wirkte sie sehr nervös. Bei verschiedenen Gelegenheiten erschrak sie über sich selber, weil sie so unmäßig getrunken hatte, daß sie dic Besinnung verlor und sich später nicht mehr erinnern konnte, was während des Trinkens geschehen war. Das war ihr noch nie passiert. Ich hielt es für wichtig, das Trinken nicht zur Gewohnheit werden zu lassen, und schlug ihr vor, die TM zu erlernen, um die Spannung, die sich in ihr aufgebaut hatte, zu verringern. Elvira nahm den Vorschlag begeistert an. Sie hoffte insbesondere, Meditation würde sich als ein Mittel gegen ihre schwere Schlaflosigkeit erweisen. Zu diesem Zeitpunkt schlief sie nachts unregelmäßig und unruhig nur drei bis vier Stunden.

Die Meditation tat fast unmittelbar ihre Wirkung. Als sie nach der Einführung in die TM zu ihrer nächsten therapeutischen Sitzung erschien, sah sie friedlich, fast strahlend aus. Innerhalb weniger Tage nach Aufnahme der Meditationsübungen schlief sie ruhig die ganze Nacht hindurch. Seit jener Zeit ist ihr Schlaf sogar in Perioden starken Stresses ausgezeichnet geblieben.

Ihr sporadisches Trinken stellte sie unmittelbar nach Aufnahme der Meditationsübungen ein; es war für sie nie wieder ein Problem. Sie verlor auch plötzlich jedes Verlangen, Marihuana zu rauchen, was sie früher täglich getan hatte. Auch merkte sie, daß sie vergaß, für sich selbst Zigaretten zu kaufen oder sie zu rauchen, wenn sie im Hause waren. Außerdem war sie bei der Arbeit gelassener und ruhiger, und ihr Verhältnis zu den Kindern wurde allgemein ausgeglichener und verständnisvoller. Die bemerkenswerteste Veränderung aber war ihre deutlich zunehmende Unabhängigkeit. Nach den ersten drei Wochen Meditationsübungen wies sie ihrem Liebhaber trotz seiner Proteste und Drohungen entschlossen die Tür und sorgte für polizeiliche Hilfe, falls er gewalttätig werden sollte. Sie führte ihren Plan, ihn zum Verlassen des Hauses zu zwingen, ohne ihre gewohnten Schuldgefühle und Selbstvorwürfe durch. Es tat ihr natürlich leid, als er gegangen war, aber trotzdem schlief sie nachts friedlich und schrieb ihre Fähigkeit, ihren Entschluß durchzuführen, unmittelbar den Meditationsübungen zu.

Obwohl sich Elvira einige Monate später wieder mit ihrem Freund versöhnte, hatte ihr Verhältnis nun eine andere Grundlage. Sie war jetzt unabhängiger, hatte in der Zwischenzeit eine

Reihe von Tätigkeiten außerhalb des Hauses, Interessen und Beziehungen aufgenommen, die sie nicht aufgab. Sie bestand nunmehr auf ihren eigenen Rechten und denen ihrer Kinder. Trotzdem zeigte sich deutlich, daß Meditation die eigentliche Persönlichkeitsdynamik nicht ändern konnte, die Elvira ursprünglich bewogen hatte, sich ein so gestörtes Individuum als Freund auszusuchen. Meditation hatte sowohl »Erfolg gehabt« wie auch »versagt«. In gewisser Hinsicht hatte sie Elvira bedeutend verändert; in anderer Beziehung war sie aber die gleiche geblieben.

Ist Meditation Psychotherapie?

Der Psychiater Harold Bloomfield, der ein ausgebildeter TM-Lehrer ist und eng mit der World Plan Organization zusammenarbeitet, zitiert den Gründer der TM, »Maharishi« Mahesh Yogi, dahingehend, die Rolle des Psychotherapeuten bei regelmäßig meditierenden psychiatrischen Patienten bestehe darin, »die Hand des Patienten zu halten, während die TM dessen Heilung bewirke«[5]. Dr. Bloomfield scheint selbst auf diesem Standpunkt zu stehen, obwohl er Medikamente als zusätzliches Mittel zur Kontrolle ernsterer Formen psychiatrischer Krankheiten, die gelegentliche Verwendung von verhaltenstherapeutischen Techniken und kurzfristige Eheberatung (zusammen mit der TM) für nützlich hält[6].

Bloomfield kritisiert die Psychoanalyse und die von ihr hergeleiteten Therapien, Therapien, bei denen Einsicht und Verständnis für unsere tieferen Konflikte eine fundamentale Rolle spielen, und meint, die TM könne »einige analytisch orientierte Techniken überflüssig machen«[7]. Er meint, das Gespräch mit einem Therapeuten über Probleme könne sogar »nutzlos und schädlich«[8] sein. Seiner Ansicht nach ist es besser, ein Patient »lebt unbesorgt um frühere Probleme, um sich seines Wachstums in der Gegenwart durch die erhebende Erfahrung des *reinen Bewußtseins** zu erfreuen«. Zur Erhärtung seiner Ansicht führt er

* »Reines Bewußtsein« ist ein Terminus für den Zustand gegenstandslosen Denkens; man sagt, dieser werde erreicht, wenn ein Mensch während der

die Erklärung des TM-Gründers »Maharishi« Mahesh Yogi an, »statt im Schlamm einer elenden Vergangenheit zu wühlen«, solle der Blick »durch den Genius und die Klarheit der *kreativen Intelligenz* des Menschen«[10]* erweitert werden. Bloomfield faßt seine Ansicht mit den Worten zusammen, was ein psychiatrischer Patient in erster Linie vom Psychotherapeuten brauche, sei »die Ermutigung zu regelmäßigen Meditationsübungen und die Anregung, in dynamischer Weise aktiv zu werden. Wenn ein Patient einmal diesen Wachstumsrhythmus erreicht hat, kann die Notwendigkeit psychiatrischer Behandlung sehr gering werden«[12].

Das Bild, das Bloomfield von der TM und ihrer Wirksamkeit als eigenständige Psychotherapie zeichnet, ist sehr anziehend. Leider stimmt es jedoch mit der Erfahrung einer Reihe meiner Psychotherapeuten-Kollegen nicht überein. Seit der Veröffentlichung meiner Abhandlungen in Fachzeitschriften über die Verwendung der Meditation in der Psychotherapie sind Therapeuten vieler verschiedener Richtungen und aus vielen Teilen der Welt mit mir in Verbindung getreten und haben mir Informationsmaterial über ihre Erfahrungen mit meditierenden Patienten zur Verfügung gestellt. Ihre Berichte stimmen im wesentlichen miteinander überein. Fast alle sehen Möglichkeiten, die Meditation zusammen mit der Psychotherapie zu verwenden, und haben sie ihren Patienten empfohlen. In keinem Bericht wurde jedoch die Meditation als Ersatz für die Psychotherapie bezeichnet; nirgends stand, sie sei für jeden Patienten wirksam; oder ihre Verwendung sei stets unproblematisch. Keiner dieser Therapeuten sah in ihr ein solches »Allheilmittel« wie die Psychiater, die eng mit der TM-Organisation zusammenarbeiten. Mit wenigen Ausnahmen teilen sie nicht die Ansicht, man brauche nichts weiter zu tun als sich hinzusetzen und »die Hand des Patienten zu halten«

TM-Übung »transzendiere« und dadurch mit der höchsten unveränderlichen Wirklichkeit oder »dem absoluten Bereich reinen Seins«[9] in Verbindung komme.

* »Kreative Intelligenz« ist ein Terminus, der von TM-Lehrern benutzt wird, um den Hindu-Begriff des Absoluten oder Brahman zu bezeichnen, die Hauptkraft der Schöpfung, die allen Dingen innewohnt. Dieses ursprüngliche Sein manifestiert sich in *prana* (die universale Energie, »die die Schöpfung hervorbringende Kraft«)[11].

oder unterstützende Medikamente zu verschreiben, während die Meditation die Arbeit verrichte.

Obwohl Meditation kombiniert mit Psychotherapie ein ausgezeichnetes Hilfsmittel für einen Patienten sein kann, empfehle ich sie nicht für schwer gestörte Menschen, die nicht gleichzeitig auch psychotherapeutisch behandelt werden. Sie kann zwar als alleinige Behandlung wirksam sein, aber in manchen Fällen bringt sie für emotional gestörte Patienten Schwierigkeiten mit sich, weil der Spannungsabbau, der bei diesen Patienten eintritt, ungewöhnlich intensiv sein kann. Daher ist es wünschenswert, diese Fälle in der Obhut eines ausgebildeten Psychotherapeuten zu wissen, während sie meditieren lernen.

Ich meine damit nicht, daß Menschen, die verspannt oder ängstlich sind oder die unter streßbedingten Krankheiten wie Hypertension leiden, durch die Meditation keine Erleichterung erführen, wenn sie nicht gleichzeitig in psychotherapeutischer Behandlung sind, oder daß sie es nicht versuchen sollten, vorausgesetzt natürlich, sie bleiben wegen ihrer physischen Beschwerden in ärztlicher Behandlung. Ich spreche vielmehr von Menschen, die unter ernsten psychiatrischen Symptomen leiden: Depressionen, Phobien, Drogen- oder Alkoholsucht und anderen emotionalen Störungen, die fachärztliche Hilfe erfordern. Diese Menschen sind als Gruppe anzusehen, bei der man ein hohes Risiko eingeht. In diesen Fällen sollte mit Vorsicht und Vernunft an die Erlernung der Meditationsmethode herangegangen werden. Sie sollten unter der Obhut eines qualifizierten Psychotherapeuten stehen, sollten ihren Entschluß, meditieren zu lernen, mit ihm besprechen und eher zu wenig meditieren, bis sie und ihr Therapeut sicher sind, daß die Erfahrung für sie von Nutzen ist.

Meine klinischen Beobachtungen in dieser Beziehung sind instruktiv. Während der vergangenen Jahre bin ich von einer Reihe von Patienten mit einer Vorgeschichte schwerer psychiatrischer Störungen konsultiert worden, die die TM erlernt hatten, bevor sie sich in psychotherapeutischer Behandlung befanden. Mit »schweren Störungen« meine ich, daß diese Patienten eine Vorgeschichte von so gestörtem Verhalten hatten, daß sie jahrelang als »Einsiedler« und in einer Phantasiewelt lebten, in der sie

»böse Mächte« fürchteten, oder sie hatten andere gravierende emotionale Störungen. Sie hatten jedoch keinesfalls alle einen psychischen Zusammenbruch erlitten, der ihre Hospitalisierung erforderlich gemacht hätte, und viele von ihnen hatten vorher niemals psychiatrische Hilfe für ihre Probleme gesucht.

Diese Patienten berichteten mir, die ersten beunruhigenden psychiatrischen Symptome hätten sich bald nach Aufnahme der Meditationsübungen gezeigt, oder aber frühere Symptome seien durch die Meditation reaktiviert worden. Drei von ihnen erlitten innerhalb weniger Wochen nach Aufnahme der Meditationsübungen einen vollständigen psychischen Zusammenbruch und mußten hospitalisiert werden. Alle führten ihren Zusammenbruch auf die Meditation zurück. Soweit ich feststellen konnte, hatte keiner von ihnen übermäßig meditiert. Sie berichteten, sie hätten die vorgeschriebenen zwanzig Minuten eingehalten, was ihre TM-Lehrer auch später bestätigten. Sogar diese mäßige Meditationszeit war offensichtlich zu viel für sie gewesen. Sie schienen ungewöhnlich »sensitiv« gegenüber der Meditation und außerstande zu sein, sie auch nur kurze Zeit zu ertragen.

Es ist natürlich möglich, daß eine sofortige Kürzung der täglichen Meditationszeit bei gleichzeitiger psychotherapeutischer Behandlung diese Patienten befähigt hätte, die Meditation zu verkraften, ohne daß es zu schweren psychiatrischen Beschwerden gekommen wäre. Andererseits hätte ein Psychotherapeut mit Meditationserfahrung vielleicht geraten, die Meditationsübungen zu diesem Zeitpunkt ganz einzustellen, und er hätte recht gehandelt. Auf jeden Fall war Meditation bei diesen Patienten ganz bestimmt keine Therapie.

Nach unserer heutigen klinischen Erfahrung sind die Veränderungen, die die Meditation bewirkt, zwar häufig echt therapeutischer Natur. Sie sind aber auch unvollständig, und wegen der gelegentlichen unerwünschten Nebenwirkungen ist Meditation *allein* als Behandlungsform für psychiatrische Störungen nicht zu empfehlen. Die konventionelle Psychotherapie kann natürlich zeitweise ebenfalls unvollständig sein, und möglicherweise ist in vielen Fällen die Kombination von Psychotherapie und Meditation wirksamer als eine der beiden Techniken allein. Eine Studie der Psychologen Leah Dell Dick und Robert Ragland an der Universität Oklahoma ergab, daß Studenten, die sich in einer Uni-Beratungsstelle behandeln ließen, besser auf eine Kombination von Meditation und psychologischer Beratung reagierten als auf Meditation oder Beratungstherapie allein[13].

Der meditierende Therapeut

Ganz abgesehen von den Wirkungen, die die Meditation auf Patienten haben kann, sind mehrere meiner Psychotherapeuten-Kollegen und auch ich nach Aufnahme unserer Meditationsübungen auf Veränderungen in unserer Arbeit *mit* den Patienten aufmerksam geworden.

Wir haben persönlichen Nutzen aus den Meditationsübungen gezogen, der ohne Zweifel indirekt zu unserer Fachkenntnis beiträgt. Unsere Methoden, mit dem Patienten umzugehen, haben sich ebenfalls geändert. Einige von uns – auch mein Mann und ich selbst – haben bemerkt, daß seit Aufnahme unserer Meditationsübungen unser Einfühlungsvermögen in die Stimmungen des Patienten geschärft worden ist. Wir brauchen uns auch nicht mehr so sehr anzustrengen, um seine tieferen Kämpfe und unbewußten Konflikte zu erkennen.

Mein Mann, Dr. Ephron, hat die Erfahrung gemacht, daß ihm seine Meditationsübungen in seiner Arbeit unmittelbar zu Hilfe kamen. In mehreren Fällen, wo ihn die Probleme eines bestimmten Patienten vor besondere Rätsel stellten, konstatierte er in seiner auf die Behandlung des Patienten folgenden Meditationsübung, daß er besonders lebhafte innere Bilder hatte, die neue und genaue Einsichten in die Schwierigkeiten des Patienten enthielten. Oft brachten sie die Antwort auf ein Problem, das unlösbar schien.

Eine junge Frau war nicht in der Lage, ein tiefsitzendes Problem, das mit ihrem Verlobten zusammenhing, aufzuarbeiten. Sie verließ an einem bestimmten Tag frustriert die Praxis meines Mannes, weil sie nicht ihren Zwang verstehen konnte, ihren Geliebten anzugreifen, den sie in vieler Hinsicht liebte und den sie glaubte wirklich heiraten zu wollen. Dr. Ephron stellte sich später an diesem Nachmittag in seiner Meditationsübung König Lear, umgeben von zweien seiner Töchter, vor, obwohl er dabei nicht bewußt an seine Patientin und ihr Problem dachte. Es war die Szene, in der die Töchter ihren Vater ruinieren und ihn ausnutzen. Wie in Shakespeares Drama brachten sie ihn in seiner Phantasie so weit, daß er in Lumpen ging und irre wurde. Während mein Mann noch meditierte, kam ihm plötzlich der Name seiner Patientin in den Sinn, und die Szene schien eine symbolische Erklärung ihres Problems zu sein. Vielleicht, dachte er, hat diese junge Frau zusammen mit ihrer geschiedenen Mutter bewußt versucht, ihren reichen Vater auszunutzen und sein Vermögen für ihre Bedürfnisse aufzuwenden. Könnte die Tatsache, daß sie niemals ihrer eigenen Schuld an der destruktiven Ausnutzung ihres Vaters ins Auge gesehen hat, einer der Gründe für das Unbehagen dieser jungen Frau gegenüber Männern sein und für das defensive Bedürfnis, sie anzugreifen, als ob *sie* die »Ungeheuer« wären?

In der nächsten Sitzung fragte er die Patientin, ob sie und ihre Mutter ihren Vater jemals behandelt hätten wie König Lear. Die Patientin war über die Formulierung der Frage bestürzt und antwortete, ihr Vater habe sich oft bei ihrer Mutter und bei ihr mit den Worten beklagt: »In diesem Haus *fühle ich mich wie König Lear.*«

Diese Auskunft führte zu einer produktiven Sitzung, in der die Patientin zum erstenmal die Berechtigung der Klagen ihres Vaters über die schlechte Behandlung in seinem eigenen Haus überprüfen konnte. Dadurch wurde ihr klar, wie sich ihr ausbeutendes Verhalten entwickelt hatte und wie dieses noch immer ihre Beziehungen vergiftete – sowohl zu ihrem Vater wie zu anderen Männern einschließlich ihres Verlobten, eines jungen Mannes mit großem Vermögen.

In Fällen, in denen die Meditation eine solche Einsicht in das Problem eines Patienten vermittelt, macht es die frei flottierende Aufmerksamkeit des meditativen Zustandes dem Therapeuten möglich, seine vorherigen Beobachtungen so zu kombinieren, daß eine kreative Erkenntnis entsteht. Sie gleicht anderen kreativen Synthesen im meditativen Zustand, die zu künstlerischen Werken oder wissenschaftlichen Entdeckungen führen.

Mehrere von uns, die wir in der Psychotherapie arbeiten, haben auch bemerkt, daß wir – seit wir selbst meditieren – eher imstande sind, die Traumsymbole eines Patienten zu verstehen und ihm zu helfen, sich mit diesen Symbolen konstruktiv auseinanderzusetzen. Es ist, als fühlten wir uns jetzt selbst wohler angesichts dieses »Primärprozeß«-Materials, da es häufig dieselbe Art von Material ist, die der meditative Zustand hervorbringt. Ein weiterer Unterschied ist unsere erhöhte »Widerstandskraft«. Wenn wir im Laufe des Tages mit einer ganzen Reihe von Patienten zu arbeiten haben, ermüden wir jetzt durch den Streß nicht mehr so leicht und werden weniger schläfrig – eine Gefahr, die bei einer »sitzenden Tätigkeit« immer gegeben ist.

Psychotherapeuten sind auch zuweilen mit schweren Ausbrüchen von Feindseligkeit seitens der Patienten konfrontiert. Der Ausdruck derartiger Feindseligkeit kann ein nützlicher, sogar notwendiger Bestandteil der Behandlung des Patienten sein, für den Therapeuten – besonders wenn der Wutausbruch plötzlich kommt – hingegen einen Streß bedeuten. Mein Mann und ich haben festgestellt, daß sich seit Aufnahme unserer Meditationsübungen unsere Fähigkeit, mit diesen negativen Reaktionen seitens des Patienten fertigzuwerden, verstärkt hat. Ich fühle mich durch den plötzlichen Ausbruch eines Patienten nicht mehr bedroht; es ist, als hätte ich dagegen »ein dickes Fell« bekommen. Daher ist meine Haltung gegenüber dem Betragen des Patienten ausgeglichener und konstruktiver geworden. Das scheint meiner allgemein größeren Toleranz gegenüber irritierenden und aufregenden Situationen zu entsprechen, die sich seit Aufnahme der Meditation entwickelt hat.

Meditation kann auch die Art »gleichschwebende Aufmerksamkeit« beim Anhören des Patienten fördern, die Freud für den Psychotherapeuten für unentbehrlich hält. Freud wies darauf hin, daß das absichtliche Aufmerken auf das, was der Patient während der Behandlung sagt, ein tieferes Verständnis der wirklichen Bedeutung seiner Erklärungen sogar verhindern kann.

Statt aktiv zuzuhören, rät er daher dem Psychotherapeuten, sein eigenes Unbewußtes wie ein rezeptives Organ auf das ausstrahlende Unbewußte des Patienten zu richten. Wie wir gesehen haben, erzeugt der ungerichtete, ziellose Zustand, der während der Meditation erreicht wird, eine größere als übliche Offenheit für innere und äußere Eindrücke und ein erhöhtes Bewußtsein emotionaler Reaktionen. Vielleicht kann man die Meditation als eine Übung zur Stärkung der »psychischen Muskeln« ansehen, die notwendig sind, um Freuds idealen Zustand der »gleichschwebenden Aufmerksamkeit« zu erreichen.

Dieser Aspekt der Meditation scheint mit dem verwandt zu sein, was die Psychologin Terry Lesh entdeckte, als sie die Wirkungen der Meditation auf Studenten der klinischen Psychologie studierte, die Berater werden wollten. Empathie (d. h. die Fähigkeit, sich in einen anderen Menschen einzufühlen) kann im Grunde nicht gelehrt werden, sie ist aber für gute Psychotherapie unentbehrlich. Lesh fragte sich, ob die Meditation das Einfühlungsvermögen künftiger Psychologen verbessern könne.

Sie beschloß, die Wirkungen der Zazen-Meditation auf die Entwicklung der Empathie zu studieren. Sie stellte fest, daß sie sich bei denjenigen Versuchspersonen bedeutend verbesserte, die während des Kurses regelmäßig meditierten. In den beiden Kontrollgruppen, die keine Meditationsübungen machten, verbesserte sie sich nicht oder verschlechterte sich sogar[14]. Aufgrund der Untersuchungen von Lesh und unserer eigenen Beobachtungen glauben wir, daß die Standardausbildung in den psychischen Heilberufen durch die Einbeziehung der Meditation eine wertvolle Bereicherung erfahren würde[15].

Die Meditation kann meines Erachtens ein sehr nützlicher Partner der Psychotherapie sein; es scheint aber, daß dieses Bündnis am besten funktioniert, wenn es im wahren Sinn des Wortes eine Partnerschaft ist, in der eine Disziplin die andere ergänzt.

4. Das Geheimnis der Meditation

15 *Meditation – ein Regelmechanismus*

Die Beweise für die Wirksamkeit der Meditation sind beeindrukkend. Meditation scheint eine Methode zu sein, die die Macht hat, bestimmte Aspekte der Persönlichkeit zu ändern. Nunmehr müssen wir uns fragen, woher diese Macht kommt. Was ist das »Geheimnis« der Meditation?

Bei dem Versuch zu verstehen, warum Meditation die durchdringenden Wirkungen hat, die sie besitzt, scheint es, als beobachteten wir verschiedene Wasserläufe, die in einen Fluß münden, dessen potentielle Kraft man nur durch seine Gesamtheit erklären kann. Viele Faktoren kommen in der Meditation zusammen, die mit vereinten Kräften in ihr wirken und so etwas zustande bringen, das über das Vermögen einer einzigen Komponente hinausgeht.

Wir werden mit der Theorie beginnen, daß Meditation wie ein Regelmechanismus funktioniert, der ein natürliches Gleichgewicht zwischen den vielen Reizen herstellt, auf die wir ständig reagieren.

Meditation als Entzug der Sinneswahrnehmungen

Alle Meditationsmethoden schalten die Außenwelt mehr oder weniger aus. Wenn wir meditieren, ziehen wir uns von ablenkenden Bildern, Geräuschen und anderen Sinneseindrücken, die gewöhnlich auf uns eindringen, zurück. Dies geschieht dadurch, daß wir unsere Aufmerksamkeit auf etwas anderes konzentrieren – meistens auf einen unveränderlichen oder sich wiederholenden Reiz. Meditation kann man sogar zum Teil als eine Form von selbstauferlegter »sensorischer Deprivation« beschreiben, als gingen wir jedesmal, wenn wir meditieren, in eine selbsterrichtete »Isolierkammer«.

Dieser Vergleich mag zwar einleuchtend sein, aber er wirft einige Fragen auf. Der Entzug der Sinneswahrnehmungen wird –

zumindest in seiner extremen Form – keineswegs in allen Fällen als erwünscht angesehen. Es gibt viele Beweise dafür, daß die strikte Unterbindung äußerer Reize äußerst zerrüttend und zuweilen sogar lebensgefährlich sein kann. Lange vor unseren Experimenten mit sensorischer Deprivation wußten die Menschen, daß Isolierung einen starken Streß auferlegt. Einzelhaft war in unserer ganzen Geschichte eine schwere Strafe, und die Berichte, daß sich die Menschen unter diesen Umständen veränderten, »ihren Verstand verloren« oder plötzlich »gewillt waren zu reden«, sind allgemein bekannt.

Diese unwillkommenen Wirkungen waren zwar schon lange bekannt, aber erst zu Beginn der fünfziger Jahre dieses Jahrhunderts begannen immer mehr experimentelle Forschungsergebnisse zu zeigen, daß Lebewesen die sensorischen Reize notwendig brauchen. Es scheint, daß der Mensch nicht auf logische, gesteuerte, integrierte Weise funktionieren kann, ohne ein beständiges Angebot sensorischer Reize zu erhalten. Da unser Nervensystem sowohl ein Empfänger wie ein Sender ist, kann es in Unordnung geraten, wenn es nichts zu empfangen hat.

Welche Auswirkungen auf das Nervensystem entstehen, hängt von der Menge der noch verbleibenden Stimulation ab. Kein Versuchslabor konnte bisher einen Menschen völlig gegen alle Reize abschirmen. Irgendwelche Sinneseindrücke hat der Mensch immer, auch wenn sie auf minimale Tast-, Geschmacks- oder Geruchsempfindungen beschränkt sind.

Interessant ist, daß die extensivsten Symptome, wie schwere Verwirrung der Denkfunktionen und Halluzinationen, eher durch monotone Stimulierung hervorgerufen werden. Diese Entdeckung erhellt die Wirkungsweise des meditativen Zustandes. Die Meditation reduziert die Stimulierung bis zu einem Grad, der weit unter dem täglichen Durchschnitt liegt, aber sie schaltet sie nicht total aus. Irgendein monotoner Reiz bleibt bestehen, sei es die fortwährende Wiederholung des Mantra, der Anblick eines Gegenstandes, rituelle Gesten, die Konzentration auf den eigenen Atem und so weiter. Die Versuche mit dem Entzug der Sinneswahrnehmungen legen nahe, daß unsere Denkstrukturen am wirksamsten durch die Einführung eines monotonen Reizes, der nicht viel »Sinn« hat, verändert werden. Das scheint in der Meditation zu geschehen.

Meditierende berichten häufig über lebhafte traumähnliche Bildvorstellungen (obwohl sie selten die Deutlichkeit von Halluzinationen erreichen, es sei denn bei sehr langen Meditationsübungen). Auch berichten Meditierende häufig über Verzerrungen des Körperbildes; sie sagen, ihr Denken sei viel weniger organisiert (fast unkontrolliert), und sie erlebten während der Meditation intensive Emotionen. Wenn aber die Meditation und der Entzug der Sinneswahrnehmungen die gleichen Wirkungen hervorbringen können, warum gilt dann die Meditation als ein wohltuender und höchst begehrenswerter Zustand, während die sensorische Deprivation oft als unangenehm, beunruhigend und unwillkommen erfahren wird?

Bei sorgfältiger Prüfung der Versuchsberichte entdecken wir etwas, das man zunächst übersieht. Nicht alle Versuchspersonen – auch nicht alle, deren sensorische Deprivation bis zum äußersten ging – hatten unangenehme Erfahrungen oder Anzeichen von verwirrtem Denken, von Halluzinationen oder irgendeinem ungewöhnlichen Verhalten. Einige haben mehrere Tage solcher Isolierung ohne Schwierigkeit überstanden.

Interessanter ist vielleicht noch die Tatsache, daß, wie berichtet wird, für einige Menschen die sensorische Isolierung eine positive Erfahrung ist. Nach Berichten von einsamen Seeleuten, Polarforschern, Überlebenden in Rettungsbooten und anderen Menschen, die lange Zeit hindurch zwangsweise isoliert und einer sehr monotonen Umgebung ausgesetzt waren, ist es nicht selten, daß sie eine »Wandlung« durchmachen, sobald sie sich an das Isolierungserlebnis gewöhnt und einen Weg gefunden hatten, damit fertigzuwerden. An irgendeinem Punkt scheint die Isolierung für sie zu einer wichtigen Wachstumserfahrung zu werden, und viele von ihnen meinen, sie habe zu einer neuen Integration der Persönlichkeit geführt.

Diese und ähnliche Berichte veranlaßten in den fünfziger Jahren eine Forschergruppe zu der Hypothese, daß der Reizentzug heilende Eigenschaften haben könne. Sie fragten sich, was passieren würde, wenn man eine Gruppe emotional gestörter Patienten, z. B. Psychotiker, in einem Krankenhaus solchen Bedingungen aussetzen würde? Könnte die Isolierung für sie möglicherweise eine Hilfe bedeuten?

Dieses Experiment machten 1956 die Forscher Azima und Cramer in Montreal[1]. Sie brachten die psychiatrischen Patienten zwei bis sechs Tage lang in Isolierkammern unter. Wie bei allen anderen sensorischen Entzugsexperimenten konnten die Versuchspersonen das Experiment beenden, wann immer sie es wünschten. Während sich die Symptome einiger Patienten durch den Reizentzug verschlimmerten, erfuhren die Symptome anderer, insbesondere depressiver Patienten, eine ganz bedeutende Besserung, die auch nach Verlassen der Isolierkammer anhielt. Bei diesen Patienten war nunmehr eine stärkere Motivation zu erkennen, sie suchten mehr Kontakt zu anderen Patienten und setzten sich besser durch. Einige reagierten auf den sensorischen Entzug so positiv und ihre Besserung machte solche Fortschritte, daß sie aus der Klinik entlassen werden konnten. Darunter befanden sich auch Patienten, die als »chronisch« und »unheilbar« galten.

Welche Erfahrungen hatten sie während der Isolierung gemacht? Zunächst berichteten sie über eine typische Verwirrung des Denkvermögens; aber bei ihnen schien auf die Phase der Verwirrung eine »Reorganisierung« zu folgen. Nunmehr schienen ihnen Selbstbehauptung und »konstruktive Aggression« zu Gebote zu stehen. Psychologische Tests nach dem Experiment ergaben, daß die Isolierung nicht zu einem Verlust von Konzentration oder Leistungsfähigkeit geführt hatte. Eine Reihe dieser Patienten war nachher auch für die Psychotherapie empfänglicher. Im allgemeinen schienen Patienten, die vor allem an Depression litten, am meisten zu profitieren, während andere, die man als »hysterische Persönlichkeiten« diagnostiziert hatte, dazu tendierten, in der Isolierung noch ängstlicher und gestörter zu werden.

Diese Ergebnisse ermutigten einen anderen Forscher, A. Harris, auch bei schizophrenen Patienten einen Versuch mit Reizentzug zu machen[2]. Dabei stellte er fest, daß sie dies viel besser als normale Menschen ertrugen und daß die Isolierung bei vielen von ihnen die Intensität ihrer Halluzinationen reduzierte oder diese ganz beseitigte. Auch andere Forscher machten Versuche in der gleichen Richtung und kamen zu ähnlichen Ergebnissen*.

Warum reagieren bestimmte Patienten auf den Entzug der Sinneswahrnehmungen positiv und andere nicht? Der Psychologe Charles Brownfield versuchte, den Grund dafür zu finden, und testete Versuchspersonen darauf hin, ob sie eher »reizhungrig« oder eher »reizvermeidend« waren[3]. Die meisten von uns neigen zu dem einen oder anderen der beiden Extreme. Reizhungrige Menschen sind stets auf der Suche nach neuen und aufregenden Erfahrungen, Lebensstilen und Abenteuern, sie schätzen eine neue Umgebung, Reisen und andere Formen der Anregung. Als reizvermeidend gelten Menschen, die dazu tendieren, sich von allem Neuen zurückzuziehen, sich an das Erprobte zu halten und alles im voraus zu planen, um das Unbekannte zu vermeiden.

Brownfield zog den Schluß, daß auf reizvermeidende Menschen die sensorische Isolation sowohl angenehm wie möglicherweise therapeutisch wirken könnte. Andererseits könnten reizhungrige Personen es äußerst quälend finden, wenn ihnen die Stimulierung, die sie brauchen, entzogen würde. Um diese Annahmen zu prüfen, testete er eine Gruppe psychiatrischer Patienten und eine »normale« Kontrollgruppe in bezug auf ihren Reizhunger. Dann bat er diejenigen, die sich freiwillig zu einem Versuch mit sensorischer Deprivation meldeten, wenn möglich vierundzwanzig Stunden lang in der Isolierung zu verbleiben.

Obwohl Brownfield wegen technischer Schwierigkeiten nur wenige Patienten in der Isolierkammer hatte, lagen die Ergebnisse in der vorausgesagten Richtung. Die reizhungrigen Versuchspersonen klagten nach dem Versuch alle über Unbehagen, Angst oder Langeweile. Die Reizvermeidenden hingegen berichteten häufig, sie fühlten sich nach ihrem Aufenthalt in der Isolierkammer besser. Sie beschrieben ihren Zustand als wohltuend, entspannt und ruhig. Die Reizsuchenden erklärten auf Befragen,

* Die sensorische Isolierkammer als Behandlungsform ist bisher in allen psychiatrischen Kliniken unbekannt, während die Elektroschock-Therapie, eine sehr viel radikalere Behandlung als die sensorische Isolation, weiterhin angewendet wird.

niemals wieder an einem solchen Versuch teilnehmen zu wollen, während die Reizvermeidenden darauf erpicht zu sein schienen, sich bei der nächstbesten Gelegenheit wieder freiwillig zu melden.

Vielleicht ist dieses Forschungsergebnis auch für die Meditation relevant. Kann es sein, daß Reizsuchende die teilweise sensorische Isolierung der Meditation als unbehaglich oder sogar beängstigend empfinden, während Reizvermeidende sie als beruhigend und sogar als heilend erfahren? Ferner erhebt sich die Frage, ob wir in unserer übermäßig stimulierenden modernen Welt nicht alle zuweilen irgendeinen sensorischen Entzug brauchen, um unser Gleichgewicht wiederzugewinnen.

Der Regelmechanismus

Kann Meditation – da sie unser Stimulierungsniveau verändert – als Regler funktionieren und uns helfen, das Gleichgewicht zwischen zu viel und zu wenig Stimulierung zu halten? Jeder von uns scheint sein eigenes »optimales« Maß an Stimulierung zu haben – ein Maß, das weder zu hoch noch zu niedrig für unser richtiges Funktionieren ist. Außerdem können wir zu gewissen Zeiten mehr Stimulierung ertragen als zu anderen.

Die meisten von uns werden rastlos, wenn sie sich lange in einer langweiligen, »reizlosen« Umgebung aufhalten. Wir stehen dann auf, gehen umher, strecken unsere Muskeln, reden mit jemandem oder tun etwas »Interessantes« – wir sind erpicht auf »Reiz-Input«. Wenn wir andererseits Kinder schreien, das Fernsehen plärren, den Rasenmäher nebenan rattern und einen Hund bellen hören, werden wir meistens versuchen, an einen ruhigeren Ort zu gelangen. Wir regeln fortwährend den Grad der Stimulierung so, daß er so angenehm und wohltuend für uns wie möglich ist. Gelingt uns dies nicht hinreichend, können unsere Funktionen stark gestört werden.

Vielleicht hilft uns die Meditation, den sensorischen Input im Gleichgewicht zu halten, denn sie bewirkt eine milde Form von sensorischem Entzug, der noch ein gewisses Maß an sensorischem Input, meistens in repetitiver oder monotoner Form – wie den Gedanken an das Mantra oder das Atmen – enthält. Wie wir gesehen haben, können die Menschen auf allzu extremen oder zu langen Entzug der Sinneswahrnehmungen mit Abfall der Leistungsfähigkeit, Angst oder Beklemmung reagieren – dieselben Reaktionen wie bei übermäßiger Meditation. Ein Anpassungsprozeß wird nicht dadurch gefördert, daß man ihn übertreibt. Das mag der Grund dafür sein, daß die praktischen Meditationsmethoden so ausgezeichnete Resultate erzielen. Sie schalten einige, aber nicht alle sensorischen Input-Reize aus, und dies auch nur für relativ kurze Zeit.

Reizüberflutung

Es gibt viele wissenschaftliche Untersuchungen über den Entzug der Sinneswahrnehmungen, aber überraschend wenig hat man sich mit dem Gegenteil beschäftigt: Was geschieht, wenn Menschen oder Tiere mit Reizen überflutet werden? Zuviel Stimulierung kann lästig sein, und exzessives Meditieren kann zu einem schweren Zusammenbruch unserer geistigen und physischen Funktionen führen. Die Taktiken des »dritten Grades« (beim Zwangsverhör) und der Gehirnwäsche gründen sich auf dasselbe Prinzip. Wird ein Gefangener stunden- und tagelang ständig durch Bombardierung mit Bildern, Geräuschen oder anderen Sinneseindrücken überreizt, dann kommt es schließlich zu einer Trübung seiner Denkprozesse. An diesem Punkt sind die Menschen häufig empfänglich für Suggestionen oder willens, Forderungen nachzukommen, die sie in einem rational bewußten Zustand abgelehnt hätten.

Manche »primitiven« Stämme rufen absichtlich eine sensorische Überbelastung hervor, wenn sie sich durch Riten, Tänze oder schnelles Im-Kreise-Drehen in einen ekstatischen Trancezustand steigern. Wenn es jedoch kein Entrinnen gibt, kann die Reizüberflutung negative Wirkungen haben, wie Tierversuche zeigten. Die Wirkungen des Zusammenpferchens auf Tiere wurde wegen der möglichen Folgerungen, die sie für den Menschen haben können, untersucht. Wenn das Zusammenpferchen die inneren Kontrollmechanismen von Tieren so radikal zerstört, was geschieht dann mit den Menschen, die der ständigen »Überstimulierung« der Gettos in den Großstädten ausgesetzt sind?

Das sind wichtige Fragen, die wir uns in einem Zeitalter stellen müssen, in dem sensorische Überbelastung an der Tagesordnung zu sein scheint. Ein eklatantes Beispiel dafür ist der sogenannte *»electric circus«*, bei dem intensives Licht, Geräusche und Farben in so schneller Reihenfolge aufblitzen, daß sich das Gehirn nicht adaptieren kann und ein veränderter Bewußtseinszustand eintritt. Auch gewöhnliche Rockmusik, die in voller Lautstärke aus einem Lautsprecher ertönt, stellt eine sensorische Überbelastung dar. Die Musik kann das Nervensystem bis zur Erschöpfung stimulieren, so daß sich Wahrnehmungen und Gedanken verändern und der Zuhörer sich zeitweilig »high« fühlen kann. Es ist jedoch nicht bekannt, was eine derartige »Überstimulierung« bei großer Dosierung auf die Dauer im Nervensystem oder anderen Körpersystemen anrichten kann. Wir wissen aber, daß Geräusche, die stärker als fünfundsiebzig Dezibel sind (lautsprecherverstärkte Rockmusik hat mindestens hundertundacht Dezibel), Puls und Atmung beschleunigen und Zittern hervorrufen.

Verschlimmert wird dies noch dadurch, daß bei übermäßiger Stimulation unsere normale Tendenz, uns den intensiven Reizen zu entziehen, wie betäubt zu sein scheint. Es ist möglich, daß wir dann nach noch mehr Reizen suchen, statt sie zu vermeiden. Ein bekanntes Beispiel sind kleine Kinder, die bei einer besonderen Gelegenheit abends aufbleiben dürfen, überreizt werden und sich dann weigern, zu Bett zu gehen, obwohl sie jetzt vor allem Ruhe brauchten. Wenn sie sich selbst überlassen bleiben, können sich diese Kinder in eine noch stärkere Erregung hineinsteigern, bis sie vollkommen »fertig« sind. Vielleicht ist diese Tendenz, uns immer stärkeren Reizen auszusetzen, die uns in zunehmendem Maße erschöpfen, mit ein Grund dafür, weshalb so viele Menschen in unserer modernen Welt anfangen, die Meditation als Gewinn zu betrachten. Wir spüren offenbar, daß wir eine Entwicklung genommen haben, die – wenn wir sie nicht aufhalten – so weitergehen wird, bis wir plötzlich umfallen.

Es ist interessant, daß der Mensch das einzige Lebewesen ist, das eine ununterbrochene Wachperiode von siebzehn Stunden einhält. Niedrigere Lebewesen nicken während des Tages von Zeit zu Zeit ein. Sie sind ungefähr eine Stunde lang wach und schlafen dann wieder ein; während ihrer »Arbeitsstunden« halten sie gelegentliche Nickerchen. Nur die Menschen zwingen sich, fast ständig wach zu bleiben, ein Kunststück, für das sie trainiert werden müssen. Säuglinge und kleine Kinder, die noch nicht diesbezüglich trainiert sind, brauchen noch ihr Schläfchen; auch ältere Menschen, für die es nicht mehr so leicht ist, diesen Rhythmus einzuhalten, brauchen ihren Mittagsschlaf.

Da die Menschen keine häufigen Schlafperioden haben, brauchen sie vielleicht andere Wege, um den Reiz-Input zu verringern. Wie oben angedeutet, haben wir alle unter natürlichen Bedingungen zu bestimmten Zeiten des Tages die Tendenz, in eine »meditative Stimmung« zu verfallen. Vielleicht haben diese Stimmungen für uns die gleiche Funktion wie die Nickerchen für die Tiere. Wissenschaftliche Untersuchungen haben erwiesen, daß die Menschen in Zeitabständen von etwa eineinhalb Stunden in einen traumähnlichen Zustand verfallen. Das läßt darauf schließen, daß unser Nervensystem noch die Tendenz hat, sich von Zeit zu Zeit den Stimuli, die uns bombardieren, zu entziehen, obwohl wir uns weigern können, diesem Bedürfnis nachzugeben. Die Natur scheint sich jedoch nicht so leicht verleugnen zu lassen. Wir machen von Zeit zu Zeit eine Kaffeepause, essen, rauchen eine Zigarette oder träumen sogar, während wir arbeiten. Vielleicht unterscheiden wir uns letzten Endes doch nicht so sehr von den niedrigeren Lebewesen.

Eines der wirksamsten Mittel zur Herstellung eines Gleichgewichts zwischen Unter- und Überstimulierung kann das Meditieren sein. Es ist interessant, daß Menschen, die unter langweiligen, reizarmen Bedingungen leben, etwa in Gefangenschaft, häufig berichten, Meditieren habe ihnen Erleichterung und Erfrischung verschafft. Ihnen schien die geistig-psychische Aktivität, die die Meditation mit sich bringt, die Reize zu verschaffen, die sie brauchen. Auch dies deutet darauf hin, daß Meditation eine Regelfunktion hat. Wenn Meditation unser inneres Gleichgewicht hinsichtlich der Reizbewältigung wiederherstellt, dann kann sie unserer körperlichen und geistigen Gesundheit zugute kommen.

Die Wiederentdeckung unserer natürlichen Rhythmen

Wir ziehen uns nicht bloß vor äußerer Stimulierung zurück, wenn wir meditieren, sondern wir begeben uns in die Anwesenheit von etwas anderem. Wenn wir eine Reizebene verlassen – die der Welt, die auf uns häufig so wirkt, wie es ihr und nicht wie es uns paßt –, dann sind wir frei für subtilere Formen der Stimulierung. In der Ruhe des Meditationszustandes werden wir vielleicht hellhöriger für die Stimmen unseres Leibes, die im Wachzustand meistens durch unsere Tätigkeit gedämpft werden.

Meditation scheint der einzige natürliche Zustand zu sein, in dem wir sowohl still genug als auch wach genug sind, um in ihm deutlich unsere eigenen inneren Rhythmen wahrzunehmen. Die Meditierenden verzeichnen es häufig als wichtiges Ereignis, wenn sie während der Übung ihr eigenes Herz schlagen hören und ihren eigenen Atem fühlen. Zuweilen sagen sie, sie hörten das Rauschen des Blutes im Kopf oder fühlten andere kleine und zarte körperliche Vorgänge, die meistens in unserer Aktivität untergehen.

Wir können unsere Empfindungslosigkeit für körperliche Vorgänge im aktiven Zustand mit unserem Unvermögen vergleichen, am Tage die Sterne am Himmel zu sehen. Obschon sie vierundzwanzig Stunden am Tag gegenwärtig sind, können wir sie nicht sehen, sobald die Sonne aufgegangen ist, weil das strahlende Licht sie verdunkelt. Wenn die Sonne jedoch untergegangen ist, nimmt man die schwächeren Lichter der Himmelskörper deutlich wahr. Es ist, als sei eine Menge Sterne am Himmel »erschienen«. Das gleiche geschieht in der Meditation, die uns aus dem hellen Licht der Aktivität in das mildere Licht der inneren Wachheit taucht – von einer Wahrnehmungsebene auf eine vollkommen andere. Wenn wir aufhören, uns selbst in aktiver Wechselwirkung mit der Welt wahrzunehmen, scheint unser Sensorium frei zu werden für unsere rhythmische Lebendigkeit.

Es scheint daher kein Zufall zu sein, daß tradierte Meditationsmethoden häufig Gebrauch von Elementen machen, die natürliche Körperrhythmen widerspiegeln. Das Gefühl des Friedens, mit dem wir auf den Rhythmus des Herzschlags, des Atems und anderer körperlicher Vorgänge reagieren, geht so weit zurück, wie Menschengedenken reicht. Regelmäßig wiederholte Töne oder rhythmische Bewegungen gelten in vielen Kulturkreisen als beruhigend. Eltern aller Kulturen und Länder haben ihre erregten Kinder geschaukelt, um sie zu beruhigen, haben rhythmisch zärtliche Laute wiederholt und ihre Babys auf ihrem Schoß gewiegt, weil sie sich intuitiv der beruhigenden Wirkung dieser rhythmischen Bewegungen bewußt waren.

Dr. Reginald Lourie von der George-Washington-Universität hat den Einfluß dieser rhythmischen Bewegungen und Töne auf die kindliche Entwicklung studiert[4]. Er berichtet, daß viele gesunde Kinder mit dem Heranwachsen ihre eigenen rhythmischen Patterns entwickeln. Im Alter von zwei oder drei Monaten wiegen einige von ihnen den Kopf hin und her; der Kopf ist der einzige Körperteil, über den sie bereits einige Kontrolle haben. Im Alter von sechs bis zu zehn Monaten wiegt eine noch größere Zahl den Kopf; bei einigen nehmen die rhythmischen Bewegungen nunmehr zunehmend dramatische Formen an: Sie schlagen mit dem Kopf gegen die Wand oder richten sich auf Händen und Knien auf und schaukeln kräftig vorwärts und rückwärts.

Bei manchen Kindern sind diese rhythmischen Bewegungen vorübergehend und dauern nur bis zum zweiten oder dritten Lebensjahr. Bei anderen sind sie sehr viel länger festzustellen. Lourie hat diese rhythmischen Bewegungen durch verschiedene Entwicklungsstadien hindurch verfolgt und entdeckt, daß sie zunächst vor allem einen Ausdruck der Freude darstellen. Am Ende des ersten Jahres scheinen diese rhythmischen Patterns hingegen zu einem Mittel zu werden, um sich von Spannungen zu befreien, wenn das Kind zornig, frustriert, müde, gelangweilt oder hungrig ist. Dieser spannungslösende Aspekt der Rhythmik wirkt während unseres ganzen Lebens weiter; er ist uns allen von Nutzen und, wie es scheint, die Grundlage vieler Gewohnheiten, die zur Spannungsabfuhr dienen.

Früher oder später stoßen diese rhythmischen Betätigungen auf den Widerstand der Erwachsenen, die über die Störung, die sie verursachen, verärgert oder sogar erschrocken sind. Dann werden die Kinder unter Druck gesetzt, sie einzustellen. Wie geschickt man dabei auch vorgehen mag, verhindern kann man diese Aktivitäten nicht. Die Kinder scheinen sich den Wünschen der Erwachsenen zwar zu fügen, sie geben die rhythmischen Patterns in Wirklichkeit aber nicht auf, sondern ersetzen sie lediglich durch andere. Es können sich jetzt neue und verschleierte Formen sich wiederholender Bewegungen entwickeln, z. B.: mit den Zähnen knirschen, an den Ohren zupfen, mit den Fingern trommeln, die Nase reiben, und diese können lange beibehalten werden. Das Streben nach den Erleichterungen, die der Rhythmus mit sich bringt, scheint zu tief eingenistet zu sein, als daß es leicht aufgegeben würde.

Unlängst hat eine Gruppe Wissenschaftler diese fundamentale Wirkung des Rhythmus auf den Menschen im Labor studiert. Um herauszufinden, ob der Laut des Herzschlags eines Erwachsenen, der dem der Mutter ähnlich ist und an den sich das Kind vor der Geburt gewöhnt hat, eine besonders beruhigende Wirkung auf das Neugeborene ausübt, beobachtete der Psychologe Lee Salk vom Rockefeller Institute in New York City eine große Gruppe Neugeborener auf der Säuglingsstation einer Klinik. Den Neugeborenen wurde während ihrer vier ersten Lebenstage kontinuierlich und ohne Unterbrechung auf Tonband der Laut eines normalen Herzschlags eines Erwachsenen (zweiundsiebzig Schläge in der Minute) vorgespielt.

Ursprünglich hatte Salk beabsichtigt, einer anderen Säuglingsgruppe einen abnorm schnellen Herzschlag (einhundertachtundzwanzig Schläge in der Minute) vorzuspielen. Dieses Experiment mußte jedoch schnell abgebrochen werden. Der beschleunigte Herzschlag regte die Säuglinge so sehr auf, daß ihr Schreien drastisch zunahm und andere Anzeichen erregten Verhaltens zu beobachten waren.

Die Ergebnisse des Experiments waren überraschend. Siebzig Prozent der Säuglinge, die den Herzrhythmus gehört hatten, verzeichneten während der ersten vier Tage eine Zunahme des Körpergewichts gegenüber nur dreiunddreißig Prozent der Kontrollgruppe, die keine Herztöne vernommen hatte. Das ist ein signifikanter Unterschied. Die Kinder, die den Herztönen lauschten, schrien nur während achtunddreißig Prozent der Zeit, während die Kontrollgruppe während sechzig Prozent der Zeit schrie. Warum nahm die Versuchsgruppe an Gewicht zu, da doch beide Gruppen die gleiche Nahrungsmenge zu sich nahmen? Salk meint, die Gewichtszunahme der zufriedeneren Gruppe könne auf ihr weniger häufiges Schreien zurückzuführen sein. Nach seiner Ansicht ist der Herzschlag der Mutter eines der Hauptgeräusche, die der Fötus vor der Geburt hört. Das ungeborene Kind kann gelernt haben, diese rhythmischen Herztöne mit dem relativ spannungsfreien Zustand im Mutterleib zu assoziieren. Aufgrund dieser frühen Konditionierung kann nach der Geburt der Herzschlag der Mutter (oder ähnliche Rhythmen) eine beruhigende Wirkung ausüben.

Nirgendwo finden wir vielleicht eine so tiefschürfende Erklärung der starken Rhythmen des intrauterinen Zustandes wie in den Abhandlungen des französischen Geburtshelfers Dr. Frederick Leboyer, dessen bahnbrechende Arbeit über Entbindungsmethoden das Kreißsaalverfahren in vielen Teilen der Welt revolutioniert. Leboyer verweist darauf, daß sich das Kind vor der Geburt in »immerwährender Bewegung« befinde. Sogar wenn seine Mutter schläft, ist immer der Rhythmus ihres Atems, ihres Zwerchfells und natürlich der ständige Laut ihres Pulsschlags zu hören. Ungefähr einen Monat vor der Entbindung beginnen die Gebärmutterkontraktionen (viel weniger intensiv als die der Wehen), die während des ganzen neunten Monats anhalten. Leboyer unterstreicht den überaus langsamen Rhythmus dieser Kontraktionen.

Er rät demjenigen, der das neugeborene Kind in Händen hält, »an die Langsamkeit, die fortwährende Bewegung der Gebärmutterkontraktion, die ›peristaltische Welle‹ zu denken, an die das Kind sich während des letzten Monats vor seiner Geburt gewöhnt hat ...«[5].

Leboyer meint, daß Liebende diese viszerale Langsamkeit instinktiv wiederentdecken:

> ... Lieben ... ist, wieder in die Welt vor der Geburt, vor der großen Trennung, einzutauchen, die uranfängliche Langsamkeit, den blinden und all-mächtigen Rhythmus der inneren Welt, des großen Ozeans wiederzufinden ...[6]

Der Psychoanalytiker Joost Meerlo, der Überlegungen in der gleichen Richtung anstellt, glaubt auch, daß den beruhigenden Wirkungen von Poesie, Musik und Tanz die vor der Geburt erlebten Rhythmen des Herzschlags zugrunde liegen könnten. Vielleicht, sagt er, wurzeln diese rhythmischen Erfahrungen alle in »verschiedenen Erinnerungsgefühlen an ein lang verlorenes, weit zurückliegendes Glück«[7].

Abgesehen von der Tatsache, daß wir vor der Geburt gelernt haben können, natürliche Rhythmen mit beruhigenden pränatalen Erfahrungen zu verbinden, ist es auch möglich, daß wir diese regelmäßigen Rhythmen, die dem normalen Rhythmus unseres Leibes nahekommen, instinktiv als wohltuend empfinden, denn physiologisch gesehen bedeuten sie, daß »alles in Ordnung ist« und die Dinge einen ruhigen Verlauf nehmen. An der Princeton-Universität wurde diese Möglichkeit untersucht. Dabei bestätigte sich unsere Annahme, daß auch Erwachsene Rhythmen innerhalb der normalen Herzfrequenz als angenehm empfinden.

Diese wohltuenden Wirkungen der Körperrhythmen können uns helfen, den beruhigenden Effekt der Meditation zu erklären. Die Wiederholung des Mantra ist – wie auch unser Atem – eine sehr rhythmische Aktivität. Obwohl der Meditierende seine Aufmerksamkeit auf den Brennpunkt seiner Meditation konzentriert, werden ihm oft andere Rhythmen wie Herzschlag und Atmung bewußt. Auf dem oben erwähnten Fragebogen, der an TM- und CSM-Meditierende verteilt wurde, berichteten vierundsiebzig Prozent der Befragten, daß sie sich körperlicher Vorgänge wie Atmung und Herzschlag während der Meditation bewußter als unter normalen Umständen seien; dreiundvierzig Prozent gaben an, sie seien sich dieser Vorgänge während der Meditation viel stärker bewußt. Hingegen berichteten nur sechsundzwanzig Prozent, sie würden der Körpervorgänge während der Meditation weniger gewahr oder bemerkten keinen Unterschied.

Nicht ohne Grund haben eine Reihe von Meditationstechniken diese natürlichen Körperrhythmen zum Gegenstand ihrer Konzentration gewählt. Wie bereits gesagt, erfordert Zazen eine sorgfältige Beobachtung der Atmung. Die Hatha-Yoga-Techniken (der Yoga der »Körperhaltungen« oder Körperübungen) gründen sich auf subtile Koordination von physischer Aktivität und Atmung – eine Koordination, die wir während unseres Wachzustandes allzu leicht aus dem Auge verlieren. Wenn wir unsere Tätigkeit und unsere Atmung aufeinander abstimmen, wird unser Atem zu einem zentralen regulierenden Rhythmus, der vielen das Gefühl von Zentriertheit und Ruhe verleiht.

Auch wenn unsere Aufmerksamkeit nicht bewußt auf diese Körperrhythmen gerichtet ist, scheint es eine natürliche Tendenz zu geben, sie zu beachten. Obgleich die von uns befragten Versuchspersonen nicht ausdrücklich angewiesen worden waren, ihr Mantra mit ihrem Atmungsrhythmus zu koordinieren (es war ihnen sogar gesagt worden, in dieser Hinsicht keine Anstrengung zu machen), berichteten sechsundsiebzig Prozent der Befragten, daß sich ihr Mantra spontan entweder zeitweise oder häufig mit ihrem Atmungsrhythmus verbunden habe. Sechs Prozent sagten, es sei immer mit der Atmung synchronisiert gewesen. Nur achtzehn Prozent gaben an, das Mantra sei niemals damit verbunden gewesen.

Meditation kann eine der wohltuendsten rhythmischen Aktivitäten sein, die uns, nachdem wir der Kindheit entwachsen sind, zur Verfügung stehen. Sie stellt durch ihre beruhigenden Wiederholungen ein natürliches Gleichgewicht zwischen Spannung und Ruhe her.

Während der Meditation finden Umschaltungen statt – radikale Änderungen in der Perspektive und subtilere Änderungen in der Energienutzung. Man kann sie als gesteuerte und zweckmäßige Anpassungen betrachten, die unser Bewußtsein auf eine andere, ungewohnte Wellenlänge umschalten.

Meditation und Umschaltung des kognitiven Modus

Einer der wichtigsten Aspekte der Meditation ist die Veränderung des kognitiven *Modus*. Während der Meditation scheint das verbale, logische »Selbst«, das folgerichtige Überlegungen anstellt und sich der Zeit in höchstem Grade bewußt ist, zu verblassen. Es wird ersetzt durch ein anderes »Selbst«, dem wir nur unter besonderen Umständen begegnen, z. B. beim Einschlafen, wenn unser Geist sich unter Bildern und Eindrücken bewegt, deren Inhalt oder Bedeutung wir nur intuitiv fühlen oder kennen. Das Selbst, das wir in der Meditation erleben, operiert in einer deutlichen, aber vertrauten Welt, die sich nicht um die Zeit kümmert und sich nicht mit Vergangenheit und Zukunft beschäftigt. Unser »innerer Monolog«, dieser stets gegenwärtige Strom von Worten, der unser Denken während der gewohnten Aktivität beschäftigt, ist entweder versiegt oder auf eine Rolle im Hintergrund verwiesen. Im meditativen Bereich unseres Seins sind Bilder und ein Gewahrwerden von Weite und Raum oft die realsten Aspekte unserer Erfahrung.

Es scheint nun, daß diese beiden Erfahrungsweisen – die logische, lineare, verbale einerseits und die alogische, simultane und räumliche andererseits – vielleicht auf die Organisation des Gehirns selbst zurückzuführen sind. Das Gehirn aller höheren Lebewesen einschließlich das des Menschen, besteht aus zwei verschiedenen Hemisphären, die auf ihre Weise zwei getrennten Kontinenten gleichen*. Diese Hemisphären sind durch Stränge von Nervenfasern miteinander verbunden, die die großen Gehirnkommissuren bilden. Der größere und bekannteste dieser Faserstränge ist als *corpus callosum* bekannt. Diese Verbindungsbrücke zwischen den Hemisphären ermöglicht die Informationsübermittlung von einer Seite des Gehirns auf die andere.

Forschungen haben ergeben, daß die linke Hemisphäre für sprachliche Kompetenz und mathematische Problemlösungen, also generell für logische Denkleistungen zuständig ist, die rechte hingegen unter anderem für das Wiedererkennen von Gesichtern, für räumliche Vorstellungen und Musikalität.

Die Gehirnforscher stießen bei ihrer Arbeit auf folgende Frage: Können normale Menschen an einem Konflikt zwischen den beiden Hälften ihres Gehirns leiden? Ist es möglich, daß eine der Hemisphären zuweilen das reibungslose und vollständige Funktionieren der anderen störend beeinflußt? Kämpft eine Seite des Gehirns vielleicht um die »Herstellung eines Gleichgewichts«, wenn die andere Seite sich der Vorherrschaft bemächtigt hat? Könnte ein derartiger Konflikt vielleicht zu der Unausgewogenheit und zur Spaltung der Funktionen und des Bewußtseins beitragen, die zuweilen zu dem führen, was wir Geisteskrankheit nennen? Und könnte eine Technik, die die Dissonanz zwischen den Hemisphären reduziert, sie in ein harmonischeres Arbeitsverhältnis zueinander bringen, und so vielleicht die emotionale Anpassung und die Integration der gesamten Persönlichkeit unterstützen?

Eine faszinierende Spekulation, die mit dieser Frage zusammenhängt, ist unlängst von dem Psychologen Paul Bakan angestellt worden. Er behauptete, es sei während des Vierundzwanzig-Stunden-Tages ein zyklisches Alternieren der hemisphärischen Dominanz denkbar[1]. Da das EEG eine relativ stärkere Aktivierung der rechten Hemisphäre während des REM-Schlafes zeigt (wie aus logischen Gründen zu erwarten, da Träume

* Die rechte Hemisphäre beherrscht die linke Seite unseres Leibes, und von rechtshändigen Menschen sagt man, die linke Hemisphäre sei »dominant«. Linkshändige Menschen zeigen ein weniger konsistentes Pattern; bei einigen ist die linke Hemisphäre dominant, bei anderen die rechte Hemisphäre und bei manchen kann man eine gemischte Dominanz feststellen.

eher aus bildlichen und räumlichen Vorstellungen bestehen als aus abstrakten, logischen Gedankengängen), stellt der REM-Zyklus vielleicht eine regelmäßig im Laufe der Nacht wiederkehrende Dominanz der rechten Hemisphäre dar. Bakan meint, am Tage könnte die Parallele hierzu die sich über den ganzen Tag erstreckende periodische Wiederkehr von Wachträumen sein. Vielleicht besteht eine Verbindung zwischen dem Wachtraum-Rhythmus, der sich über den ganzen Tag erstreckt, und dem Wechsel in der relativen Dominanz der rechten und linken Hemisphäre? Wenn dies der Fall ist, könnten sowohl der REM-Schlaf in der Nacht und die Wachtraum-Zustände am Tage dem Bedürfnis dienen, eine Art natürliches Gleichgewicht oder eine »Gleichberechtigung« zwischen den beiden Hemisphären herzustellen. Ist es angesichts unserer vor allem auf die linke Hemisphäre hin orientierten Kultur möglich, daß uns die etwas vernachlässigte rechte Hemisphäre auf diese Weise ihren Einfluß aufzwingt – daß sie darauf »besteht«, zeitweilig das Zepter zu führen?

Die Beziehung zwischen Meditation und hemisphärischer Dominanz ist zwar noch nicht geklärt; Forschungsarbeiten in verschiedenen Laboratorien lassen jedoch auf die Möglichkeit schließen, daß während der Meditation die beiden Hemisphären miteinander in Einklang gebracht werden.

Dr. Bernard Glueck und Dr. Charles Stroebel vom Hartford Institute of Living meinen aufgrund ihrer EEG-Studien an TM-Adepten, die Meditation könne ihre größte Wirkung auf den Menschen gerade dieser Harmonisierung der Hirnwellen aller Regionen des Kopfes (einschließlich beider Hemisphären) verdanken, die durch diese Technik induziert wird. Die Forscher studierten die Hirnwellen von erfahrenen TM-Meditierenden. Zu Beginn der Meditation stellten sie eine rasche Verstärkung der Alpha-Wellen-Dichte auf ihrer Kopfhaut fest. Besonders interessant ist dabei, in welchem Maße das Gehirn von dem Alpha-Rhythmus erfaßt zu sein schien. Die Alpha-Wellen »glitten nach vorn«, bis sie die ganze dominante Gehirnhemisphäre und auch die frontalen Bereiche überschwemmt hatten. Innerhalb verhältnismäßig kurzer Zeit (oft nicht mehr als eine oder zwei Minuten) griff der Alpha-Rhythmus dann auf die entgegengesetzte Hemisphäre über – die Hirnwellen beider Hemisphären waren nunmehr synchronisiert.

Andere Forscher haben diese Befunde bestätigt. Der Neurologe J. P. Banquet beobachtete in seinem Labor dieselbe deutliche Gleichförmigkeit der elektrischen Aktivität in allen Regionen des Gehirns. Wie die Forscher von Hartford berichtete er, während der Meditation hätten sich die Alpha-Wellen schnell synchron (phasengleich) vom Hinterkopf bis in die frontalen Gehirnbereiche verbreitet. Nach ungefähr fünf Minuten Meditation zeigte das EEG, daß die dominante und die »stumme« Hemisphäre des Gehirns nunmehr phasengleich waren. Diese Art von »Hypersynchronismus« – wie er es nannte – wird meistens nur bei anderen, langsameren Hirnwellentypen und im Zustand des Halbschlafes oder des Schlafes beobachtet. Für einen Menschen im Wachzustand ist es ungewöhnlich, daß die Hirnwellen auf diese Weise synchronisiert sind. Daraus folgt, daß die beiden Hemisphären des Gehirns während der Meditation imstande sein können, in einer Weise »zu kooperieren«, die unter anderen Umständen nicht möglich ist. Die Meditation kann somit durch die Unterstützung dieses Synchronismus zwischen den beiden Gehirnhälften die Integration unserer beiden fundamentalen Denkmodalitäten – die analytische (linke Hemisphäre) und die synthetische und intuitive (rechte Hemisphäre) – fördern.

Die höchsten menschlichen Leistungen erfordern das komplementäre Arbeiten der Denkprozesse beider Hemisphären. Intuition und Ahnungen müssen durch logisches, diszipliniertes Denken geformt werden, um ein Kunstwerk hervorzubringen. Die stringentesten wissenschaftlichen und philosophischen Gedankengänge müssen durch den Sauerteig der Intuition und Inspiration angereichert werden, um sie fruchtbar zu machen. Der Mensch braucht die Harmonie, das Zusammenfinden seiner beiden »Selbst« in einem Geist, einem Sein. Vielleicht ist eine derartige Integration der Grund für das Gefühl der Ganzheit, das die Meditierenden erfahren, die sich dieser Technik mit Erfolg bedienen können. Im buchstäblichen Sinn des Wortes kann die Meditation uns mehr »zusammenfügen«.

Die Entthronung des Ich

Von einem anderen Gesichtswinkel aus gesehen, besteht die »Umschaltung« unserer Denkweise während der Meditation auch darin, daß das Ich seine Herrschaft verliert. Unser Ich – jener Teil unseres denkenden und handelnden Selbst, den wir zwischen uns und unsere Umgebung stellen – ist etwas, das wir sorgfältig, langsam, gewissenhaft von frühester Kindheit an aufbauen.

Das Ich ist jedoch nicht so statisch wie ein Gebäude. Es ist ein Apparat, der Entscheidungen trifft und uns befähigt, jede unserer Handlungen abzuwägen und zu überwachen, um sicherzustellen, daß wir uns sowohl konsequent wie auch der Situation angepaßt verhalten. Das Ich spielt viele Rollen. Es ist unser Buchhalter, der uns die psychologischen und physischen Kosten ausrechnet, die bei jeder beabsichtigten Handlung entstehen. Es ist unser Berater, der aufgrund früherer Erfahrungen die künftigen Entwicklungen voraussagt. Und es ist unser Geschäftsführer, der unsere Tage, Stunden und Minuten organisiert. Als Geschäftsführer ist es bevollmächtigt, Prioritäten zu setzen, Ausnahmen zu genehmigen, Belohnungen und Strafen abzumessen, zu harter Arbeit anzuspornen und die künftige Entwicklung zu planen.

Das Ich ist so leistungsfähig organisiert, daß es eine große Anzahl von Entscheidungen auf einmal treffen kann, weil diese auf vorher festgelegten Regeln und Prinzipien basieren. Es kann sich auch auf einen der besten Computer der Welt stützen – auf das menschliche Gehirn. Ohne die Entscheidungsfähigkeit des Ich würde es uns in einer komplizierten Welt, in der immerfort Entscheidungen getroffen werden müssen, nicht wohl ergehen. Wir brauchen das Ich – zumindest bis zu einem bestimmten Grad.

Das Problem liegt im Gleichgewicht. Bis zu einem gewissen Punkt scheint uns das Ich zu dienen – darüber hinaus fangen wir an, ihm zu dienen. Wenn das Ich immer die Führung innehat, werden unmittelbare Erfahrungen ausgeblendet, denn eine Flut »autoritärer« Entscheidungen beginnt, sich zwischen die einfachsten Sinneserfahrungen und uns selbst zu schieben. Der Überbau wägt jeden neuen Eindruck ab, ordnet ihn in eine bestimmte

Kategorie ein und handelt bei seiner Verarbeitung nach den Vorschriften der »Organisation«. Der Apparat läuft so reibungslos, daß wir uns niemals mit der Ungewißheit des Neuen anstecken müssen; alles kommt an seinen Platz und wird effizient verwertet. Uns ist es nicht mehr erlaubt, mit der Welt unmittelbar Kontakt aufzunehmen, das wäre fruchtlos. Das Leben »dort draußen« wird mechanisiert, unsere feineren Geschmacksempfindungen stumpfen ab, unser Sehvermögen verflacht, unsere Gedanken verlieren ihre Vitalität, und die Luft hat einen unbestimmten Duft verloren. Für alle Zufälle ist vorgesorgt – aber sind wir wirklich noch lebendig?

Kleine Kinder wissen nichts von diesem potentiellen Überbau, da ihr Ich rudimentär ist, gerade stark genug, um durchzukommen. Wenn sie eine Schachtel aufheben, um sie zu untersuchen, schauen sie sie an. Bei ihnen geht es nicht darum, Entscheidungen zu treffen, Bezeichnungen zu geben oder Voraussagen zu machen. Sie kümmern sich nicht um Alternativen oder um die Auswirkungen ihrer Handlungen. Sie sehen die Schachtel an, berühren sie, drehen sie langsam, beißen hinein, werfen sie hin, heben sie wieder auf, schütteln sie, starren sie an. Ihr Gesicht und ihr Körper drückt totales Vertieftsein aus. Sie sind ganz still, ihre Augen sind weit offen und unverwandt auf das Objekt geheftet, ihr Gesicht ist gerötet, ihr Mund etwas geöffnet – sie untersuchen die Schachtel. Das ist alles, was sie tun. Diese Fähigkeit zur totalen Erfahrung lassen wir uns, verfangen in dem komplexen Netz der Ich-Ansprüche, gar zu oft entgleiten. Die Wiedergewinnung dieser verlorenen Fähigkeit scheint eine der wertvollsten Gaben zu sein, die die Meditation uns anbietet.

Die Befreiung von der Herrschaft des Ich in der Meditation ist mit »Entautomatisierung« verbunden, einem Prozeß, den der Psychiater Arthur Deikman als einen wesentlichen Aspekt der Meditation betrachtet[2]. »Entautomatisierung« ist das Gegenteil von »Automatisierung« – der natürliche Vorgang, unsere physischen und psychischen Aktivitäten zu automatisieren, so daß wir sie, ohne darüber nachzudenken, verrichten können. Die meisten unserer Aktivitäten sind automatisiert. Unser Blick z. B. »überspringt« automatisch eine ganze Reihe von Zwischenstufen, in die wir uns als Säuglinge noch einüben mußten. Das »Sehen« des Erwachsenen ist in Wirklichkeit das Endergebnis eines komplizierten Prozesses, der nicht mehr bewußt ist. Menschen, die ihr ganzes Leben lang wegen einer Starerkrankung blind waren und die erst als Erwachsene durch eine Operation ihr Sehvermögen erlangen, müssen schrittweise »sehen« gelehrt werden. Wenn der Verband von ihren Augen genommen wird, stürzt zunächst ein wirres Durcheinander von Eindrücken auf sie ein. Die frisch operierten Patienten können das Gesichtsfeld nicht in Formen einteilen und analysieren. Nur Farben können sie klar unterscheiden. Sie brauchen viele Monate, um so einfache Formen wie ein Viereck oder einen Kreis identifizieren zu lernen – etwas, das für den sehenden Menschen automatisch geworden ist[3].

Offensichtlich ist Automatisierung nützlich, aber Überautomatisierung kann zu Schwierigkeiten führen. Wenn ein zu großer Teil unserer Erfahrung automatisiert ist, werden wir zu »einem wandelnden Bündel von Gewohnheiten«. Den Preis, den wir für Leistungsfähigkeit zahlen, ist der Verlust dessen, was die Zen-Philosophen den »Geist des Anfängers« nennen. Es scheint daher, wir brauchen sowohl einen notwendigen Grad von Automatisierung wie auch ein gesundes Maß von Nichtautomatisierung, um das Leben in seiner Fülle erleben zu können. Kann Meditation uns helfen, dieses Gleichgewicht wiederzugewinnen, indem sie einige unserer Denk- und Wahrnehmungsweisen »entautomatisiert«? Deikman ist der Ansicht, daß sie es kann und daß Entautomatisierung eine der wichtigsten Wirkungen der Meditation sein kann.

Um diese Vorstellung zu untersuchen, lehrte er Versuchspersonen, in ihrer Meditation eine blaue Vase als Gegenstand der Fokussierung zu benutzen. Er wies sie an, sich so zu konzentrieren, daß sie »die Vase an sich, ohne irgendeine Verbindung mit anderen Dingen«, sahen. Die Versuchspersonen sollten alle anderen Gedanken oder Empfindungen ausschalten und die Wahrnehmung der Vase »ihren ganzen Geist ausfüllen« lassen[4].

Die Teilnehmer an Deikmans Experiment berichteten, ihre Wahrnehmung der Vase habe sich im Laufe mehrerer Meditationssitzungen merklich geändert. Oft wurde ihre Farbe dunkler, lebendiger oder »leuchtend«. Zuweilen änderte sie ihre Form, wurde größer oder kleiner, oder verzerrte sich. Zeitweilig schien sie zweidimensional zu werden, ihre Umrisse verwischten sich, oder sie verschwamm im Hintergrund. In einigen Fällen schien sie sich zu bewegen. Eine Versuchsperson berichtete, sie sei »mit der Vase verschmolzen« und habe das Gefühl der individuellen Identität verloren. Nach der Meditationsübung sah eine andere Versuchsperson aus dem Fenster hinunter in einen Park und berichtete, die Dinge auf höchst ungewöhnliche Art und Weise zu sehen. Die Objekte in der Landschaft sähen aus, » . . . als seien sie über das ganze Gelände verstreut, hätten überhaupt keinen Zusammenhang miteinander«.

Deikman folgerte, das Erlebnis dieses Mannes sei auf eine »Entautomatisierung der Gehirnstrukturen«, d. h. der gelernten Patterns, die im allgemeinen für die visuelle Gliederung einer Landschaft sorgen, zurückzuführen. Offensichtlich war auch die Fähigkeit, seine Aufmerksamkeit selektiv zu konzentrieren, entautomatisiert, denn jedes Ding in der Landschaft zog in gleichem Maße seine Aufmerksamkeit auf sich; keines ragte hervor, während andere zurücktraten. Die normale Wahrnehmung von Figur-Grund (Tiefe) schien ebenfalls entautomatisiert – die Ebenen wichen nicht zurück, wie es normalerweise der Fall ist.

Während sich die Entautomatisierung bei diesen Versuchspersonen nach der Meditation im Wachzustand nur noch kurze Zeit bemerkbar machte, blieben angenehme Gefühle der Neuheit und Lebendigkeit, der Nähe zu den eigenen Gefühlen und zur Welt erhalten. Die Entautomatisierung der Meditation scheint daher kein Selbstzweck zu sein, sondern ein Mittel zu einem Zweck; sie läßt eine Reorganisation innerhalb der Persönlichkeit zu.

Zwischen den Reaktionen der Versuchspersonen Deikmans und der Art und Weise, wie die an Katarakten operierten Patienten die Welt mit naivem, ungeschultem Blick sahen, besteht eine interessante Parallele: Beide Gruppen konnten das Gesichtsfeld nicht so organisieren, wie wir es gewöhnt sind. Die Entautomatisierung der Versuchspersonen, die mit Hilfe der Vase meditierten, gleicht auch den Erlebnissen, die man unter dem Einfluß von Drogen wie LSD, Mescalin unter anderem haben kann.

Deikman unterstreicht, daß der Zusammenbruch der Automatisierung, der sich bei den Versuchspersonen ereignete, nicht zufällig zustande kam; auch war er keine destruktive Kraft. Er schien sich auf ein spezifisches Ziel zu richten – dem Menschen Gelegenheit zu geben, die Welt neu und anders wahrzunehmen, indem sie ihn zeitweise von den tiefverwurzelten, gewohnheitsmäßigen Erfahrungsweisen befreite, die ihn gefangenhalten. Auf diese Weise können die konstruktiven kreativen Kräfte im Menschen – die Kräfte, die aufbauen und wachsen und die Erfahrungen auf neue und fruchtbarere Weise kombinieren wollen – Zugang zu »neuem Material« erhalten. Dieses Material liefern sowohl die Imagination wie auch die Sinne; es besteht in der neuen Art und Weise, die Erfahrung zu sehen. Entautomatisierung darf nicht als »Rückschritt« oder »Boden-Verlieren« oder »Regression« verstanden werden, sondern vielmehr als Zerstörung abgenutzter Muster, »um einer neuen und vielleicht wertvolleren Erfahrung stattzugeben«[5].

Deikman erklärt, Drogen und extreme Formen von sensorischem Entzug könnten zwar ähnliche Arten von Entautomatisierung hervorrufen; die Wirkungen, die mit diesen äußerlichen Mitteln erzielt würden, schienen jedoch längst nicht so anhaltend zu sein, so tiefe Inspirationen hervorzurufen oder solche Bedeutung zu haben wie diejenigen, die der Mensch selbst durch eigenes Bemühen in langen Meditationssitzungen erreicht. Es scheint, daß der Entautomatisierungsprozeß, wenn er in »kleinen Dosen« vollzogen wird, gewissenhaft an ihm gearbeitet und unter willentlicher Kontrolle gehalten wird, sehr konstruktiv verwendet werden kann; er kann dem Menschen die Freiheit verschaffen, seine Einstellung zum Leben in neuer und sinnvoller Weise umzugestalten.

17 *Was Meditation uns lehrt*

Man könnte argumentieren, es sei unvereinbar mit dem eigentlichen Wesen der Meditation, sie auf wenige Minuten zweimal am Tage zu beschränken. Meditation ist nicht nur eine formale Übung, sondern eine Weise des Seins in der Welt, eine Einstellung zum Leben. Letzten Endes können wir wahrscheinlich den größten Nutzen aus ihr ziehen, wenn ihr Geist unser ganzes Verhalten durchdringt.

Bei regelmäßig Meditierenden geschieht dies häufig ganz spontan. Viele von ihnen berichten, ihre Meditationsübungen hätten zu einer Änderung ihrer Lebensanschauung geführt. Die Meditation scheint sich über die eigentlichen Sitzungen hinaus auszudehnen und den Tenor ihres Lebens zu beeinflussen. Die Frage ist, warum dies der Fall sein sollte. Vielleicht erhalten wir eine klare Antwort, wenn wir den Unterschied zwischen Meditation und Traum betrachten.

Wie die Meditation, finden Träume auf einer geistigen Ebene statt, die von der des täglichen Lebens getrennt ist. Es ist häufig schwer, sich an sie zu erinnern; tun wir dies, können sie uns aus der Perspektive des Wachzustandes fremd erscheinen. Meditation andererseits unterscheidet sich zwar auch von unserem alltäglichen Wachzustand, aber sie ist dennoch eine wache Erfahrung. Während wir meditieren, fällen wir häufig aus intuitiver Sicht kritische Urteile, und an vieles von dem, was geschieht, kann man sich später erinnern. Da die Meditation ein Teil des Wachzustandes ist, kann sie in einzigartiger Weise unsere Reaktionen beeinflussen, wenn wir *nicht* meditieren. Die Erkenntnisse, die wir im wachen Meditationszustand gewinnen, können auf andere Gebiete unseres täglichen Lebens übertragen werden.

Wenn wir von den Wirkungen täglicher oder zweimal täglicher Meditationen sprechen, handelt es sich um Übungen, die wir regelmäßig machen; der potentielle Einfluß der Meditation auf unser Leben ist dadurch beträchtlich. Ein Mensch, der es unternimmt, zweimal täglich eine praktische Meditationsmethode je zwanzig Minuten lang zu üben, verbringt täglich vierzig Minuten in der Meditation. Viele Meditierende werden außerdem angewiesen, zwei oder drei Minuten, nachdem sie »aus der Meditation auftauchen«, mit geschlossenen Augen sitzen zu bleiben. Auf diese Weise werden jeden Tag insgesamt ungefähr sechsundvierzig Minuten in einem Zustand innerer »Einkehr bei sich selbst« verbracht, eine Zeitspanne, die der psychoanalytischen Stunde von fünfzig Minuten ziemlich nahe kommt. Anders als der psychoanalytische Patient indessen verbringt der regelmäßig Meditierende diese Zeit mit sich selbst nicht drei- oder fünfmal in der Woche, sondern jeden Tag – an sieben Tagen in der Woche. Von diesem Gesichtspunkt aus betrachtet können wir verstehen, warum Meditation oftmals Persönlichkeitsveränderungen zuwege bringt. Es ist von Nutzen, uns einige der Lehren, die uns die Meditation erteilt, näher anzusehen.

Meditation als Desensibilisierung

Wir haben die systematische Desensibilisierung erwähnt, jene Technik, deren man sich in der Verhaltenstherapie zur Behandlung von Phobien und anderen krankhaften Angstzuständen bedient. Offensichtlich befindet sich derjenige, der sich einer systematischen Desensibilisierung unterzieht, in gewisser Hinsicht in einer ähnlichen Lage wie ein Meditierender. In der Meditation wird das als Fokus gewählte Objekt – z. B. ein Mantra oder der eigene Atem – zu einem eindringlichen »Signal«, die Aufmerksamkeit nach innen zu kehren. Bei entsprechender Übung kann dieser Meditationsfokus bereits nach wenigen Sekunden zu einer tiefen Entspannung führen. Auf dem Hintergrund dieses »Signals« zur Entspannung steigen vielerlei Gedanken, Bilder und

* Diese Gedanken stellen sich bei allen Meditationsmethoden ein. Besonders auffallend sind sie während der Spannungsabfuhr-Phasen. Obwohl ihnen der Meditierende mit Absicht nicht viel Aufmerksamkeit schenken mag, weil er sich ganz dem Meditationsfokus zuwendet, genügt allein ihre Anwesenheit auf einem Hintergrund der Entspannung, daß eine Desensibilisierung eintritt.

Empfindungen auf*. Während dem Meditierenden diese Eindrücke und Empfindungen vorschweben, heftet er gleichzeitig seine Aufmerksamkeit auf seinen beruhigenden Fokus. Auf diese Weise verbindet sich ein tief entspannter und ruhiger Zustand mit einem raschen Überfliegen vieler verschiedener verbaler und nichtverbaler Erfahrungen. Besonders wichtig ist, daß diese Flut von Vorstellungen und Empfindungen während der Meditation vom Meditierenden selbst initiiert worden ist, d. h. das eigene Nervensystem gibt diese Eindrücke frei. Das ist ein wichtiger Aspekt des meditativen Prozesses.

Die Verwandtschaft mit der systematischen Desensibilisierung wird deutlich, wenn wir beobachten, was sich ereignet, wenn dieser Bewußtseinsstrom während der Meditation andauert. Die Gedanken, Bilder und Empfindungen, die aufsteigen, scheinen vom meditativen Zustand neutralisiert zu werden. Wie unfruchtbar eine Meditationssitzung dem Meditierenden zunächst auch erscheinen mag (gelegentlich können die Sitzungen auch, wie wir gesehen haben, voller Streß sein), so berichten die Meditierenden doch meistens hinterher, sie hätten nach der Meditation festgestellt, daß ihre augenblicklichen Sorgen und Probleme ihre Explosivität verloren hätten. Sowohl in der Meditation wie bei der systematischen Desensibilisierung ist das beunruhigende Material in einer vorwiegend ruhigen und entspannten Stimmung gesichtet worden. Dadurch hat es etwas von seiner Brisanz verloren.

Bedeutet dies, daß Meditation nur eine andere Form von Verhaltensmodifikation ist? Es scheint auf der Hand zu liegen, daß Meditation nicht nur das ist, und es ist wichtig, den Unterschied zwischen den beiden Techniken zu sehen. Bei der systematischen Desensibilisierung stellt ein Therapeut in Konsultation mit dem Patienten dessen Angstbereiche fest. Sie definieren zusammen ein spezifisches Problem und stellen dann einen detaillierten Plan zur Behandlung des Problems auf. Patient und Therapeut stellen gemeinsam die gefürchteten Situationen in einer Liste zusammen; beide arbeiten miteinander an der schrittweisen Behandlung eines einzigen, isolierten Problems.

In der Meditation ist jedoch nur der Meditierende an dem

Desensibilisierungsprozeß beteiligt. Niemandes Ansichten werden eingeholt, keine Zusammenarbeit ist erforderlich. Das Nervensystem des Meditierenden gibt das Material, das »desensibilisiert« werden soll, erst dann frei, wenn »es« glaubt, die Zeit dazu sei gekommen. Obwohl dies ein ganz automatischer Prozeß ist, kann man vom Meditierenden in gewissem Sinne sagen, er selbst »wähle« das Material, das an einem speziellen Tag neutralisiert werden soll. Mit anderen Worten, der Mensch, der Nutzen aus dieser Erfahrung zieht, ist derjenige, der die Kontrolle darüber hat. Auch wird während der Meditation kein einziges Problem isoliert und schrittweise behandelt. Es scheinen vielmehr eine Menge Probleme gleichzeitig aufzusteigen, die alle zugleich zu behandeln sind – ein außerordentlich effizientes Verfahren.

Das Gehirn scheint sich in der Meditation tatsächlich wie ein Computer zu verhalten, der darauf programmiert ist, Material durch entmagnetisierende Kreise laufen zu lassen, um ihm den Explosivstoff zu nehmen. Ein Computer kann für die Verarbeitung großer Datenmengen in einem einzigen Arbeitsgang programmiert werden. Genauso können wir uns innerhalb des Gehirns Subsysteme vorstellen, die mit Blitzesschnelle die gespeicherten Erinnerungen kritisch prüfen, um diejenigen Gedächtnisinhalte auszuwählen, die bestimmten Kriterien standhalten. Wahrscheinlich wird jenes Material Priorität für die Desensibilisierung erhalten, das als das dringendste »angesehen« wird – sofern der Gehirn-Computer in diesem Augenblick entschieden hat, daß es bewußt und ohne zu viel Angst ertragen werden kann. Wir scheinen einen Selbstschutzmechanismus zu besitzen, der bestimmt, ob es »ungefährlich« ist, gewisse Gedanken oder Gefühle während der Meditation aufsteigen zu lassen. Er ist sozusagen eine automatische Sicherheitsbremse*. Derartige Beurteilungen und Entscheidungen übersteigen keineswegs

* Sicherheitsbremsen können nicht funktionieren, wenn eine Maschine unsachgemäß behandelt wird. Ähnlich ist es in der Meditation; wird unzulässiger Gebrauch von ihr gemacht (z. B. durch übermäßiges Meditieren) oder ist jemand »allergisch« gegen kurze Meditationsübungen, scheint diese Bremsfunktion gestört zu sein. Es können dann Gedanken und Gefühle auftauchen, die nicht leicht zu ertragen sind.

die Fähigkeit der höheren Gehirnzentren. Tatsächlich ist es die Fähigkeit, derartig subtile Berechnungen blitzschnell vorzunehmen, die das menschliche Gehirn unendlich komplizierter, sensitiver und leistungsfähiger macht als jeden bisher erfundenen elektronischen Computer.

Man kann sich die Meditation also als eine Zeitspanne vorstellen, in der das Gehirn gleichzeitig die obengenannten Erwägungen und noch viele andere anstellt und eine Entscheidung darüber fällt, welche der geistigen Inhalte vorrangig zur »Entmagnetisierung« an die Oberfläche kommen. Was die Menge des Materials angeht, das gleichzeitig verarbeitet werden kann, ist die Meditation gegenüber der systematischen Desensibilisierung deutlich im Vorteil. Während letztere die wirksamste Methode sein mag, wenn es um ein begrenztes Problem wie z. B. eine Phobie geht, scheint die Meditation effizienter zu sein, wenn eine ganze Reihe zusammenhängender Probleme zur Bearbeitung anstehen. Nach Meinung des Psychologen Goleman ist die Meditation als eine »globale« Form von Desensibilisierung anzusehen[1].

Meditation scheint sich ideal zu Desensibilisierungszwecken zu eignen. Sie ist »tragbar« und begleitet uns überall hin. Sie gibt uns Gelegenheit, auftauchende Probleme zu behandeln, ehe sie Schwierigkeiten machen können. Da sie ein Prozeß ist, den wir selbst unter Kontrolle haben, sind wir im allgemeinen nicht gezwungen, uns während der Meditation mit Material zu befassen, das emotional zu bedrückend ist. Ein derartiger Prozeß kann auch den Tenor unseres Lebens außerhalb der Meditation beeinflussen. Wir lernen, Spannungen zu verarbeiten, sobald sie entstehen, und lassen nicht zu, daß sie um sich greifen. Das kann uns ein neues Gefühl geben, daß wir Herr unserer eigenen Stimmungen sind und dem Druck, unter dem wir im Leben stehen, gewachsen sind.

Selbst als »Sein«

Eine weitere Grunderkenntnis der Meditation läßt sich folgendermaßen formulieren:

> Während ich hier ruhig in Meditation sitze, *existiere* ich, obwohl ich von anderen getrennt bin ... Ich bin getrennt vom Geliebten, Freund, von der Mutter, vom Vater, Therapeuten, von wem auch immer ... aber in meiner Meditation fühle ich diese Getrenntheit nicht als Einsamkeit, ich erfahre sie als Nähe zu mir selbst und zum Leben ...

Meditation ist erstaunlich vollkommen in sich selbst. Wenn wir uns in diesem Zustand befinden, kann die Außenwelt uns noch so sehr bedrohen, Bilder und Geräusche uns bombardieren, um unsere Aufmerksamkeit auf sich zu ziehen – wir erkennen doch immer, daß im Grunde alle diese Einflüsse nichts an dem ändern, »was« wir sind. Nichts hindert uns daran, ruhig weiter ein- und auszuatmen, und der leise Rhythmus unseres Pulses schlägt harmonisch mit dem geräuschlosen Takt unseres Mantra oder mit unserer Atmung. Wir wissen, was auch immer geschieht oder nicht geschieht, *das Leben geht weiter.* Dieses Gefühl der Gewißheit über unsere Existenz begleitet uns dann auch nach der Meditation und verändert in vieler Hinsicht unsere Sicht der Welt. Dinge, die uns früher beunruhigten, können im Vergleich zu dieser unmittelbaren Erfahrung des Lebendigseins relativ bedeutungslos werden. Diese Erkenntnis der Meditation kann die Grundlage bilden für ein neues Gefühl der Identität, ein neues Bewußtsein für die Kraft und die Veranlagungen, die wir besitzen, ein stärkeres Empfinden für die persönlichen Rechte, die wir haben. Wie wir gesehen haben, sind dies Entwicklungen, die Meditierende häufig festgestellt und berichtet haben.

Während der Meditation lernen wir auch, unseren Geist und unseren Leib nicht zu etwas zu zwingen, von dem wir glauben, sie »sollten« es tun; sondern wir lernen, ihnen gehorsam zu folgen, wohin sie führen. Das Vertrauen auf die Weisheit des eigenen inneren Selbst macht die Meditationsübung für den westlichen Menschen zu einer ungewöhnlichen Erfahrung. Unsere Gesellschaft verleitet uns dazu, uns selbst als Objekt zu behandeln und uns ständig zu zwingen, Dinge zu tun (oder nicht zu tun). Das ist das Nebenprodukt einer Kultur, die die Arbeitsleistung nach dem Produktionstempo mißt – je mehr wir es beschleunigen, desto größer ist der Gewinn. Viele unserer persönlichen Probleme können das Produkt der krankhaft auf Zeit hin orientierten Kultur sein. In einer Ackerbau treibenden Gesellschaft lernen die Menschen, unendliche Geduld mit dem langsamen und unveränderlichen Rhythmus der Natur zu haben; sie entwickeln eine andere Haltung – eine größere Aufgeschlossenheit für den Wert des Wartens und Beobachtens, für das Schwimmen mit dem Strom statt gegen ihn. Meditation kann auch uns zu einer solchen aufnahmebereiten Haltung führen, denn wir können nicht meditieren, wenn wir uns bemühen zu meditieren, sondern nur, wenn wir Meditation geschehen lassen.

Die Lehre, daß man etwas erreichen kann, indem man die Dinge einfach geschehen läßt, kann unser tägliches Leben durchziehen. Sie ist besonders wichtig in bezug auf unsere Fähigkeit, Freude zu erleben, denn die sehr lustbetonten Aktivitäten sind davon abhängig, daß wir sie geschehen lassen.

In der neuen Sexualtherapie z. B. wird bei der Beratung der Klienten immer stärker hervorgehoben, keinen Versuch zu machen, den Orgasmus zu erreichen (oder überhaupt etwas zu erreichen)[2]. Statt dessen lehrt man sie, die verschiedenen Empfindungen, die sie während des Zusammenseins erleben, als Rechtfertigung für das Erlebnis zu betrachten. Ein genußvolles, absichtsloses Spiel, bei dem keine Anforderungen gestellt und keine Urteile gefällt werden, ob wir es »richtig« oder »falsch« machen – ein Erleben ohne Zielsetzung, bei dem jeder Schritt seine Belohnung in sich trägt –, scheint ein Höchstmaß an Lust und Intimität zwischen den Partnern zu ermöglichen. Im wesentlichen ist dies im Sexualerlebnis ein Ausdruck dessen, was wir die »meditative Stimmung« genannt haben*. Wenn ein Mensch schließlich den Versuch aufgibt, Liebhaber zu sein, und sich den Luxus gönnt, einfach zu genießen, wenn er alles geschehen »läßt« und nichts geschehen »macht«, dann setzt sich die natürliche Weisheit des Selbst durch, und es kommt zu einem beglükkenden sexuellen Erlebnis.

* Eine EEG-Untersuchung am New Jersey College of Medicine and Dentistry hat unlängst gezeigt, daß sich während des Orgasmus die Dominanz deutlich auf die rechte Hemisphäre des Gehirns verlagert.

Lernen, sich selbst zu tolerieren

Meditation kann ferner dazu führen, daß Selbstvorwürfe reduziert werden. Kinder werden – noch ehe sie die Sprache verstehen – häufig durch Blicke und Gesten der Menschen in ihrer Umgebung beschämt, aber meistens werden sie mit Worten ausgezankt. Dies führt dazu, daß sie sich selbst innerlich beschimpfen und sich immer wieder vorsagen: »Ich bin ein schlimmes Kind« – »Ich bin schlampig« – »schmutzig« – »dumm« – »selbstsüchtig«, oder andere mißbilligende Ausdrücke, die sie von Erwachsenen gelernt haben. Leider tun sie dies noch lange nachdem Eltern, Lehrer und Freunde aufgehört haben, sie auf diese Weise zu kritisieren. Es ist eine treffende Bezeichnung, wenn man von der »leisen Stimme« des Gewissens spricht. Unser Gewissen ist tatsächlich eine innere »Stimme«. Blendet man während der Meditation die Sprachzentren aus und läßt die wortlosen Aspekte der Erfahrung in den Vordergrund des Bewußtseins treten, dann trägt dies dazu bei, unseren Selbstvorwürfen viel von ihrem Stachel zu nehmen.

In der Meditation scheint die Selbstkritik zusammen mit anderen abstrakten, verbalen Begriffen zurückzutreten, bis nur noch ein fernes Flüstern zu vernehmen ist. Gleichzeitig scheint in der Meditation eine Desensibilisierung nichtverbaler Beschämungserlebnisse aus sehr früher Kindheit stattzufinden. Die Abschwächung unserer selbstkritischen Einstellung und die »Entschärfung« früher, nichtverbaler Schamerlebnisse stellen einen mächtigen Zweifronten-Angriff auf die Selbstbeschuldigungen dar. Er bewirkt, daß wir während der Meditation oftmals imstande sind, unseren unerfreulichsten Seiten ohne Angst ins Auge zu sehen. Wir lassen zu, daß sie uns wieder bewußt werden, »befreunden« uns gleichsam mit ihnen und können auf diese Weise eine konstruktive Kontrolle über sie ausüben.

Diese und andere Aspekte der Meditation führen zu einer gründlichen Selbsterziehung. Die täglich wiederholten Übungen bilden ein Konglomerat von Erfahrungen und Haltungen, die unsere Anschauungen grundlegend beeinflussen können. Eine der profundesten Lehren der Meditation besteht darin, daß wir uns zeitweilig in unserer Ganzheit erfahren, einer Ganzheit, die unser rationaler Geist mit seinen begrenzten Möglichkeiten allein nicht erkennen kann. In diesem Sinne eröffnet die Meditation neue Perspektiven, unerforschte Gebiete. Die letzte Frage, der wir uns zuwenden, ist, wohin uns dieses neue »meditative« Bewußtsein als Gesellschaft voraussichtlich führen wird.

5. Schlussfolgerungen

Die Meditation hat offensichtlich ihre Grenzen. Sie eignet sich nicht für alle Fälle, in denen ein Spannungsabbau erfolgen soll. Auch findet sie nicht bei jedem Anklang. Trotzdem hat sie Vorteile, die ihr eine Sonderstellung unter den bekannten Methoden zur Streß-Erleichterung sichern.

Die Unterweisung in den praktischen Meditationsmethoden ist so einfach, daß fast jeder sie in ein oder zwei sachgemäßen Unterrichtsstunden erlernen kann. Noch wichtiger ist, daß die praktischen Meditationsmethoden »selbstverstärkend« sind, d. h. sie tragen ihre Belohnung in sich. Die Menschen freuen sich auf die Meditation. Daher fällt es ihnen leichter zu meditieren als andere tägliche Übungen zur Streß-Erleichterung zu machen. Diese Vorteile machen die Meditation wahrscheinlich zur wirksamsten aller Entspannungstechniken insofern, als sie großen Gruppen hilft, mit dem Streß fertigzuwerden. Das macht sie in unserer Gesellschaft zu einer hochqualifizierten Praxis.

Wer gewohnt ist, bei »wissenschaftlichen« Fortschritten an Erfindungen oder Maschinen zu denken, wird dies schwerlich akzeptieren. Kann die sorgfältig studierte und kontrollierte Anwendung einer der menschlichen Natur entsprechenden Übung eine wirksamere Entspannung zustande bringen als maschinell hergestellte Mittel wie Pharmazeutika oder Biofeedback-Apparate?

Je größere Fortschritte wir in der Wissenschaft machen, um so deutlicher zeigt sich, daß Antworten auf die für unser Überleben entscheidenden Fragen häufig dann gefunden werden, wenn wir uns möglichst eng an die Vorgänge in der Natur halten und ihre Weisheit respektieren. Auf die Dauer kann dies viel fruchtbarer sein, als gegen die Naturgesetze zu kämpfen oder sie zu »bezwingen«. Die Meditation paßt zu dem allgemeinen Trend, das Potential der Naturvorgänge aufzudecken. Sie ist einfach. Sie stützt sich auf keine Apparate. Sie ist für alle verfügbar. Sie steht in Einklang mit den Schwerpunkten, die Gesellschaft und Forschung heute setzen, und wird daher im modernen Leben voraussichtlich eine zunehmend bedeutendere Rolle spielen. Diese Rolle mag nicht immer konstruktiv sein. Der Mißbrauch der Meditation durch Supersekten zu Zwecken politischer oder religiöser Herrschaft oder die Verbreitung sensationell aufgemachter Meditationsmethoden ohne die für den Meditierenden notwendigen Sicherheitsvorkehrungen sind negative Möglichkeiten. Alles in allem genommen, scheint sie jedoch ein vielversprechendes Potential anzubieten.

In der Medizin

In Zukunft werden die meditativen Techniken bei vielen streßbedingten Krankheiten gleichzeitig mit der konventionellen ärztlichen Behandlung verwendet werden. Wenn die Ärztewelt die ersten Zweifel an ihrer wissenschaftlichen Validität überwunden hat, wird der Weg dafür offen sein, die Meditation beispielsweise auch in Hospitälern einzusetzen. Sie kann ein ausgezeichnetes Mittel zur Vorbereitung der Patienten auf eine Operation sein. Da ein weniger streßbelasteter Patient bekanntlich ein geringeres Risiko für die Chirurgie darstellt, könnte ein Therapeut, der in mehreren Meditations- oder Entspannungstechniken ausgebildet ist, den Patienten am Tage oder am Abend vor der Operation aufsuchen. Es würde nicht nur die Meditation an sich beruhigend wirken, sondern die zwischen Meditationslehrer und Schüler hergestellte Beziehung – die häufig eng und bedeutsam ist – kann zusätzlich helfen, die Belastungen dieser Periode zu mindern.

Was für den operierten Patienten von Nutzen ist, könnte auch anderen hospitalisierten Patienten zugute kommen. Man kann nicht von allen schwerkranken Patienten erwarten, daß sie meditieren lernen; einige könnten es jedoch, andere würden vielleicht eine andere Entspannungstechnik wirkungsvoll finden. Ein Spezialist für Entspannungstechniken, der zum Personal der Klinik gehört und über ein umfangreiches methodisches Repertoire verfügt, könnte darauf bedacht sein, die geeignete Methode für jeden einzelnen Patienten auszuwählen.

Die Meditation könnte ferner in der Medizin zur Schmerzausschaltung oder Schmerzverminderung verwendet werden. Das Meditieren über den eigenen Schmerz kann dabei sehr wirkungsvoll sein*. In dieses Gebiet der Schmerzkontrolle gehört auch die mögliche Anwendung der Meditation in der Thanatologie, jener neuen Disziplin, die sich mit Methoden befaßt, die dem Sterbenden helfen, sein Ende gefaßter anzunehmen. Im Maryland Psychiatric Research Center hat eine Gruppe von Psychiatern unter Leitung von Dr. Stanislav Grof außerordentlich gute Resultate erzielt, indem sie Krebspatienten im Endstadium durch Verabreichung von LSD unter sorgfältig standardisierten Bedingungen in einen meditativen Zustand versetzten. Nach Einnahme dieses Medikaments werden die Patienten langsam in jene Bewußtseinstiefe geführt, die ihnen am zuträglichsten ist. Das führt häufig zu einer Änderung der Einstellung, die sie zu sich selbst haben, und zu einer völlig anderen medizinischen und psychologischen Verfassung. Obwohl das Leben des Patienten dadurch nicht verlängert werden mag, kann die Lebensqualität seiner letzten Tage und Monate eine radikale Besserung erfahren. Die genannten Wissenschaftler stellten in einer genauen Untersuchung bei den meisten Patienten, die sich dieser Behandlung unterzogen, eine deutliche Abnahme von Depression, Angst und Schmerz fest. Die Patienten neigten weniger zur Angst vor dem Sterben, fühlten sich weniger isoliert und machten dem Krankenhauspersonal weniger Schwierigkeiten[1].

Man könnte argumentieren, diese Ergebnisse seien auf die Verwendung eines chemischen Mittels (LSD) zurückzuführen und hätten mit der Auslösung einer meditativen Stimmung nichts zu tun. Das erscheint aber äußerst unwahrscheinlich. Es ist bekannt, daß die Wirkungen von LSD von der Atmosphäre bzw. dem »Setting« abhängig sind, in dem es genommen wird. Ein wesentlicher Teil der Maryland-Studie bestand in einer mit großem Feingefühl von erfahrenen Therapeuten geleiteten Meditationsübung. Sie leisteten ihren Patienten wirksame Hilfe, Bewußtseinszustände zu erreichen, die man als identisch mit einigen der tiefen Meditationszustände betrachten kann.

* Vgl. Beschreibung in Kap. 6.

Auch ist festzustellen, daß Meditation den Heilungsprozeß beschleunigt. Eine Reihe klinischer Berichte, die wissenschaftlich noch nicht überprüft worden sind, weisen auf diese Möglichkeit hin*. Ein Versuch am Krankenhaus der Universität von Pennsylvania läßt darauf schließen, daß Zahnfleischinfektionen schneller heilen können, wenn der Patient Meditationsübungen macht[2]. Eine besondere Meditationsmethode zur Unterstützung der Heilung von Krebspatienten findet ebenfalls klinische Verwendung. Dr. O. Carl Simonton, ehemaliger Leiter des Zentrums für Bestrahlungstherapie an der Travis Air Force Base in Kalifornien, hat bei der Krebsbehandlung – neben Kobaltbestrahlung und Psychotherapie – mit Erfolg eine Meditationsmethode verwendet, bei der gesteuerte Vorstellungen hervorgerufen werden. Simontons Technik ist nicht mit »Meditation«, wie wir sie in diesem Buch beschreiben, identisch, d. h. sie ist nicht nur eine einfache Zentrierungstechnik. Simonton nutzt eine intensive meditative Stimmung zu Heilzwecken. Seine Patienten sollen dreimal täglich fünfzehn Minuten lang einen Zustand tiefer Entspannung erreichen. Während dieser Übung sollen sie an ihren Krebs denken und sich dabei lebhaft ihre weißen Blutkörperchen als kleine »Armee« von Helfern vorstellen, die den Schutt wegräumen, der durch die Bestrahlung liegengeblieben ist, und die wirksam zur Heilung beitragen. Sie beschließen die Übung damit, daß sie sich vorstellen, sie seien völlig in Ordnung und gesund. Die günstigen Resultate, die Simonton erzielt hat, lassen es empfehlenswert erscheinen, die meditative Stimmung in ihren verschiedenen Erscheinungsformen wissenschaftlich noch weiter zu erforschen. Von fünfzig Patienten, die nach seiner Methode behandelt wurden, verzeichneten siebenunddreißig (oder vierundsiebzig Prozent) »gute« oder »ausgezeichnete« Reaktionen. Bei nur vier Prozent war die Reaktion »dürftig«, obwohl sich die Krankheit bei einigen dieser Patienten schon in sehr fortgeschrittenem Stadium befand. Von denen, die »ausgezeichnet« reagierten (zwölf Patienten), hatte man acht eine Heilungschance von weniger als fünfzig Prozent gegeben[3].

* Vgl. den Bericht der operierten Patientin unter »Meditation während der Krankheit« in Kapo. 7.

Die Medizin kann für spezielle Zwecke auch Meditationsübungen verordnen, die während des ganzen Tages mehr oder weniger ununterbrochen praktiziert werden. Ein Hypertoniker oder ein Mensch der Verhaltensweise des »Typs A«*, dem von seinem Arzt geraten wird, »langsamer zu machen«, »das Leben mehr zu genießen« oder »sich keine Sorgen zu machen«, wird aufgefordert, seine ganze Lebensweise, seine Haltung dem Leben gegenüber und sogar seine Auffassung über das Leben an sich zu ändern; er soll nicht nur einige Gewohnheiten ablegen. Um dies zu erreichen, kann es notwendig werden, zusätzlich zur täglichen, regelmäßigen Meditationsübung in den Tagesplan noch weitere Variationen aufzunehmen. Man kann z. B. ab und zu am Tage mit offenen Augen meditieren, während man umhergeht. Dadurch lassen sich die Wirkungen der regelmäßigen Meditation vertiefen und verstärken. Meditative Übungen, die während einfacher Aktivitäten wie Kochen, Tennisspielen oder Schwimmen zu praktizieren sind, könnten verordnet werden und den Streß des Lebens wirksam verringern. Der Alltag vieler Menschen, die sich den spirituellen Disziplinen zugewandt haben, wird von regelmäßigen meditativen Übungen gespeist. Dies mag der Grund dafür sein, daß ihr Leben von einer natürlichen Ruhe durchdrungen zu sein scheint, die dem von Aktivität besessenen Menschen des Westens fremd ist.

Derartige Änderungen der Lebensweise stehen vielleicht nicht im Einklang mit den Normen einer Gesellschaft, die sich der Technik verschrieben hat und die den Nutzeffekt am Arbeitsertrag und an produzierten Gütern und nicht an der Erhaltung menschlicher Kräfte mißt. Das Programm könnte indessen den Menschen dienen, die Opfer unserer Gesellschaft geworden sind – Menschen, die physischen und emotionalen Schaden erlitten haben, weil sie dem schnellen Tempo nicht mehr entkommen konnten, das unser Leben angenommen hat. Techniken, die geeignet sind, die meditative Stimmung auf viele Aspekte ihres Lebens zu übertragen, könnten diesen Menschen helfen, ihr Leben wieder zu bewältigen.

* »Typ-A«-Verhalten ist eine Form zwanghafter Überaktivität, die vorwiegend bei Menschen zu beobachten ist, die zu Herzanfällen neigen[4].

In der Psychiatrie

Wir haben bereits einige Anwendungsmöglichkeiten der Meditation in der Psychiatrie erörtert. Die Meditation könnte eine Verminderung von Angst bewirken und würde auch für Patienten, die an chronischer Ermüdung oder Schlafstörungen leiden, eine beträchtliche Hilfe bedeuten. Auch ihre Verwendungsfähigkeit in der Behandlung von Süchtigen und in der Häftlingspsychiatrie wird noch wissenschaftlich untersucht werden. Sie kann auch zusammen mit psychotherapeutischen Maßnahmen zur Behandlung der milderen Depressionsformen verwendet werden.

Abgesehen von diesen spezifischen Anwendungsmöglichkeiten, können sich die Psychotherapeuten der Meditation auch zur Förderung der Anpassung, d. h. zur Bewältigung der objektiven Anforderungen, die die Gesellschaft an den einzelnen stellt, bedienen. Neurotisches Verhalten wie Reizbarkeit, geringe Frustrationstoleranz, unkontrollierbare Aggressionen u. ä. können durch Meditation als Ergänzung psychotherapeutischer Maßnahmen behandelt werden. Starke Unterwerfungstendenzen oder ein schlechtes Identitätsgefühl des Patienten könnten den Psychotherapeuten automatisch zur Empfehlung von Meditationsübungen veranlassen. Kombiniert mit einer psychotherapeutischen Behandlung können sie dem Patienten auch helfen, »wacher« zu werden, und ihn befähigen, seine tieferen Probleme zu begreifen. Man wird Meditation fast mit Sicherheit bei systematischer Desensibilisierung und anderen Techniken zur Verhaltensmodifikation versuchen, da die Forschung gezeigt hat, daß sie eine tiefe Entspannung genauso wirksam herbeiführt wie die Muskelentspannungstechniken; hinzu kommt, daß sie meist viel leichter zu erlernen ist.

Es scheint, als würden immer mehr Psychotherapeuten ihre Patienten selbst meditieren lehren und sich nicht mehr auf Meditationslehrer oder Organisationen von außerhalb verlassen. Dadurch wäre die Sicherheit gegeben, daß die Übungen klinisch sachgemäß überwacht werden, und jeder Patient würde ein auf ihn zugeschnittenes Mantra erhalten, dessen Klangwirkung auf seine Persönlichkeit wissenschaftlich fundiert ist. Psychotherapeuten könnten gelegentlich auch gemeinsam mit ihren Patienten meditieren. In der Gruppentherapie kann gemeinsame Meditation nützlich für eine enger werdende Verbindung zwischen den Gruppenmitgliedern sein.

In der Erziehung

An den Schulen werden voraussichtlich in zunehmendem Maße Meditationsübungen praktiziert werden, wenn man einmal erkannt hat, daß nichtreligiöse Meditationsmethoden von den regulären Lehrkräften ohne zusätzliche Kosten oder Belastungen für das Schulwesen gelehrt werden können. Bei der Einführung der Meditationsübungen an den Schulen könnten jedoch Anfangsschwierigkeiten auftreten. Die Andachtsübungen der TM mit ihrer religiösen Hindu-Philosophie sind der Grund für den sich verschärfenden Rechtsstreit, ob die TM an den öffentlichen Volksschulen der USA gelehrt werden soll oder nicht*. Dieser Streit betrifft nicht die religionsfreien, von der Wissenschaft entwickelten Methoden der praktischen Meditation; er kann jedoch im Bewußtsein der Menschen hinsichtlich der Meditation allgemeine Verwirrung stiften.

Es besteht immer die Gefahr, daß seitens bestimmter Gruppen alle Meditationstechniken abgelehnt werden, weil sie in dem Irrtum befangen sind, es gebe keine wirklich säkularen Meditationsmethoden. Wie Benson, Woolfolk, ich selbst und andere Forscher jedoch gezeigt haben, stellen die von der Wissenschaft erarbeiteten Meditationstechniken für praktische und klinische Zwecke eine brauchbare Alternative zu den religiösen Meditationsmethoden dar. Ich vermute, daß der augenblickliche Rechtsstreit wegen der TM dazu führen wird, daß sich große Institutionen wie Schulen, Hospitäler u. ä. – falls sie sich überhaupt zur Meditation entschließen – in zunehmendem Maße den

* Ein genauer Bericht über diese Probleme und Informationsmaterial über den religiösen Hintergrund der TM-Bewegung ist bei der Coalition for Religious Integrity, Box 75, Maplewood, N. J. 07040 erhältlich.

standardisierten Meditationsformen zuwenden, die keinerlei religiöse Ausrichtung haben*.

Sollten die Schulen tatsächlich Meditationsübungen in den Lehrplan aufnehmen, wird ihre Verwendung wahrscheinlich am ehesten als »Meditationspause« in Frage kommen, um Spannungen im Klassenzimmer zu mindern und den Schülern zu helfen, sich zu konzentrieren. Wenn derartige Pausen wirkungsvoll sein sollen, müssen sie mehr als ein bloßes Stillsitzen sein, wie es die kürzlich in den Schulen von Connecticut eingeführte »Meditations«-Pause von einer Minute ist. Die Kinder werden dabei aufgefordert, stillzusitzen, ruhigzubleiben und zu »meditieren«, ohne daß ihnen erklärt wird, was dies bedeutet. Kinder, die stillsitzen, ohne etwas zu tun, rutschen wahrscheinlich bald hin und her oder kichern. Auf jeden Fall meditieren sie nicht in dem Sinne, wie wir es beschrieben haben. Wie Menschen jeder Altersstufe müssen auch Kinder gelehrt werden, *wie* meditiert wird.

Wenn Meditationsübungen im Schulwesen weite Verbreitung finden sollten, könnten sie von den Klassenlehrern, die in einer ihrer Techniken erfahren sind, gelehrt werden. Eine Alternative wäre, in den Lehrkörper der Schulen Lehrer aufzunehmen, die sich auf Entspannungstechniken spezialisieren; sie könnten von Klasse zu Klasse gehen und die verschiedenen Meditations- und Entspannungstechniken lehren. Meditation kann auch als Teil eines Körpererziehungsprogramms, vielleicht zusammen mit dem Yoga der Körperhaltungen und Atembeherrschung (Hatha Yoga), gelehrt werden.

Gruppen-Meditationen können unmittelbar vor dem Examen von Nutzen sein. Sie tragen dazu bei, die Angst vor der Prüfung zu reduzieren. Die Schüler können lernen, ihre Hausarbeiten in kurze Lerneinheiten zu unterteilen und dazwischen Mini-Meditationen zu halten, um mehr Ausdauer für die langen Stunden des Studiums zu haben. Die Lehrer werden feststellen, daß sich das Klima in der Klasse bessert, wenn die Klasse miteinander

* Die US-Marine z. B. hat unlängst die Verwendung von Bensons Meditationstechnik für ein Programm beschlossen, nach dem in San Diego Marine-Rekruten für Führungs- und Verwaltungspositionen ausgebildet werden.

meditiert. In den Fällen, in denen ich dies selbst beobachten konnte, war die Diskussion nach der Übung spontaner; die Schüler waren weniger defensiv, und ihre Zusammenarbeit war besser.

Man wird Meditationsübungen vielleicht auch für Studienprogramme geeignet halten, die kreative Fähigkeiten fördern. Das Meditieren vor Beginn der Tagesarbeit an einem kreativen Projekt könnte zu einem anerkannten Verfahren werden, Selbstkritik zu vermindern und einen leichten Fluß der Ideen zu ermöglichen. Die Batterien können wieder aufgeladen und Energie und Begeisterung durch Meditationen, die die langen Arbeitsstunden unterbrechen, wiedererlangt werden. Auch werden viele schöpferische Menschen zweifellos die Zweckmäßigkeit und den Nutzen der Meditation bei Blockierungen der Kreativität entdecken.

Im Geschäftsleben und in der Industrie

Vielleicht gehen auch Unternehmen dazu über, Meditationsübungen zu verwenden, vorausgesetzt allerdings, daß sich dadurch die Produktivität steigern läßt. Es ist bis heute noch nicht bewiesen, daß Arbeiter in der Fabrikation mehr leisten, wenn sie zwischendurch meditieren. Entspannte Menschen werden jedoch im allgemeinen leichter mit ihren Aufgaben fertig; sie sind leistungsfähiger und arbeiten sorgfältiger als spannungsgeladene Menschen; Meditation sollte daher für sie eine wertvolle Hilfe sein. Der Gesundheitszustand von meditierenden Arbeitern wird ebenfalls eine Tendenz zur Besserung zeigen (weniger streßbedingte Krankheiten). Dies könnte dazu führen, daß sich weniger Arbeiter krank melden oder der Arbeit fernbleiben. Möglicherweise helfen Meditationsübungen auch bei bestimmten Suchtformen, ein Faktum, für das sich die Industrie interessieren sollte. Meditationspausen am Arbeitsplatz können auch zur Arbeitsfreude und zur größeren Wachheit beitragen, wodurch weniger Fehler gemacht und Arbeitsunfälle vermieden werden. Wahrscheinlich werden diejenigen Geschäfts- und Industriekreise die potentiellen Vorteile der Meditationsübungen nutzen, die voraussehen, daß sich erhöhte Zufriedenheit mit der Arbeit, bessere Gesundheit und größere Arbeitsfreude der Belegschaft höchst gewinnbringend auswirken könnten, obgleich ein Meditationsprogramm notwendig wäre, das täglich einige wenige Minuten der Arbeitszeit für Meditationspausen in Anspruch nimmt.

Bei den leitenden Angestellten mag die Meditation früher akzeptiert werden. Meditation fördert die Initiative, die Phantasie und die Unabhängigkeit. Diese Charaktereigenschaften sind zumindest theoretisch bei Führungskräften höchst wünschenswert. Da leitende Angestellte auch zum »Typ-A«-Verhalten neigen, kann man sich unschwer vorstellen, daß Unternehmen planmäßig Meditationspausen für diese Gruppe einführen. Auch können Gruppenmeditationen vor Sitzungen, in denen viele Probleme zu lösen sind, einen größeren Ideenreichtum bewirken. Meditationsübungen vor Vorstandssitzungen können zu einer harmonischeren Team-Arbeit unter den Teilnehmern führen. Regelmäßige Meditationspausen während tagelanger Konferenzen könnten eine höchst belebende Wirkung auf Leute ausüben, die gezwungen sind, sich viele Stunden lang auf den Vortrag detaillierter Informationen zu konzentrieren.

Öffentliche Einrichtungen wie Hospitäler und Schulen oder Unternehmen, die Meditationsübungen in großem Maßstab betreiben, werden sich wahrscheinlich eher zu verschiedenen Meditationsmethoden als zu einer einzigen Technik entschließen. Vermutlich wird man dazu Experten für Entspannungstechniken anstellen, die jederzeit verfügbar sind, um sich etwaiger Probleme anzunehmen. Derartige Spezialisten, die nicht Anhänger einer besonderen Meditations- oder Entspannungsmethode sind, werden imstande sein, für jeden einzelnen die geeignete Technik zu wählen.

Meditation nach westlichem Stil

Der Westen nähert sich jeder neuen Technik zunächst auf analytischem Wege. Die Technik wird in ihre Komponenten zergliedert und studiert. Das wird auch ohne Zweifel das erste sein, was geschieht, wenn wir anfangen, die Meditation ernst zu nehmen. Verschiedene Meditationstechniken werden seziert (manchmal so sehr, daß man sie nicht wiedererkennt), ausprobiert und dann entweder wieder zu einer Form zusammengesetzt, die der ursprünglichen nahekommt, oder aber mit anderen Methoden wie Biofeedback, Körperübungen, Muskelentspannungen u. ä. kombiniert. Sie werden sodann für praktische Zwecke verwendet und können unseren Lebensstil auf interessante Weise neu gestalten. Die wichtigste Neuerung wird die Meditationspause und der Meditationsraum sein.

Falls große Organisationen Meditationsübungen vorsehen, ist ein Meditationsraum unbedingt erforderlich. Es braucht nur ein schlichter, relativ schalldichter Raum zu sein, der mit einigen bequemen Stühlen mit geraden Rückenlehnen, einer schwachen Beleuchtung, einem Teppich und einer oder zwei Pflanzen ausgestattet ist. Die bescheidenen Kosten für die Einrichtung eines solchen Raumes sind angesichts der Entspannung, die der Raum den Menschen während eines arbeitsreichen Tages voller Streß bieten kann, gut angelegt. Wir haben im Psychologischen Institut der Princeton-Universität ein Semester lang einen solchen Raum zur Verfügung gehabt. Als er wieder geräumt werden mußte, brachten die Studenten zum Ausdruck, wie sehr sie ihn vermißten.

Religiöse Einrichtungen besitzen in ihren Kirchen oder Tempeln traditionsgemäß Sanktuarien, wo die Menschen allein sein und in ruhiger Atmosphäre bei sich selbst Einkehr halten können. Da sich jedoch in den letzten Jahren viele Menschen von den organisierten Religionen abgewandt haben, besteht für sie nicht mehr diese Möglichkeit, eine meditative Stimmung hervorzurufen – ein Grund mehr, weshalb moderne Männer und Frauen eine gesellschaftlich anerkannte Gelegenheit zur Einkehr – eine Meditationspause oder einen Meditationsraum – brauchen, die von den anderen respektiert wird.

Nicht nur Unternehmen könnten es für nützlich halten, Meditationspausen einzulegen. Diese Praxis kann sich auch bei gesellschaftlichen Anlässen bewähren. Mein Mann und ich haben festgestellt, daß diejenigen unserer Gäste, die Meditationsübungen machen, meist über den Vorschlag erfreut sind, vor dem Abendessen miteinander zu meditieren. Danach fühlen wir uns einander näher, und das übliche »Rollenspiel« in der Gesellschaft wird dankbar aufgegeben.

Wahrscheinlich wird der Westen die Meditation zunächst als Notmaßnahme einführen, wenn »Gleichgewichtsstörungen« zu korrigieren sind, bestimmten Exzessen unserer Gesellschaft entgegenzuwirken ist und ein besseres Funktionieren des ganzen »Systems« erreicht werden soll. Unternehmen können sie verwenden, damit die Arbeiter zufriedener sind; Schulen, um dafür zu sorgen, daß die Kinder ihre Lehrer weniger belasten. Aber wird Meditation nur ein Palliativ bleiben, zahm und unter unserer Kontrolle?

Einige der größeren Institutionen werden sie zwar zunächst vom Nützlichkeitsstandpunkt aus sehen. Es ist indessen zweifelhaft, ob sich die Meditation – so bruchstückhaft oder unter welcher Maske sie auch immer betrieben werden mag – bloß als Mittel erweisen wird, um die Maschinerie irgendeiner Gesellschaft in ruhigem Gang zu halten. Selbst die praktischen Formen der Meditation, die wir behandelt haben, üben einen großen Einfluß auf die Wertbegriffe aus; und die Werteverschiebung, die durch die verbreitete Anwendung der Meditation zustande kommt, könnte eine Veränderung einiger unserer fundamentalen Akzente als Gesellschaft bewirken.

Unter einer neuen Perspektive

Vielleicht werden wir unerwartete Änderungen unserer Anschauungen feststellen, wenn große Teile der Bevölkerung Meditationsübungen machen. Ein solches Ergebnis könnte z. B. eine veränderte Einstellung zu unserem Lebenstempo sein. Meditation, in breiten Kreisen praktiziert, könnte allgemein zu mehr Ausgeglichenheit und Ruhe führen. Sie könnte bewirken, daß in einer Gesellschaft, in der wirtschaftliche Härten und andere Formen von kontinuierlichem Streß zu ertragen sind, jede uns zur Verfügung stehende Zeit anders und besser genutzt wird. Die

Meditation wäre nicht nur eine Anti-Streß-Maßnahme, sie könnte auch den Menschen eine beträchtliche Hilfe bedeuten, die zu zwanghaften »Arbeitspferden« erzogen worden sind. Die Menschen des Westens geraten häufig in Verlegenheit, wenn sie ihr hektisches Tempo vorübergehend verlangsamen müssen, um einige Zeit mit sich selbst zu verbringen. Wir stürzen uns in Fluchtaktivitäten, um dieser Notwendigkeit auszuweichen. Es ist möglich, daß Meditation einen großen Beitrag zur richtigen Nutzung unserer Zeit leisten kann, da sie uns lehrt, mehr Zeit damit zu verbringen, einfach zu »leben«, und uns nicht zwingt, etwas zu »leisten«. Wenn Meditation in weiten Kreisen praktiziert wird, kann sie schließlich dazu führen, daß unsere übermäßige Betonung äußeren Gewinns (d. h. Gewinn, der aus Vorteilen herrührt, die außerhalb der Erfahrung selbst liegen, wie z. B. Geld, Macht und Prestige) allmählich abnimmt und stärkeres Gewicht auf den inneren Gewinn (die lohnenden Aspekte der Erfahrung, die um ihrer selbst willen geschätzt werden) gelegt wird.

Eine Gesellschaft, die für die Meditation aufgeschlossen ist, wird sich wahrscheinlich auch für den menschlichen Leib mehr interessieren und ihn anders respektieren und achten, als dies bisher im Westen der Fall gewesen ist. Eine der fundamentalsten Lehren der Meditation besteht darin, daß wir *lebende Wesen* sind. Diese Vergegenwärtigung kann bewirken, daß wir uns wieder für all das interessieren, was für uns und unsere Umgebung gesund ist, und uns von dem abwenden, was ungesund ist. Eine Gesellschaft, die die Dinge aus einer meditativen Perspektive sieht, wird Nahrungsmittel, Umwelteinflüsse oder Aktivitäten meiden, die dem natürlichen Rhythmus zuwiderlaufen, wie ja heute schon Meditierende die Tendenz haben, vor dem Mißbrauch von Suchtmitteln zurückzuschrecken. Aus der tiefen inneren Überzeugung unseres eigenen Bezogenseins auf alles, was uns umgibt – unsere Mitmenschen, die Tiere, Pflanzen und die Reichtümer der Erde –, kann sich dann ein neues ökologisches Bewußtsein entwickeln.

Wenn die Gesellschaft die Lehren der Meditation in sich aufnimmt, werden wir weniger dazu neigen, die Wissenschaft als unvermeidlichen Kampf zwischen Mensch und Naturkräften zu betrachten. Wir werden weniger darauf aus sein, eine wissenschaftliche Errungenschaft als einen weiteren Sieg im Kampf »um die Eroberung der Erde« zu definieren. Statt dessen werden wir anfangen, auf die leisen Stimmen der Ordnung und des Gleichgewichts zu hören, die uns aus der Welt der Natur erreichen. Das sollte dazu führen, daß wir eine Wissenschaft und eine Technik unterstützen, die Hand in Hand mit der Natur arbeitet, statt sie zu bekämpfen.

Meditationsübungen, die in breiten Kreisen praktiziert werden, könnten auch zu einer größeren Sensibilität für das führen, was man häufig spirituelle Werte nennt. Das bedeutet nicht unbedingt, daß die Mitgliederzahl organisierter Religionen ansteigen wird. Ich meine vielmehr, wir werden eher bereit sein, auch einige immaterielle Aspekte unseres Lebens zu akzeptieren. Diese Änderung unserer Haltung wird in unserer meditativen Erfahrung selbst ihren Ursprung haben. Es ist eine Erfahrung, die den Lebensstrom mit all seiner Gesetzmäßigkeit und seinem jenseits menschlicher Erkenntnis liegenden Daseinsgrund widerspiegelt. Durch diesen Kontakt mit dem Natürlichen und Wesentlichen kann der Mensch endlich das Gefühl der Einheit mit dem Universum bekommen. Dies wiederum könnte dazu beitragen, unserer Sicht des menschlichen Schicksals und letzten Endes unserer eigenen Rolle auf diesem Planeten eine andere Perspektive zu geben.

Anmerkungen

Einleitung

1 A. Watt. »The Art of Meditation«, in: *What Is Meditation?*, ed. John White, Garden City 1974, S. 34.
2 Anweisung von TM-Lehrern, zitiert nach: P. D. Hemingway, *The Transcendental Meditation Primer*, New York 1975, S. 29.
3 J. H. Schultz/W. Luthe, *Autogenic Methods*, 6 Bde., New York 1969, Bd. 1, S. 7.
4 Anweisung von TM-Lehrern, a. a. O., S. 17 und 29.
5 H. Johwari, *Dhanwantari*, San Francisco 1974, S. 76.
6 M. Sadhu, *Meditation*, London 1967, S. 72.
7 Aus einem Vortrag über Transzendentale Meditation vor der International Meditation Society, Edison, N. J., 15. Januar 1973.
8 H. H. Bloomfield, M. Caine, D. T. Jaffe und A. Rubottom, »What is Transcendental Meditation?«, in: *What Is Meditation?*, a. a. O., S. 88.
9 S. N. C. Yati, »Entering the World of Meditation«, in: *What Is Meditation?*, a. a. O., S. 42.
10 B. R. Dass, *The Only Dance There Is*, Garden City 1974, S. 50.
11 Anweisung von TM-Lehrern, zitiert nach Hemingway, a. a. O., S. 17.
12 M. Ullmann, S. Krippner und A. Vaughan, *Dream Telepathy*, New York 1973.
13 L. LeShan, *The Medium, the Mystic and the Physicist*, New York 1974.
14 S. Grof, *Realms of the Human Unconscious*, New York 1975.
15 C. T. Tart, *States of Consciousness*, New York 1975; *Transpersonal Psychologies*, ed. C. T. Tart, New York 1975.

Kapitel 1: Die zeitlose Übung

1 A. J. Maslow, *Toward a Psychology of Being*, bearbeitete Neuauflage, Princeton, N. J., 1962.
2 Meditationstagebuch von George Edington, unveröffentlicht.
3 Einen Überblick über die verschiedenen Formen der Meditation gibt: C. Naranjo, »Meditation: Its Spirit and Technique«, in: *On the Psychology of Meditation*, ed. C. Naranjo und R. Ornstein, New York 1971.
4 E. Conze, *Buddhist Meditation*, New York 1969, S. 83.
5 B. S. Rajneesh, *Dynamics of Meditation*, Bombay 1972, S. 130.
6 M. Mahesh Yogi, *Transcendental Meditation*, New York 1963.
7 D. Denniston und P. McWilliams, *The TM Book*, Allen Park 1975.
8 Der Name Mahesh Yogi (oder Yogi Mahesh) ist eine angemessene Bezeichnung für jemanden, der als Yogi ausgebildet ist und den Vornamen Mahesh trägt. Der Sanskritausdruck »Maharishi«, der vor den Namen von Mahesh Yogi gesetzt wurde, bezeichnet einen seltenen, hochentwickelten Bewußtseinszustand, den nur die Seher und Propheten der Vedas erreicht haben sollen, welche ihr Wissen aus dem »Klang aus dem Inneren« erlangten und nicht aus den Schriften. Den modernen Verkünder der TM-Bewegung mit diesem Ausdruck zu bezeichnen, mag für TM-Anhänger angebracht sein, wenn dies der Stand ist, den sie ihrem eigenen Guru zuschreiben. Da es sich hierbei jedoch nicht um eine objektive Beschreibung handelt, scheint mir ein solcher Ausdruck in einer wissenschaftlichen Betrachtung der Meditation keinen Platz zu haben. In diesem Buch ist die Bezeichnung »Maharishi« in Verbindung mit dem Führer der TM-Bewegung in Anführungszeichen gesetzt.
9 R. K. Wallace und H. Benson, »The Physiology of Meditation«, *Scientific American*, Februar 1972, S. 84 ff.; R. K. Wallace, H. Benson und A. F. Wilson, »A Wakeful Hypometabolic Physiological State«, *American Journal of Physiology*, 221, 1971, S. 376.
10 H. Benson, *The Relaxation Response, New York* 1975.
11 Ebenda, S. 114.

12 D. Tolliver, »Personality as a Factor Determining Response to Two Different Meditative Techniques«, Senior Thesis, Princeton University, 1976.
13 R. L. Woolfolk, L. Carr-Kaffashan, P. M. Lehrer und T. F. McNulty, »Meditation Training as a Treatment for Insomnia«, *Behavior Therapy*.

Kapitel 2: Ist Meditation etwas Einzigartiges?

1 E. W. Maupin, »Meditation«, in: *Ways of Growth*,ed. H. A. Otto und J. Mann, New York 1968.
2 R. E. Shor, »Hypnosis and the Concept of the Generalized Reality-Orientation«, in: *Altered States of Consciousness*, ed C. T. Tart, New York 1969, S. 233 ff.
3 Ebenda, S. 241.
4 R. White, »A Preface to a History of Hypnotism«, *Journal of Abnormal and Social Psychology*, 36, 1941, S. 477 ff.
5 N. Kleitman, *Sleep and Wakefulness*, Chicago 1963, S. 329 ff.
6 L. Chertok und P. Kramarz, »Hypnosis, Sleep and Electroencephalography«, *Journal of Nervous and Mental Disease*, 128, 1959, S. 227 ff.; A. L. Loomis, E. N. Harvey und G. A. Hobart, »Electrical Potentials of the Human Brain«, *Journal of Experimental Physiology*, 19, 1936, S. 249 ff.; J. B. Dynes, »Objective Method for Distinguishing Sleep from Hypnotic Trance«, *Archives of Neurology and Psychiatry*, 57, 1957, S. 84 ff.; A. Kasamatsu und T. Hirai, »An Electroencephalographic Study on the Zen Meditation (Zazen)«, in: *Altered States of Consciousness*, a. a. O., S. 489 ff.
7 Kasamatsu und Hirai, a. a. O.
8 A. Maslow, zitiert nach Shor, a. a. O.
9 J. H. Schultz und W. Luther, a. a. O.
10 J. Breuer und S. Freud, *Studien über Hysterie.*
11 »Die Psychotherapie der Hysterie«, in: Breuer und Freud, a. a. O.
12 E. Jacobson, Progressive Relaxation, Chicago 1938; *Modern Treatment of Tense Patients, Springfield,* Ill., 1970; *Biology of Emotions*, Springfield, Ill., 1967; *Tension in Medicine, Springfield, Ill.*, 1967.
13 J. Wolpfe, *Psychotherapy by Reciprocal Inhibition*, Stanford 1958.
14 D. A. Bernstein und T. D. Borkovec, *Progressive Relaxation Training Record*, Champaign, Ill., 1973.
15 B. B. Brown, *New Mind, New Body*, New York 1974.
16 E. E. Green, A. M. Green und E. D. Walters, »Voluntary Control of Internal States«, *Journal of Transpersonal Psychology*, 2, 1970, S. 1 ff.
17 Kasamatsu und Hirai, a. a. O.
18 G. Schwartz, »Biofeedback, Self-Regulation and the Patterning of Physiological Progresses«, *American Scientist*, 63, 1975, S. 314 ff.

Kapitel 3: Die Wissenschaft nimmt Notiz

1 Eine Beschreibung von wissenschaftlichen Versuchen mit psychedelischen Drogen findet sich in: R. Ashley, »the Other Side of LSD«, *New York Times Magazine*, 19. Oktober, 1975.
2 Forschungsarbeit auf dem Gebiet des Biofeedback wird beschrieben in: B. B. Brown, a. a. O.
3 P. K. Bagchi und M. A. Wenger, »Simultaneous EEG and Other Recordings During Some Yogic Practices«, *Journal of Electroencephalography and Clinical Neurophysiology*, 10, 1958, S. 193.
4 B. K. Anand, G. S. Chhina und B. Singh, »Studies on Sri Ramanand Yogi During His Stay in an Air-Tight Box«, *Indian Journal of Medical Research*, 49, 1961, S. 82 ff.
5 P. K. Bagchi und M. A. Wenger, »Electrophysiological Correlates of Some Yogi Exercises«, *Journal of Electroencephalography and Clinical Neurophysiology*, 7, 1957, S. 132 ff.

6 B. K. Anand, G. S. Chhina und B. Singh, »Some Aspects of Electroencephalographic Studies of Yogis«, *Journal of Electroencephalography and Clinical Neurophysiology,* 13, 1961, S. 452 ff.
7 Kasamatsu und Hirai, a. a. O.
8 H. Bloomfield, M. Cain and D. Jaffe, *TM: Discovering Inner Energy and Overcoming Stress,* New York 1975; Denniston/McWilliams, a. a. O.
9 R. K. Wallace, »Physiological Effects of Transcendental Meditation«, *Science,* März 1970, S. 1715 ff.; Wallace, Benson und Wilson, »A Wakeful . . .«, a. a. O.
10 P. B. C. Fenwick, »Metabolic and EEG Changes during Transcendental Meditation«, Vortrag auf der Konferenz über: »TM: Research and Application«, Institute of Science and Technology, University of Wales, Cardiff, 1974.
11 Wallace, 1970, a. a. O.
12 J. Allison, »Respiratory Changes During the Practice of the Technique of Transcendental Meditation«, *Lancet,* 18. April 1970, S. 833 f.
13 Ebenda.
14 N. N. Das und H. Gastaut, »Variations de l'Activité Électrique du Cervau, du Cœur, et des Muscles Séquelletiques au Cours de la Méditation et de l'Extase Yogique«, *Journal of Electroencephalography and Clinical Neurophysiology,* Supp. 6, 1957, S. 211 ff.; Wallace, 1970, a. a. O.; Wallace et al., 1971, a. a. O.; J. P. Banquet, »EEG and Meditation«, *Journal of Electroencephalography and Clinical Neurophysiology,* 33, 1972, S. 449 ff.
15 Banquet, a. a. O.
16 L. S. Otis, »TM and Sleep«, Vortrag beim Jahrestreffen der American Psychological Association, New Orleans 1974; J. Younger, W. Adriane und R. Berger, »Sleep during Transcendental Meditation«, *Perceptual and Motor Skills,* 40, 1975, S. 953 f.; R. R. Pagano et al., »Sleep During Transcendental Meditation«, *Science,* 23. Januar 1976, S. 308 ff.
17 Otis, a. a. O.
18 Banquet, a. a. O.
19 B. C. Glueck und C. F. Stroebel, »Biofeedback and Meditation in the Treatment of Psychiatric Illness«, *Comprehensive Psychiatry,* 16, 1975, S. 303 ff.
20 L. Goldstein in einem persönlichen Gespräch mit der Autorin, März 1976, New Jersey College of Medicine and Dentistry, Piscataway, N. J.
21 Wallace, 1970, a. a. O.
22 G. E. Schwartz, »Pros and Cons of Meditation: Current Finding on Physiology and Anxiety, Self-Control, Drug Abuse and Creativity«, Vortrag vor der 81. Jahreskonferenz der American Psychological Association, Montreal, 1973; Glueck und Stroebel, a. a. O.
23 D. Orme-Johnson, »Autonomic Stability and Transcendental Meditation«, *Psychosomatic Medicine,* 35, 1973, S. 341 ff.
24 Ebenda.
25 D. J. Golemann und G. E. Schwartz, »Meditation as an Intervention in Stress Reactivity«, *Journal of Consulting and Clinical Psychology,* 44, 1976, S. 456 f.
26 Wallace et al., 1971, a. a. O.
27 M. Jones und V. Mellersh, »Comparison of Exercise Response in Anxiety States and Normal Controls«, *Psychosomatic Medicine,* 8, 1946, S. 180 ff.; F. Pitts, »The Biochemistry of Anxiety«, *Scientific American,* Febraur 1969, S. 69 ff.
28 H. Ritterstaedt und H. Schenkluhn, »Measuring Changes of the Skin Temperature During the Practice of Transcendental Meditation«, unveröffentlichter Untersuchungsbericht, Max Planck Institut, Deutschland, 1972; R. K. Wallace und H. Benson, »The Physiology of Meditation«, *Scientific American,* Februar 1972, S. 84 ff.
29 H. Benson, B. R. Marzetta und B. A. Rosner, »Decreased Systolic Blood Pressure in Hypersensitive Subjects Who Practiced Meditation«, *Journal of Clinical Investigation,* 52, 1973, S. 8a.

30 H. Benson, *The Relaxation Response*, New York 1975.

31 K. S. Blasdall, »The Effects of Transcendental Meditation Technique upon a Complex Perceptual-Motor Task«, in: *Scientific Research on the Transcendental Meditation Program: Collected Papers*, ed. D. W. Orme-Johnson und J. T. Farrow, Band 1, New York, in Vorbereitung. A. G. P. Rimol, »Transcendental Meditation and Its Effects on Sensory and Motor Perception«, Senior Thesis, Princeton University, 1974.

32 S. Shackman, »The Effect of Two Relaxation Techniques on Anxiety, Self-Concept and Personal Growth«, Senior Thesis, Princeton University, 1974; Glueck und Stroebel, a. a. O.

33 A. I. Abrams, »Paired-Associate Learning and Recall: A Pilot Study of the Transcendental Meditation Technique«, in: *Scientific Research on the Transcendental Meditation Program: Collected Papers*, ed. Orme-Johnson und Farrow, a. a. O.

34 D. E. Miskiman, »The Effect of Transcendental Meditation on the Organization of Thinking and Recall (Secondary Organization)«, in: Orme-Johnson und Farrow (ed.), a. a. O.

35 M. J. MacCullum, »Transcendental Meditation and Creativity«, in: Orme-Johnson und Farrow (ed.), a. a. O.

36 R. W. Collier, »The Effectof Transcendental Meditation upon University Academic Attainment«, in: Orme-Johnson und Farrow (ed.), a. a. O.

37 D. R. Frew, »Transcendental Meditation and Productivity«, *Academy of Management Journal*, 17, Nr. 2, 1974, S. 362 ff.

38 L. A. Hjelle, »Transcendental Meditation and Psychological Health«, *Perceptual and Motor Skills*, 39, 1974, S. 623 ff.

39 W. Seemann, S. Nidich und T. Banta, »Influence of Transcendental Meditation on a Measure of Self-Actualization«, *Journal of Counseling Psychology*, 19, 1972, S. 184; P. D. Ferguson und J. Gowan, »The Influence of Transcendental Meditation on Anxiety, Depression, Aggression, Neuroticism and Self-Actualization«, *Journal of Humanistic Psychology*.

40 R. Honsberger und A. F. Wilson, »Transcendental Meditation in Treating Asthma«, *Respiratory Therapy: The Journal of Inhalation Technology*, 3, 1973, S. 48 ff.

41 Benson, a. a. O.

42 C. Allen, »Possible Psychological and Physiological Effects of Transcendental Meditation on Aphasic Patients«, University of Michigan, 1973.

43 C. Simonton, »The Role of the Mind in Cancer Therapy«, in: *Psychiatry and Mysticism*, ed. S. R. Dean, Chicago 1975, S. 293 ff.

44 C. Allen, »Possible Effects of Transcendental Meditation on Stuttering«, unveröffentlichte Arbeit, University of Michigan, 1973.

45 Glueck und Stroebel, a. a. O.; P. Carrington und H. S. Ephron, »Meditation as an Adjunct to Psychotherapy«, in: *New Dimensions in Psychiatry: A World View*, ed. S. Arieti und G. Chrzanowski, New York 1975, S. 262 ff.

Kapitel 4: Die andere Seite der Forschung

1 P. B. C. Fenwick, »Metabolic and EEG Changes during Transcendental Meditation«, Vortrag auf der Konferenz über »TM: Research and Application«, Institute of Science and Technology, University of Wales, Cardiff, 1974.

2 R. K. Wallace, »Pysiological Effects of Transcendental Meditation«, *Science*, März 1970, S. 1751 ff.

3 M. West, »The Effect of a 20 Minute Period of TM on the Performance of a Short Term Memory Task«, Vortrag auf der Konferenz über »TM: Research and Application«, a. a. O.

4 A. I. Abrams, »Paired-Associate Learning and Recall: A Pilot Study of the Transcendental Meditation Technique«, a. a. O.

5 Persönliches Gespräch der Autorin mit D. Daniels, April 1976.

6 J. C. Smith, »The Psychotherapeutic Effects of Transcendental Meditation with Controls for Expectation of Relief and Daily Sitting«, *Journal of Consulting and Clinical Psychology.*
7 Ebenda; M. Shelly, persönliches Gespräch mit der Autorin, Kansas University, Lawrence, Kans., Februar 1976; P. Davies, persönliches Gespräch mit der Autorin, Kansas University, Februar 1976; L. S. Otis, »TM and Sleep«, a. a. O.

Kapitel 5: Wie lernt man Meditation?

1 J. C. Smith, »Transcendental Meditation and Auxiety«, Dissertation, Michigan State University, 1973, S. 29.

Kapitel 6: Nebenwirkungen des Spannungsabbaus

1 J. H. Schultz und W. Luthe, *Autogene Therapie,* 6 Bde., New York, 1969, Bd. 1.
2 Ebenda, Bd. 1, S. 29.
3 Ebenda, Bd. 2, S. 12.
4 Ebenda, Bd. 5, S. 180 f.
5 Ebenda, Bd. 4, S. 119 ff.
6 Ebenda, Bd. 5.
7 Ebenda, Bd. 6.
8 L. S. Otis, »The Psychobiology of Meditation: Some Psychological Changes«, Vortrag vor der Jahresversammlung der American Psychological Association, Montreal, 1973.
9 A. A. Lazarus, »Psychiatric Problems Precipitated by Transcendental Meditation (TM)«, *Psychological Reports.*
10 R. Woolfolk, zitiert in Lazarus, a. a. O.

Kapitel 7: Die Verwendung der Meditation unter Streß

1 Schultz und Luthe, a. a. O., Bd. 3, S. 154.
2 L. Boudreau, »Transcendental Meditation and Yoga as Reciprocal Inhibitors«, *Journal of Behavior Therapy and Experimental Psychiatry,* 3, 1972, S. 97 f.
3 K. S. Blasdall, »The Effects of Transcendental Meditation Technique upon a Complex Perceptual-Motor Task«, in: Orme-Johnson und Farrow (ed.), a. a. O.
4 A. G. P. Rimol, »Transcendental Meditation and Its Effects on Sensory and Motor Perception«, Senior Thesis, Princeton University, 1974.
5 Goleman und Schwartz, a. a. O.
6 Schultz und Luthe, a. a. O.
7 Ebenda.

Kapitel 8: Tag-Nacht-Rhythmen und die Meditation

1 C. F. Stroebel, zitiert in: G. G. Luce, *Body Time,* New York 1973, S. 45.
2 E.D. Weitzman, H. Schaumberg und W. Fishbein, »Plasma 17-Hydroxycorticosteroid Levels During Sleep in Man«, *Journal of Clinical Endocrinology and Metabolism,* 26, 1966, S. 121 f.
3 H. Johari, *Dhanwantari,* San Francisco 1974.
4 R. Hittelman, *Guide to Yoga Meditation,* New York 1969, S. 180.

Kapitel 9: Das »Geheimnis« des Mantra

1 R. E. Ornstein, *The Psychology of Consciousness,* New York 1972, S. 122.
2 D. Retallack, *The Sound of Music and Plants,* Santa Monica, Calif., 1973; 1973; P. Weinberger und M. Measures, zitiert in P. Tompkins und C. Bird, *The Secret Life of Plants,* New York 1974, S. 167.
3 H. Roffwarg, J. Herman und S. Lamstein, »The Middle Ear Muscles: Predictability of Their Phasic Activity in REM Sleep from Dream Materials«, Vortrag vor der Association for the Psychophysiological Study of Sleep, Edinburgh, 1975.

4 D. Moltz, »Effects of Internally Generated Sound on Mood«, Senior Thesis, Princeton University, 1976.
5 Ornstein, 1972, a. a. O.

Kapitel 10: Eine neue Partnerschaft

1 B. C. Glueck und C. F. Stroebel, »Biofeedback and Meditation in the Treatment of Psychiatric Illness«, *Comprehensive Psychiatry,* 16, 1975, S. 303 ff.
2 J. Donnelly, zitiert in D. Rhinelander, »Disagreement at Institute Ends TM Use as Treatment«, *Hartford Courant,* 3. Oktober 1973, S. 1.
3 H. S. Ephron, persönliches Gespräch mit der Autorin, April 1976.
4 H. Benson und R. K. Wallace, »Decreased Drug Abuse with Transcendental Meditation: a Study of 1862 Subjects«, *Congressional Record,* 92nd Cong., 1st Sess. June 1971, Serial § 92–1.
5 M. Shafii, R. Lavely und R. Jaffe, »Meditation and Marijuana«, *American Journal of Psychiatry,* 131, 1975, S. 60 ff.
6 M. Shafii, »Smoking Following Meditation«, unveröffentlichte Arbeit, University of Michigan Medical Center, Ann Arbor, Mich., 1973.
7 M. Shafii, R. Lavely, R. Jaffe, »Meditation and the Prevention of Drug Abuse«, *American Journal of Psychiatry,* 132, 1975, S. 942 ff.
8 L. S. Otis, »The Psychobiology of Meditation: Some Psychological Changes«, Vortrag vor der Jahresversammlung der American Psychological Association, Montreal, 1973.
9 A. Weil, *The Natural Mind,* Boston 1972.
10 Ebenda, S. 68.
11 H. Benson, *The Relaxation Response,* New York 1975.
12 Honsberger und Wilson, a. a. O.
13 Benson, a. a. O.
14 Glueck und Stroebel, a. a. O.
15 Silverman und Hartmann, a. a. O.
16 D. E. Miskiman, »The Treatment of Insomnia by the Technique of Transcendental Meditation«, in: Orme-Johnson und Jarrow (ed.), a. a. O.
17 R. L. Woolfolk, L. Carr-Kaffashan, P. M. Lehrer und T. F. McNulty, »Meditation Training as a Treatment for Insomnia«, *Behavior Therapy.*

Kapitel 11: Offener für das Leben

1 Meditationstagebuch von Harmon S. Ephron, unveröffentlicht.
2 Glueck und Stroebel, a. a. O.
3 Meditationstagebuch von George Edington, unveröffentlicht.
4 M. Hines, »Meditation and Creativity: A Pilot Study«, Senior Thesis, Princeton University, 1970.
5 W. Linden, »Practicing of Meditation by School Children and Their Levels of Field Dependence-Independence, Test Anxiety, and Reading Achievement«, *Journal of Consulting and Clinical Psychology,* 41, 1973, S. 139 ff.
6 K. R. Pelletier, »Increased Perceptual Acuity Following Transcendental Meditation«, in: Orme-Johnson und Farrow (ed.), a. a. O.
7 E. Fromm, *Man for Himself,* New York 1947.
8 Ebenda; K. Horney, *The Neurotic Personality of Our Time,* New York 1937; H. S. Sullivan, *The Interpersonal Theory of Psychiatry,* New York 1953; C. R. Rogers, *On Becoming a Person,* Boston 1961.
9 H. Shecter, »The Transcendental Meditation Program in the Classroom: A Psychological Evaluation of the Science of Creative Intelligence«, in: Orme-Johnson und Farrow (ed.), a. a. O.
10 D. Ballou, »The Transcendental Meditation Program at Stillwater Prison«, in: Orme-Johnson und Farrow (ed.), a. a. O.

11 M. Cunningham und W. Koch, »The Transcendental Meditation Program and Rehabilitation: A Pilot Project at the Federal Correction Institute at Lompoc, California«, in: Orme-Johnson und Farrow (ed.), a. a. O.

Kapitel 12: Meditation und Kreativität

1 M. Dellas und E. L. Gaier, »Identification of Creativity: The Individual«, *Psychological Bulletin,* 73, 1970, S. 55 ff.
2 T. V. Lesh, »Zen Meditation and the Development of Empathy in Counselors«, *Journal of Humanistic Psychology,* 10, 1970, S. 39 ff.
3 E. W. Maupin, »Individual Differences in Response to a Zen Meditation Exercise«, *Journal of Consulting Psychology,* 29, 1965, S. 139 ff.
4 M. Hines, a. a. O.
5 S. Suzuki, *Zen Mind, Beginners Mind,* New York 1970.
6 A. Koestler, *The Action of Creation,* New York 1964.
7 R. May, *The Courage to Create,* New York 1975, S. 67.
8 Hines, a. a. O.
9 M. J. MacCullum, »Transcendental Meditation and Creativity«, in: Orme-Johnson und Farrow (ed.), a. a. O.
10 G. E. Schwartz, »Pros and Cons of Meditation«, a. a. O.
11 G. Schwartz, »TM Relaxes Some People and Makes Them Feel Better«, *Psychology Today,* April 1974, S. 43.

Kapitel 13: Probleme mit der Meditation

1 M. Csikszentmihalyi, *Beyond Boredom and Anxiety,* San Francisco 1975.
2 Ebenda, S. 39.
3 Ebenda, S. 40.
4 Ebenda, S. 44.
5 Ebenda.
6 Ebenda.
7 Ebenda, S. 47.
8 Ebenda.
9 B. C. Glueck, persönliches Gespräch mit der Autorin, Juli 1976.
10 B. S. Rajneesh, *Dynamics of Meditation,* Bombay 1972.
11 B. C. Glueck, »Current Research on Transcendental Meditation«, Vortrag am Rensselaer Polytechnic Institute, Hartford Graduate Center, Hartford, Connecticut, März 1973.
12 Meditationstagebuch von Sally B. Eaton, unveröffentlicht.
13 Otis, »The Psychobiology of Meditation«, a. a. O.

Kapitel 14: Die Ansicht eines Therapeuten

1 C. A. Ross, »The Effect of Two Relaxation Techniques on Mood, Sleep and Dreams«, Senior Thesis, Princeton University, 1974.
2 C. Hall, »Frequencies in Certain Categories of Manifest Content and Their Stability in a Long Dream Series«, *American Psychologist,* 3, 1948, S. 274.
3 S. Shackman, »The Effect of Two Relaxation Techniques on Anxiety, Self-Concept and Personality Growth«, Senior Thesis, Princeton University, 1974.
4 Otis, »The Psychobiology of Meditation«, a. a. O.
5 H. H. Bloomfield, M. Cain und D. Jaffe, *TM: Discovering Inner Energy and Overcoming Stress,* New York 1975, S. 127.
6 H. H. Bloomfield und R. B. Kory, *Happiness: The TM Program, Psychiatry, and Englightenment,* New York 1976.
7 Bloomfield, Cain und Jaffe, a. a. O., S. 141.
8 Ebenda, S. 137.
9 M. Mahesh Yogi, *Transcendental Meditation,* New York 1963.

10 Bloomfield, Cain und Jaffe, a. a. O.
11 M. Mahesh Yogi, a. a. O.
12 Bloomfield, Cain und Jaffe, a. a. O.
13 L. D. Dick und R. E. Ragland, »A Study of Meditation in the Service of Counseling«, *Journal of Humanistic Psychology.*
14 T. V. Lesh, »Zen Meditation and the Development of Empathy«, a. a. O.
15 P. Carrington und H. S. Ephron, »Meditation and Psychoanalysis«, *Journal of the American Academy of Psychoanalysis,* 3, 1975, S. 43 ff.

Kapitel 15: Meditation – ein Regelmechanismus

1 H. Azima und F. J. Cramer, »Effects of Decrease in Sensory Variability on Body Scheme«, *Canadian Journal of Psychiatry,* 1.
2 A. Harris, »Sensory Deprivation and Schizophrenia«, *Journal of Mental Science,* 105, 1959, S. 235 ff.
3 C. A. Brownfield, *The Brain Benders,* Jericho, N. Y., 1972.
4 R. S. Lourie, »the Role of Rhythmic Patterns«, *The Five-Minute Hour,* Ardsley, N. Y.: Geigy Pharmaceuticals, Januar 1976.
5 F. Leboyer, *Birth Without Violence,* New York 1975, S. 60.
6 Ebenda, S. 62.
7 J. A. Meerloo, »The Universal Language of Rhythm«, in: *Poetry Therapy,* ed. J. J. Leedy, Philadelphia 1969, S. 52 ff.

Kapitel 16: Umschalten

1 P. Bakan, »Dreaming, REM Sleep, and the Right Hemisphere«, Vortrag auf der Konferenz über The Psychophysiological Study of Sleep, Edinburgh, 1975.
2 A. J. Deikman, »Experimental Meditation«, in: *Altered States of Consciousness,* ed. C. T. Tart, New York 1969, S. 199 ff.
3 7M. *Von Senden, Space and Sight,* Glencoe, Ill., 1960.
4 Deikman, a. a. O., S. 201.
5 Ebenda, S. 217.

Kapitel 17: Was Meditation uns lehrt

1 D. Goleman, »Meditation as Meta-Therapy: Hypothesis Toward a Proposed Fifth State of Consciousness«, *Journal of Transpersonal Psychology,* 3, 1971, S. 1 ff.
2 H. S. Kaplan, *The New Sex Therapy,* New York 1974.

Kapitel 18: Die Zukunftsaussichten

1 S. Grof, *Realms of the Human Unconscious,* New York 1975.
2 I. M. Klemons, »Changes in Inflammation Which Occur in Persons Practicing Transcendental Meditation«, unveröffentlichte Arbeit, Pennsylvania Stata University, 1972.
3 C. Simonton, »The Role of Mind in Cancer Therapy«, a. a. O.
4 M. Friedman und R. H. Rosenman, *Type A Behavior and Your Heart,* New York 1974.

Literaturverzeichnis

Deutschsprachige Werke über Meditation:

Bewußtseinserweiterung durch Meditation. Mit Beiträgen von L. Boros, J. B. Lotz, E. Staehelin u. a., Herder Freiburg, [3]1975.

Bloching, Karl H., *Texte moderner Schriftsteller zur Meditation,* Matthias-Grünewald, [2]1975.

Blofeld, John, *Die Macht des heiligen Lautes.* Die Geheime Tradition des Mantra, O. W. Barth, 1978.

Bloom, Anthony, *Weg zur Meditation,* Kaffke, 1972.

Bloomfiel, Harold, et al., *TM-Transzendentale Meditation.* Lebenskraft aus neuen Quellen, Econ, 1976.

Boeckel, Johannes E., *Meditationspraxis,* Goldmann Ratgeber, 1980.

Boyes, Dennis, *Autogenes Yoga.* Eine praktische Übungsanleitung zur Tiefenentspannung im Liegen, O. W. Barth, [2]1977.

Brunton, Paul, *Entdecke dich selbst.* Meditation und Yoga, Hermann Bauer, 4. Aufl.

Brunton, Paul, *Der Weg nach Innen.* Praktische Anleitung zur geistigen Selbstfindung in unserer Zeit, O. W. Barth, [7]1976.

Chi-Chi, *Die Kunst der Versenkung.* Die Anweisungen zur Meditation des großen Meisters Chi-Chi aus dem China des 6. Jahrhunderts, O. W. Barth, [2]1975.

Dürckheim, Karlfried Graf, *Hara – Die Erdmitte des Menschen,* O. W. Barth, [7]1974.

Dürckheim, Karlfried Graf, *Meditieren, Wozu und Wie,* Herder Freiburg, [3]1977.

Dumoulin, Heinrich, *Östliche Meditation und christliche Mystik,* Alber, 1966.

Enomiya-Lassalle, Hugo M., *Erfahrungen eines Christen mit der Zen-Meditation,* Kaffke, 1975.

–, *Zen – Weg zur Erleuchtung.* Hilfe zum Verständnis. Einführung in die Meditation, Herder Wien, [3]1971.

–, *Zen-Meditation für Christen,* O. W. Barth, [4]1978.

Fromm, Erich/Suzuki, Daisetz T./Marino, Richard de, *Zen-Buddhismus und Psychoanalyse,* Suhrkamp Taschenbuch, 1976.

Glaube – Erfahrung, Meditation, Hrsg. v. G. Rubach, Kösel, 1977.

Glaubenserfahrung und .Meditation. Wege einer neuen Spiritualität. Mit Beitr. v. K. Hemmerle, W. Herbstrith und andere, hrsg. v. J. Sauer, Herder Freiburg, 1975.

Goldstein, Joseph, *Vipassana – Meditation.* Die natürliche Entwicklung innerer Einsicht, Frank Schickler, 1978.

Govinda, Lama Anagarika, *Grundlagen tibetischer Mystik.* Die geheime Lehre des großen Mantra, O. W. Barth, [4]1975.

–, *Mandala.* Der heilige Kreis, Stufen der Meditation, Origo, [4]1980.

–, *Schöpferische Meditation und Multidimensionales Bewußtsein,* Aurum, 1977.

Haendler, Otto, *Meditation als Lebenspraxis,* Vandenhoek & Ruprecht, 1977.

Herrigel, Eugen, *Zen in der Kunst des Bogenschießens,* O. W. Barth, [18]1978.

–, *Der Zen-Weg,* O. W. Barth, [4]1978.

Huang, Al Chung-liang, *Lebensschwung durch T'ai chi.* Ein chinesischer Meister der Rhythmik lehrt die Meditation in der Bewegung, O. W. Barth, 1979.

Huber, Günther K., *Neue Kräfte durch Meditation.* Ein Kassetten-Lehrprogramm, Heyne, 1976.

Jahrbuch für Yoga – Prana 1980. Ostasiatische Meditationstechniken und ihre Anwendung in der westlichen Welt, mit Beitr. v. C. F. v. Weizsäcker, P. Matussek, L. Chariarse u. a., hrsg. v. R. Lobo, O. W. Barth, 1979.

Johne, Karin, *Meditation für Kranke.* Eine Anleitung, Benzinger, 1979.

Kapleau, Philip, *Die drei Pfeiler des Zen.* Lehre – Übung – Erleuchtung, O. W. Barth, [4]1979.

Kniffki, Christa, *Transzendentale Meditation und Autogenes Training,* Kindler, 1978.

Kontemplative Meditation. Die Wolke des Nichtwissens – Einführung und Text, hrsg. v. W. Massa, Matthias-Grünewald, [4]1978.

Das Kreisen des Lichts. Die Erfahrung der goldenen Blüte, hrsg. v. M. Miyuki, O. W. Barth, 1972.

Krishnamurti, *Revolution durch Meditation.* Die totale Erneuerung, Humata, 1974.

Leiste, Heinrich, *Vom Wesen der Meditation,* Philosophisch-Anthroposophischer Verlag, [4]1973.
LeShan, Lawrence, *Meditation als Lebenshilfe,* Lübbe, 1978.
Lindenberg, Wladimir, *Die Menschheit betet.* Praktiken der Meditation in der Welt, Ernst Reinhardt, [8]1977.
Mangoldt, Ursula von, *Östliche und westliche Meditation.* Einführung und Abgrenzung, Kösel, 1977.
Meditation. Versuche – Wege – Erfahrungen, hrsg. v. G. Ruhbach, Vandenhoek & Ruprecht, 1975.
Meditation in Religion und Psychotherapie, hrsg. v. W. Bitter, Klett-Cotta, [2]1973.
Melzer, Friso, *Innerungen.* Stufen und Wege der Meditation, Stauda, [2]1977.
–, *Konzentration – Meditation – Kontemplation,* Stauda, 1977.
Munen muso – Ungegenständliche Meditation, Festschrift für Pater Hugo M. Enomiya-Lassalle S. J. zum 80. Geburtstag, hrsg. v. G. Stachel, Matthias-Grünewald, 1978.
Naranjo, Claudio/Ornstein, Robert E., *Psychologie der Meditation,* Fischer Taschenbuch, 1976.
Palos, Stephan, *Atem und Meditation.* Moderne chinesische Atemtherapie als Vorschule der Meditation, O. W. Barth, [4]1980.
Patanjali, *Die Wurzeln des Yoga.* Die klassischen Lehrsprüche des Patanjali – die Grundlage aller Yoga-Systeme, O. W. Barth, 1976.
Peter, Burkhard/Geissler, Alida, *Autogenes Training,* Mosaik, 1978.
–, *Meditation,* Mosaik, 1978.
Rajagopalachari, P., *Der Meister.* Shri Ram Chandra – sein Leben und sein Weg der natürlichen Meditation, O. W. Barth, 1975.
Reiter, Udo, *Meditation – Wege zum Selbst,* Mosaik, 1976.
Saraydarian, Tormkom, *Innenschau – ein Handbuch der praktischen Meditation,* Hermann Bauer, 1977.
Schultz, Johannes H., *Das autogene Training.* Konzentrative Selbstentspannung, Versuche einer klinisch-praktischen Darstellung, Thieme Stuttgart, [15]1976.
Schwäbisch, Lutz/Siems, Martin, *Selbstentfaltung durch Meditation.* Eine praktische Anleitung, Rowohlt, 1976.
Shibayama, Zenkei, *Zen in Gleichnis und Bild,* O. W. Barth, 1974.
Steinfeld, Ludwig, *Autogene Meditation.* Von den Grundübungen des Autogenen Trainings zur meditativen Versenkung, Patmos, 1978.
Suzuki, Daisetz T., *Erfülltes Lebes aus Zen,* O. W. Barth, 1973.
–, *Die große Befreiung, O. W. Barth,* [9]1979.
–, *Der westliche und der östliche Weg.* Essays über christliche und buddhistische Mystik, Ullstein Taschenbuch, o. J.
Suzuki, Shunryu, *Zen-Geist – Anfänger-Geist,* Theseus, 1975.
Thomas, Klaus, *Seelsorge und Psychotherapie,* Bd. 1: Meditation als Forschung und Erfahrung, Thieme Stuttgart, 1973.
Tilman, Klemens, *Die Führung zur Meditation.* Ein Werkbuch, Benzinger, Bd. 1: [7]1976, Bd. 2: *Christliche Glaubensmeditation,* 1978.
–, *Übungsbuch zur Meditation,* mit Schallplatte, Stoffe, Anleitungen, Weiterführungen, Benzinger, [3]1976.
Trungpa, Tschögyam, *Aktive Meditation.* Tibetische Weisheit, Walter, [3]1978.
–, *Das Märchen von der Freiheit und der Weg der Meditation,* Aurum, 1978.
–, *Spiritueller Materialismus.* Vom wahren geistigen Weg, Aurum, 1975.
Vivekananda, Swami, *Meditation und ihre Methoden,* Hinder & Deelmann, 1979.
Volk, Georg, *Entspannung – Sammlung – Meditation.* Einübungen zur Erhaltung unserer Gesundheit, Matthias-Grünewald, [4]1977.
Waldenfels, Hans, *Meditation – Ost und West,* Benzinger, 1975.
Watts, Alan, *Meditation,* Sphinx, o. J.
Watts, Alan/Govinda, Anagarika, *Die Kunst der Kontemplation,* Aurum, [2]1979.
Wunderli, Jürg, *Schritte nach innen.* Östliche Meditation und westliche Mystik, Herder Freiburg, 1975.
Zimmer, Heinrich, *Der Weg zum Selbst.* Leben und Lehre des Sri Ramana Maharshi, Diederichs, [3]1979.

Register